LÓGICA

O GEN | Grupo Editorial Nacional reúne as editoras Guanabara Koogan, Santos, Roca, AC Farmacêutica, Forense, Método, LTC, E.P.U. e Forense Universitária, que publicam nas áreas científica, técnica e profissional.

Essas empresas, respeitadas no mercado editorial, construíram catálogos inigualáveis, com obras que têm sido decisivas na formação acadêmica e no aperfeiçoamento de várias gerações de profissionais e de estudantes de Administração, Direito, Enfermagem, Engenharia, Fisioterapia, Medicina, Odontologia, Educação Física e muitas outras ciências, tendo se tornado sinônimo de seriedade e respeito.

Nossa missão é prover o melhor conteúdo científico e distribuí-lo de maneira flexível e conveniente, a preços justos, gerando benefícios e servindo a autores, docentes, livreiros, funcionários, colaboradores e acionistas.

Nosso comportamento ético incondicional e nossa responsabilidade social e ambiental são reforçados pela natureza educacional de nossa atividade, sem comprometer o crescimento contínuo e a rentabilidade do grupo.

Leônidas Hegenberg

LÓGICA

Cálculo Sentencial
Cálculo de Predicados
Cálculo com Igualdade

3ª edição

Revisão Técnica de
Gilmar Pires Novaes

Rio de Janeiro

■ A EDITORA FORENSE se responsabiliza pelos vícios do produto no que concerne à sua edição, aí compreendidas a impressão e a apresentação, a fim de possibilitar ao consumidor bem manuseá-lo e lê-lo. Os vícios relacionados à atualização da obra, aos conceitos doutrinários, às concepções ideológicas e referências indevidas são de responsabilidade do autor e/ou atualizador.
As reclamações devem ser feitas até noventa dias a partir da compra e venda com nota fiscal (interpretação do art. 26 da Lei n. 8.078, de 11.09.1990).

■ **Lógica**
ISBN 978-85-309-3920-5
Direitos exclusivos para o Brasil na Língua Portuguesa
Copyright © 2012 by
FORENSE UNIVERSITÁRIA um selo da EDITORA FORENSE LTDA.
Uma editora integrante do GEN | Grupo Editorial Nacional
Travessa do Ouvidor, 11 – 6º andar – 20040-040 – Rio de Janeiro – RJ
Tel.: (0XX21) 3543-0770 – Fax: (0XX21) 3543-0896
bilacpinto@grupogen.com.br | www.grupogen.com.br

■ O titular cuja obra seja fraudulentamente reproduzida, divulgada ou de qualquer forma utilizada, poderá requerer a apreensão dos exemplares reproduzidos ou a suspensão da divulgação, sem prejuízo da indenização cabível (art. 102 da Lei n. 9.610, de 19.02.1998).
Quem vender, expuser à venda, ocultar, adquirir, distribuir, tiver em depósito ou utilizar obra ou fonograma reproduzidos com fraude, com a finalidade de vender, obter ganho, vantagem, proveito, lucro direto ou indireto, para si ou para outrem, será solidariamente responsável com o contrafator, nos termos dos artigos precedentes, respondendo como contrafatores o importador e o distribuidor, em caso de reprodução no exterior (art. 104 da Lei n. 9.610/98).

2ª edição – 1977
3ª edição – 2012 – Forense Universitária
3ª edição – 2ª reimpressão – 2015 – Forense Universitária

Revisão Técnica de Gilmar Pires Novaes

■ CIP – Brasil. Catalogação-na-fonte.
Sindicato Nacional dos Editores de Livros, RJ.

H363L
      Hegenberg, Leônidas, 1925-
          Lógica/Leônidas Hegenberg. – Rio de Janeiro: Forense Universitária, 2015.

          Parte I – Cálculo Sentencial
          Parte II – Cálculo de Predicados
          Inclui bibliografia e índice
          ISBN 978-85-309-3920-5

          1. Lógica. 2. Lógica Simbólica e Matemática. 3. Lógica simbólica e matemática – Problemas, questões, exercícios. I. Título.

11-7622.
                              CDD: 511.3
                              CDU: 510.6

*Ao escrever esta obra, em 1972, dediquei-a
(1) a três "próximos" daquela época: Frieda(avó),
Stella(mãe) e Edmundo(tio) – que me ensinaram a
caminhar, viver e apreciar o mundo;
(2) a Francisco Antonio Lacaz Neto, o professor que me
conduziu à vida acadêmica; e
(3) a Mario Tourasse Teixeira e Obemor Pinto Damasceno,
representando colegas de estudo e de trabalho.*

*Nesta nova edição, com prazer, registro especial agradecimento
(1) aos meus alunos do ITA, especialmente do período 1963-72,
para os quais, afinal, este livro foi escrito;
(2) a Ana Lúcia Bahia Pereira e a todos que, na Editora, sob a
"batuta" de Francisco Bilac Pinto,
deixaram o livro a "boniteza" que está.*

Leônidas
Março/2012

Roteiro para a leitura:

Parte I
Cálculo Sentencial

1. O principiante poderá limitar-se aos parágrafos
   a) 1.1. a 1.4.;
   b) 2.3. e 2.4.;
   c) 3.1. a 3.8.;
   d) 6.1. a 6.4.;
   e) 8.3., 8.5. e 8.6.
2. Numa segunda leitura, acrescentar
   a) 5.1., 5.2. e 5.4.;
   b) 6.5., 6.6.;
   e) 7.1. a 7.3. (7.4.) 7.5.;
   f) 8.1., 8.4., 8.5. a 8.7.
3. Na revisão geral,
   a) Cap. 2 (facultativamente);
   b) 3.9.;
   c) Cap. 4: 4.1. e 4.2. (facultativamente: 4.3.);
   d) 5.3. e 5.5.;
   e) rever 7.3. a 7.5.; mais 7.6. e 7.8.;
   f) rever 8.1. a 8.6.; mais 8.8.;
   g) Cap. 9: 9.1. (facultativamente: 9.2. a 9.4.);
   h) ler o início da "Orientação bibliográfica".

Parte II
Cálculo de Predicados

1. O principiante pode limitar-se aos parágrafos
   a) 1.1. a 1.7.;
   b) 3.1. e 3.2. (examinando a lista de verdades no início de 3.3. e no início de 3.5.);
   c) 4.1. a 4.3. e 4.7.1. (e talvez 4.7.2.).
2. Numa segunda leitura,
   a) 1.8.;
   b) 2.1. a 2.3.;
   c) 3.3. a 3.6.;
   d) 4.4. a 4.7.;
   e) 5.1. a 5.3.;
   f) 6.5.
3. Revisão final
   a) 2.4.;
   b) 5.4. e 5.5.;
   c) 6.7. a 6.10.

Índice Sistemático

Palavras Preliminares à Segunda Edição XV
Palavras Preliminares XVII
Palavras Preliminares XIX
Prefácio XXI

Parte I

Cálculo Sentencial

Capítulo 1 – Preâmbulo de Caráter Filosófico 3
1.1. Justificação de Asserções 3
1.2. Ausência de Justificação 5
1.3. Argumentos 7
1.4. Verdade e Validade 9
1.5. Resumo 11
1.6. Referências 13

Capítulo 2 – Escorço Histórico 15
2.1. Introito 15
2.2. Aristóteles 18
2.3. Inferências na Lógica Aristotélica 20
2.4. O Silogismo 22
2.5. A Lógica dos Estoicos e Megáricos 27
2.6. A Escolástica e a Transição 28
2.7. Período "Clássico" 29
2.8. Lógica Matemática: Boole 30
2.9. Lógica Moderna: Frege 32
2.10. Após os "Principia" 34
2.11. Referências 36

Capítulo 3 – Tabelas de Valores – Tautologias 37
3.1. Preliminares 37

X Lógica | Leônidas Hegenberg

3.2. Pressupostos Gerais 38
3.3. Conectivos e Moléculas 42
   3.3.1. Eliminação de Parênteses 46
   3.3.2. Escopo 48
3.4. Tabelas de Valores 48
   3.4.1. Construção das Tabelas 50
   3.4.2. Justificação Intuitiva das Regras 53
3.5. Tautologias e Contradições 56
3.6. Tabelas Abreviadas. Exercícios 58
3.7. Tradução e Simbolização. Exercícios 60
3.8. Tabelas e Argumentos – Exercícios 66
3.9. Exercícios de Revisão 69
3.10. Referências 71

Capítulo 4 – Complementos 73
4.1. O problema de Post 73
4.2. Redução do Número de Conectivos 79
4.3. Forma Normal 81
4.4. Referências 84

Capítulo 5 – Cálculo Sentencial – Resultados Notáveis 85
5.1. Substituições 85
5.2. Novos Teoremas. A Reposição 90
5.3. Outros Resultados Úteis. Dualidade 93
5.4. Consequência Lógica 95
5.5. Referências 99

Capítulo 6 – Dedução – Aspectos Intuitivos 101
6.1. Preliminares 101
6.2. Os Argumentos Básicos 102
6.3. Demonstração e Dedução 106
6.4. Demonstração Condicional 108
6.5. Demonstração por Absurdo 112
6.6. Exercícios de Revisão 115
6.7. Referências 117

Capítulo 7 – Teoria da Demonstração 119
7.1. Teoria Formal (Cf. Sumário do Cap. 6) 119
7.2. Demonstração e Dedução 122
7.3. Propriedades de |– 123
7.4. Um Teorema Fundamental 125
7.5. O Teorema da Dedução 126
   7.5.1. Alguns Exemplos 130
7.6. Dois Resultados Fundamentais 133

Índice Sistemático XI

7.7. Preliminares para o Teorema da Completude 135
7.8. A Completude do Cálculo Sentencial 137
7.9. Referências 141

Capítulo 8 – A Dedução Natural 143
8.1. Introdução e Eliminação de Conectivos 143
8.2. As Regras de Inferência da Dedução Natural 146
8.3. A Dedução Natural 150
8.4. A Demonstração por Absurdo 153
8.5. Estratégias a Adotar 155
8.6. Argumentos Formulados em Linguagem Comum 158
8.7. Principais Teoremas do Cálculo Sentencial 161
8.8. Referências 164

Capítulo 9 – Informações Adicionais e Exercícios 167
9.1. A Notação Polonesa 167
9.2. Falácias 169
9.3. Lógicas "não Clássicas" 173
   9.3.1. Lógicas Trivalentes 174
   9.3.2. Lógicas Modais 176
   9.3.3. Outros Estudos 179
9.4. Exercícios de Revisão 180
9.5. Referências 183

Parte II

Cálculo de Predicados

Capítulo 1 – Uma Nova Linguagem 187
1.1. Preliminares 187
1.2. Estrutura das Sentenças 189
1.3. Primeiros Passos para a Simbolização 192
1.4. Simbolizando Relações 196
1.5. A linguagem L 200
1.6. Tradução e Simbolização 204
1.7. Exemplos e Exercícios 211
1.8. A Linguagem L^n 214
   1.8.1. Exemplos e Exercícios 225
   1.8.2. Exercícios de Revisão 230
1.9. Referências 231

Capítulo 2 – A Linguagem do Cálculo de Predicados e sua Interpretação 233
2.1. Símbolos, Fórmulas e Sentenças 233
2.2. Interpretações 241

2.3. Sentenças Verdadeiras em uma Interpretação 244
2.4. Satisfatoriedade 251
2.5. Referências 257

Capítulo 3 – Verdades Lógicas.. 259
3.1. Preliminares... 259
3.2. Verdade Lógica (L^1)... 260
3.3. Algumas Verdades Lógicas.. 264
3.4. Quantificação Geral... 271
3.5. Novas Verdades Lógicas.. 276
3.6. Resultados Fundamentais... 282
3.7. Referências 285

Capítulo 4 – A Dedução.. 287
4.1. Introito... 287
4.2. Eliminação e Introdução de Quantificadores... 290
   4.2.1. Eliminação de $\forall$ 291
   4.2.2. Introdução de $\exists$... 292
   4.2.3. Introdução de $\forall$ e Eliminação de $\exists$ 293
4.3. Dedução e Demonstração... 299
   4.3.1. Esclarecimentos e Exemplos.. 302
   4.3.2. Exemplos de Deduções 305
   4.3.3. As Restrições que Pesam sobre *GU* e *IE*....................................... 308
4.4. Propriedade de |– 312
4.5. Os Teoremas da Dedução... 313
4.6. Consistência e Completude 318
4.7. Exemplos e Exercícios 320
   4.7.1. Predicados Monádicos.. 320
   4.7.2. Argumentos em que Há Relações.. 330
   4.7.3. Revisão e Exercícios 336
4.8. Referências 341

Capítulo 5 – Principais Teoremas 343
5.1. Observações Gerais 343
5.2. Primeiros Teoremas... 344
5.3. Teoremas com Dois Quantificadores... 351
5.4. Formulação Geral 353
5.5. Forma Prenex 368
5.6. Referências 371

Capítulo 6 – O Cálculo com Igualdade.. 373
6.1. "É"... 373
6.2. As Leis da Identidade 376
6.3. Os Axiomas 378
6.4. Alguns Teoremas 383

Índice Sistemático XIII

6.5. Equivalência e Igualdade 385
6.6. Exemplos de Deduções 388
6.7. Tratamento Sistemático 391
6.8. Teoremas Notáveis 395
6.9. Exemplos e Exercícios 399
6.10. Descrições 401
6.11. Exercícios de Revisão 402
6.12. Referências 406

Orientação Bibliográfica 407
Índice Analítico 419

Palavras Preliminares à Segunda Edição

A primeira edição deste livro esgotou-se em pouco mais de três anos. Isso revela, de um lado, que a matéria vem despertando crescente interesse; e, de outro, que ela foi, em linhas gerais, exposta de modo acessível aos nossos leitores, que nos honraram com sua aprovação.

Nesta segunda edição foram eliminados os senões tipográficos da primeira; foram substituídos alguns exercícios, sobretudo para se evitarem duas repetições perfeitamente dispensáveis; uniformizou-se um pouco mais a notação no Cap. 6; e se deu ligeira variação de estilo a dois trechos, para se evitarem possíveis mal-entendidos (p. 37 e 95). Usamos desta oportunidade para agradecer ao Prof. Lafayette de Moraes (que nos auxiliou a localizar os senões tipográficos), aos diretores da E.P.U. (cuja atenção às nossas solicitações tem sido desvanecedora) e, muito particularmente, a todos os leitores que aqui encontraram alguma satisfação de ordem intelectual.

Leônidas Hegenberg

Palavras Preliminares

Em dezembro de 1971, vendeu-se o último exemplar da *Lógica simbólica*, publicada em fins de 1966. O livro, apesar de seus inúmeros defeitos (por ter sido completado às pressas e por conter muitos erros tipográficos), desempenhou papel de certo realce em nosso meio. Foi, com efeito, o primeiro livro de Lógica "moderna" (Simbólica ou Matemática) produzido no país e destinado a público mais amplo.

Já existiam, é verdade, *O sentido da nova lógica*, de W. Van Orman Quine (1944), que merecia reedição,[1] e certos trabalhos de circulação restrita, como os de Vicente Ferreira da Silva (recentemente divulgados nas obras completas do ilustre pensador, publicadas pelo Instituto Brasileiro da Filosofia, em 1969). Havia, também, boa coleção de livros "tradicionais", em que se estudava, às vezes de modo minucioso, a Lógica Aristotélica, como – para dar exemplos típicos – a *Lógica menor*, de J. Maritain, traduzida e publicada pela Editora Agir, e o *Tratado da consequência*, de G. da Silva Telles, editado pela Revista dos Tribunais, ambos publicados em 1949.

Não obstante, faltava, aparentemente, um livro "didático", em que os temas da Lógica Moderna fossem apresentados ao grande público. A *Lógica simbólica* de 1966, publicada pela Herder, apesar de suas imperfeições, teve pelo menos uma virtude: chamou a atenção dos leitores para temas que se tornaram comuns em obras congêneres, publicadas em outros países.

O livro de 1966 cumpriu sua missão. Outra obra, mais cuidada e mais consentânea com as necessidades presentes, pode substituí-la. Eis, então, esta *Lógica – Cálculo Sentencial, Cálculo de Predicados, Cálculo com Igualdade*.

É oportuno ressaltar que o autor, sempre guiado pelo seu interesse em divulgar a matéria, traduziu (em colaboração com o prof. Octanny Silveira da Mota) vários livros de lógica. Dentre eles *Lógica elementar*, de B. Mates (Companhia Editora Nacional, 1969), *Lógica*, de W. Salmon (Zahar, 1969) e *Noções de lógica formal*, de J. Dopp (Herder, 1970), para não mencionar outras traduções de obras indiretamente ligadas ao assunto, como *Filosofia da ciência* (Cultrix, 1969), *A conduta na pesquisa* (Herder, 1970), *Escolha e acaso* (Cultrix, 1970), que é uma introdução à lógica Indutiva, e *Filosofia da matemática* (Zahar, 1969).

---

1   Existe versão em espanhol, de 1972.

Ampliando-se, pois, a bibliografia especializada, surge, com naturalidade, a questão: para que mais um livro de lógica? A tradução de livros de Quine (*Methods of logic*), Tarski (*Introduction to logic*), Kleene (*Mathematical logic*) e de mais meia dúzia de outros autores talvez fosse suficiente para deixar bem servido o leitor brasileiro. Sem embargo, entendemos ter duas obrigações para com o público que nos prestigiou. A primeira é a de oferecer-lhe um livro que siga a mesma trilha do *Lógica Simbólica*, em que a matéria vem exposta de modo simples e claro. A segunda é a de procurar redimir-nos dos erros cometidos, produzindo obra melhor. Aí está, então, a resposta à questão formulada: mas um livro, para que o tema se divulgue rapidamente, sem que precisemos esperar pelas traduções apontadas.

O livro que aqui está é novo. Guarda apenas algumas pequenas partes do livro de 1966. O Capítulo 2 (Escorço Histórico) é reprodução do capítulo correspondente do livro antigo, mas desenvolve mais amplamente a seção devotada ao silogismo. São conservadas, ainda, duas Seções (4.1. e 6.4.), com modificações menores, e são mantidos, em vários pontos, os mesmos exercícios.

O assunto foi, todavia, desdobrado. Neste volume só se trata do cálculo sentencial. O objetivo do livro, em essência, é este: introduzir, com o desejável rigor, as técnicas dedutivas (do cálculo sentencial). Para isso, depois de algumas observações preliminares (Cap. 1), em que o "pano de fundo da investigação" é colocado, em suas linhas gerais, e depois de fazer um breve relato da história da lógica (Cap. 2), efetua-se um estudo das tabelas de valores, dos conectivos e das tautologias (Cap. 3), que são aplicados ao exame dos argumentos. No Cap. 4 são examinados alguns tópicos complementares. No Cap. 5 estão reunidos certos teoremas fundamentais (da substituição, da reposição e da dualidade). Os leitores que não desejam aprofundar seus estudos, visando obter apenas um domínio das técnicas dedutivas, podem omitir esses dois capítulos, passando diretamente para o Cap. 6, em que tais técnicas são amplamente discutidas e se apresenta, de modo rigoroso, para o principiante, a noção de "dedução". O assunto é retomado no Cap. 8, em que a "dedução natural" vem estudada com certa minúcia. O Cap. 7 é o "núcleo" do livro, contendo os aspectos importantes da teoria da demonstração. O Cap. 9, enfim, destina-se apenas a apresentar, de modo breve, algumas informações adicionais.

Muita coisa aqui reunida foi tomada de empréstimo: não há livro que se produza no "vácuo intelectual". Devemos, p. ex., mencionar explicitamente o fato de que nos servimos dos livros de Quine, de Kleene, de Mendelson, de Copi e de Mates (ver referências no fim da obra) para apresentar muitos dos teoremas arrolados. Outras noções foram colhidas em livros de outros autores e resultaram de estudos feitos ao longo destes últimos anos. Não obstante, acreditamos que o enfoque dado à dedução natural (apesar de estar a noção bastante divulgada) adquiriu feição pessoal e representa contribuição para mais didática apresentação da lógica aos principiantes.

Este livro aperfeiçoa, pois, o de 1966. O que esperamos é que tenha a mesma receptividade do anterior, revelando o mundo da lógica – de maneira agora mais satisfatória – ao estudioso brasileiro.

A serventia do livro será a melhor recompensa do autor.

Leônidas Hegenberg

Prefácio

Sou amigo e admirador de Leônidas Hegenberg há algumas décadas. Confrades na Academia Brasileira de Filosofia, por alguns anos, fui por ele convidado a proferir palestras no Instituto Tecnológico da Aeronáutica – ITA, quando era catedrático naquela renomada escola de nível internacional.

Formado em Matemática (1950) e Filosofia (1956), sempre esteve academicamente ligado ao ITA, desde a fundação (1950) até sua aposentadoria, em 1988. Professor por vocação, continuou a lecionar nos cursos de pós-graduação do Instituto de Psicologia da USP.

Um confrade meu e seu, talvez o maior jusfilósofo da história brasileira, o prof. Miguel Reale, tinha o hábito de atender o telefone dizendo: "aqui fala o professor Miguel Reale", pois o título de mestre era o que mais o sensibilizava.

Assim também o filósofo e matemático Leônidas Hegenberg, como Miguel Reale, é um professor na acepção da palavra, honrando o título que todos o reconhecem de mérito, com uma luminosa carreira em que formou e forma gerações.

Tendo cursado Lógica e Metodologia da Ciência em Berkeley, na Califórnia, desde cedo (1962), iniciou sua atividade de escritor e conferencista com reconhecimento nacional e nos diversos continentes.

No elenco de sua impressionante carreira universitária, traduziu mais de 60 obras de renomados autores alemães, americanos, britânicos e franceses, algumas delas com a colaboração de Octanny Silveira da Mota; escreveu 400 resenhas publicadas na *Revista Brasileira de Filosofia*, dezenas de verbetes da *Enciclopédia Mirador* (1975) de Antônio Houaiss, sobre ministrar minicursos e palestras em Centros de Estudos de Teresina a Porto Alegre e de Brasília a Salvador.

A originalidade foi sempre sua mais marcante característica, tendo divulgado no país temas praticamente ignorados. Assim é que, no livro *Equações diferenciais* (1970), usou enfoque matricial, aqui não antes adotado. As obras de Lógica Simbólica (1973-75) inauguraram novos rumos no pensamento filosófico (1972-75). Em *Explicações científicas*, desviou-se de tendências então dominantes (1973) e, no livro *Doença, um estudo filosófico* (1998), foi o pioneiro em Iatrofilosofia.

É interessante notar-se na obra caleidoscópica de Leônidas, que a retórica não foi esquecida. O livro *Argumentar*, escrito em parceria com seu filho Flávio, é bem a

XX Lógica | Leônidas Hegenberg

demonstração deste talento multifacetado, sendo interessante a observação que fez, ao publicá-lo, de que era "incapaz de prosseguir acompanhando as incontáveis novidades que as pesquisas nos entregam a cada dia". Nada obstante, essa observação – que é válida para todos nós que trabalhamos nos diversos campos das pesquisas científicas –, inovou no livro *Metaética*, de 2011.

Leônidas Hegenberg foi membro de diversas associações, como Philosophy of Science Ass.; Assoc. for Symbolic Logic; British Soc. for the Philosophy of Science; New York Academy of Science; Ansewrs Philosophical Ass. Foi membro do Instituto Brasileiro de Filosofia, fundado pelo comum e saudoso amigo Miguel Reale, ocupando, na Academia Brasileira de Filosofia, a cadeira José Bonifácio.

Seus dois livros agora reeditados (*Cálculo Sentencial* e o *Cálculo de Predicados*) mostram bem a perenidade de sua obra.

Na primeira, desde o Preâmbulo e Escorço Histórico até a Tabela de Valores – normas complementares, os notáveis resultados de Cálculo Sentencial, os aspectos intuitivos da legislação, o realce dado à demonstração condicional e por absurdo, assim como a teoria da demonstração, em que nos impressionam as preliminares do teorema da completude e a amplitude do Cálculo Sentencial –, tudo ganha particular dimensão na lógica cartesiana e imbatível de Leônidas. Complementa a magnífica obra com a dedução natural, informações adicionais e com exercícios de resultados.

Na segunda obra (*Cálculo de Predicados*), cuida de uma nova linguagem, em que aquela referente aos cálculos e sua interpretação têm especial densidade. Reforça-a com as verdades lógicas, a técnica da dedução na dicção quantificável, com sua teoremização no formular os principais questionamentos. Chega, assim, ao Cálculo de Igualdade, com a explicação de alguns teoremas, em que a equivalência e a igualdade são destacadas no tratamento sistêmico do tema.

Não poucas vezes, na minha área de reflexão permanente, que é o Direito, procurei mostrar a magistrados e doutrinadores a maior abrangência do vocábulo "equivalência" em relação à igualdade, devendo aquele princípio, de espectro mais *lato*, quando constitucionalizado, ter exegese de maior amplitude conceitual e menor concretitude vocabular.

Apesar de sua genialidade, que o levou a apaixonar gerações, inclusive influenciando, por sua concepção invasiva de outras áreas do pensamento, sociólogos, juristas e políticos, Hegel não tinha razão quando dizia que "esse conhecimento defeituoso, do qual a Matemática se orgulha e com o qual se arma igualmente contra a Filosofia, repousa somente na pobreza de seu fim e a deficiência de sua matéria. É, pois, de uma espécie tal que a Filosofia tem o dever de desprezá-la" (*A fenomenologia do espírito*. Tradução: Henrique Cláudio de Lima Vaz. Abril Cultural, 1974. p. 31).

Em verdade, a Lógica e a Matemática conformam toda a pesquisa científica, inclusive nas áreas das Ciências Humanas e Sociais, e a prova inequívoca está nos dois excelentes livros, reeditados num só volume, de Leônidas Hegenberg.

Honra-me ser seu confrade na Academia Brasileira de Filosofia e poder tecer estas breves considerações sobre sua vida e seus dois escritos.

Ives Gandra da Silva Martins

Parte I

Cálculo Sentencial

Capítulo 1

Preâmbulo de Caráter Filosófico

Sumário

Aqui se apresentam ideias gerais: o "alicerce" sobre que se coloca a lógica, a espécie de contexto mais amplo da pesquisa. São examinados temas como o da justificação de asserções, o da formulação dos argumentos, o da verdade e legitimidade dos argumentos. Salienta-se a distinção a estabelecer entre verdade e legitimidade e se mostra que é possível considerar a questão da legitimidade sem cogitar da questão da verdade.

1.1. Justificação de asserções

Em suas tentativas de ajustar-se ao contorno, o homem pensa, raciocina, infere. Vê-se a braços com várias crenças, sustenta algumas opiniões e adquire certos conhecimentos. Pensamentos, raciocínios, inferências, opiniões, crenças e conhecimentos, enquanto "propriedade individual", isto é, enquanto processos psicológicos, que se passam na mente do indivíduo não podem ser objeto de investigação. O que se pode investigar são os frutos de tais processos, ou seja, expressões linguísticas: a formulação, em uma linguagem particular, das crenças, das opiniões e dos conhecimentos.

O conhecimento se adquire de modo direto (por meio dos órgãos dos sentidos) ou de modo indireto (relacionando-se alguns resultados a outros, por força de uma atividade mental). Confia-se nos órgãos dos sentidos, aceitando, como parte do vocabulário comum, certas sentenças declarativas que expressam informes colhidos pela ação de tais órgãos. Em outras palavras, aceitamos uma porção de sentenças como

a) A mesa é marrom
b) A luz está acesa
c) Bate um sino ao longe

pronunciadas em ocasiões específicas, frente a estímulos apropriados.

De outra parte, confiamos no trabalho da razão e aceitamos uma porção de outras sentenças que estejam, de algum modo, "justificadas". Em outras palavras, aceitamos uma porção de sentenças como

a) A terra é esférica
b) Os corpos se atraem na razão direta do produto das massas e indireta do quadrado da distância
c) As funções diferenciáveis são contínuas

que encontram, por algum prisma, justificação racional.

As sentenças "desenham" o mundo em que nos encontramos e o transformam de algo caótico (fruto de nosso mero "estar aí") em algo "ordenado" (local em que é possível "ir vivendo", "contando com" as coisas que nos rodeiam).

É claro que utilizamos a linguagem de vários modos. Ela pode ser utilizada para indagar, para emitir ordens (uso prescritivo), para manifestar desejos, emoções e intenções (uso apreciativo) e pode ser utilizada para certos fins "mais nobres", como descrever e argumentar.

Valemo-nos da linguagem para formar sentenças como:

a) Frieda Baebler nasceu a 20 de setembro de 1883
b) O ponteiro do instrumento está no 7
c) Há canibais no alto Amazonas
d) A luz se propaga no vácuo
e) Os trovões causam medo nas crianças

que, em certa medida, relatam (com fidelidade, presume-se) o que "acontece" no mundo, em momentos determinados. Muitas informações se transmitem com auxílio de sentenças desses tipos. Se a informação registrada é passível de verificação imediata, não há necessidade de justificações. Se, ao contrário, a verificação não pode ser imediata, a asserção pede justificativa. Quem afirma algo (pronuncia, em dado instante, uma sentença declarativa) está assumindo uma espécie de "compromisso": deve justificar a asserção, caso as circunstâncias o exigirem. A justificação de asserções coloca o problema da argumentação. Antes, porém, de falar de argumento, é oportuno ressaltar alguns itens básicos.

1.2. Ausência de justificação

Nem todas as asserções podem ou precisam ser justificadas. Há asserções que podemos considerar "gratuitas", lançadas ao acaso, numa conversação, apenas para romper um silêncio embaraçoso, algo como "O dia está bonito", numa sala em que se encontram pessoas estranhas). E há asserções que poderíamos considerar "absurdas", pelo menos em certos contextos. É o que se dá, digamos, com "A quadruplicidade bebe procrastinação" (para citar um exemplo famoso). Em condições que se diriam "normais", asserções gratuitas e absurdos nem sequer chegam a colocar a questão da justificativa: tais asserções dispensam qualquer consideração a respeito de justificativa.

Desconsiderados esses casos extremos, é importante notar que *não é possível justificar todas as asserções*.

A tentativa de justificar todas as asserções leva, como é óbvio, a um regresso infinito ou a um círculo vicioso. Com efeito, imagine-se que alguém solicita justificativa para a asserção A. Para justificá-la é preciso lançar mão de outras asserções B, C, etc. Mas estas novas asserções podem exigir justificação e se cai numa regressão ao infinito. A regressão pode ser rompida, caso em que se cai num círculo vicioso, justificando-se asserções com base em outras que já haviam exigido justificação.

Reconhecendo a impossibilidade de justificar todas as asserções, torna-se imprescindível tomar algumas delas como "básicas" – no sentido de que "dispensam justificativa".

Via de regra, quatro são os tipos de sentenças que dispensam justificativa (em condições "normais"). Em primeiro lugar, têm-se as chamadas sentenças de *constatação imediata*, como, p. ex.,

a) A luz está acesa

b) Na sentença anterior, a primeira letra é "A"

c) João usa óculos para ler

d) As janelas estão abertas

e) Há um cheiro de borracha queimada

que são enunciadas em determinadas ocasiões e que podem ter sua verdade ou falsidade imediatamente estabelecida – mediante simples apelo aos dados sensórios: basta "olhar" ou "ouvir" com atenção para decidir da propriedade das sentenças (naquela ocasião).

Não pedem justificação, ainda, os axiomas de uma teoria (axiomática) T. Enquanto se permanece no âmbito da teoria T, não tem sentido solicitar justificativa dos seus axiomas. Os axiomas são formulados como "verdades" de que se pretende retirar consequências. Está claro que é possível examinar a teoria T e discutir a oportunidade da escolha dos axiomas (Por que cinco axiomas? Por que não seis? Por que não substituir um deles por dois outros? Estes axiomas levam, de fato, às consequências desejadas? A teoria, com seus axiomas, explica o que pretende explicar?). Mas, enquanto se permanece na esfera de T, é inoportuna a solicitação de justificativa para seus axiomas. Tal solicitação só pode partir de quem não compreendeu a função dos axiomas.

Não costumam ser solicitadas justificativas de asserções, digamos A, que surgem em contextos do tipo "Admitamos que A", "Suponhamos que A" ou "Imaginemos que A" – mesmo quando A é duvidosa ou sabidamente falsa. Examine-se um caso correto. Uma pessoa diz

> Suponhamos que o Brasil venha a se tornar o maior produtor de cerejas em 1995

ou

> Admitamos que César não tivesse atravessado o Rubicão.

As asserções em pauta são (desconsideradas questões de tempos verbais que não vêm ao caso no momento), respectivamente, duvidosa – "O Brasil é o maior produtor de cerejas em 1995" – e falsa – "César não atravessou o Rubicão". Cabe, é certo, solicitar justificativa da forma:

> Por que fazer tal suposição?

Não cabe, de outra parte, indagar

> Por que é o Brasil o maior produtor de cerejas?

ou

> Por que César não atravessou o Rubicão?

Em suma, quando a asserção A aparece num contexto do tipo "Suponhamos que A" (ou análogo), pode-se questionar toda a suposição, mas não a própria *A*. O que está em jogo, em tais circunstâncias, são as consequências que podem advir da suposição. O leitor familiarizado com as demonstrações matemáticas há de recordar que a demonstração por absurdo se inicia, precisamente, com uma suposição que se presume falsa: para demonstrar *A* começamos por admitindo que *A* seja falsa (verificando que isso conduz a contradições).

Cabe, enfim, supor que não se pede (em geral) justificativa das chamadas *grandes crenças*, isto é, de certas asserções que traduzem convicções típicas de uma particular mundivisão. Entre elas, para exemplificar, estariam asserções como "A Terra gira em torno do Sol" ou "Todos os homens são mortais". Não se dispõe de evidência direta para asserções desse tipo, mas elas fazem parte do "nosso estar na circunstância", penetram nossas concepções do mundo e delineiam, em boa medida, aquilo que a época dá como "certo" e "indubitável". As grandes crenças podem e talvez devam ser questionadas, mas isso cabe ao filósofo – preocupado com as crenças de uma geração, de um período da História ou de grupos sociais. O cientista analisa, a rigor, problemas bem mais restritos, questões "locais", em que parecem irrelevantes as discussões de asserções de grande generalidade. Está claro que ele pode (na qualidade de filósofo da ciência) alargar seus horizontes e passar a discutir precisamente os pressupostos gerais em que se assentam as suas justificativas para problemas locais. Isso, porém, não é comum: o cientista analisa problemas específicos, em que têm importância asserções de caráter mais limitado.

Insistindo, dir-se-á que o cientista, na maioria dos casos, toma as grandes generalizações (as leis da Mecânica, a Teoria da Relatividade, as leis gerais da Genética, certos princípios da Economia, algumas generalizações acerca do comportamento individual ou grupal, etc.) como assentadas – premissas de que se pode valer para a justificação de suas asserções mais restritas. É claro que as generalizações podem ser submetidas ao crivo da crítica, buscando-se outras, melhores, mais adequadas (para as explicações e previsões que, em última análise, efetuam o necessário ajuste intelectual do homem com o contorno); mas esse não é o caso "normal".

1.3. Argumentos

Ao solicitar justificativa para uma asserção, digamos *A*, pede-se, via de regra, um "nexo" entre a asserção em pauta e outras asserções previamente admitidas, *B, C,* etc. Justificar *A* é lançar mão de outras asserções, *B, C,* etc., que, uma vez acolhidas, tornam "plausível" *A*. Constrói-se, dessa maneira, um *argumento*, ou seja, uma coleção de *n* + 1 sentenças: uma delas é a *conclusão* (do argumento), precisamente a asserção que solicitou justificativa, e as demais são as *premissas* (do mesmo argumento), asserções lembradas com o objetivo de construírem a requerida justificação – estabelecendo um nexo entre o que asseveram e o que assevera a conclusão.

Imagine-se, para exemplificar, que alguém diga

– João foi ao cinema.

O interlocutor (solicitando justificativa) indaga

– Como sabe?

– Ora, porque se fosse ao clube teria telefonado.

O argumento, em forma "condensada", poderia ser mais explicitamente formulado:

> João vai ao cinema ou vai ao clube
> Se vai ao clube, telefona
> João não telefonou
> _____
> João foi ao cinema.

A conclusão do argumento está sob o traço horizontal. As premissas invocadas para "servir de justificativa" acham-se sobre o traço. O argumento compõe-se de quatro sentenças, três premissas e uma conclusão. As premissas conferem maior ou menor plausibilidade à conclusão.

Num caso extremo, a verdade das premissas "garante" a verdade da conclusão: têm-se os argumentos dedutivamente legítimos. Em outro caso extremo, as premissas são "irrelevantes" para a conclusão: tem-se o argumento estéril, ou obnóxio. Estéril, porque "nada produz"; obnóxio, porque sujeito a punição – isto é, obriga quem formulou o argumento a refazê-lo.

De permeio, tem-se toda uma gama de situações, em que as premissas garantem a conclusão em "certa medida", com algumas ressalvas, ou com "certa probabilidade". Estes são os argumentos indutivos (indutivamente fortes ou indutivamente fracos, conforme seja elevada ou baixa a probabilidade de ser verdadeira a conclusão, admitida a verdade das premissas).

Argumentos estéreis não nos interessarão. Argumentos indutivamente fortes (mas não dedutivos) são estudados em conexão com

Cap. 1 | Preâmbulo de Caráter Filosófico 9

a chamada lógica indutiva e abrem margem para discussões muito interessantes, constituindo-se, mesmo, em núcleo de qualquer análise de problemas relativos ao conhecimento. A epistemologia, a rigor, poderia ser confundida com a filosofia da lógica indutiva. Argumentos desse tipo também escapam ao escopo desta obra. Limitando, pois, bem claramente o tema, trataremos exclusivamente dos argumentos dedutivamente legítimos, estabelecendo critérios para sua identificação. Isso levará a estudar a dedução e as técnicas dedutivas que são usualmente apresentadas nos livros modernos de lógica.

1.4. Verdade e validade

A propósito da validade, ou legitimidade de um argumento, cabem desde já algumas advertências.

Em qualquer argumento, dois são os pontos de relevo:

1) a verdade (ou falsidade) das premissas;

2) o tipo de conexão que se estabelece entre as premissas e a conclusão.

A verdade das asserções que comparecem em um argumento é fixada por especialistas nos assuntos de que trata o argumento. Se um argumento encerra, diga-se, a asserção

A colchicina interrompe a divisão celular da cebola,

então um biologista será convidado a garantir a verdade da asserção. Se o argumento contém asserções como

O êxodo rural se deve ao desejo de obter melhores salários nas áreas urbanas

ou

Toda função diferenciável é contínua,

então cientistas sociais ou matemáticos serão chamados para assegurar que as afirmações são verdadeiras.

A verdade das asserções, no entanto, não tem maior importância para a legitimidade de um argumento – que é estabelecida pelo estudioso da lógica. O lógico tem por objetivo estudar critérios de legitimidade dos argumentos, sem considerar a verdade ou a falsidade das asserções que os compõem. Em outras palavras, o lógico preocupa-se com o segundo dos dois pontos de relevo mencionados acima.

É claro que um argumento estabelece a verdade de sua conclusão quando:

i) tem premissas verdadeiras

ii) é (dedutivamente) legítimo.

O argumento pode, portanto, falhar como tentativa de justificação de sua conclusão quando

i) encerra uma ou mais premissas falsas;

ii) não estabelece a "desejada conexão" entre premissas e conclusão.

A um primeiro olhar, não parece digno de atenção o argumento que contenha premissas falsas. Sem embargo, o lógico pode efetuar a análise dos argumentos sem cogitar da verdade ou da falsidade das sentenças que o compõem. É preciso, pois, distinguir claramente entre a verdade, de um lado, e a legitimidade, de outro. Um argumento pode ser legítimo ainda que contenha sentenças falsas. Os exemplos ilustram algumas das situações possíveis:

Argumentos legítimos com premissas e conclusão verdadeiras:

Todos os homens são mortais

Sócrates é homem

Sócrates é mortal

Argumentos legítimos com premissas e conclusão falsas:

Todos os gatos são amarelos

Todos os objetos amarelos são belos

Todos os gatos são belos

Argumentos ilegítimos com sentenças verdadeiras:

Se eu fosse o Presidente eu seria famoso

Eu não sou o Presidente

Eu não sou famoso

(Para verificar que o argumento é ilegítimo basta substituir "eu" por "Einstein" e ajustar o verbo). Eis outro exemplo:

Todos os triângulos são triláteros

Todos os triláteros são triângulos

(O argumento é ilegítimo; só se pode obter a conclusão mais fraca: "Alguns triláteros são triângulos").

Enfim, há argumentos ilegítimos com sentenças falsas, fato que o leitor poderá constatar sem mais dificuldades.

O estudioso da lógica preocupa-se com a legitimidade dos argumentos. A verdade das premissas é da alçada dos pesquisadores, especialistas nos assuntos de que trata o argumento. Tem interesse, no entanto, essa análise da legitimidade dos argumentos, quando a verdade das premissas não está assegurada? A resposta é afirmativa. São numerosos os casos em que as premissas dos argumentos são duvidosas. Cientistas elaboram suas teorias. Essas teorias são submetidas a testes. Em princípio, o teste consiste na dedução de consequências da teoria, consequências que serão explicações ou previsões – que hão de corroborar ou refutar a teoria, sempre que se mostrem compatíveis ou não com resultados experimentais conhecidos. A teoria não tem sua verdade estabelecida: é uma conjectura, destinada a explicar e prever. Suas consequências lhe darão maior ou menor credibilidade. Mas para obter consequências é preciso deduzir corretamente – o que o lógico poderá verificar. A análise da legitimidade, portanto, é de interesse, independentemente de conhecer-se ou não a verdade das premissas do argumento.

1.5. Resumo

Em suma, a verdade ou a falsidade de asserções isoladas é da competência do pesquisador. A espécie de conexão que se estabelece entre premissas e conclusão de um argumento é da alçada do lógico.

Ao estudioso de Lógica interessam questões como:

Supondo verdadeiras estas premissas, a conclusão deve ser verdadeira?

Estas premissas constituem evidência para esta conclusão?

As premissas são, realmente, evidência para esta conclusão?

O lógico não se preocupa com a verdade das premissas. Seu tipo de análise dos argumentos resume-se nisto: SE as premissas são verdadeiras, ENTÃO a conclusão também é verdadeira? O argumento será dedutivamente legítimo sempre que a resposta for afirmativa, isto é, sempre que a falsidade da conclusão for incompatível com a verdade das premissas

Exemplo. Considere-se o argumento

Todos os professores são pedantes
João é professor
_____
João é pedante.

Imagine-se que as premissas sejam verdadeiras. Vejamos o que sucede com a conclusão. Se a conclusão fosse falsa, isto é, se

João não é pedante,

então uma das premissas teria de ser falsa: se João é professor e não é pedante, torna-se falsa a primeira premissa; se todos os professores são pedantes e João não é pedante, a segunda premissa torna-se falsa. A falsidade da conclusão é incompatível com a verdade das premissas. O argumento é dedutivamente legítimo. A verdade das asserções, entretanto, não entra em cogitação: ela será objeto de investigação de outros estudiosos – não do lógico.

Notando que a legitimidade independe da verdade das asserções que compõem os argumentos, é muito mais fácil analisar os argumentos escrevendo-os em uma notação simbólica apropriada, de modo que as questões de "conteúdo" sejam afastadas de consideração. É por isso que a lógica usa o simbolismo (da matemática, em particular), criando uma linguagem própria e adequada. Letras substituem sentenças comuns e símbolos especiais são introduzidos com o objetivo de formular os argumentos em toda a sua nudez.

O simbolismo tem vantagens que não é preciso realçar – e que se tornarão patentes no que segue. Inicia-se, pois, o aprendizado de uma "linguagem" nova. O português (complementado com algumas noções simples da matemática) será a nossa linguagem "básica", isto é, a linguagem "de uso". Nesta situação, a linguagem "de uso" recebe o nome *metalinguagem*, ao passo que a linguagem "nova", a ser estudada, recebe o nome de *linguagem objeto* (é o objeto de estudo).

A linguagem objeto será apresentada de modo intuitivo, com os comentários adequados – formulados em nossa metalinguagem. Compreender essa linguagem é uma das tarefas mais importantes para o estudo da lógica. Para o cálculo sentencial, que será aqui examinado, a linguagem é simples e não oferece dificuldades, nem mesmo para os que jamais tiveram contato prévio com a lógica ou deixaram, há muito, seus estudos de matemática. A linguagem do cálculo sentencial, entretanto, é extremamente simples, não permitindo a formulação e análise de argumentos quotidianamente apresentados. Essa linguagem precisará ser "refinada", chegando-se à linguagem das teorias de primeira ordem – a linguagem do cálculo de predicados. Isso, porém, é assunto para a parte II. Aqui, limitamo-nos a examinar a legitimidade dos argumentos com as técnicas do Cálculo Sentencial, cujo estudo agora se inicia – depois de breve exame da história da lógica.

1.6. Referências[1]

1. Ackerman, /Non-deductive/, *passim.*
2. Copi, /Logic/, introd. e cap. 1.
3. — /Introduction/, *passim.*
4. Hegenberg, /Explicações/, *passim.*
5. — /Formalismo/.
6. — /Verdade/.
7. — /Filosofia/, item 1.
8. Quine, /Phylosophy/, introd.
9. Runes, /Dicionário/, verbetes apropriados.
10. Skyrms, /Choice/, cap. 1.

Obs.: Convém ler um bom dicionário de filosofia (como o de Runes, p. ex.) para fixar a terminologia. São de especial interesse os significados dos vocábulos "lógica", "dedução", "indução", "argumento", "verdade", "validade". As notas iniciais foram por nós discutidas, de modo mais amplo, em /Justificação/ e, em parte, no livro /Explicações/. A monografia para a Enciclopédia explora o assunto com mais minúcia. Aspectos de interesse acham-se também nos dois outros ensaios que escrevemos. Os exemplos de Copi são úteis, mas Skyrms trata do tema com mais vagar e de modo mais didático. Quine será manuseado com proveito. Para uma ideia geral acerca das lógicas não dedutivas, ver Ackerman.

---

1   Ver bibliografia no final da obra.

Capítulo 2

Escorço Histórico

Sumário

Depois de um breve introito (em que se fala da diferença a estabelecer entre uso e menção), faz-se rápido exame da história da lógica. As contribuições de Aristóteles são destacadas, dando-se particular atenção aos argumentos silogísticos (Sec. 2.4.). O leitor pode omitir o capítulo, se o desejar, mas seria oportuno que lesse as seções 2.1. e 2.4.

2.1. Introito

Algumas observações iniciais merecem explícita menção.

Comecemos notando que é possível *usar* um objeto ou *mencioná-lo*. Essa distinção não parece difícil de fazer quando os objetos são materiais (coisas concretas, como os paus e pedras da experiência cotidiana), mas é mais sutil quando os objetos são símbolos de uma linguagem. Na sentença

Santos fica em São Paulo,

usamos o vocábulo *Santos* para fazer alusão à cidade de Santos (que o vocábulo designa). Mas sempre mencionamos um símbolo para falar dele; em

Santos tem seis letras,

mencionamos o vocábulo *Santos,* para falar do próprio vocábulo.

A fim de estabelecer uma distinção entre uso e menção convém usar aspas simples sempre que se menciona um símbolo. Portanto:

'Santos' tem seis letras,

e não:

Santos tem seis letras.

As aspas agem como uma espécie de operador que forma nomes. O objeto Santos se transforma em um nome, 'Santos'.

A mesma técnica pode ser adotada para as sentenças, já que se pode usá-las ou falar a seu respeito. Considere-se:

Santos está ao norte de Curitiba.

Se desejamos dizer que se trata de sentença verdadeira, escreveremos:

'Santos está ao norte de Curitiba' é uma sentença verdadeira.

Também escreveremos:

'Santos está ao norte de Curitiba' tem seis palavras.

As duas últimas sentenças, por se referirem a outras sentenças, são *metassentenças* (sentenças a respeito de outras sentenças). A sentença:

Santos está ao norte de Curitiba,

como "objeto" a que se referem as anteriores, é uma sentença-objeto.

Quando se considera uma linguagem, digamos L, a primeira etapa de sua identificação exige a explicitação de seus sinais. Com os sinais de L é possível construir expressões, palavras, sentenças. Elas serão usadas ou mencionadas. Quando mencionadas, são objeto do discurso – discurso que se faz em outra linguagem (digamos L'). A linguagem L, a respeito da qual versa o discurso, é a linguagem objeto; a linguagem L', usada para o discurso, é a metalinguagem.

O estudo geral dos sinais (denominado *semiótica*) abrange três disciplinas: a sintaxe, a semântica e a pragmática.

A semântica examina as várias relações entre símbolos e qualquer coisa que os símbolos se prestam para dizer. Examina, por exemplo, a relação de designação, de *satisfazer*, de *ser verdadeiro*, e assim por diante. Como exemplos de enunciados da semântica temos:

a) A expressão 'A águia de Haia' designa Ruy.
b) O predicado 'é branco' é satisfeito por neve.
c) O enunciado 'a neve é branca' é verdadeiro se, e somente se, a neve é branca.

A pragmática estuda relações entre sinais e seus usuários. Relações como "é significativo para", "é conhecido de", etc. são relações pragmáticas. Exemplificando, a pragmática estuda enunciados como

a) 'dever' não tem sentido para uma criança de 2 anos
b) o vocábulo 'semiótica' é empregado desde o séc. 17
c) o enunciado 'marcianos invadirão a Terra' não é digno de crédito no presente.

A semântica e a pragmática tratam dos sinais como itens interpretados do discurso. A sintaxe, em oposição, ignora a interpretação e cuida dos sinais como "formas", inscrições ou marcas no papel (via de regra nesta última condição). Estuda, em síntese, as relações entre sinais como, para exemplificar, "ser vocábulo de três letras", "estar ao lado de", "seguir a", etc. Eis alguns enunciados típicos da sintaxe:

a) 'i' está ao lado de 'g' na palavra 'ígneo'
b) 'e' segue 'g' na palavra 'ígneo'
c) 'ígneo' é um vocábulo de cinco letras.

Com o fito de transmitir informações, cada linguagem tem um vocabulário que lhe é peculiar. Na física, por exemplo, usam-se palavras como fóton', 'massa', 'energia', e assim por diante. Ao lado de tais vocábulos, porém, figuram outros, como 'é', 'ou', 'e', 'todos', 'nenhum' (e expressões como 'se..., então...' ou 'se e somente se'), para citar alguns que parecem, em certo sentido, "anteriores" à física – parte integrante de qualquer discurso. Vocábulos (e expressões) que são, nesse sentido, "anteriores" a cada linguagem particular específica, descritiva, são chamados *vocábulos lógicos*. Tais vocábulos precedem, no discurso, os vocábulos que se chamam *descritivos* (como, digamos, 'gato', 'homem', 'fóton').

A escolha do vocabulário básico, lógico, é mais ou menos livre. Inclui, em geral, palavras e expressões como:

e	não	se..., então	para todo
é idêntico a		pertence a.	

18 Lógica | Leônidas Hegenberg

Tais palavras e expressões podem ser encaradas como recursos de que nos servimos para fixar a "estrutura" das sentenças. Complementando seu uso com o de vocábulos descritivos (factuais), chegamos às linguagens descritivas utilizadas pelas várias ciências.

Exemplificando,

Se todo ...   é *** e se todo *** é —
então todo ...   é —

determina uma "estrutura" cujos "claros" podem ser preenchidos com vocábulos descritivos (p. ex., 'sábio', 'homem' e 'mortal' no lugar de..., *** e de –, respectivamente) para formar uma sentença.

O estudo dessa "linguagem prévia" (denominador comum das linguagens naturais) foi feito por Aristóteles, pelos estoicos, pelos megáricos, pelos escolásticos e, de modo muito mais preciso, pelos matemáticos do fim do século XIX e início do século XX. Esse estudo pode ser encarado como estudo que tem por objeto a lógica.

É conveniente pensar na lógica em termos de linguagem que dá estrutura às linguagens descritivas. O estudo destas linguagens descritivas seria, nesse caso, a semiótica lógica. Parte da semiótica lógica trata dos componentes lógicos das linguagens: seria a metalógica. Parte trata dos componentes factuais dessas linguagens descritivas: seria a metaciência.

Depois destas anotações preliminares, faremos um rápido exame das contribuições que para a lógica trouxeram Aristóteles, os estoicos e megáricos, os estudiosos do período escolástico e os matemáticos do século XIX e do século XX.

2.2. Aristóteles

Aristóteles é tido como o primeiro sistematizador de um assunto que viria, depois, a chamar-se *lógica*. A partir, presume-se, de uma análise das discussões que eram comuns em seu tempo, o filósofo teria procurado caracterizar um "instrumento" (Órganon) de que se serviria a razão, na busca da verdade. Talvez Aristóteles chegasse a subscrever esta definição de lógica, dada recentemente por um intelectual contemporâneo: "a arte que dirige o próprio ato da razão".[1] Caberia, pois,

---

1   MARITAIN, J. *Elementos de Filosofia*, v. II, *A ordem dos Conceitos, Lógica Menor* (Lógica Formal). Rio de Janeiro: Livraria Agir Editora, 1949, p. 7.

Cap. 2 | Escorço Histórico   19

à lógica a descoberta de leis gerais de encadeamento de conceitos para formar juízos e de encadeamento de juízos para formar raciocínios, segundo sintetiza outro pensador contemporâneo,[2] acentuando que nessa tarefa a lógica se despiria de "conteúdos", atendo-se às "formas".

As noções incluídas no parágrafo anterior, não é difícil perceber, são vagas e discutíveis. Objetivo há de ser a reformulação de tais ideias, visando à maior precisão. Um breve relato, porém, de certos pontos fixados pelo fundador da lógica é oportuno. A tanto se destinam os próximos parágrafos.

Segundo o filósofo de Estagira, os constituintes básicos dos enunciados são os termos, isto é, os nomes de entes ou de classes de entes. Os termos costumam ser distribuídos em dois grupos, os *singulares* e os *gerais* (distinção que é análoga àquela que se faz, na gramática, entre nomes próprios e nomes comuns). Os enunciados, construídos a partir dos termos, assumem a forma "sujeito-predicado", onde um termo, o sujeito, é ligado a outro, o predicado, por meio da cópula "é" ("são"), no caso de "concordância" entre os termos, ou "não é" ("não são"), no caso de discordância. Se a concordância ou discordância asseverada for constatada, o enunciado será *verdadeiro*; *falso*, na hipótese oposta.

Assim, "Sócrates é mortal" seria um enunciado verdadeiro, já que se constata aquilo que ele assevera ao unir, pela cópula "é", os termos "Sócrates" e "mortal". Falso, p. ex., seria o enunciado "Os gregos são espartanos".

Na linguagem não se limita o homem a fazer asserções. Ele interroga, exclama, ordena. Todavia, imperativos, exclamações e interrogações não podem merecer o qualificativo "verdadeiro" (ou "falso"), que se limita às asserções. Uma asserção toma a forma (gramatical) de uma sentença declarativa. Às sentenças declarativas (em especial quando não se leva em conta a particular linguagem em que forem formuladas) se chamam *proposições*.

As proposições podem ter uma forma condicional, como em "Se chover, as plantas sobreviverão", ou categórica, simples e direta asserção a propósito de alegados fatos.

---

2   GRANGER, G. G. *Lógica e Filosofia de Ciência*. São Paulo: Melhoramentos, s/d. p. 43.

Aristóteles classificou as proposições categóricas de tipo sujeito-predicado em quatro grupos, dois originários de uma consideração qualitativa, dois de consideração quantitativa. Segundo a qualidade têm-se proposições *afirmativas* ou *negativas*; segundo a quantidade, *universais* ou *particulares*. Afirmativa, se o sujeito e o predicado forem concordantes; negativa, no caso oposto. Universal, se o predicado se afirma ou nega de todo o sujeito; particular, quando o predicado se aplica a uma parte não especificada do sujeito. Os exemplos seguintes, já distribuídos no chamado "quadrado lógico" de Aristóteles, ilustram o que se pretendeu dizer:

Todos os homens são sábios   Todos os homens não são sábios
Alguns homens são sábios   Alguns homens não são sábios.

Escolhendo as primeiras vogais das palavras "AfIrmo" e "nEgO", o quadrado costuma ser indicado pelas letras

A   E
I   O

de modo que a letra A se associa às proposições universais afirmativas, E às universais negativas, I às particulares afirmativas e O às particulares negativas.

Convém salientar que, para Aristóteles, as proposições singulares, como "Sócrates é sábio", devem ser consideradas como universais, já que o sujeito, indivisível, único, tem a ele aplicado o predicado de maneira global.

É útil salientar, ainda, que certas variantes de estilo podem ser perfeitamente utilizadas no lugar das *A, E, I, O*. P. ex.: "Alguns homens não são sábios" pode ser "traduzida" por "Alguns homens são não sábios"; caso se admita que "sábio" se opõe a "tolo", "Todos os homens são tolos" poderia figurar no lugar da *E* acima.

Traduções mais ou menos "liberais", como as que acabamos de citar, são causa de enganos perigosos e uma das tarefas de um estudo como este é, precisamente, a de indicar, de modo mais cuidadoso, equivalências que o bom-senso autorizaria.

2.3. Inferências na lógica aristotélica

As proposições clássicas de Aristóteles podem ser convenientemente abreviadas segundo os esquemas seguintes:

A: Todos os X são Y
E: Nenhum X é Y
I: Algum X é Y
O: Algum X é não Y (Algum X não é Y).

Qualquer termo que é universalmente afirmado ou negado em uma proposição se diz *distribuído* nessa proposição; a distribuição de um termo significa, pois, que se faz uma asserção sobre o termo globalmente considerado. As proposições de tipo A e E distribuem o sujeito; as de tipo E e O distribuem o predicado. A assevera concordância, E discordância entre todo X e Y; E e O asseveram discordância entre todo Y e todo ou parte de X. As proposições negativas distribuem seu predicado, uma vez que dizer algo a respeito da exclusão de Y é referir-se (ainda que implicitamente) a Y de modo global.

Expressivo artifício pictórico pode ser empregado a fim de ilustrar as relações entre os termos numa proposição de tipo sujeito-predicado. Esse artifício se deve a Euler,[3] e se baseia na simples ideia de associar cada termo a uma região do plano, limitada por uma curva fechada. As concordâncias entre os termos são, aí, salientadas por meio de uma superposição das áreas em questão.

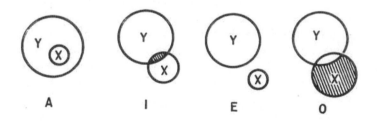

As relações entre cada um dos tipos de proposições A, E, I, O podem ser facilmente fixadas no "quadro das oposições" seguinte:

---

3   EULER, L. *Lettres à une Princesse, d'Allemagne sur divers sujets de physique et de philosophie*. Mitau/Leipzig: St. Petersburg, 1770-1772, cartas 102 a 105 (Apud G. T. Kneebone, "Mathematical logic and the foundations of mathematics", D. Van Nostrand, 1963, p. 12).

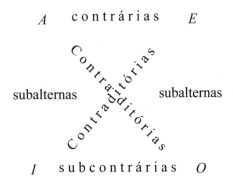

A e *O*, *I* e *E* são proposições *contraditórias*: se uma for falsa, a outra será verdadeira, e vice-versa. *A* e *E* são *contrárias*: não podem ser simultaneamente verdadeiras (podem ser ambas falsas). *I*, *O* não podem ser falsas ao mesmo tempo (podem ser verdadeiras): são *subcontrárias*. A subalterna se estabelece de *A* para *I* e de *E* para *O*, no sentido de que a universal acarreta a particular, no caso de veracidade; a particular acarreta a geral, no caso de falsidade.

2.4. O silogismo

Uma importante parte da lógica tradicional trata de operações conhecidas como operações de *conversão*. Dada uma proposição cujo sujeito é *X* e cujo predicado é *Y*, uma sua consequência com os papéis de *X* e *Y* invertidos diz-se obtida por *conversão* da proposição original. Proposições de tipo *I* e *E* se convertem por *conversão simples*, ou seja, por sumária troca de termos *X* e *Y*. De fato, "Algum *X* é *Y*" acarreta "Algum *Y* é *X*", e, analogamente, "Nenhum *X* é *Y*" acarreta "Nenhum *Y* é *X*". A conversão das proposições *A* se faz *por limitação*, uma vez que, digamos, "Todo *X* é *Y*" só permite inferir "Algum *Y* é *X*". Note-se que mesmo esta conversão deixa de ser legítima no caso de admitir (o que não acontece na lógica aristotélica) que não exista algum *X*.

A conversão das proposições *O* é mais complicada. Só pode, legitimamente, ser feita com auxílio da negação. De "Algum *X* é não *Y*" se obtém, pela chamada *conversão* por *negação*, "Algum não-*Y* é *X*", que tem *X* como predicado, mas na qual o sujeito é o complementar de *Y*, ou seja, não-*Y*. Exemplificando, de "Algum homem é não mortal" (modo conveniente de refrasear "Algum homem é imortal") se pode inferir "Algum ser imortal é homem".

Uma *inferência* consiste na afirmação de certa proposição, sua *conclusão*, com base em outra(s) proposição(ões), a(s) sua(s) premissa(s), dada(s) como verdadeira(s), ou tratada(s) como se o fosse(m).

Com uma premissa única pouco se pode fazer. Ou simplesmente reenunciá-la, para ter a inferência trivial (tautológica); ou passar de uma universal para a subalterna correspondente (de A obter I; de E inferir O); ou, enfim, passar para a particular que lhe está subordinada, como, neste exemplo, inferir "Sócrates é sábio", a partir de "Todos os homens são sábios". Este é um exemplo do princípio aristotélico chamado *dictum de omni et nullo*: o que puder ser atribuído a um termo pode igualmente ser atribuído a qualquer de suas partes.

Com duas premissas a latitude se amplia. Em especial, quando se passa de uma premissa com termos M e P e de outra com termos M e S, para conclusão que envolve S e P (eliminado M), tem-se a inferência silogística, por Aristóteles considerada como fundamento do raciocínio. Uma das preocupações notórias do famoso filósofo era, justamente, a de classificar exaustivamente as formas legítimas do silogismo.

O termo M, que surge em ambas as premissas, é o termo médio do silogismo. O predicado P da conclusão é o termo maior e o sujeito da conclusão, S, o termo menor do silogismo. Premissa maior é a que contém P; menor, a que contém S. As convenções aceitas estabelecem que as proposições que formam o silogismo se escrevam em ordem fixa: premissa maior, menor e conclusão. Na proposição, é útil convencionar que se faz antes menção do sujeito, depois, do predicado. Os pares M, P e M, S podem ser ordenados de quatro maneiras independentes, que dão as chamadas figuras do silogismo, a seguir diagramadas:

$$
\begin{array}{cc} M & P \\ S & M \\ \hline S & P \end{array}
\qquad
\begin{array}{cc} P & M \\ S & M \\ \hline S & P \end{array}
\qquad
\begin{array}{cc} M & P \\ M & S \\ \hline S & P \end{array}
\qquad
\begin{array}{cc} P & M \\ M & S \\ \hline S & P \end{array}
$$

Dado um silogismo de certa figura, ficam especificados quais os termos de cada proposição que desempenham papel de sujeito e de predicado. Não ficam especificadas a qualidade e quantidade de cada proposição. Podendo uma proposição ser de tipos A, E, I ou O, cada figura permite considerar seus *modos*, num total de 256 silogismos diversos. Deles, alguns são legítimos, no sentido de que, sendo aceitas as premissas, a conclusão também precisa ser aceita; outros, porém, não são válidos. São 24 as formas válidas, 5 das quais normalmente são desprezadas, por serem conclusões "fracas", já fornecidas em outras das formas, sendo discutível a validade de uma das 19 restantes – de maneira que, afinal, 18 formas válidas se identificam de modo irretorquível.

Na figura 1, p. ex., o modo AAA é válido, segundo o esquema:

todo M é P.
todo S é M.
logo, todo S é P.

O modo AAA, na segunda figura, isto é:

todo P é M.
todo S é M.
logo, todo S é P,

é não válido. A validade pode ser examinada em cada caso por meio dos diagramas de Euler e, em última análise, por inspeção direta. Uma justificação pormenorizada da validade dos diversos tipos de silogismo tem sido feita por duas vias essenciais. Ou fazendo apelo a certas "regras de raciocínio", já aplicadas por Aristóteles, ou deduzindo as legítimas formas de alguns axiomas estipulados e aplicando uma lógica especificada.[4]

Aristóteles, em sua obra, só considerava as três primeiras figuras aqui mencionadas. Distinguia, além disso, a figura "perfeita", a primeira, das demais, tidas como "imperfeitas". Essas figuras imperfeitas seriam "reduzíveis" às perfeitas, dando origem a alguns pro-

---

4   As regras de raciocínio, aqui aludidas, foram examinadas com certo vagar na fase que antecede imediatamente o surgimento de novas técnicas dedutivas, por W. S. JEVONS (Cf. *Elementary lessons in logic*, London, 1870, lições 15 a 16). Encontram-se bastante divulgadas e podem ser colhidas, p. ex., na obra de MARITAIN citada acima. A abordagem axiomática encontra-se muito bem exposta em *Elements of mathematical logic*, de Jan LUKASIEWICZ (New York, McMillan, 1963, tradução do original polonês, de 1929). Uma discussão da validade das formas, em moldes modernos, pode ser encontrada em W. V. O. QUINE, *Methods of logic*, London, Routledge Kegan Paul, 1952. Exaure o assunto a obra do mesmo LUKASIEWICZ, *Aristotle's syllogistic from the standpoint of modern formal logic*, Oxford, 1951 (edição ampliada surgiu em 1957). Veja-se, ainda, L. HEGENBERG, "Determinação dos silogismos legítimos", in *Rev. Bras. de Filosofia*, v. 7, fasc. 25, 1956.

blemas curiosos com que se houve o pesquisador dos tempos que se seguiram aos primórdios da Lógica.

Maneira simples de investigar a legitimidade dos silogismos foi recentemente indicada por W. Salmon.[5] Comecemos por lembrar que estão distribuídos:

    i) os sujeitos das universais

    ii) os predicados das negativas.

O fato de que um termo está distribuído pode ser indicado por meio de um índice inferior "d".

Em seguida, adotamos uma notação "prática", a fim de evidenciar o que importa para a análise de legitimidade. Dado um silogismo da primeira figura, p. ex., com premissa maior universal negativa (isto é, "E"), premissa menor universal afirmativa (isto é, "A") e conclusão negativa (isto é, "E"), escreve-se:

$$\frac{\begin{matrix} M_d & E & T_d \\ t_d & A & M \end{matrix}}{t_d \quad E \quad T_d}$$

Os tipos de proposições estão indicados na coluna do meio (E, A, E). Tratando-se de silogismo da primeira figura, o termo médio (M) está como sujeito da maior e predicado da menor. Os termos maior (T) e menor (t) que se acham distribuídos têm o índice inferior (d). Recorde-se: estão distribuídos

M	na premissa maior – sujeito de universal
T	nessa mesma premissa – predicado de negativa
t	na premissa menor – sujeito de universal
t	na conclusão – sujeito de universal
T	na conclusão – predicado de negativa

Não está distribuído

    M na premissa menor (pois não se trata de sujeito de universal nem de predicado de negativa).

---

5   Cf. seu livro *Logic*, Englewood Cliffs, N. J., Prentice-Hall, 1965 (série "Fundations of philosophy"). Trad. para o Português de L. Hegenberg e O. S. Mota, Rio, Zahar, espec. Sec. 11 (p. 57 em diante).

Adotadas essas convenções para a apresentação dos silogismos, têm-se, a seguir, as regras que determinam sua legitimidade. As regras são estas:

1. M deve estar distribuído exatamente uma vez (nem zero nem duas vezes)

2. T e t estão distribuídos zero vez ou duas vezes (não estão distribuídos apenas uma vez). Observe-se que T pode estar distribuído zero vez e t duas vezes, ou vice-versa

3. Se a conclusão é negativa, há exatamente uma premissa negativa; se a conclusão é afirmativa, não há premissas negativas.

As regras podem ser aplicadas ao silogismo acima indicado. As três condições de legitimidade estão satisfeitas: o silogismo é legítimo.

Os silogismos legítimos receberam nomes especiais, tradicionalmente empregados:

1ª figura: Barbara, Celarent, Darii, Ferio
2ª figura: Cesare, Camestres, Festino, Baroco
3ª figura: *Darapti, Felapton*, Disamis, Datisi, Bocardo, Ferison
4ª figura: *Bamalip*, Calemes, Dimatis, *Fesapo,* Fresison.

Os nomes *grifados* correspondem aos silogismos *atenuados*, cuja legitimidade fica na dependência de uma premissa adicional (oculta) que afirma a existência das entidades em causa. São ainda legítimos, como formas atenuadas:

1ª figura: *Barbari, Celaront*
2ª figura: *Cesarop, Camestrop*
4ª figura: *Calemop.*

Esses nomes foram meticulosamente escolhidos e as letras têm funções específicas. Assim, as iniciais indicam possibilidade de redução à 1ª figura, tendo-se, como resultado, o silogismo de mesma inicial. Exemplo: Festino se converte em Ferio; Dimatis se converte em Darii (mesmas iniciais). De outra parte, as consoantes indicam operações a realizar: "*s*" indica uma conversão simples; "*p*" indica uma conversão acidental; "*m*" indica transposição de premissas; e "*c*" indica ser a "redução ao absurdo" a única praticável.

Exemplificando, imagine-se tentar reduzir a um modo perfeito (da 1ª figura) o silogismo Camestres:

caM	Todo invejoso é cruel
eS	ora, nenhum santo é cruel
treS	logo, nenhum santo é invejoso.

Este silogismo se reduz a um silogismo em Celarent (mesma inicial "C"). Para efetuar a redução será preciso:

1) transpor as premissas (indicação dada por "M");
2) converter simplesmente a menor e a conclusão ("S").

Resulta:

ce	Nenhum homem cruel é santo
la	ora, todo invejoso é cruel
rent	logo, nenhum invejoso é santo.

Não é preciso entrar em minúcias, pois já se alongou bastante esta apresentação da lógica aristotélica. Todavia, convém reservar espaço maior para o silogismo, porquanto nas deduções é frequente a forma silogística e, adiante, poderemos fazer alusão a estes casos sem mais comentários.

2.5. A lógica dos estoicos e megáricos

Parece que foi C. S. Peirce (1839-1914) quem constatou que os antigos já haviam analisado algumas questões que importam no contexto da lógica atual. O assunto foi examinado em suas minúcias por J. Lukasiewicz (1878-1956) em 1927, chegando o célebre estudioso polonês à conclusão de que inúmeros aspectos das modernas ideias relativas ao assunto eram debatidas por Euclides (o fundador da escola megárica) e seus discípulos, em especial Zenão (fundador da escola dos estoicos).[6]

Com características diferentes daquelas que se divulgaram por meio dos aristotélicos, a lógica dos estoicos e megáricos permaneceu, porém, até o presente quase ignorada, subjugada pelas ideias de Aristóteles – que se disseminaram e se mantiveram dominantes por mais de 20 séculos.

---

6 A respeito da lógica não aristotélica, cultivada na Grécia antiga, cf. B. MATES, *Stoic logic*, California, Univ. Press., 1961 (o original apareceu em 1953, na série de publicações de Filosofia dessa universidade, n. 26). Bibliografia adicional é aí indicada.

A diferença fundamental entre a lógica de Aristóteles e a dos estoicos e megáricos talvez possa ser assim resumida:

a) enquanto a lógica aristotélica, em suas partes notáveis (silogística), se associa ao que hoje se entende por lógica das classes (ou predicados), a da escola estoico-megárica é uma lógica das proposições;

b) enquanto Aristóteles formula a maioria de seus resultados na forma de condicionais expressos na linguagem objeto, os estoicos e megáricos formulam regras de inferência e usam a metalinguagem para tanto;

c) o *status* ontológico das fórmulas não está claramente determinado em Aristóteles: não se sabe se são sequências de sinais, estruturas mentais ou estruturas objetivas. Nos trabalhos da *Stoa* há, ao contrário, uma elaborada teoria dos sinais e os teoremas da lógica são enunciados de modo que sempre signifiquem algo pertencente ao domínio dos significados.

Acresce que os estoicos e megáricos introduziram uma nomenclatura nova, diferente da empregada por Aristóteles. A impressão de que, por isso, estariam fazendo algo inteiramente diverso do que fazia Aristóteles não deve, porém, prevalecer. Em verdade, segundo se sabe hoje, a escola dos estoicos e megáricos desenvolveu aspectos que não se encontravam em Aristóteles. E, por estranho que possa parecer, nada se tem nos estoicos e megáricos daquilo que era examinado pelos aristotélicos: é como se nunca tivessem desenvolvido uma lógica de predicados. De outra parte, os principais resultados que obtiveram parecem continuação "normal" dos ensinamentos do Estagirita.

2.6. A escolástica e a transição

Depois do período dos estoicos, inicia-se um período obscuro, virgem de pesquisas, de que, provavelmente, seria mais ou menos seguro afirmar que não levanta problemas novos, limitando-se a aperfeiçoar certas técnicas e a maneira de ensinar a lógica. Há, segundo se depreende das poucas obras conhecidas desse tempo, uma união de traços aristotélicos e estoicos, a culminar na obra de Boécio (*circa* 480-524), chave das questões que viriam a ser examinadas no período escolástico.

Do período medieval ainda se conhece bem pouco. A lógica árabe e a lógica judaica estão praticamente desconhecidas.[7] Quase nada se sabe dos séculos XIV e XV. Uma periodização razoável permite identificar uma época de decadência (até Abelardo, 1079-1142), uma época de certa vitalidade (que se estende até fins do século XIII), que culmina com a obra de Petrus Hispanus (lisboeta, ao que tudo indica, nascido entre 1210 e 1220), e a época da sistematização, iniciada com Guilherme de Ockam (falecido em 1349/50) e que se prolonga até o fim da Idade Média (séc. XV).

Vale a pena lembrar que se tem dedicado atenção cada vez maior à lógica hindu. Esta abrange um período pré-sistemático (do século 2º ao século 8º) e um período áureo (entre os séculos XIV e XVI). O curioso é que na Índia floresce um pensamento bem diverso daquele que é comum no Ocidente e que, não obstante, apresenta problemas que são análogos aos que se tem debatido, e atinge soluções semelhantes àquelas que entre nós se divulgaram. Estes pontos têm sido estudados com vigor crescente nos últimos anos, estando constantemente em pauta nos recentes congressos de Lógica.[8]

2.7. Período "clássico"

O período clássico abrange três tendências especiais: a do humanismo, a do "classicismo" propriamente dito e a das inovações esboçadas. No humanismo, há interesse pela retórica, e as questões psicológicas, referentes ao problema do conhecimento, superam, de longe, o interesse pela parte formal da lógica. Já nesse período do humanismo havia, porém, estudiosos com grande interesse por Aristóteles e que viriam a estabelecer as bases para o classicismo propriamente dito. Representa bem esse novo período a *Logique ou l'art de penser*, de P. Nicole e A. Arnault (publicada em Paris, em 1662), também conhecida como *Logique de Port Royal*, espécie de manual obrigatório para todo

---

7 Recentemente, porém, N. Rescher escreveu *Arabic logic*, Pittsburgh, University Press, 1964.

8 Obra clássica a ser consultada é *Fomale Logik*, de I. M. BOCHENSKI, München-Freiburg, Verlag Karl Alber, 1956, onde excelente bibliografia está reunida. A obra é um longo tratado de história da lógica, de 640 páginas, contendo trechos de vários autores e de difícil acesso; a última parte (36 p.) é dedicada à lógica na Índia.

estudante. A influência da "Logique de Port Royal" foi grande, dirigindo e limitando, inclusive, as investigações que eram levadas a efeito. Escapa dessa influência Leibniz (1646-1716), cujas ideias inovadoras só viriam a ser convenientemente apreciadas no fim do século XIX. O uso de representações diagramáticas para o exame do silogismo era conhecido na antiguidade; até que ponto se preservaram na Idade Média é ponto controvertido. Leibniz, todavia, as emprega com frequência, antecedendo nisso ao próprio Euler, a quem, via de regra, se atribui a descoberta.[9] Foi J. Venn (1834-1923) quem, por volta de 1880, levou ao seu melhor estágio o uso dos diagramas para estudos de lógica.[10] Antes de Venn, estudos originais foram conduzidos por G. Bentham (1800-1884) e por Sir W. Hamilton (1778-1856).

De modo geral, porém, os séculos XVII, XVIII e a metade inicial do século XIX foram pobres em contribuições para a lógica. Seu rápido desenvolvimento só ocorreria depois de George Boole que inicia novo período da história, o período da lógica matemática, de que falaremos rapidamente a seguir.

2.8. Lógica Matemática: Boole

O período "contemporâneo" da lógica tem suas raízes nos trabalhos de G. Boole (1815-1864), que inaugura, com sua obra *The mathematical analysis of logic*, de 1847, novos rumos para os estudos da matéria.

A obra fundamental de Boole, *Investigations of the laws of thought*, publicada em 1854, compara as leis do pensamento às leis da álgebra. Consideremos, p. ex., a lei da comutatividade da multiplicação: para dois números quaisquer, x e y, vale a relação:

$$x\,y = y\,x.$$

Boole emprega também variáveis, mas seus valores são expressões que representam classes de objetos. E o produto xy denota a clas-

---

9   Cf. BOCHENSKI, p. 304 da sua história da lógica (ver nota anterior). Os trabalhos de Euler estão nas "Cartas" a que alude a nota 3.

10   Talvez se pudesse recomendar ao interessado a leitura de C. K. DAVENPORT, "The role of graphical methods in the history of logic", in *Hugo Dingier Gedenkbuch zum 75. Geburistag*, München, Eidos Verlag, 1956. (Há tradução espanhola, 1957, Univ. Nac. de México)

Cap. 2 | Escorço Histórico 31

se dos objetos que pertençam à classe x e à classe y. Para fixar ideias, se x é a classe dos objetos brancos e y a classe dos ursos, então xy é classe dos ursos brancos. A lei da comutatividade, como é claro, permanece válida quando aplicada a classes de objetos. Ao lado desta analogia, Boole considerou outras, salientando o parentesco entre as leis da álgebra e as leis relativas às classes de objetos, inaugurando, assim, a álgebra da lógica.

Na álgebra da lógica, segundo Boole, a lei

$$x\, x = x$$

é verdadeira para quaisquer valores de x, uma vez que a classe formada com objetos que pertencem à classe x e com os objetos que pertencem à classe x é a própria classe x. Todavia, na álgebra, essa lei não é geralmente válida. A equação

$$x^2 = x$$

tem duas soluções apenas, a saber, $x = 0$ e $x = 1$. Tomando em conta esse fato, o pensador concluiu que na álgebra da lógica são válidas as leis da álgebra matemática quando os valores se limitam a 0 e 1. Porque, com tal restrição, $xx = x$ é verdadeira para todos os valores da variável (restritos ao par 0, 1).

Na álgebra da lógica, Boole interpretou os símbolos '0' e '1'. Deve-se entendê-los como classes especiais, de modo que '1' represente a classe de todos os objetos (o universo) e '0' represente a classe a que nenhum objeto pertença (a classe vazia).

Boole introduziu a adição e a subtração em sua lógica, interpretadas de um modo especial. Assim,

$$x - y$$

é a classe formada com os objetos da classe x, retirados os objetos da classe y. Se x é a classe dos homens, digamos, e y a dos europeus, $x - y$ é a classe dos homens não europeus. De modo perfeitamente adequado,

$$1 - x$$

seria a classe constituída por todos os objetos (do universo) que não fizessem parte da classe x.

As igualdades eram, a seguir, tratadas por Boole de modo matemático. De $xx = x$, p. ex., subtraindo cada membro de x, viria

$$x - xx = x - x,$$

ou seja,

$$x(1 - x) = 0$$

que é legítima inferência, como se depreende de um exemplo facilmente compreensível: digamos que x é a classe dos homens. Então 1 - x é a classe dos objetos que não são homens. Certamente o produto de x por 1 - x deve ser igual a 0, a classe vazia, pois que não pode haver objeto simultaneamente homem e não homem. Esse princípio é, para Boole, uma formulação do princípio de não contradição: nenhum objeto pode ter duas propriedades contraditórias.

Boole atribuiu grande importância à sua álgebra, imaginando que poderia, com seu auxílio, provar as mais notáveis leis lógicas.

As ideias de Boole foram examinadas por C. S. Peirce (1839-1914), nos EUA, em inúmeras publicações reunidas, posteriormente, em *Collected papers* (publicação póstuma, 1933-34).

Estudando os trabalhos de Peirce, o lógico alemão E. Schroder (1841-1902) escreveu um dos maiores tratados de lógica matemática, o *Vorlesungen über die Algebra der Logik*, publicado entre 1890 e 1895, em três grossos volumes.

Esta linha de ataque, algébrica, ficou por muito tempo negligenciada, readquirindo, em nossos dias, um vigor extraordinário.

2.9. Lógica moderna: Frege

Outra concepção foi lançada por Gottlob Frege, professor em Jena, que viveu entre 1848 e 1925. Em 1879 ele publicou seu primeiro trabalho de importância, *Begriffschrift*, sem, aparentemente, ter tido conhecimento das obras de Boole. O mais notável dos trabalhos de Frege, porém, *Grundlagen der Arithmetik*, viria à luz em 1884. Tencionava o célebre matemático verificar até que ponto a aritmética poderia ser construída à custa de princípios do pensamento, sem qualquer recurso aos enunciados empíricos. O objetivo de Frege era o de mostrar que a aritmética poderia ser construída exclusivamente a partir de leis da lógica.

Para atingir o seu alvo, Frege devia dar demonstrações completas, sem falhas, de todos os resultados. De fato, as falhas poderiam levantar a suspeita de que algum princípio extralógico estivesse sendo empregado, contra o que Frege preconizava. Buscando esse ideal de um método matemático estritamente científico, ou seja, o método axiomático, já empregado por Euclides, Frege fez duas descobertas de enorme importância. Em primeiro lugar, criou certos sistemas lógicos (já imperfeitamente esboçados antes, com Boole e seguidores), em especial o que corresponde ao que hoje se chama de cálculo sentencial. Em segundo lugar, parece ter sido Frege o primeiro a distinguir, claramente, as *premissas* em que se baseia um raciocínio e as *regras de inferência*, isto é, as regras que especificam de que modo proceder para chegar a uma dada tese, partindo das premissas disponíveis.

O uso de símbolos foi adotado por Frege, visando, particularmente, contornar as dificuldades que resultam do emprego da linguagem cotidiana. Entretanto, o simbolismo de Frege não podia ser, como era para Boole, de caráter matemático, uma vez que se visava construir um fundamento para a própria Matemática.

Dessa diferença primordial entre a tendência que se estabelece com Boole e a que Frege inaugura decorrem ainda duas outras, também importantes. Por não comparar lógica e matemática, Frege parece ter melhor compreendido a natureza da própria lógica e de seus problemas, situando-a em contexto independente. Enfim, desejando construir uma base para a aritmética, Frege não podia usar teoremas da matemática. Isso não impediu que Frege concluísse pesquisas com um rigor e precisão espantosos.

Os estudos de Frege influenciaram profundamente as pesquisas de B. Russell (1872-1970) e A. N. Whitehead (1861-1947), autores de uma das obras fundamentais deste século, os *Principia mathematica* (três volumes, publicados entre 1910 e 1913; nova edição em 1925-27). O primeiro volume da obra contém os estudos de lógica e matemática e destina-se a pôr em prática a ideia de Frege, de que a matemática deveria ser apresentada como um sistema que se constrói a partir da lógica. Russell e Whitehead se servem também de um simbolismo que é devido a Peano (G. Peano, matemático italiano, 1858-1932, cuja obra fundamental, *Formulário matemático*, apareceu em 1894 e teve cinco versões, ligeiramente modificadas, a última de 1908), mais

34 Lógica | Leônidas Hegenberg

simples que o de Frege, que alteram em alguns aspectos, perdendo, porém, um pouco da precisão atingida pelo matemático alemão.

O trabalho dos dois estudiosos britânicos tem sido a fonte de um número considerável de estudos feitos nestes últimos anos, responsáveis pelo grande avanço que se deu à lógica.

2.10. Após os "Principia"

O período atual da lógica, iniciado em torno de 1910, pode, talvez, ser dividido em duas fases. Uma se desenvolve até cerca de 1930 e se caracteriza, essencialmente, pelo aparecimento da *metalógica*, examinada de formas diversas por Hilbert (1862-1943) e por Leopold Lowenheim (1878-1957) e Thoralf Skolem (1887-1963).

A segunda fase nos traz uma sistematização da metalógica, a saber, a metodologia de A. Tarski (1901-1983), a sintaxe de R. Carnap (1891-1970) e alguns sistemas em que são combinados resultados da lógica e da metalógica, como os de Godel (1906-1978), e do próprio Tarski. Pertencem também a este período estudos que poderiam ser chamados de "lógica natural", devidos a G. Gentzen (1909-1945) e S. Jaskowski (1906-1965).

A diferença entre lógica e metalógica nasceu, em forma embrionária, com os "Principia", onde se distinguia entre *afirmar* e *considerar*. Essa diferença, elaborada por Hilbert, permitiu separar, com nitidez, os sistemas lógicos que se pretenda construir e a metalógica desses sistemas – que abrange exame das propriedades dos sistemas e das expressões que neles ocorrem. Estudos metalógicos e metamatemáticos são, hoje, de importância extraordinária.

A noção de "verdade lógica" foi consideravelmente elaborada por Wittgenstein (1889-1951), aluno de Frege, autor de obras importantes no campo da filosofia da linguagem (estreitamente associada ao estudo da lógica – uma espécie de linguagem formal, de características específicas).

Percebeu-se, na atualidade, que há uma grande variedade de modos de considerar a verdade, tendo-se construído sistemas lógicos muito diferentes entre si – todos com o mesmo caráter de aceitabilidade que se associa à lógica tradicional. Tais sistemas "não ortodoxos" ganham interesse desde que puderam ser aplicados com utilidade em vários problemas, tal como sucedeu com as geometrias não euclidianas. Estão nesta variante, entre outros, os estudos de Clarence Irving Lewis (1883-

1964), com a sua "implicação estrita"; de Emil Leon Post (1897-1954) e J. Lukasiewski (1878-1956), com as lógicas "polivalentes"; de Arend Heyting (1898-1980), com o "intuicionismo"; e de uma plêiade de estudiosos que examinam a Lógica Combinatória, como Hastrell Curry (1900-1982), Alonzo Church (1903-1995), Stephen Cole Kleene (1909-1994), John Barkley Rosser (1907-1989).

A lógica não está, como esteve por volta de 1930, mais ou menos repartida em três correntes bem distintas: o logicismo (de Russell), o intuicionismo (Luitzen E. Jan Brouwer (1881-1966) – precursor de Heyting, nascido em 1881) e o formalismo (de Hilbert). Hoje, correntes inúmeras surgem, as três antigas se aproximam, num emaranhado para o qual nos falta a perspectiva adequada. O que se pode notar é que os estudos ganharam um ritmo acelerado e cada vez mais impressionante. As especialidades se multiplicam, os problemas se abrem. Seria inútil pretender dar, em poucas linhas, uma ideia do que se descobre a cada dia. Basta dizer que já existem nada menos de oito periódicos inteiramente devotados à divulgação de resultados da Lógica[11] e que o assunto, sempre mais minuciosamente examinado, em livros e revistas, começa a penetrar, de modo decidido, nas aulas dos cursos secundários.[12]

---

11 São eles: *Journal of symbolic logic* e *Notre Dame journal for symbolic logic* (EUA); *Studia logica* (Polônia); *Logique et analyse* (Bélgica); *Archiv für mathematische Logik and Grundlagenforschung* e *Zeitschrift für mathematische Logik und Grundlagen der mathematik* (Alemanha); e os dois recentes periódicos *Annals of mathematical logic* (publicação iniciada em 1971) e *Philosophical logic* (publicação iniciada em 1972). Isso sem falar dos vários perió-dicos, como *Fundamenta mathematica*, *Compositio mothematica* e muitos outros, que constantemente trazem artigos de Lógica. E sem falar também nas coleções especializadas, como é a série "Studies in logic", da North-Holland Pub. Co., que já tem cerca de uma centena de obras (monografias especiais e livros, bem como atas de vários congressos de Lógica).

12 Temos insistido, em várias oportunidades, na conveniência de introduzir cursos de lógica moderna em nossas escolas. Veja-se, p. ex., "Ciência-humanidades, equilíbrio desejado", em *Convivium*, n. 9, dez-jan 1965; "Livros de lógica", em *Revista de Letras*, v. 5, 1964; "Filosofia da ciência: um curso dado no ITA", em *Revista de Pedagogia*, v. 8, n. 16, jan-jul 1964; "Filosofia da ciência — quatro lições preliminares", publicado pelo jornal *Folha de São Paulo*, em 19 artigos, aparecidos a partir de 25 de set. de 1964; "A propósito da tradução de livros de Filosofia da Ciência", em *O Estado de São Paulo* (Suplemento Literário),

2.11. Referências

1. Bochenski,/Logik/, *passim*
2. – /Ancient/, cap, 5
3. Church, /Logic/, parag. 7
4. Leblanc, introd.
5. Mates, /Stoic/, introd.
6. – /Logic/, introd.
7. Maritain, cap. 3, sec. 2
8. Salmon, sec. 11
9. Sholz, *passim*

Obs.: O introito está baseado no que diz Leblanc. A História da Lógica tem em Bochenski um de seus cultores mais ilustres. O estudo do silogismo pode ser minuciosamente feito consultando Maritain; o tema é resumidamente tratado por Salmon, cujas regras de legitimidade foram aqui adotadas. Para contribuições não aristotélicas, ver Mates /Stoic/ e as obras ali citadas. O período moderno aguarda uma visão ordenada, embora algumas tentativas nesse sentido já tenham sido feitas, particularmente nos Congressos Internacionais de Lógica e de Metodologia da Ciência. Acessível comparação entre a nova lógica e a clássica encontra-se em Quine /Sentido/. Ver também Granell e Carnap /New-old/. Em Church, / Logic/, há numerosas notas de cunho histórico, situando cada um dos específicos temas examinados. A "linha algébrica" recebeu novo alento com Tarski e seus discípulos, podendo-se ter ideia de como aborda seus problemas consultando Halmos. No Brasil, a lógica algébrica foi estudada por Mário T. Teixeira.

---

11 de ago. de 1962; e nossas contribuições para os Congressos Nacionais de Ensino da Matemática, em 1960 e 1962. A feição dada aos livros da chamada "matemática moderna", destinados aos cursos secundários, mostra que nossos apelos não foram lançados em vão.

Capítulo 3

Tabelas de Valores – Tautologias

Sumário

Inicia-se, aqui, o estudo do cálculo sentencial. São apresentados os conectivos e as regras que permitem construir sentenças "complexas" (moleculares) a partir de sentenças "simples" (atômicas) previamente dadas. São elaboradas as tabelas de valores, que permitem determinar o valor, verdade ou falsidade (V ou F) de sentenças moleculares, quando conhecidos os valores (V ou F) dos átomos constituintes. As tabelas são utilizadas para discutir a legitimidade dos argumentos.

Este capítulo é indispensável para uma boa assimilação do que segue. É particularmente importante para os leitores que desejam conhecer a lógica e utilizá-la como instrumento – sem aprofundar o assunto ou examinar as minúcias de alguns capítulos posteriores.

3.1. Preliminares

A lógica tem como um de seus objetivos a formulação de critérios que permitam uma análise da legitimidade dos argumentos – distinguindo argumentos legítimos e ilegítimos. Estudar lógica, portanto, parece um tanto paradoxal, no seguinte sentido: não se pode, aparentemente, *estudar* Lógica sem *usá-la*. Para construir uma "ciência do pensamento correto" é preciso pensar corretamente: se o estudo não caminhar sob a orientação da lógica, pode carecer de fundamento, transformando-se em algo arbitrário ou incoerente. A lógica, em certa medida, precede a si mesma.

O paradoxo pode ser afastado. É preciso fixar que há um largo espaço entre um pensamento "em ato" e uma reflexão acerca do pensamento. Usando uma analogia, precisamos de martelos para forjar o aço, e o aço é indispensável para a fabricação de martelos. O aço é forjado e os martelos são fabricados. De um instrumento rudimentar passamos para outros, sucessivamente mais perfeitos. Esse é o caso do pensamento, em que também houve progresso, passando-se do pensamento "coerente" para uma doutrina lógica.

Faz-se, pois, uma dicotomia preliminar. Coloca-se, de um lado, a lógica a estudar, o *objeto* da investigação. De outro, a lógica *usada* para levar a cabo a investigação.

A lógica objeto de estudo é formulada em uma linguagem, que se chama *linguagem objeto*. O estudo que se faz de tal linguagem e de sua lógica (segunda vez em que ocorre) se desenvolve com auxílio de outra linguagem, a "linguagem do estudioso", ou – para usar terminologia consagrada – a *metalinguagem*.[1]

A lógica desenvolveu-se de modo extraordinário nos últimos decênios, abrangendo enorme quantidade de temas. Guiados por motivos didáticos, tomaremos uma pequena porção da lógica, para exame inicial, passando, depois, sucessivamente, para porções mais amplas e complexas da matéria. A parte da lógica a que se dará atenção é o chamado *cálculo sentencial* (abreviadamente, CS).

Consideraremos, de início, certos modos de formar sentenças, partindo de sentenças "simples", previamente dadas, encaradas como "unidades", isto é, encaradas como "átomos" cuja estrutura interna deixará de interessar-nos.

3.2. Pressupostos gerais

Admitiremos, em primeiro lugar, que existe uma classe de sentenças cuja estrutura interna possa ser ignorada (salvo, talvez, para a identificação das sentenças dessa classe).

---

1   Quando se investiga uma linguagem L, essa linguagem é a linguagem objeto (é o objeto de investigação). Para estudar L usa-se uma linguagem conhecida, L', que é a metalinguagem. Nada impede que L e L' coincidam. Nada impede, ainda, que, em circunstâncias diversas, L' se transforme em objeto de estudo e que L seja tomada como sendo a metalinguagem. A nossa metalinguagem será o português, complementado com certas noções da matemática e o que se fizer necessário para o bom entendimento da linguagem objeto.

Cap. 3 | Tabelas de Valores – Tautologias

Tais sentenças são chamadas *atômicas*, ou, mais simplesmente, *átomos*. Para representá-las empregaremos as letras (letras sentenciais)

$$P_1, P_2, P_3, \ldots$$

Por questão de comodidade, as sentenças atômicas serão, muitas vezes, representadas por[2]

$$P, Q, R, \ldots$$

Não havendo possibilidade de enganos, as "letras sugestivas" poderão ser usadas no lugar das letras indicadas – conforme os exemplos abaixo.

Admitiremos que letras diversas representem sentenças diversas, cada uma das quais deve manter sua identidade ao longo de uma específica investigação.

Exemplos:

Podem-se considerar algumas sentenças simples, como

A Terra é esférica
Flávio gosta de Anne
2 e 2 são 4
2 e 2 são 5
Leila é professora.

Estas sentenças podem ser representadas pelas letras P_1, P_2, etc. Não havendo possibilidade de confusão, certas letras sugestivas serão utilizadas. Assim:

E (lembrando *e*sférica).
G (lembrando *g*osta).
P (lembrando *p*rofessora).

Existem vários modos de "operar" com as sentenças dadas, para formar novas sentenças. Podemos, p. ex., formar a negação de E:

A Terra não é esférica.

---

2 Rigorosamente falando, conviria usar aspas sempre que falassemos de uma expressão e não a estivessemos usando. Isso levaria, porém, a uma grande quantidade de aspas que serão, pois, omitidas sempre que parecer improvável qualquer confusão.

Podemos combinar duas sentenças para formar conjunções

Leila é professora *e* Flávio gosta de Anne;

disjunções

2 e 2 são 5 *ou* 2 e 2 são 4,

ou condicionais

Se Leila não é professora, 2 e 2 são 5.

A verdade das sentenças "complexas" assim obtidas pode ser determinada, em alguns casos, quando se conhece a verdade das sentenças "simples" que as integram. Isso, todavia, nem sempre acontece. P. ex.,

Penso que a Terra é esférica
Creio que 2 e 2 são 4

são sentenças em que surgem "operadores" como "penso que" ou "creio que" aplicados a sentenças "simples" anteriormente dadas.

No último caso,

Creio que 2 e 2 são 4

tem-se "creio que" aplicado à sentença

2 e 2 são 4.

A verdade desta sentença não permite, via de regra, concluir que seja verdadeira a sentença com o operador, já que me é possível crer em coisas falsas.

A rigor,

Joana casou-se e teve um filho

também não tem sua verdade determinada pela verdade de

Joana casou-se

e de

Joana teve um filho

pois o "e" da conjunção se traduz, aproximadamente, como

"e em seguida"

envolvendo noção de sucessão de acontecimentos no tempo.

Cap. 3 | Tabelas de Valores – Tautologias

Limitaremos, pois, nossa atenção a algumas operações mais interessantes para a matemática e a ciência – operações que poderiamos chamar "funcional-veritativas". Diz-se que uma operação é funcional-veritativa se o valor (verdade ou falsidade, abreviadamente, V ou F) da sentença resultante depende *exclusivamente* do valor (V ou F) das sentenças a partir das quais ela é construída.

Admitiremos, pois, como outro pressuposto geral, que a linguagem permita cinco modos específicos de formação de novas sentenças – a partir de certas sentenças dadas.

Usando, então, as sentenças atômicas, podemos usar essas cinco maneiras de "operar" sobre elas, para obter novas sentenças que denominaremos *sentenças moleculares*, ou, mais simplesmente, moléculas.

Empregaremos

$$a_1, a_2, a_3, \ldots$$

para representar sentenças quaisquer, *não necessariamente distintas* (não necessariamente atômicas). As letras guardam sua identidade ao longo de uma particular investigação, mas, quanto ao resto, são sentenças arbitrárias, formuladas em nossa linguagem.

Sempre que conveniente, as letras

$$\alpha, \beta, \gamma, \ldots$$

serão utilizadas, por questão de comodidade, as letras

$$A, B, C, \ldots$$

também poderão ser empregadas).[3]

Lembrando que o simbolismo da matemática é usado nos nomes das sentenças, podemos chamá-las *fórmulas* – o que se faremos, doravante, por comodidade.

Resumindo, pois, o que ficou dito até agora, temos *átomos* e podemos "operar" sobre eles para formar *moléculas*. Átomos e moléculas são as *fórmulas* de nossa linguagem. A verdade das moléculas

---

3   As letras P, Q, R, ... fazem parte de nossa linguagem objeto. De outro lado, α, β, ... são *nomes* de sentenças. Como nomes, pertencem à metalinguagem.

deve depender exclusivamente da verdade ou falsidade dos átomos que as integram. E há cinco maneiras de construir moléculas.

Supondo, pois, que α e β sejam sentenças (atômicas ou moleculares) previamente escolhidas, admitiremos que são sentenças as seguintes expressões

$$(\alpha \cdot \beta), \quad (\alpha \vee \beta), \quad (\alpha \to \beta), \quad (\alpha \leftrightarrow \beta).$$

Supondo, ainda, que α seja uma sentença previamente escolhida, será sentença a expressão

$$\sim \alpha$$

Os símbolos

$$\cdot \quad \vee \quad \to \quad \leftrightarrow \quad \sim$$

são chamados *conectivos* sentenciais.[4]

Nos livros de lógica, é comum empregar símbolos diferentes para os conectivos. Em vez, p. ex., do ponto, são usados, frequentemente

$$\wedge \quad \&$$

Em vez da seta, a "ferradura"

$$\supset$$

O til pode ser substituído por outros sinais, escrevendo-se

$$\neg \, \alpha \quad \text{ou} \quad \bar{\alpha}$$

3.3. Conectivos e moléculas

Os símbolos ora introduzidos podem ser lidos desta maneira:

$\sim$ não (não se dá que)

$\cdot$ e

---

4   Os conectivos são símbolos da linguagem objeto. Há, pois, certa "superposição" de linguagens quando se escreve, por exemplo,

$$\alpha \vee \beta$$

porquanto nessa expressão compareçem símbolos da linguagem objeto e da metalinguagem. A fim de sanar essa impropriedade, admite-se que os conectivos estejam sendo usados de modo autoindicativo: isto é, os símbolos '.', 'v', '→', etc. sejam nomes deles mesmos.

v	ou (e/ou – como em documentos legais)
→	se..., então (apenas se; implica)
↔	se e somente se, (equivale a)

A negação, em português, se forma antepondo "não" ao verbo principal. De "O gato comeu o rato" passa-se para "O gato não comeu o rato". Quando as sentenças são complexas, a negação pode oferecer dificuldades. Essas dificuldades são contornadas mediante o uso do conectivo apropriado *anteposto* à sentença que se pretende negar. De modo uniforme, portanto, tem-se

| ~ | (O gato comeu o rato) |
| ~ | (João está fora e Pedro está aqui). |

lendo-se

> não se dá que (o gato comeu o rato)
> não se dá que (João está fora e Pedro está aqui)

No condicional

$$\alpha \to \beta$$

diz-se que α é o *antecedente* e β, o *consequente*. Seria útil dispor de nomes especiais para as partes que integram as conjunções e as disjunções. Poder-se-ia dizer, p. ex., que em

$$\alpha \ v \ \beta$$

α e β são os "disjuntos"; mas isso, além de parecer pedante, não está consagrado pelo uso, de modo que continuaremos a falar em "partes" da conjunção ou da disjunção.

A propósito do condicional, observe-se que o enunciado condicional (ou hipotético)

> Se ele for, então eu irei

não afirma que o antecedente seja verdadeiro nem que o consequente o seja. Afirma que o antecedente "implica" o consequente, que *se* o antecedente for verdadeiro, também o será o consequente. Aliás, o condicional é usado, correntemente, quando o valor do antecedente é desconhecido. Em

> Se João está com malária, ele precisa de quinino

tem-se indício da situação: sabe-se algo acerca da doença e dos efeitos do quinino, estando em dúvida precisamente o fato de João estar ou não afetado pela moléstia.

O emprego cotidiano de condicionais torna difícil caracterizar as circunstâncias sob as quais se admitiria ser verdadeiro um enunciado condicional. Examinem-se alguns exemplos:

1) Se todas as flores deste vaso são rosas, e esta é uma flor do vaso, então esta flor é uma rosa.

O consequente decorre logicamente do antecedente. Já em

2) Se esta figura é um pentágono, então tem cinco lados,

o consequente se obtém do antecedente pela definição de pentágono. Em

3) Se o ouro é posto em água-régia, então se dissolve,

o condicional não é verdadeiro, em virtude de questões lógicas ou de definição. A conexão é aqui causal e deve ser estabelecida empiricamente. Os exemplos mostram que há vários tipos de implicação a dar significados diversos às frases de tipo "se..., então...".

Existiria um substrato comum nas várias maneiras de encarar os condicionais? Sim, emergindo o significado comum do exame das condições suficientes para estabelecer a falsidade de um condicional. Em que condições se diria, p. ex., que (3) seria falso? Claramente, no caso de se colocar o ouro em água-régia, notando-se que não se dissolve. Um condicional "se P, então Q" é, pois, falso, quando se sabe que "$P \, . \sim Q$" é verdadeiro (isto é, se tem antecedente verdadeiro e consequente falso). Para que o condicional seja verdadeiro, por conseguinte, a conjunção "$P \, . \sim Q$" deve ser falsa. É o mesmo que dizer "$\sim (P. \sim Q)$" deve ser verdadeiro.

"$P \to Q$" se define, pois, como abreviação de "$\sim (P \, . \sim Q)$".

De modo genérico,

$$\alpha \to \beta$$

é uma abreviação de

$$\sim (\alpha \, . \sim \beta)$$

Esta fórmula (como se verá em seguida) é equivalente a

$$\sim \alpha \, v \, \beta,$$

o que dá mais plausibilidade à situação:

Se o ouro é posto na água-régia, então se dissolve

é o mesmo que

O ouro não é posto na água-régia ou se dissolve.

Há, como ficou claro nestes exemplos, várias ambiguidades nas linguagens naturais. Os lógicos precisam, portanto, de linguagens artificiais (ou parcialmente artificiais) para eliminar, onde possível, as ambiguidades indesejáveis. Os conectivos são parte da linguagem artificial (ou semiartificial) que se vai elaborar e seus papéis são bem definidos. Esses papéis são mais ou menos sugeridos pela tabela que dá a forma de leitura dos conectivos.

Cabem, agora, algumas observações a respeito da aplicação das regras para a formação das moléculas.

Dispõe-se, por exemplo, de algumas sentenças atômicas, P, Q, R. São sentenças as seguintes expressões:

$$\sim P, \quad (P \rightarrow Q), \quad (R \vee Q).$$

Chamem-se A, B e C as sentenças resultantes. Pode-se, repetindo a aplicação das regras, dizer que são sentenças as expressões

$$(\sim P \cdot (R \vee Q)), \quad \textit{isto é,} \quad (A \cdot C),$$
$$(((P \rightarrow Q) \vee \sim P)) \leftrightarrow (R \vee Q)), \textit{isto é,}$$
$$((B \vee A) \leftrightarrow C).$$

De outra parte, não são sentenças as seguintes expressões:

$$\sim P \cdot (R \vee Q)$$

(estão faltando os parênteses a envolver as sentenças) ou

$$\rightarrow P \vee \sim \vee Q$$

(que está "malformada").

Em termos intuitivos, dispõe-se de certos sinais (o alfabeto) e se deseja, com eles, construir "palavras" ou "sentenças". Os sinais devem ser combinados de modo a produzir algo "significativo". Há expressões *malformadas* e, de outra parte, as *bem-formadas*. A expressão dada acima é malformada – não tem "sentido" (como não teria sentido combinar, digamos, letras do alfabeto para obter a expressão "aztywu"). Uma expressão está bem-formada quando é construída segundo os ditames das regras.

Os parênteses são usados, como é natural, para fins de pontuação. Evitam ambiguidades que poderiam, de outra forma, aparecer. A título de exemplo, considere-se a sentença

Venha com a família ou venha só e divirta-se.

Ela admite uma interpretação "natural"

(Venha com a família ou venha só) e divirta-se

ou uma interpretação "maliciosa",

(Venha com a família) ou (venha só e divirta-se).

A ambiguidade (que não estaria, talvez, presente em uma linguagem falada) pode ser afastada mediante o uso dos parênteses, dando lugar às seguintes sentenças:

$$((P \vee Q) \cdot R)$$
$$(P \vee (Q \cdot R))$$

3.3.1. Eliminação de parênteses

Numa sentença longa, cheia de parênteses, é difícil, às vezes, perceber de que modo se agrupam os átomos. A fim de simplificar a "leitura" das fórmulas, portanto, convém usar algumas convenções que permitirão a sua omissão ou substituição por sinais diversos. Adotaremos, aqui as seguintes convenções:

1. usar chaves e colchetes no lugar dos parênteses.

Voltando a um exemplo dado acima, escreveremos:

$$\{[(P \leftrightarrow Q) \vee \sim P] \leftrightarrow (R \vee Q)\}$$

2. omitir os parênteses exteriores (salvo em casos onde haja possibilidade de surgir algum tipo de ambiguidade).

No exemplo acima, a expressão pode ser escrita sem as chaves:

$$[(P \leftrightarrow Q) \vee \sim P] \leftrightarrow (R \vee Q)$$

3. colocar os conectivos em uma "ordem de precedência":

em primeiro lugar: $\sim$
em segundo lugar: $\cdot$ e $\vee$
em terceiro lugar: $\rightarrow$ e $\leftrightarrow$

Esta convenção tem suas raízes em convenção análoga, da aritmética e da álgebra. Quando se escreve, digamos,

$$8 + 5 \times 3,$$

sabe-se que a operação de multiplicação deve ser efetuada em primeiro lugar, para somente depois efetuar a adição. Não é preciso fazer a indicação

$$8 + (5 \times 3) = 23$$

porque já foi estipulado, de uma vez por todas, que não se deve fazer

$$(8 + 5) \times 3 = 39$$

Segundo nossa convenção, a expressão

$$P \rightarrow Q \text{ v } R,$$

por exemplo, admite apenas uma leitura, ou seja,

$$P \rightarrow (Q \text{ v } R)$$

já que a disjunção é "mais fraca" do que a implicação. Em expressões nas quais surgem 'v' e '.', porém, os parênteses serão utilizados, conforme já ficou ilustrado com a sentença "Venha com a família ou venha só e divirta-se".[5]

4. omitir parênteses quando um mesmo conectivo é sucessivamente aplicado, convencionando-se que a associação, em tais casos, se dá a partir da esquerda.

De novo, como na aritmética ou na álgebra, onde se entende que

$$5 + 3 + 2 + 6 = ((5 + 3) + 2) + 6,$$

---

5   Autores há que colocam *todos* os conectivos em uma ordem de precedência:

$$\sim \quad \text{v} \quad . \quad \rightarrow \quad \leftrightarrow$$

(do mais "fraco" para o mais "forte."). A expressão

$$P \text{ v } Q . R$$

em tal caso, só admitiria uma leitura, a saber,

$$(P \text{ v } Q) . R$$

A fim de não tornar a leitura complicada, preferimos adotar a convenção que permita a omissão de apenas um número razoável de parênteses. Sem embargo, veja-se a próxima convenção.

escreveremos

$$AvAvA \quad ou \quad P. Q. R. S,$$

em vez de

$$(A \vee A) A \vee ou ((P . Q) . R) . S$$

Note-se, de passagem, que a expressão

$$\sim A \vee B$$

só admite esta interpretação

$$(\sim A) \vee B$$

3.3.2. Escopo

Cada conectivo, por conseguinte, "aplica-se" a, ou "opera" em, ou "abrange" uma ou duas sentenças. A parte abrangida é o *escopo* do conectivo considerado ou, melhor dizendo, da particular ocorrência do conectivo.

Em

$$(A \rightarrow B) \rightarrow C \vee B,$$

por exemplo, o escopo de 'v' será formado pelas sentenças 'C' e 'B'. O escopo da *segunda* ocorrência de '→' é formado pelas sentenças '$A \rightarrow B$' e '$C \vee B$', ao passo que o escopo da *primeira* ocorrência do mesmo conectivo é formado pelas sentenças 'A' e 'B'.

Dada uma sentença, pode-se identificar seu *conectivo principal*, ou seja, o último conectivo usado para construir essa mesma sentença, e, assim, identificar os *componentes imediatos* (relativos a essa particular ocorrência) do conectivo.

Em $(A \vee B) \rightarrow C$, por exemplo, o conectivo principal é '→' e os componentes imediatos são '$A \vee B$' e 'C'. Em $\sim (A \vee B)$, porém, o conectivo principal é '$\sim$', e os componentes (no caso: *o* componente), '$A \vee B$'.

3.4. Tabelas de valores

Existem vários sistemas de lógica. Daremos atenção à chamada lógica "tradicional", ou "clássica", o que leva a fixar mais um pressuposto de ordem geral. Admitiremos que as sentenças atômicas são ou verdadeiras ou falsas – sendo mutuamente excludentes os dois casos.

Não se admite saber qual o valor (verdade ou falsidade) da sentença atômica. Esse conhecimento exige considerações a respeito daquilo a que a sentença alude, aos fatos reportados. A sentença

O Viaduto do Chá é comprido

exigiria, por exemplo, considerações acerca do objeto a que se refere a expressão 'Viaduto do Chá' e considerações acerca da possibilidade de aplicar-se a tal objeto o qualificativo 'comprido'.

Não se sabe, pois, em tese, qual o valor da sentença, mas se assegura que ela ou é verdadeira ou é falsa – excluindo outras possibilidades.

Isso posto, a questão que se coloca é esta: como determinar o valor das sentenças moleculares, conhecidos os valores dos átomos que as compõem?

A resposta será dada em termos de cinco regras, tornadas explícitas nas seguintes *tabelas de valores*.

Usa-se 'V' no lugar de (valor) verdade e 'F' no lugar de (valor) falsidade. As tabelas indicam o valor (V ou F) de cada molécula em termos dos valores dos componentes imediatos.

Nas primeiras colunas são colocados os valores possíveis dos componentes imediatos. Tem-se, em cada linha, *uma atribuição de valores* de tais componentes. A cada atribuição de valores corresponde, por força das regras, um determinado valor da molécula.

A	B	$A \cdot B$	$A \vee B$	$A \to B$	$A \leftrightarrow B$
V	V	V	V	V	V
V	F	F	V	F	F
F	V	F	V	V	F
F	F	F	F	V	V

Ilustrando, imagine-se dada uma fórmula do tipo

$$A \to B$$

cujos constituintes imediatos podem, é claro, ser fórmulas complexas, envolvendo outras aplicações dos conectivos. Para uma atribuição de valores

$$val\ (A) = V\quad e\quad val\ (B) = F,$$

resulta, segundo está indicado na tabela (segunda linha, coluna sob o conectivo principal em pauta, '$\rightarrow$'),

$$val\ (A \rightarrow B) = F$$

Há casos em que se usa o conectivo '$\sim$', aplicado a apenas um constituinte imediato. A tabela correspondente é esta:

A	$\sim A$
V	F
F	V

3.4.1. Construção das tabelas

Uma fórmula é constituída, em última análise, de átomos. Esses átomos são combinados pela aplicação reiterada dos conectivos, gerando moléculas. A determinação do valor da molécula depende apenas dos valores dados aos átomos. Considere-se uma particular atribuição de valores, que fixa um (e um só) valor para cada átomo. Em função dessa atribuição de valores pode-se, a seguir, determinar o valor de qualquer molécula formada com tais átomos. As regras são as seguintes:

1. se a sentença for atômica, seu valor será o valor que a atribuição de valores já fixou.
2. o valor de $\sim \alpha$ será V se o valor de α for F; e será F se o valor de α for V.
3. o valor de α . β será V se tanto α como β tiverem valor V; será F em qualquer outro caso.
4. o valor de α v β será F se α e β tiverem valor F; será V em qualquer outro caso.
5. o valor de $\alpha \rightarrow \beta$ será F no caso de se ter $val(\alpha) = V$ e $val(\beta) = F$; em qualquer outro caso, o valor será V.
6. o valor de $\alpha \leftrightarrow \beta$ será V se coincidirem os valores de α e de β; caso contrário, o valor será F.

Cap. 3 | Tabelas de Valores – Tautologias

Mediante a aplicação dessas regras, estamos em condições de construir a tabela de valores para uma sentença dada.

Examinemos um caso concreto. Seja dada a sentença

$$((P \cdot Q) \to (\sim P \vee R)) \to P.$$

Essa fórmula é construída com três átomos: P, Q e R. Há $2^3 = 8$ possíveis atribuições de valores para estas sentenças atômicas – desde a que atribui valor V a todas até a que lhes dá valor F, passando pelos vários casos intermediários, em que um átomo tem valor V e os demais têm valor F ou em que dois têm valor V e um tem valor F.

A fim de construir a tabela começamos por dispor os átomos, um ao lado do outro, em colunas distintas. A seguir, usamos uma linha para cada possível atribuição de valores (8 linhas, portanto), colocando os valores de cada átomo na coluna correspondente.

As 2^n possibilidades (se existirem n átomos) são levadas em conta quando se alternam V e F na última coluna (correspondente ao último dos átomos presentes); alternando pares de V e pares de F na penúltima coluna; assim por diante, com 4 V e 4 F se alternando na antepenúltima coluna, até se chegar a um grupo de $2^n/2$ valores V e um grupo de $2^n/2$ valores F, que figurarão na coluna correspondente ao primeiro átomo.[6]

---

6   Forma simples de levar em conta todas as possibilidades é principiar com uma linha em que só figurem valores V e encerrar com uma linha em que só figurem valores F. No caso em pauta, com três átomos,

P	Q	R	
V	V	V	$\longrightarrow^1$
V	V	F	
V	F	V	
V	F	F	
F	V	V	
F	V	F	
F	F	V	
F	F	F	$\longrightarrow^2$
(3)	(4)	(5)	

O trabalho subsequente é "mecânico". A sentença cujo valor se procura é decomposta em suas partes, identificando-se os constituintes imediatos, em cada caso. Essas "partes" serão colocadas em novas colunas, em ordem crescente de complexidade. No exemplo dado:

$$P \mid Q \mid R \mid\mid P \cdot Q \mid \sim P \mid \sim P \vee R \mid (P \cdot Q) \rightarrow (\sim P \vee R)$$

figurando, em uma última coluna, a fórmula cujo valor é procurado.

A tabela é completada, então, com V e F, colocados segundo o que estipulam as regras, considerando todas as possíveis atribuições de valores para os átomos. Para fixar ideias, considere-se a atribuição de valores que corresponde a val $(P) = V$, val $(Q) = F$ e val $(R) = V$:[7]

$P \cdot Q$ tem valor F. Coloca-se F sob o '.' na coluna de $P \cdot Q$

$\sim P$ tem valor F. Coloca-se F sob o '$\sim$' na coluna de $\sim P$

$\sim P \vee R$ tem valor V. Coloca-se V sob o correspondente '.'

$(P \cdot Q) \rightarrow (\sim P \vee R)$ tem valor V (por tratar-se de condicional com antecedente falso). Coloca-se V sob '$\rightarrow$'.

Por fim, a fórmula dada, cujo valor será V (nessa atribuição de valores para os átomos), já que se trata de condicional em que o antecedente tem valor V e o consequente tem valor V.

Tem-se, portanto:

P	Q	R	$P \cdot Q$	$\sim P$	$\sim P \vee R$	$(P \cdot Q) \rightarrow (\sim P \vee R)$	α
V	F	V	F	F	V	V	V

sendo α a fórmula dada.

O processo se repete, para levar em conta cada uma das possíveis atribuições de valores, chegando-se, então, à tabela completa.

---

1) linha que só contém valores V;
2) linha que só contém valores F;
3) coluna em que se alternam V e F em grupos de 4;
4) coluna em que alternam V e F em grupos de 2;
5) coluna em que se alternam V e F.

---

7   No diagrama da nota anterior, essa atribuição de valores está na terceira linha.

EXERCÍCIOS

1. Construir a tabela completa para a sentença que foi utilizada no exemplo.
2. Construir as tabelas de valores para as seguintes sentenças:

   a) $P \vee (Q \cdot R)$

   b) $P \to (Q \vee R)$

   c) $(P \cdot Q) \to ((R \cdot S) \to (P \to Q))$

   d) $((P \vee R) \to (Q \vee S)) \to (P \cdot S)$

3. Admitindo que P e Q sejam sentenças com valor V e que X e Y sejam sentenças com valor F, determinar o valor de

   a) $(P \vee X) \cdot (X \vee Y)$

   b) $\sim (\sim (\sim (R \cdot \sim Q) \cdot \sim P) \cdot \sim Y)$.

3.4.2. Justificação intuitiva das regras

A tabela correspondente à negação não parece oferecer dificuldade. Com efeito, se α é verdadeira, sua negação é falsa e vice-versa.

Para a conjunção também temos uma tabela intuitivamente satisfatória. A sentença "João é bom e Pedro é inteligente" será verdadeira se "João é bom" e "Pedro é inteligente" forem verdadeiras. A conjunção será falsa se uma das sentenças for falsa ou se ambas forem falsas.

A disjunção está sendo empregada no seu sentido "não excludente (não exclusivo)". Em latim usa-se *aut* para a disjunção "excludente (exclusivo)" e *vel* para a disjunção "não exclusiva". Considerem-se os seguintes casos:

> Pedro é inteligente ou tem muita sorte
> João foi ao cinema ou foi estudar.

Nada impede que Pedro seja, simultaneamente, uma pessoa inteligente e de sorte (*ou* não excludente). No segundo caso, porém, não tendo João o dom da ubiquidade, ou ele foi ao cinema ou foi estudar, não se podendo concretizar as duas situações simultaneamente (*ou* excludente). É hábito entender *ou* em seu sentido não exclusivo, escrevendo-se explicitamente "*A* ou *B*, mas não ambos" quando se quer frisar que se emprega o sentido exclusivo (o símbolo 'v' para a disjunção foi introduzido recordando a inicial da palavra '*vel*'.).

As maiores controvérsias surgem no caso da "implicação". Estamos acostumados a empregar a palavra "implica" em casos nos quais há certa "conexão" entre o antecedente e o consequente do condicional

'$A \to B$'. De acordo com as regras, 'A' pode ser, digamos, 'A Lua é feita de queijo' e 'B' pode ser '$2 + 3 = 8$', tendo-se o condicional:

Se a Lua é feita de queijo, então $2 + 3 = 8$

que é sentença verdadeira. Por outro lado, se 'B' for '$3 + 3 = 6$', então o condicional será verdadeiro (porque B é verdadeira), seja qual for o antecedente A – tenha ou não relação com B. Assim como na matemática se usa "multiplicação" para operações que se comportam mais ou menos como a multiplicação aritmética, também se usa "implicação" para designar a "operação" definida pela tabela do conectivo '$\to$'. Lê-se, pois, como 'A implica B', embora, possivelmente, as expressões 'Se A, então B' ou 'A, somente se B' possam traduzir melhor, em português corrente, o significado de '$A \to B$'. Nada impede considerar outros sentidos de "implicação", mas em tal hipótese será preciso defini-la por outra via (e não mediante a tabela escolhida). A "implicação" e a "equivalência" que aqui foram consideradas são chamadas "implicação material" e "equivalência material".

Procuremos a justificativa para a tabela examinando um caso concreto. Imagine-se que alguém afirme:

Se o ouro é posto na água-régia, dissolve-se.

Adotando a abreviação

P : o ouro é posto na água-régia

Q : o ouro se dissolve,

o condicional pode ser simbolizado por '$P \to Q$'. Em que condições há certeza da falsidade? Parece que não há controvérsia: o condicional é falso quando $\text{val}(P) = V$ e $\text{val}(Q) = F$, ou seja, quando o ouro *é* colocado na água-régia e *não* se dissolve. Isso justifica o valor F escolhido para a segunda linha da tabela

P	Q	$P \to Q$
V	V	V
V	F	F
F	V	$?$
F	F	$?$

O valor V escolhido para a primeira linha também não parece oferecer dificuldades: o condicional será verdadeiro se o ouro for colocado na água-régia e, de fato, dissolver-se.

Consideremos, paralelamente, a tabela da '$\leftrightarrow$'. Tem-se uma "dupla implicação", isto é, '$A \leftrightarrow B$' tem o sentido de '$A \to B$' e '$B \to A$'. Lembrando que não são causas de controvérsia os casos mencionados (correspondente às duas primeiras linhas da tabela da seta), pode-se construir a tabela de '$P \leftrightarrow Q$':

P	Q	$P \leftrightarrow Q$
V	V	V
V	F	F
F	V	F
F	F	$?$

Que valor escolher para a última linha? O valor F é impróprio: teríamos, em tal situação, a tabela da disjunção, e não parece adequado entender a equivalência como uma disjunção. Resta escolher V.

Em resumo, estamos nesta situação:

P	Q	$P \cdot Q$	$P \lor Q$	$P \to Q$	$P \leftrightarrow Q$
V	V	V	V	V	V
V	F	F	V	F	F
F	V	F	V	$?$	F
F	F	F	F	$?$	V

Quatro, obviamente, são as escolhas possíveis para substituir as interrogações: podemos escolher um dos pares (V, V), (V, F), (F, V) e (F, F). Escolhendo (F, F), temos coluna idêntica à da conjunção, o que não parece próprio. Escolhendo (F, V), temos coluna idêntica à da dupla implicação, o que também não parece desejável. Escolhendo (V, F), resulta coluna idêntica à de Q, não parecendo aconselhável identificar uma implicação ao consequente. Resta apenas uma escolha: (V, V).

Terminando, é oportuno lembrar que o condicional '$A \to B$' é afirmado, muitas vezes, sem saber o valor do antecedente. De fato, por que afirmar uma implicação material '$A \to B$' quando A é uma verdade? Parece mais próprio, em tal caso, dizer somente *B*. Se nosso interlocutor, por qualquer motivo, não sabe da verdade de *A*, parece mais apropriado afirmar *A.B*. (E parece próprio calar quando *A* é falsa.) Na linguagem corrente, estas são as situações que mais frequentemente ocorrem. Mas há situações em que o valor de *A* não é conhecido.[8]

Em resumo, a tabela da seta não é elaborada com a finalidade de traduzir com fidelidade o sentido muitas vezes dado à implicação. É elaborada com o fito de permitir uma adequada formalização de muitas sentenças que surgem nos argumentos matemáticos e científicos. Para mais fiéis traduções de outros sentidos, há definições diversas.

3.5. Tautologias e contradições

Uma sentença se diz *tautológica* se assume valor *V* para quaisquer valores dos átomos que a compõem. Construindo-se as tabelas, será fácil verificar, por exemplo, que são tautológicas as fórmulas

$$P \to P,$$
$$P \vee \sim P,$$
$$(P \vee Q) \leftrightarrow (Q \vee P).$$

Há sentenças que, ao contrário, só assumem o valor *F*, seja qual for a atribuição de valores para os átomos que as compõem. Tais sentenças se dizem *contraditórias*. Não é difícil perceber que *A* é contraditória se, e somente se, $\sim A$ é tautológica. Em consequência, as negações das tautologias serão contradições. São exemplos de contradições, como facilmente se verifica por meio de tabelas,

$$P \leftrightarrow \sim P,$$
$$(P \vee Q). \sim P . \sim Q.$$

Para referência futura, é útil dispor de uma lista das tautologias mais notáveis.[9]

---

8   Há, ainda, casos de total falta de "nexo" entre antecedente e consequente, como em "Se aquele político é honesto, então minha bisavó é estivador", em que se pretende enfatizar a falsidade do antecedente juntando-o a um consequente ridículo.

9   Veremos, adiante, que vale o seguinte resultado importante: sendo α uma tautologia, formada com átomos *P, Q*, etc., também é tautológica a fórmula

Cap. 3 | Tabelas de Valores – Tautologias   57

Sendo α, β e γ sentenças quaisquer (não necessariamente distintas), são tautológicas:

1. $\alpha \to \alpha$ — (princípio da identidade)
2. $\alpha \leftrightarrow \alpha$ — (equivalência)
3. $(\alpha . \alpha) \leftrightarrow \alpha$
   $(\alpha \lor \alpha) \leftrightarrow \alpha$ — (idempotência)
4. $\sim\sim\alpha \leftrightarrow \alpha$ — (dupla negação)
5. $\alpha \lor \sim\alpha$ — (terceiro excluído)
6. $\sim(\alpha . \sim\alpha)$ — (não contradição)
7. $[\alpha . (\alpha \lor \beta)] \leftrightarrow \alpha$
   $[\alpha \lor (\alpha . \beta)] \leftrightarrow \alpha$ — (eliminação)
8. $\sim\alpha \to (\alpha \to \beta)$ — (negação do antecedente)
9. $(\alpha \to \beta) \leftrightarrow (\sim\beta \to \sim\alpha)$ — (contraposição)
10. $[\alpha \to (\beta - \to \gamma)] \leftrightarrow [(\alpha . \beta) \to \gamma]$ — (exportação-importação)
11. $[\alpha \to (\beta \to \gamma)] \leftrightarrow [(\beta \to (\alpha \to \gamma)]$ — (troca de premissas)
12. $(\alpha \to \beta) \to [(\beta \to \gamma)]$ — (cadeia inferencial)
13. $(\alpha . \beta) \leftrightarrow (\beta . \alpha)$ — (comutatividade de .)
14. $[(\alpha . \beta) . \gamma] \leftrightarrow [\alpha . (\beta . \gamma)]$ — (associatividade de .)
15. $[\alpha . (\beta \lor \gamma)] \leftrightarrow [(\alpha . \beta) \lor (\alpha . \gamma)]$ — (distributividade de . em v)

O leitor poderá formular as tautologias correspondentes, que estabelecem a comutatividade de 'v', a associatividade de 'v' e a distributividade de 'v' em '.' (tautologias que receberiam, nesta lista, os números 16, 17 e 18).

19. $\sim(\alpha . \beta) \leftrightarrow (\sim\alpha \lor \sim\beta)$
    $\sim(\alpha \lor \beta) \leftrightarrow (\sim\alpha . \sim\beta)$ — (leis de De Morgan)

Podem ser mencionadas, ainda, as tautologias que se prestam para exprimir alguns conectivos em função de outros. Eis as mais notáveis:

---

obtida a partir de α mediante substituição dos átomos *P, Q,* etc., por sentenças quaisquer – a mesma sentença substituindo as ocorrências do mesmo átomo. Em vista disso, não escreveremos 'P $\to$ P', mas diretamente o caso geral: '$\alpha \to \alpha$'.

58 Lógica | Leônidas Hegenberg

20. $(\alpha \vee \beta) \leftrightarrow \sim (\sim \alpha . \sim \beta)$
21. $(\alpha . \beta) \leftrightarrow \sim (\sim \alpha \vee \sim \beta)$
22. $(\alpha \rightarrow \beta) \leftrightarrow (\sim \alpha \vee \beta)$
23. $(\alpha \rightarrow \beta) \leftrightarrow \sim (\alpha . \sim \beta)$
24. $\sim (\alpha \rightarrow \beta) \leftrightarrow (\alpha . \sim \beta)$
25. $(\alpha . \beta) \leftrightarrow \sim (\alpha \rightarrow \sim \beta)$
26. $(\alpha \vee \beta) \leftrightarrow (\sim \alpha \rightarrow \beta)$
27. $(\alpha \leftrightarrow \beta) \leftrightarrow [(\alpha \rightarrow \beta) . (\beta \rightarrow \alpha)]$

Vale a pena incluir nesta lista mais duas tautologias

28. $(\alpha \leftrightarrow \beta) \leftrightarrow (\beta \leftrightarrow \alpha)$
29. $[(\alpha \leftrightarrow \beta) . (\beta \leftrightarrow \gamma)] \leftrightarrow (\alpha \leftrightarrow \gamma)$

Finalmente, mais este grupo de tautologias, que serão usadas, em capítulo posterior, como axiomas para um desenvolvimento axiomático do cálculo sentencial:

30. $\alpha \rightarrow (\beta \rightarrow \alpha)$
31. $(\alpha \rightarrow \beta) \rightarrow \{[\alpha \rightarrow (\beta \rightarrow \gamma)] \rightarrow (\alpha \rightarrow \gamma)\}$
32. $\alpha \rightarrow [\beta \rightarrow (\alpha . \beta)]$
33. $(\alpha . \beta) \rightarrow \alpha$
    $(\alpha . \beta) \rightarrow \beta$
34. $\alpha \rightarrow (\alpha \vee \beta)$
    $\beta \rightarrow (\alpha \vee \beta)$
35. $(\alpha \rightarrow \gamma) \rightarrow \{(\beta \rightarrow \gamma) \rightarrow [(\alpha \vee \beta) \rightarrow \gamma]\}$
36. $(\alpha \rightarrow \beta) \leftrightarrow [(\alpha \rightarrow \sim \beta) \rightarrow \sim \alpha]$
37. $\sim \sim \alpha \rightarrow \alpha$
38. $(\alpha \rightarrow \beta) \rightarrow [(\beta \rightarrow \alpha) \leftrightarrow (\alpha \leftrightarrow \beta)]$
39. $(\alpha \leftrightarrow \beta) \rightarrow (\beta \rightarrow \alpha)$
    $(\alpha \leftrightarrow \beta) \rightarrow (\beta \rightarrow \alpha)$

O leitor, evidentemente, não precisará memorizar esta lista. O uso das tautologias fará com que se habitue a reconhecer as mais importantes.

3.6. Tabelas abreviadas

Em muitos casos, os valores dos átomos são conhecidos. Desejando-se conhecer, então, o valor da molécula, é dispensável construir

Cap. 3 | Tabelas de Valores – Tautologias **59**

toda a tabela. Pode-se obter o valor da molécula por meio de "tabelas abreviadas". Imagine-se, para ilustrar, que

$$val\ (P) = V\ e\ val\ (Q) = F$$

pretendendo-se conhecer o valor da fórmula

$$((P \lor Q) \cdot \sim P) \leftrightarrow (Q \rightarrow P).$$

Sob os átomos são colocados os valores já fixados. A seguir, numa segunda linha, são colocados os valores que resultam para os componentes mais simples: sabendo que val $(P) = V$, tem-se val $(P \lor Q) = V$, escrevendo-se V sob o conectivo 'v'. Tem-se, ainda, val $(\sim P) = F$, de modo que se escreve F sob o conectivo '$\sim$'.

Sabendo, ainda, que val $(Q) = F$, pode-se obter, de imediato, val $(Q \rightarrow P) = V$.

Resta obter o valor da conjunção que aparece antes da dupla seta, valor que é F. Esse valor é escrito sob o sinal da conjunção.

Encerrando o processo, tem-se F sob a dupla seta (conectivo principal) porque se trata de equivalência (bicondicional) cujos componentes imediatos têm valores distintos.

Em resumo:

$$((P \lor Q) \cdot \sim P) \leftrightarrow (Q \rightarrow P)$$
$$V\ \ F\ \ \ \ V\ \ \ \ \ F\ \ \ \ \ V$$
$$V\ \ \ \ \ F\ \ \ \ \ \ \ \ \ \ \ V$$
$$F$$
$$F$$

EXERCÍCIOS

1. Se P tem valor V e se Q tem valor F, determinar o valor de:
    a) $(P \lor Q) \rightarrow Q$
    b) $(P \cdot Q) \rightarrow (P \lor Q)$.
2. Se P e Q têm valor V e se R tem valor F, obter o valor de
    a) $((P \cdot Q) \rightarrow R) \leftrightarrow (P \rightarrow (Q \rightarrow R))$.
    b) $((P \lor R) \rightarrow Q) \rightarrow (R \rightarrow P)$.
3. Verificar se a informação dada é suficiente para determinar o valor da sentença dada:
    a) $(P \rightarrow Q) \rightarrow R$
    $\ \ \ \ \ \ \ \ \ \ \ \ V$

60 Lógica | Leônidas Hegenberg

b) $P \vee (Q \rightarrow R)$
      V

c) $(P \cdot Q) \rightarrow (P \vee S)$
   V F

d) $((P \cdot Q) \vee R) \rightarrow R$
     F

e) $((P \vee Q) \leftrightarrow (Q \cdot Q)) \rightarrow ((R \cdot P) \vee Q)$.
   V

4. Escolher, da lista de tautologias, algumas das sentenças e verificar que, de fato, são tautológicas.

5. Imagine-se que uma sentença α envolva apenas as letras P_1, ..., P_m e os sinais de negação, conjunção e disjunção. A negativa de α, obtida substituindo cada sinal '.' por '$\vee$' e vice-versa e cada ocorrência de $\sim P_i$ por P_i e vice-versa, será indicada por $-\alpha$. Isso posto, mostrar que

$$-\alpha \leftrightarrow \sim \alpha \text{ é uma tautologia.}$$

3.7. Tradução e simbolização

Os argumentos que interessam "na prática" são formulados numa linguagem natural (e não numa linguagem simbólica). Isso coloca, de imediato, a questão da simbolização de um argumento. É oportuno frisar, desde já, que não existem regras para a simbolização "perfeita" dos argumentos formulados em linguagens naturais. A simbolização é feita segundo alguns princípios gerais, que nos ocuparão a seguir. Sem embargo, para ilustrar uma dificuldade corriqueira, a sentença

Joana casou-se e teve um filho

não equivale a

Joana teve um filho e casou-se,

pois que o *e* da primeira sentença envolve uma espécie de noção "temporal" (sucessão de acontecimentos) que fica perdida na simbolização

$$P \cdot Q$$

(que é equivalente à sentença $Q \cdot P$, perdendo-se, portanto, a noção de sucessão no tempo).

Se um argumento é legítimo, é possível (em tese) verificar que isso acontece empregando as tabelas. Para mostrar que um argumento *não* é válido, porém, seria preciso mostrar que não é válida qualquer de suas simbolizações. Isso pode ser muito complicado, em especial quando há questões de "variações estilísticas" e enquanto a própria simbolização não puder ser feita de maneira "correta".

A conclusão das observações anteriores pode ser um tanto pessimista, mas não deve ser ocultada: ainda que desejável e frequentemente de grande utilidade, a análise dos argumentos não pode ser considerada como "definitiva" enquanto perdurarem dúvidas a respeito das "variações de estilo" e a respeito da própria "correção" da simbolização.

Tentaremos, pois, analisar argumentos simbólicos e procuraremos, na medida do possível, reduzir os argumentos a esquemas simbólicos sem pretender, entretanto, que a análise seja "definitiva" ou inteiramente satisfatória.

Entende-se por *abreviação* um par ordenado de sentenças cujo primeiro elemento é uma letra (letra sentencial, P, Q, etc.) e cujo segundo elemento é uma sentença de nosso idioma.

Um *esquema abreviador* é uma coleção de abreviações sem repetições nos primeiros elementos.

P: João é inteligente
Q: João será aprovado

é um esquema abreviador; mas

P: João é bom
Q: as aulas são monótonas
R: João boceja
Q: João está aborrecido

não é um esquema abreviador, dada a repetição de 'Q' (Note-se que nada impede a existência de repetições nos segundos elementos.).

Comecemos considerando apenas dois conectivos: a negação e a implicação. Em seguida, ampliaremos as observações para abranger os demais. Numa linguagem "particularizada", em que apenas '~' e '→' são utilizados, eis o que se entenderia por tradução literal, tradução livre e simbolização.

O processo de *tradução literal*, para o português, com base num dado esquema abreviador, principia com uma sentença simbólica e deve terminar com uma sentença de nosso idioma. Em síntese, ele envolve:

a) restauração de parênteses, eventualmente omitidos pelas convenções dadas a propósito da omissão de parênteses;
b) substituição das letras sentenciais pelas sentenças do português, segundo o esquema de abreviação;
c) substituição das ocorrências de '~ α' por 'não sucede que α' e substituição das ocorrências de '(α → β)' por 'se α, então β' (em que α e β são sentenças).

Uma sentença do português é uma *tradução* (ou seja, tradução livre) da sentença simbólica α, com base em certo esquema de abreviação, se é uma variante estilística da tradução literal de α para o português, com base no dado esquema abreviador.

Não é fácil caracterizar de modo preciso o que se deva entender por variante estilística, cabendo ao leitor identificá-la, em cada caso concreto. A título de ilustração,

Não sucede que João é inteligente

poderia admitir estas variantes:

João não é inteligente
João é tolo.

Variantes estilísticas de

(se α, então β)

são, p. ex., estas:

se α, então β
β, se α
β somente se α
β, caso α
β, admitindo-se α

Outras variantes podem ser ainda obtidas, substituindo nomes por pronomes e alterando a ordem dos vocábulos.

O processo inverso, de passagem de sentenças do português para sentenças simbólicas, também precisa ser considerado. Diz-se que α é uma *simbolização* de uma sentença do português, β, com base em certo esquema abreviador se (e somente se) α é uma sentença simbólica que tem β como tradução, com base no dado esquema. Para fazer a simbolização, estes são guias comuns:

Cap. 3 | Tabelas de Valores – Tautologias

a) introdução de 'não sucede que' e de '(se..., então)' no lugar de suas variações estilísticas;

b) inversão dos "passos" da tradução, ou seja, substituição de partes da forma '(se α, então β)' por '$(\alpha \rightarrow \beta)$' e de partes da forma 'não sucede que α' por '$\sim \alpha$'(em que α e β são sentenças); substituição de componentes em português por letras sentenciais, de acordo com o esquema abreviador; omissão, enfim, dos parênteses, de acordo com as convenções adotadas.

À linguagem considerada acrescentemos três novos símbolos: '.', 'v' e '$\leftrightarrow$', que simbolizam, respectivamente, 'e', 'ou' e 'se e somente se'. Tal como sucedia com '$\rightarrow$', os novos símbolos são empregados para formar outras sentenças, a partir de um par de sentenças dadas. Por exemplo, a partir de

Pedro é bom

João é inteligente,

formam-se

(Pedro é bom . João é inteligente)	(a)
(Pedro é bom v João é inteligente)	(b)
(Pedro é bom $\leftrightarrow$ João é inteligente)	(c),

que são lidas, respectivamente:

Pedro é bom e João é inteligente.

Pedro é bom ou João é inteligente.

Pedro é bom se e somente se João é inteligente.

Diz-se que (*a*) é a conjunção das duas sentenças (que são seus conjuntivos), que (*b*) é a sua disjunção (com o par de disjuntivos) e que (*c*) é o bicondicional formado com as duas sentenças (seus constituintes).

Os cinco símbolos de que dispomos agora,

$$\sim, \rightarrow, ., v, \leftrightarrow$$

são os *conectivos sentenciais* (conectivos, simplesmente).

A nova linguagem, suplementada com os símbolos que acabamos de introduzir, tem ampliada a classe das sentenças. Assim, podem, agora, ser exaustivamente caracterizadas pelas seguintes cláusulas:

1) todas as sentenças declarativas do português são sentenças;
2) letras sentenciais são sentenças;
3) se α e β forem sentenças, também o serão

$\sim \alpha$, $(\alpha \rightarrow \beta)$, $(\alpha \cdot \beta)$, $(\alpha \vee \beta)$, $(\alpha \leftrightarrow \beta)$.

Tal como antes, sentenças simbólicas são as construídas com as letras sentenciais, os conectivos e os parênteses. Se estes forem omitidos, de acordo com as convenções adotadas, tem-se, em princípio, uma classe mais ampla de sentenças (figurando algumas que não o seriam, de um ponto de vista estrito, obedientes às leis de formação explicitadas). Podem-se distinguir, então, as sentenças propriamente ditas (construídas com o rigor das definições) das sentenças em sentido amplo, quando as omissões de parênteses forem permitidas.

As noções de tradução, com base em certo esquema abreviador, de tradução livre, variante estilística, simbolização, podem ser facilmente transportadas para a nossa nova linguagem ampliada, com todos os conectivos.

EXERCÍCIOS

1) Com base no seguinte esquema:
    P: a lógica é fácil
    Q: João será aprovado
    R: João se concentra,
  traduzir para o português
  $a)$ $P \rightarrow (Q \rightarrow R)$
  $b)$ $(R \rightarrow P) \rightarrow \sim Q$
  Simbolizar:
  $a)$ Somente se João se concentrar, ele será aprovado
  $b)$ Se João não for aprovado, então a lógica não é fácil.

2) Colocando os parênteses, obter sentença propriamente dita a partir de:
  $(Q \vee R) \rightarrow (P \cdot R \rightarrow (Q \leftrightarrow R \vee P))$.

3) Indicar, de modo minucioso, os passos do processo de tradução literal, para o português, de uma sentença simbólica dada.

4) Fornecer variantes estilísticas de 'e', 'ou' e 'se, e somente se,'.

5) Indicar os passos para uma simbolização de sentença dada.

6) Construir um esquema abreviador e traduzir a seguinte sentença:
  $((\sim P \cdot \sim Q) \vee R) \cdot (R \leftrightarrow P \cdot Q)$.

A fim de facilitar o trabalho de simbolização e tradução, eis uma tabela que contém os significados mais comuns que podem ser atribuídos aos conectivos.

"Variantes de estilo" na linguagem corrente e sua simbolização:

$A \leftrightarrow B$

A se e só se B
A se B e B se A
A exatamente quando B
Se A, B e reciprocamente
A é condição necessária e suficiente para B
A é equivalente a B

$A \rightarrow B$

Se A, então B
Quando A, B
No caso de A, B
B, contanto que A
A é condição suficiente para B
B é condição necessária para A
B, se A
B quando A
B, no caso de A
A somente quando B
A só se B
A só no caso de B
A implica B

$A \cdot B$

A e B
A, mas B
A, embora B
Tanto A como B
Não só A, mas também B
A, apesar de B

$A \lor B$

A ou B ou ambos
A e/ou B (nos documentos legais)
A ou B
Ou A ou B (mas cuidado)
A, salvo quando B

$(A \lor B) \cdot {\sim} (A \cdot B)$

A ou B, mas não ambos
A ou então B
A ou B (mas cuidado)
Ou A ou B (mas cuidado)

Obs.: "$A \rightarrow B$" equivale a "não A ou B". Resulta que

Não A, salvo se B

pode assumir a forma

$$A \rightarrow B$$

Obs.: O "ou" exclusivo também equivale a

$$\sim (A \leftrightarrow B)$$

ou, ainda, a

$$\sim A \leftrightarrow B$$
$$A \leftrightarrow \sim B$$

3.8. Tabelas e argumentos

As tabelas podem ser utilizadas para examinar a legitimidade de argumentos. Recorde-se que um argumento se diz legítimo sempre que a verdade das premissas é incompatível com a falsidade da conclusão. Em outras palavras, o argumento é legítimo se o valor da conclusão é V sempre que os valores das premissas são V.

Dado, pois, um argumento do tipo

$$\alpha_1, \, \alpha_2 \, ..., \, \alpha_n, \, logo \, \beta,$$

o que se precisa é verificar que não é possível ter

$$val \, (\beta) = F$$

quando

$$val \, (\alpha_1) = val \, (\alpha_2) = ... = val \, (\alpha_n) = V.$$

O procedimento prático se resume, pois, em construir uma tabela (apropriada) e identificar, nessa tabela, as linhas em que os valores das premissas sejam todos V. Nessas linhas, o valor da conclusão deve ser V para que o argumento seja legítimo. Se em uma das linhas em que as premissas forem V a conclusão tiver valor F, o argumento será ilegítimo.

Ilustre-se a questão. Imagine-se ter afirmado, p. ex., que as premissas $\sim (P \, . \, Q)$ e $(P \, . \, Q) \vee (P \rightarrow)$ acarretem a conclusão $P \rightarrow Q$. Constrói-se a tabela seguinte:

P	Q	$P \cdot Q$	$P \to Q$	$\sim(P \cdot Q)$	$(P \cdot Q) \lor (P \to Q)$
V	V	V	V	F	V
V	F	F	F	V	F
F	V	F	V	V	V
F	F	F	V	V	V

As premissas do argumento dado figuram nas colunas 5 e 6. Elas são ambas verdadeiras nas atribuições de valores constantes das linhas 3 e 4. A conclusão comparece na coluna 4. Note-se que, para as linhas indicadas, isto é, a terceira e a quarta, a conclusão também tem o valor V. Não é possível, portanto, dar valores às letras de modo a tornar V as premissas e F a conclusão. O argumento é legítimo, ou válido (dedutivamente válido). [Evite dizer inválido; prefira não válido.][10]

Examine-se este outro argumento:

$$\sim(P \cdot Q), (P \cdot Q) \lor ((P \to Q) \lor R \mid\!- (P \to Q) \lor R.$$

Constroi-se a tabela seguinte:

P	Q	R	$P \cdot Q$	$\sim(P \cdot Q)$	$P \to Q$	$(P \to Q) \lor R$	$(P \cdot Q) \lor ((P \to Q) \lor R)$
V	V	V	V	F	V	V	V
V	V	F	V	F	V	V	V
V	F	V	F	V	F	V	V
V	F	F	F	V	F	F	F
F	V	V	F	V	V	V	V
F	V	F	F	V	V	V	V
F	F	V	F	V	V	V	V
F	F	F	F	V	V	V	V

As premissas (que figuram nas colunas 5 e 8) têm valores V nas atribuições que são indicadas nas linhas 3, 5, 6, 7 e 8. Em todas essas

---

10 O argumento dado é da "forma"

$$\sim \alpha, \alpha \lor \beta, \text{logo } \beta$$

Dessa "forma" há uma infinidade de "instanciações", obtidas colocando sentenças particulares nos lugares de α e β. O argumento analisado é uma de tais instanciações, com

$P \cdot Q$ no lugar de α,

$P \to Q$ no lugar de β.

linhas, a conclusão (que figura na coluna 7) tem igualmente o valor V. O argumento, portanto, é válido: não há atribuições de valores para as letras sentenciais que admitam premissas de valor V e conclusão de valor F.

De modo inteiramente análogo, pode-se constatar a validade de argumentos como estes:

$$\sim (P \cdot Q), (P \cdot Q) \, v \, (Q \rightarrow P) \, |\!- (Q \rightarrow P)$$
$$R \, v \, S, \sim (R \, v \, S) \, v \, ((S \cdot R) \rightarrow Q) \, |\!- (S \cdot R) \rightarrow Q$$
$$\sim (P \cdot Q \cdot R \rightarrow R), (P \cdot Q \cdot R \rightarrow R) \, v \, S \, |\!- S^{11}$$

Para completar a ilustração, considere-se o argumento:

Se chove, a rua se molha
A rua está molhada

Choveu

Ignorando questões de tempos verbais, o argumento pode ser assim simbolizado:

$$P \rightarrow Q, \, Q, \, logo \, P.$$

Para a análise do argumento (do ponto de vista de sua legitimidade), constrói-se a tabela apropriada:

P	Q	$P \rightarrow Q$	
V	V	V	$\leftarrow$
V	F	F	
F	V	V	$\leftarrow$
F	F	V	

As premissas do argumento estão na segunda e na terceira colunas. A conclusão está na primeira coluna. As premissas são verdadeiras nas linhas 1 e 3 (indicadas pelas setas laterais). Na linha 1 a conclusão também é verdadeira. Mas na linha 3 a conclusão é falsa. *A falsidade da conclusão é compatível com a verdade das premissas*: o argumento não é legítimo (Intuitivamente: pode, de fato, ter chovido,

---

11   Todos os argumentos agora indicados têm a mesma "forma":
$$\sim \alpha, \alpha \, v \, \beta \, logo \, \beta.$$

Cap. 3 | Tabelas de Valores – Tautologias   69

daí a linha 1; mas pode não ter chovido, estando a rua molhada por outros motivos, logo a linha 3.)

EXERCÍCIOS

1. Com auxílio das tabelas de valores, examinar a validade dos seguintes argumentos:

   a) P, logo P v Q

   b) $(P \rightarrow Q)$. $(P \rightarrow R)$, ~ P, logo ~ Q v ~ R

   c) $P \rightarrow (Q$ v $R)$, $(R . S) \rightarrow T$, logo $P \rightarrow T$.

2. Procurar simbolizar os argumentos seguintes e examinar sua validade com as tabelas de valores:

   a) Se trabalho, ganho dinheiro, e, se não trabalho, me divirto. Logo, não ganhando dinheiro, me divirto.

   b) Se José comprar ações e se o mercado baixar, ele perderá seu dinheiro. Mas o mercado não vai baixar. Portanto, ou José compra ações ou perde dinheiro.

3. Estudar a validade de: "Se João mantém a promessa, então, se as entregas forem feitas a tempo, a mercadoria estará boa. A mercadoria não estará boa. Logo, se as entregas forem feitas a tempo, João não cumprirá sua promessa".

3.9. Exercícios de revisão

1. Admitindo que 'P', 'Q', 'R' e 'S' abreviem, respectivamente, 'Hoje está nu-blado', 'vai chover', 'vai gear' e 'amanha estará claro', traduzir:

   a) $P . (Q$ v $R)$ c) $P \rightarrow (Q$ v $R)$.

   b) $(P \rightarrow Q)$ v R d) $P \leftrightarrow ((Q . \sim R)$ v $S)$.

2. Desdobrar o enunciado 'Pedro e Paulo merecem confiança' em uma conjunção. Pode-se proceder de modo análogo com 'Pedro e Paulo são amigos'?

3. Determinar os componentes das sentenças que se seguem; simbolizar:

   a) Pedro foi caçar ontem e eu o acompanhei; hoje, ele foi pescar e eu não o acompanhei.

   b) Se João está alegre e Mario não está fatigado, Pedro está triste.

   c) Você pode chegar lá de trem ou de avião.

4. Determinar o valor (V ou F) das sentenças seguintes:

   a) $2 + 2 = 4$ e $3 + 4 = 5$.

   b) Se $2 + 2 = 4$ então $3 + 3 = 6$.

   c) Se $1 + 1 = 8$ então $3 + 3 = 6$ ou $5 + 5 \neq 10$.

5. Supondo que 'P' e 'R' tenham valor 'F' e que 'Q' tenha valor 'V', que valor têm os enunciados seguintes?

   a) $(P . Q)$ v R c) $P . (Q$ v $R)$

b) $(P \rightarrow Q) \rightarrow R$ *d*) $(Q \lor R) \rightarrow P$.

6. Admitindo falso o condicional '$P \rightarrow Q$', que valor têm?

a) $(P \rightarrow Q) \rightarrow (Q \lor R)$ *b*) $(Q \lor R) \rightarrow (P \rightarrow Q)$

7. Completar a análise de valores:

a) $(P \sim (Q \lor R)) \rightarrow (P \rightarrow (R \lor Q))$
    $\quad\; V \quad F \quad V$

b) $(Q \rightarrow R) \leftrightarrow (\sim Q \lor R)$
    $\qquad\qquad\qquad F$

8. Se a informação for suficiente, determinar o valor pedido:

a) $P . Q$ falso: valor de Q

b) $P \rightarrow Q$ verdadeiro: valores de P e de Q

c) $P \rightarrow Q$ falso, P verdadeiro: valor de Q

d) $P \rightarrow Q$ falso: valor de $Q \rightarrow P$; valor de $\sim Q \rightarrow \sim P$

e) $(P . Q) \rightarrow R$ falso: valores de P, Q e R.

9. Construir tabelas de valores para:

a) $(P \rightarrow \sim P) \rightarrow \sim P$

b) $((P . Q) \rightarrow R) \sim Q$

c) $P . Q \rightarrow (R \lor S) . T$

10. Eis uma previsão: "Se o prefeito não agir mas o governador intervier, então, ou o promotor especial será indicado ou o prefeito será obrigado a retirar-se". Em que condições a previsão resultará falsa?

11. Usando tabelas, examinar a validade:

a) Se João precisar de dinheiro, reduzirá os preços ou fará um empréstimo. Sei que não fará empréstimo. Logo, se João não reduzir os preços é porque não quer dinheiro.

b) Se Pedro mantiver a promessa, então, se as entregas forem feitas com atraso, as mercadorias serão boas. As mercadorias não serão boas. Logo, se as entregas forem feitas com atraso, Pedro não manterá a promessa.

12. Se α for uma tautologia e $\alpha \rightarrow \beta$ também, será β uma tautologia?

Se α for tautologia, se $\alpha . \beta$ também o for, deverá sê-lo β?

Se $\alpha \lor \beta$ for tautologia, deverão sê-los α e β?

13. Constatar se são equivalentes os pares de sentenças seguintes:

a) Se o céu está encoberto, a chuva vem.

O céu não está encoberto ou a chuva não vem.

b) Se está quente e úmido, a tempestade vem.

Se não está quente nem úmido, a tempestade não vem.

14. O conectivo 'salvo se', como em "Tudo irá bem, salvo se chover", é traduzível, em nossa linguagem, por 'se não', de modo que 'P salvo se Q' se abrevia com '$\sim Q \rightarrow P$'. Qual é a tabela de valores de 'salvo se'? Ter-se-ia equivalência entre '$\sim Q \rightarrow P$' e '$P \lor Q$'?

15. Eliminar os conetivos '$\rightarrow$' e '$\leftrightarrow$' nos enunciados seguintes, escrevendo equivalentes que não tenham esses símbolos:

a) $P \to P$ *c)* $P \to (P \lor Q)$
b) $(P \to Q) \to R$ *d)* $(P \leftrightarrow Q) \to (\sim P \to \sim Q)$

16. A sentença $(P \to Q) \lor (Q \to P)$ é tautológica. Sendo α e β sentenças quaisquer, $(\alpha \to \beta) \lor (\beta \to \alpha)$ é também tautológica. Discutir a afirmação: ou α implica β ou β implica α (Sugestão: considerar o caso em que β seja $P \,.\, Q$ e α seja $P \,.\sim Q$).

17. É conveniente, em alguns casos, identificar a negação de uma sentença de tal modo que o sinal '$\sim$' esteja associado apenas às letras sentenciais. P. ex., a negação de $\sim P \lor Q$ pode ser escrita (De Morgan) na forma $\sim \sim P \,.\sim Q$ e, a seguir (dupla negação), na forma $P \,.\sim Q$. Nesse espírito, obter negações de:
   a) $P \to (P \,.\, Q)$ Resp.: $P \,.\, (\sim P \lor \sim Q)$
   b) $(P \to Q) \,.\, (Q \to P)$
   c) $Q \lor \sim (P \,.\, R)$

18. Justificar o seguinte fato: uma sentença α que tenha como componente a sentença $(P \,.\sim P) \lor Q$ é equivalente à sentença obtida de α, substituindo o componente por Q.

3.10. Referências

1. Blanché, cap. 1.
2. Carnap, /Foundations/.
3. Church, /Logic/, cap. 2.
4. Harrison, caps. 2 e 3.
5. Kalish e Montague, caps. 1 e 2.
6. Kleene, /Logic/, cap. 1.
7. Lukasiewski e Tarski.
8. Mendelson, /Boolean/, cap. 1.
9. – /Logic/, cap. 1.
10. Quine, /Methods/, parte 1.
11. – /Logic/, cap. 11.
12. – /Sentido/,.
13. Rosser, caps. 2 e 3.
14. Suppes, /Logic/, cap. 1.
15. Tarski, /Logic/, cap. 2.

Obs.: Estudo bem-feito acerca da natureza da lógica simbólica acha-se em Rosser. Ideia das partes principais em que se desdobra (em apresentação simples) acha-se em Blanché. O método das tabelas de valores é discutido em praticamente todos os livros citados, mas está particularmente bem apresentado em Quine, /Methods/, e é exaustivamente tratado em Harrison. A lógica da negação e do condicional é analisada em minúcia por Lukasiewski e Tarski. A questão da tradução e da simbolização é discutida por Kalish e Montague e exemplificada por Harrison em numerosos casos. As variantes de estilo são apresentadas por Kalish e Montague (que acentuam as dificuldades que podem acarretar) e também por Kleene. As relações entre as tabelas e os argumentos são exploradas com propriedade por Copi. (Acerca da argumentação em geral, ver Carnap, /Foundations/).

Capítulo 4

Complementos

Sumário

Este capítulo contém algumas informações complementares que podem ser desprezadas pelo principiante. Talvez fosse oportuno apenas tomar conhecimento do fato de que o número de conectivos pode ser reduzido: em vez dos cinco utilizados, é possível empregar dois (ou mesmo um, convenientemente definido). As demais questões tratadas (o problema de Post, da determinação de uma fórmula, dada a tabela de valores, e o da forma "normal") não são de interesse geral, destinando-se mais especificamente aos que terão de usar a lógica sentencial em certas áreas restritas.

4.1. O problema de Post

Considere-se o seguinte problema. Imagine-se dado um quadro de valores com as colunas constituídas pelos átomos e todas as atribuições de valores possíveis, e uma coluna com valores arbitrariamente colocados (correspondentes a cada uma das atribuições). Pergunta-se se será possível obter um composto (com os átomos dados) cujos valores sejam exatamente os propostos.

Trata-se, como é fácil de ver, de um problema inverso ao da construção de tabelas. Ali eram dados os compostos e se obtinha o quadro. Agora se dá o quadro, procurando-se o composto. Em outras palavras, supondo, para fixar ideias, ter 3 letras, trata-se de substituir o ponto de interrogação abaixo por um composto conveniente:

P	Q	R	?
V	V	V	X_1
V	V	F	X_2
V	F	V	.
V	F	F	.
F	V	V	.
F	V	F	.
F	F	V	.
F	F	F	X_8

sendo X_1 ..., X_8 quaisquer dos dois valores V ou F dados arbitrariamente.

Esse problema foi resolvido por Post e sua solução, que a seguir será apresentada em sua maior generalidade, permite obter o composto procurado em termos de negação, conjunção e disjunção.

Considere-se um quadro de valores qualquer. Terá a forma geral seguinte:

	P_1	P_2	P_3	...	P_{n-2}	P_{n-1}	P_n	?
1° caso	V	V	V	...	V	V	V	X_1
2° caso	V	V	V	...	V	V	F	X_2
3° caso	V	V	V	...	V	F	V	X_3
...								
2^n-1	F	F	F	...	F	F	V	X_{2^n-1}
2^n	F	F	F	...	F	F	F	X_{2^n}

Considere-se 2^n conjunções do tipo $Q_1 . Q_2 ... Q_n$, em que Q_i é P_i se no quadro de valores estiver P_i com valor V ou é $\sim P_i$ se a P_i se atribuiu o valor F. Tem-se:

1ª conjunção	$P_1 . P_2$	......	$P_{n-i} . P_n$	abreviadamente C_1
2ª conjunção	$P_1 . P_2$	......	$P_{n-1} . \sim P_n$	abreviadamente C_2
3ª conjunção	$P_1 . P_2$	......	$\sim P_{n-1} . P_n$	abreviadamente C_3
......				
2^n-1	$\sim P_1 . \sim P_2$	......	$\sim P_{n-1} . P_n$	abreviadamente C_{2^n-1}
2^n	$\sim P_1 . \sim P_2$	......	$\sim P_{n-1} . \sim P_n$	abreviadamente C_{2^n}

É claro que a primeira conjunção só tem valor V quando todos os P_i tiverem valor V, isto é, somente no 1° caso. A segunda conjunção só tem valor V no 2° caso, e assim por diante.

Resulta que $\sim C_1$ tem valor V em todos os casos, salvo o 1°.

Em geral, $\sim C_i$ tem valor V em todos os casos, salvo o i°.

Segue-se que $\sim C_1 \cdot \sim C_2$ (que tem valor V somente quando $\sim C_1$ e C_2 têm o valor V) terá valor V em todos os casos, salvo no 1° e no 2°.

Em geral, $\sim C_i \cdot \sim C_j \cdot \sim C_k$ terá valor V em todos os casos, salvo os i°, j° e o k°.

A solução do problema está, pois, determinada. Examinam-se, no quadro original, os casos com F. O composto procurado deve ser verdadeiro em todos os casos, salvo naqueles em que X_j for F. Suponha-se que os casos com F no quadro sejam i_o, i_1, ..., i_m. O composto desejado será

$$\sim Ci_o \cdot \sim Ci_1 \cdot \ldots \sim Ci_m.$$

Exemplifique-se. Seja determinar o composto que tenha os seguintes valores:

P	Q	R	?
V	V	V	F
V	V	F	F
V	F	V	V
V	F	F	V
F	V	V	V
F	V	F	F
F	F	V	V
F	F	F	V

As ocasiões em que surge F na última coluna são indicadas nas 1ª, 2ª e 6ª linhas, correspondentes aos casos em que os valores de P, Q, R são, respectivamente:

P	Q	R
V	V	V
V	V	F
F	V	F

Os conjuntivos correspondentes são $P \cdot Q \cdot R$, $P \cdot Q \cdot \sim R$, $\sim P \cdot Q \cdot \sim R$. E, portanto, o enunciado que se procura será:

$$\sim (P \cdot Q \cdot R) \cdot \sim (P \cdot Q \cdot \sim R) \cdot \sim (\sim P \cdot Q \cdot \sim R).$$

Para concluir a discussão é preciso considerar um caso negligenciado até agora: aquele em que não figurar nenhuma vez a letra F na coluna do composto procurado. Mas, se assim for, tem-se uma tautologia. Qualquer tautologia conhecida será, pois, uma resposta adequada.

Esta última observação já mostra que a solução do problema dado não é única. Mas isso nada tem de surpreendente, uma vez que se viu a possibilidade da existência de compostos equivalentes e de "formas" variadas.

EXERCÍCIO

Obter uma sentença, cujos valores são:

a) $V, F, V, V.$
b) $V, V, V, F, F, V, V, F.$
c) $V, V, V, V, F, F, V, V, F, V, V, V, F, V, F.$

É visível abordar a questão por outro ponto. Cada sentença determina uma "função-verdade" que pode ser apresentada na forma de uma tabela. O problema inverso é este: existe uma sentença que determine uma função-verdade previamente dada?

Existem 2 (2^n) funções-verdade para n variáveis. Com efeito, há 2^n atribuições de valores para as n variáveis e, para cada uma delas, a função-verdade pode fazer corresponder os valores V ou F.

A título de exemplo, eis as 4 funções-verdade para uma variável:

P	$\sim P$	$P \vee \sim P$	$P \cdot \sim P$
V	F	V	F
F	V	V	F

No caso de duas variáveis, têm-se 16 funções-verdade

1	2	3	4	5	6	7	8	9	10	11	12	13	14	15	16
V	V	F	F	V	F	V	V	V	V	F	V	F	F	F	F
V	F	F	V	V	F	V	F	F	F	V	V	F	V	V	F
F	V	V	F	V	F	V	F	V	F	V	F	F	V	F	V
F	F	V	V	V	F	F	F	V	V	F	V	V	V	F	F

Essas colunas correspondem, como não será difícil verificar, a

1. P 5. $P \vee \sim P$ 9. $P \to Q$ 13. $\sim P \, . \sim Q$

2. Q 6. $P \, . \sim P$ 10. $P \leftrightarrow Q$ 14. $\sim P \vee \sim Q$

3. $\sim P$ 7. $P \vee Q$ 11. $\sim (P \leftrightarrow Q)$ 15. $\sim (P \to Q)$

4. $\sim Q$ 8. $P \, . \, Q$ 12. $Q \to P$ 16. $\sim (Q \to P)$

A propósito, pode-se enunciar o

Teorema 1 Qualquer função-verdade é determinada por uma sentença construída apenas com os conetivos '$\sim$', '.' e '$\vee$'.

A função-verdade dada pode ser exibida na forma de tabela

P_1	P_2	$\dots P_m$	$f(P_1, P_2, \dots, P_n)$
V	V	V	
V	V	F	
V	V	V	
...	...	...	
...	...	...	

Há 2^n linhas na tabela. Em cada uma dessas linhas, a última coluna registra o valor correspondente de $f(P_1, \dots, P_n)$.

Caso 1: A última coluna só contém entradas "F".

Nesse caso, a sentença $(P_1 \, . \sim P_1) \vee (P_2 \, . \sim P_2) \vee \dots \vee (P_n \, . \sim P_n)$ determina f. (É claro que qualquer contradição também determina f).

Caso 2: Existem algumas entradas "V" na última coluna.

Para $1 \leqq i \leqq n$ e $1 \leqq k \leqq 2^a$ sejam

P_{ik} $\begin{cases} \text{a própria } P_i, \text{ se } P_i \text{ tem valor } V \text{ na linha } k \\ \sim P_i, \text{ se } P_i \text{ tem valor } F \text{ na linha } k \end{cases}$

Use-se C_k para representar a conjunção fundamental $P_{1k} \cdot P_{2k} \cdot$ ... . P_{nk}. De modo claro, C_k está associada à linha k da tabela. Com efeito, C_k toma valor V para a atribuição de valores da linha k (em que P_i recebe o valor associado a P_i) e toma valores F para as demais atribuições de valores (Observe-se que, em qualquer outra linha, diga-se, j, algum P_i recebe valor diverso daquele que lhe foi atribuído na linha k; em consequência, na atribuição de valores da linha j, P_{ik} toma valor F, de modo que C_k também toma valor F.)

Sejam também $k_1, k_2, ..., k$. as linhas em que a função-verdade f tem valores V. Seja α a fórmula

$$C_{k1} \vee C_{k2} \vee ... \vee C_{kn}.$$

Então α determina a função f.

Observe-se que α é uma sentença construída apenas com os conectivos desejados.

Exemplo: Dada a função-verdade

P	Q	$f(P, Q)$
V	V	F
V	F	V
F	V	V
F	F	V

C_2 é $P \cdot \sim Q$; C_3 é $\sim P \cdot Q$; e C_4 é $\sim P \cdot \sim Q$. Logo,

$$(P \cdot \sim Q) \vee (\sim P \cdot \sim Q) \vee (\sim P \cdot \sim Q)$$

determina a dada função.

EXERCÍCIOS

1. Obter uma fórmula cuja tabela tenha as seguintes entradas na última coluna:
   $V\,V\,V\,F\,F\,F\,F\,V$
2. Obter uma fórmula equivalente a $(P \vee Q) \cdot (P \vee R \vee \sim Q)$.
   Sugestão: construir a tabela dessa fórmula. Têm-se, na última coluna, os valores
   $V\,V\,V\,V\,V\,F\,F\,F$
   Aplicar o método ora ilustrado.
3. Dada uma tabela cuja última coluna é formada por $F\,V\,V\,V\,F\,F\,V\,V$, obter duas fórmulas correspondentes.

Sugestão: examinar as linhas com F e adotar o procedimento do início desta seção, examinar as linhas com V e adotar o segundo procedimento.

4.2. Redução do número de conectivos

Um conjunto de conectivos se diz *apropriado* se qualquer função-verdade pode ser determinada por sentenças em cuja construção figurem apenas os conectivos em pauta.

O Teorema 1 atesta que o conjunto (~ , . , v) é apropriado.

Teorema 1 São apropriados os seguintes conjuntos de conectivos:

1. $\{\sim, .\}$ 2. $\{\sim, v\}$ 3. $\{\sim, \rightarrow\}$

De fato: pelo teorema 1, o conjunto $\{\sim, . , v\}$ é apropriado. Substituindo-se qualquer fórmula do tipo $\alpha \, v \, \beta$ por uma fórmula por exemplo,[1] $\sim (\sim \alpha \, . \sim \beta)$, obtém-se, para qualquer fórmula construída com a negação, a conjunção e a disjunção, uma fórmula equivalente, construída apenas com a negação e a conjunção.

Quanto ao segundo grupo de conectivos, observe-se que basta substituir cada fórmula do tipo $\alpha \, . \, \beta$ pela sua equivalente $\sim (\sim \alpha \, v \sim \beta)$.

Quanto ao terceiro grupo, substituir cada fórmula do tipo $\alpha \, v \, \beta$ pela fórmula equivalente $\sim \alpha \rightarrow \beta$.

É importante notar que Scheffer, em 1930, mostrou a possibilidade de exprimir todos os conectivos em função de um único. Adote-se, por comodidade tipográfica, o sinal '/' para indicar esse único símbolo básico. Ele pode ter sua identificação fixada por meio da seguinte tabela:

P	Q	P/Q
V	V	F
V	F	V
F	V	V
F	F	V

---

1   A noção de "equivalência" é introduzida na Seção 5.2. Nesta altura, basta uma noção intuitiva: α se diz *equivalente* a β se ambas têm a mesma tabela de valores (isto é, quando é tautológico o bicondicional $\alpha \leftrightarrow \beta$).

Não é difícil, agora, constatar que

$\sim P$	eq.	P/P
$P \cdot Q$	eq.	$(P/Q) / (P/Q)$
$P \vee Q$	eq.	$(P/P) / (Q/Q)$
$P \rightarrow Q$	eq.	$P/(Q/Q)$

P/Q pode ser interpretado como "não ambos, P e Q". O conectivo "/" é chamado "conectivo de Scheffer".

O conjunto unitário $\{/\}$ é apropriado, como o atestam as equivalências acima.

Seja, ainda, $\downarrow$ o conectivo correspondente à operação de negação conjunta, explicitada nesta tabela:

P	Q	$P \downarrow Q$
V	V	F
V	F	F
F	V	F
F	F	V

$P \downarrow Q$ pode ser interpretado como "nem P nem Q". O conjunto unitário $\{\downarrow\}$ é apropriado. Com efeito, basta ver que

$$\sim \beta \text{ equivale a } (\beta \downarrow \beta)$$

e que

$$(\beta \vee \delta) \text{ equivale a } (\beta \downarrow \delta) \downarrow (\beta \downarrow \delta).$$

É oportuno salientar que os únicos sistemas unitários apropriados são, precisamente, $\{/\}$ e $\{\downarrow\}$.

Note-se, ainda, que de um ponto de vista matemático, é preferível utilizar um só conectivo. Isso tem a vantagem de reduzir ao mínimo o número dos símbolos primitivos e torna mais simples a definição de fórmula e o tratamento teórico de várias questões.

Esse projeto é pouco recomendável, porém, em virtude da complexidade na escritura das fórmulas, de modo que é mais fácil, sem dúvida, operar com um número maior de conectivos. Vários teoremas se simplificam usando apenas um par de conectivos.[2] Mesmo assim, os demais conectivos devem ser introduzidos quanto antes, na forma de "abreviações", para que a linguagem se torne mais compreensível e mais próxima da natural.

EXERCÍCIOS

1. Exprimir todos os conectivos por meio de equivalências em que só apareçam a negação e a disjunção.
2. Exprimir todos os conectivos em termos do conectivo $\downarrow$.
3. Escrever uma fórmula qualquer, com três conectivos (digamos $\sim$, . e $\rightarrow$), e reescrevê-la apenas com o conectivo de Scheffer.
4. Mostrar que o conjunto de conectivos $\{\sim, \leftrightarrow\}$ não é apropriado.

4.3. Forma normal

As letras sentenciais, isto é, $P, Q, R,$ etc. e suas negações, $\sim P, \sim Q,$ etc., serão chamadas *literais*.

Uma *conjunção fundamental* será: (*i*) um literal; ou (*ii*) uma conjunção de dois ou mais literais, sem repetição das letras sentenciais.

Exemplificando, $P, \sim Q, P \cdot Q, \sim P \cdot Q \cdot R$ são conjunções fundamentais. Não são conjunções fundamentais: $\sim \sim P,$ ou $P \cdot Q \cdot P$ ou $P \cdot R \cdot \sim P \cdot Q$.

Diz-se que uma conjunção fundamental, A, está *incluída* em outra, B, se todos os literais de A são também literais de B.

Assim, $P \cdot Q$ está incluída em $P \cdot Q$. Também $P \cdot \sim Q$ está incluída em $\sim Q \cdot P$; Q está incluída em $P \cdot Q \cdot R$ e está incluída em $Q \cdot R \cdot \sim P$. Por outro lado, Q não está incluída em $P \cdot \sim Q$.

Uma fórmula α se diz em *forma normal disjuntiva* (fnd) se

1) α é uma conjunção fundamental, ou

2) α é uma disjunção de duas ou mais conjunções fundamentais.

Exemplificando, as seguintes fórmulas estão em fnd:

$a) \sim P \vee P$ $\qquad b) (P \cdot \sim Q) \vee (\sim P \cdot \sim Q \cdot R)$

$c) (Q \cdot \sim P) \vee (\sim P \cdot \sim Q \cdot S) \vee R$ $\qquad$ d) P

---

2 Adotaremos essa tática ao tratar do teorema da completude, em que usaremos apenas $(\sim, \rightarrow)$.

ao passo que estas outras não estão em fnd:

a) $Q \cdot \sim Q$ b) $(P \text{ v } Q) \cdot P$

O interessante a observar é que substituindo fórmulas dadas por fórmulas equivalentes é possível transformar qualquer fórmula, de modo a levá-la para a forma normal disjuntiva.

Um exemplo esclarecerá o procedimento a adotar.

Seja dada a fórmula $\sim (P \text{ v } R) \text{ v } (P \rightarrow Q)$.

A parte $P \rightarrow Q$ pode ser substituída pela equivalente $\sim P \text{ v } Q$.

A negação que antecede a primeira parte da disjunção pode ser conduzida para o interior da fórmula, aplicando as leis de De Morgan, obtendo $(\sim P \cdot \sim R)$. Tem-se

$$(\sim P \cdot \sim R) \text{ v } \sim P \text{ v } Q$$

De outra parte, sabe-se que

$$P \text{ v } (P \cdot Q) \text{ equivale a } P.$$

de modo que a fórmula agora obtida, devidamente "associada",

$$((\sim P \cdot \sim R) \text{ v } \sim P) \text{ v } Q.$$

pode assumir a forma

$$\sim P \text{ v } Q.$$

EXERCÍCIO

Dar a fórmula $(P \cdot \sim Q) \leftrightarrow (Q \text{ v } P)$ em fnd.
Resposta: $(P \cdot \sim Q) \text{ v } (\sim P \cdot \sim Q)$.

Observe-se, porém, que esta última fórmula é equivalente a $(P \text{ v } \sim P) \cdot \sim Q$ que, por seu turno, equivale a $\sim Q$.

Isso mostra, em particular, que existem duas fnd, diversas, mas equivalentes.

As observações precedentes podem assumir a forma de

Teorema Qualquer fórmula α (que não seja contraditória) é equivalente a uma fórmula em forma normal disjuntiva.

Há um tipo de fnd que tem interesse especial. Trata-se da *forma normal disjuntiva completa*. Diz-se que uma fórmula α está em fnd completa (relativamente às letras $P_1, P_2, \dots, P_k$) se

1) qualquer letra sentencial de α é uma das $P_1, ..., P_k$:

2) cada parte das disjunções contém todas as $P_1, ..., P_k$.

Por exemplo, $(P . Q . \sim R) \vee (P . \sim Q . R)$ está na forma disjuntiva normal, completa, relativamente às letras P, Q e R.

A fórmula $(P . Q) \vee (P . Q . R)$ não está em fnd completa.

A fórmula $\sim Q$ está em fnd completa relativamente a Q, mas não relativamente a P e Q.

Qualquer fórmula que não seja contraditória pode ser levada à forma completa.

Seja α uma fórmula construída com $P_1, ..., P_k$. Ela pode assumir a forma normal disjuntiva completa, relativamente, a $P_1, ... P_k$. Se, por acaso, uma letra, digamos, P_j, estiver ausente de uma das partes disjuntivas, seja D_i, pode-se recordar que

$$D_i \text{ equivale a } D_i . (P_j \vee \sim P_j),$$

que, por sua vez, equivale a

$$(D_i . P_j) \vee (D_i . \sim P_j).$$

Essa fórmula pode ser colocada no lugar de D_i. Dessa maneira, letras ausentes podem ser introduzidas, até chegar-se à forma completa.

O procedimento se sumaria assim: se faltam letras $P_1, ... , P_k$, em uma parte D_i, então junta-se, como partes "conjuntivas", todas as 2^k possíveis combinações de $P_i, ..., P_k$ ou suas negações.

Um exemplo ilustrará a situação. Para obter uma fórmula em fnd completa, equivalente a $\sim Q$, digamos, e relativamente a P, Q e R, constrói-se

$$(\sim Q . P . R) \vee (\sim Q . P . \sim R) \vee (\sim Q . \sim P . R) \vee (\sim Q . \sim P . \sim R).$$

EXERCÍCIOS

1. Obter fórmulas equivalentes às seguintes, em forma normal disjuntiva:

   $a)\ (P \vee Q) . (\sim Q \vee R)$ $b)\ \sim P \vee (Q \rightarrow \sim R).$

   Resp.: $b)\ \sim P \vee \sim Q \vee \sim R$

2. Para cada fórmula abaixo, obter equivalente em fnd completa (em relação a todas as letras que figuram na fórmula dada).

   $a)\ (P . \sim Q) \vee (P . R)$ $b)\ Q \rightarrow (P \vee \sim R)$

   $c)\ (P \vee Q) \leftrightarrow \sim R.$

Resp.: *b*) $\sim Q$ v P v $\sim R$

3. Tentar elaborar a definição de forma normal conjuntiva.

4. Tentar elaborar a definição de fnc completa.

5. Mostrar que a negação de uma fórmula em forma normal disjuntiva completa é equivalente a uma fórmula em forma normal conjuntiva completa, obtida permutando . e v e permutando cada literal pelo seu oposto (omitindo negação se presente, acrescentando-a se ausente).

Exemplo: $\sim ((P . \sim Q . R)$ v $(\sim P . \sim Q . R)$ equivale a

$(\sim P$ v Q v $\sim R) . (P$ v Q v $\sim R)$.

6. Mostrar que qualquer fórmula não tautológica pode ser conduzida à forma normal conjuntiva completa.

4.4. Referências

1. Copi.

2. Mendelson, /Logic/.

3. – /Boolean/, cap. 1.

4. Stoll, /Logic/.

Obs.: Qualquer bom livro de lógica alude à questão da redução do número de conectivos. Em Copi (p. 255 e segs.) são apresentados os conectivos / e ↓. Copi fala também das formas normais. O problema de Post vem tratado por Stoll. Todos os temas são examinados por Mendelson (muito especialmente em seu /Boolean/, cap. 1), em que lhes dá tratamento simples e com farto número de exemplos.

Capítulo 5

Cálculo Sentencial – Resultados Notáveis

Sumário

Este capítulo é de caráter mais técnico. Encerra alguns teoremas importantes que devem ser conhecidos pelos leitores desejosos de aprofundar seus estudos de lógica. Em especial, são incluídos os teoremas da substituição (de átomos por fórmulas) e da reposição (que permite substituir uma "parte" de certa fórmula por outra parte que lhe seja equivalente); examina-se a questão da dualidade; e apresenta-se a noção de consequência lógica (no cálculo sentencial). O leitor que não está interessado em levar avante seus estudos pode limitar-se a ler os enunciados dos teoremas 1, 3, 4, 5 e 12 – compreendendo o seu alcance. O teorema 1, em especial, justifica a formulação "geral" das tautologias, de acordo com a nota que acompanha a lista das principais tautologias, apresentada na Seção 3.5.

5.1. Substituições

Adotaremos o símbolo $\models$ [1] para indicar o caráter tautológico de uma dada fórmula. Escrever, pois,

$$\models \alpha$$

é dizer que "α é uma tautologia".

---

1   Este símbolo forma um só bloco $\models$. Na falta de matriz tipográfica, usa-se a combinação de barra e igualdade.

Nota: Expressões contendo $\models$ não são fórmulas da linguagem objeto, mas expressões da linguagem "do estudioso". Logo, $\models$ situa-se "fora" das fórmulas. Isto quer dizer que

$$\models \alpha \vee \beta$$

deve ser lido

$$\models (\alpha \vee \beta)$$

e não

$$(\models \alpha) \vee \beta$$

Usaremos, ainda, a notação

$$\alpha \left(\begin{array}{c} P \\ \beta \end{array} \right)$$

para indicar a fórmula obtida de α mediante substituição uniforme do átomo P pela fórmula β – dizendo-se que a substituição é uniforme se todas as ocorrências de P são substituídas pela mesma fórmula β.

Isso posto, tem-se o seguinte resultado de importância:

Teorema 1 Se $\models \alpha$, então $\models \alpha \left(\begin{array}{c} P \\ \beta \end{array} \right)$.

Antes de justificar o resultado, veja-se um exemplo. Imagine-se que a tautologia dada seja esta: $P \cdot Q \rightarrow P$. Seja β a sentença $R \vee S$. Neste caso, tem-se

$$\alpha \left(\begin{array}{c} P \\ \beta \end{array} \right) = (R \vee S) \cdot Q \rightarrow (R \vee S),$$

que é, também, uma tautologia.

A justificação da asserção poderia, a seguir, ser feita deste modo, chamando-se α' a expressão resultante:

Seja A uma atribuição de valores para as letras sentenciais que compareçam em α' (isto é, para as letras de α, salvo P, que foi omitida com a substituição, e as letras porventura existentes em β, e que não compareciam em α). Para essa atribuição de valores, resulta um valor para α' e um valor para β, que se indicará, respectivamente, por v (α', A) e por v (β, A). Considere-se, a seguir, uma atribuição de valores A' que leve em conta as letras já consideradas, e mais a letra P (que havia sido eliminada pela substituição), à qual se dá o valor v $(P, A') = $ v (β, A). A nova atribuição de valores conserva os valores das letras que já eram consideradas com a atribuição A e atribui à letra P o valor que estava, com A, fixado para β. Resulta que A' é uma extensão da atribuição de valores A – no sentido de que dá valor a uma letra adicional, P, o que não sucedia com A. Ora,

$$v\,(\alpha, A') = v\,(\alpha', A) \qquad \text{(I)}$$

Em consequência, se α é tautológica, o valor de v (α, A') é V, seja qual for a atribuição A' considerada. Resulta que na tabela para α' (que é, afinal, composta com uma parte das atribuições fixadas com A') só se pode ter, também, por causa de (I), valores V, o que indica ser α' uma tautologia, como se pretendia mostrar.

Nas considerações feitas, admitimos que P não figurava em β. Mas essa restrição pode ser levantada. Se β contém P, começamos por escolher uma letra, digamos Q, que não figure nem em β nem em α.

Da tautologia α passamos para $\alpha \begin{pmatrix} P \\ Q \end{pmatrix} = \alpha'$ e, a seguir, aplicamos

o que já foi feito para obter a tautologia $\alpha' \begin{pmatrix} Q \\ \beta \end{pmatrix}$.

A importância prática desse resultado é facilmente imaginável. Para reconhecer algumas tautologias, não será preciso analisar as sentenças até reduzi-las às letras sentenciais. De posse de algumas tautologias, será, com frequência, fácil identificar a semelhança de dada sentença com essas tautologias. Exemplifiquemos. Imagine-se a tautologia

$$[P \cdot (P \to Q)] \to (P \to Q) \qquad \text{(a)}$$

(que o leitor poderá mostrar que é, efetivamente, tautologia). Considere-se a sentença:

$$(R \vee S) \cdot [(R \vee S) \to (P \cdot Q)] \to [(R \vee S) \to (P \cdot Q)] \qquad \text{(b)}$$

Não é difícil constatar que (b) resulta de (a), mediante substituição de P por $(R \vee S)$ e de Q por $(P.Q)$. Mas, então, pelo resultado acima, (b) é ainda uma tautologia.

Generalizando um pouco as ideias que acabamos de comentar, diz-se que uma sentença β é uma *instanciação* de uma sentença (simbólica) dada, α, se pode ser obtida de α por meio da substituição uniforme de letras sentenciais por sentenças (simbólicas). Como já se frisou, uma substituição se diz *uniforme* quando todas as ocorrências de uma letra são substituídas pela mesma sentença.

As substituições podem ser indicadas como antes, nos parênteses em que, sob as letras substituídas, figurem as sentenças que passem a ocupar seus lugares. P. ex., dada a sentença

$$P \vee Q,$$

eis algumas de suas instanciações, com substituições indicadas ao lado:

a) $P \vee \sim R$
$$\begin{pmatrix} P & Q \\ P & \sim R \end{pmatrix}$$

b) $P \to Q \vee R$
$$\begin{pmatrix} P & & Q \\ P \to Q & & R \end{pmatrix}$$

c) $(R \cdot S) \to Q \vee (P \cdot R)$
$$\begin{pmatrix} P & & Q \\ R \cdot S \to Q & & P \cdot R \end{pmatrix}$$

A relação "β é uma instanciação de α" é aplicável somente às sentenças simbólicas. A importância de tais substituições é óbvia.

Um pormenor deve ser devidamente realçado neste ponto. As substituições nos parênteses devem ser feitas simultaneamente. Via de regra, são muito diversos os resultados obtidos, fazendo-se a substituição simultânea:

$$\alpha \begin{pmatrix} P & Q \\ \beta & 6 \end{pmatrix},$$

e as substituições simples repetidas:

$$\alpha \begin{pmatrix} P \\ \beta \end{pmatrix} \begin{pmatrix} Q \\ 6 \end{pmatrix}$$

Cap. 5 | Cálculo Sentencial – Resultados Notáveis   89

que devem ser entendidas como substituições que se fazem "por etapas", substituindo-se, primeiro, P por β e, na sentença resultante, Q por δ. Que os resultados possam diferir é mais ou menos evidente, recordando-se que a letra Q pode figurar em β. Mas deixamos ao leitor a verificação, em casos concretos que poderá examinar, da diferença que pode aparecer nas duas maneiras de se fazer a substituição (simultânea e repetida).

Em consequência do que ficou estabelecido, tem-se, agora, uma infinidade de tautologias. Sabendo-se, por exemplo, que $P \rightarrow P$ é uma tautologia (o que se comprova de modo imediato, pelas tabelas), tem-se que

$$|= \alpha \rightarrow \alpha,$$

qualquer que seja α.

A lista de tautologias é grande. O leitor pode recorrer à lista que já foi apresentada no capítulo 3 para recordar as mais interessantes. Sem embargo, enuncie-se o

Teorema 2 Entre as tautologias notáveis estão as seguintes:

Obs.: As letras α, β, γ representam fórmulas quaisquer, não necessariamente distintas.

princípio da identidade: $\alpha \rightarrow \alpha$

cadeia inferencial: $(\alpha \rightarrow \beta) \rightarrow [(\beta \rightarrow \gamma) \rightarrow (\alpha \rightarrow \gamma)]$

intercâmbio de premissas: $[\alpha \rightarrow (\beta \rightarrow \gamma)] \leftrightarrow [\beta \rightarrow (\alpha \rightarrow \gamma)]$

importação e exportação: $[\alpha \rightarrow (\beta \rightarrow \gamma)] \leftrightarrow [\alpha . \beta) \rightarrow \gamma)]$

negação do antecedente: $\sim \alpha \rightarrow (\alpha \rightarrow \beta)$

contraposição: $(\alpha \rightarrow \beta) \leftrightarrow (\sim \beta \rightarrow \sim \alpha)$

$\alpha \leftrightarrow \alpha$

$(\alpha \leftrightarrow \beta) \leftrightarrow (\beta \leftrightarrow \alpha)$

$[(\alpha \leftrightarrow \beta) . (\beta \leftrightarrow \gamma)] \leftrightarrow (\alpha \leftrightarrow \gamma)$

idempotência: $(\alpha . \alpha) \leftrightarrow \alpha$

$\qquad (\alpha \vee \alpha) \leftrightarrow \alpha$

dupla negação: $\sim \sim \alpha \leftrightarrow \alpha$

negação da contradição: $\sim (\alpha . \sim \alpha)$

lei do terceiro excluído: $\alpha \vee \sim \alpha$

leis de De Morgan: $\sim (\alpha . \beta) \leftrightarrow (\sim \alpha \vee \sim \beta)$

$\qquad \sim (\alpha \vee \beta) \leftrightarrow (\sim \alpha . \sim \beta)$

negação da implicação: $\sim (\alpha \rightarrow \beta) \leftrightarrow (\alpha . \sim \beta)$

5.2. Novos teoremas. A reposição

Observaremos, de início, que não há alterações dignas de nota nas tabelas de valores quando elas são construídas com mais átomos do que os realmente necessários. Imagine-se ter obtido uma tabela para a fórmula usando as "entradas" que correspondem às atribuições de valores para os átomos que efetivamente ocorrem em α (P_1, P_2, ..., P_n). Imagine-se, a seguir, que nova tabela é construída, mas com novos átomos (P_{n+1}, ..., P_{n+m}) que não ocorrem em α.

A nova tabela difere da original pelo fato de que a coluna de valores de α se desdobra em 2^m linhas (correspondentes às 2^m atribuições de valores dos átomos que não ocorrem em α). Cada uma dessas 2^m partes é uma duplicata da coluna de valores da tabela original, porquanto a mesma computação (usada para as atribuições de valores dos átomos P_1, ..., P_n) é feita em cada parte.

Ilustre-se a situação com um caso concreto. Considere-se a tabela:

	P_1	P_2	P_3	$P_2 \vee P_3$	$P_1 . P_3$	$P_2 \rightarrow P_2 \vee P_3$
1.	V	V	V	V	V	V
2.	V	V	F	V	F	V
3.	V	F	V	V	V	V
4.	V	F	F	F	F	V
5.	F	V	V	V	F	V
6.	F	V	F	V	F	V
7.	F	F	V	V	F	V
8.	F	F	F	F	F	V
				(I)	(II)	(III)

As tabelas (I), (II) e (III) foram construídas para 3 átomos, embora as fórmulas só contenham (cada uma delas) dois átomos. Nas tabelas (I) e (III), as linhas 5 a 8 (em que P_1 tem valor F) são réplicas das linhas 1 a 4. Na tabela (II), as linhas 3, 4, 7 e 8 (em que P_2 toma o valor F) são réplicas das linhas 1, 2, 5 e 6 (em que P_2 tem valor V).

Em particular, como se observa, se a tabela para α, construída com número "mínimo" de linhas (levando-se em conta as atribuições de valores para os átomos efetivamente presentes), só contém valores V, então a tabela para α, construída com maior número de linhas, também só contém valores V (e reciprocamente). Esse fato está ilustrado na tabela (III).

Em suma: $\models \alpha$ se e somente se a tabela para α, construída com qualquer lista de átomos (lista em que figuram todos os átomos efetivamente presentes em α), só contém valores V.

Os teoremas seguintes exigirão comparação de tabelas. A comparação se simplifica ao construir uma só tabela incluindo todos os átomos relevantes.

Teorema 3 Se $\models \alpha$ e se $\models \alpha \to \beta$ então $\models \beta$.

Com efeito, considere-se uma atribuição de valores para os átomos que comparecem em α e em β. Imagine-se que β não fosse uma tautologia e que, portanto, o valor de β fosse F. Como para qualquer atribuição de valores se tem *val* $(\alpha \to \beta) = V$, resulta, pela tabela de '$\to$', que *val* $(\alpha) = F$, o que não é possível, dada a hipótese (α é tautologia).

Teorema 4 Para qualquer atribuição de valores, *val* $(\alpha \leftrightarrow \beta) = V$ se, e somente se, *val* $(\alpha) = val$ (β).

Com efeito, sejam α e β fórmulas quaisquer e sejam dados valores aos átomos presentes. Para determinar o valor de $\alpha \leftrightarrow \beta$ é preciso obter os valores de α e de β, fazendo uso, em seguida, da tabela de '$\leftrightarrow$'. Dessa tabela resulta que o valor do bicondicional é V se e somente se forem iguais os valores de α e de β.

Corolário $\models \alpha \leftrightarrow \beta$ se e somente se α e β tiverem tabelas iguais.

De fato, se a tabela de $\alpha \leftrightarrow \beta$ só tiver valores V, α e β terão valores iguais, quaisquer que sejam os valores dos átomos.

É útil saber quando duas fórmulas têm tabelas iguais. O corolário informa que isso acontece quando o bicondicional é tautológico. Diz-se, em tal caso, que as fórmulas são equivalentes, escrevendo-se

$$\alpha \text{ eq } \beta.$$

Tem-se, pois, α equivalente a β (notação: α eq β) sempre que as tabelas de α e de β forem idênticas, ou seja, quando for tautológico o bicondicional $\alpha \leftrightarrow \beta$.

Lógica | Leônidas Hegenberg

A propósito da equivalência é de interesse notar que

1. $\models \alpha \cdot \beta$ se e somente se $\models \alpha$ e $\models \beta$
2. $\models \alpha \leftrightarrow \alpha$
3. se $\models \alpha \leftrightarrow \beta$, então $\models \beta \leftrightarrow \alpha$
4. se $\models \alpha \leftrightarrow \beta$ e se $\models \beta \leftrightarrow \gamma$, então $\models \alpha \leftrightarrow \gamma$.

Usando os resultados agora fixados, pode-se concluir que se α_1 eq α_2, α_2 eq α_3, ..., α_{n-1} eq α_n, então α_1 eq α_j, quaisquer que sejam i, $j = 1, 2, ..., n$. Essa "cadeia de equivalências" pode ser abreviadamente indicada por

$$\alpha_1 \text{ eq } \alpha_2 \text{ eq } \alpha_3 \text{ eq } ... \text{ eq } \alpha_n.$$

Em outras palavras,

$$\alpha_1 \leftrightarrow \alpha_2 \leftrightarrow \alpha_3 \leftrightarrow \alpha_4.$$

por exemplo, será uma abreviação de

$$((\alpha_1 \leftrightarrow \alpha_2) \cdot (\alpha_2 \leftrightarrow \alpha_3) \cdot (\alpha_3 \leftrightarrow \alpha_4)).$$

O próximo teorema requer simbolismo novo. Seja γ uma fórmula que tem como componente a fórmula α. A fórmula obtida substituindo (em γ) a fórmula α, em uma ou mais ocorrências, por outra fórmula, β, será indicada por

$$\gamma \begin{pmatrix} \alpha \\ \beta \end{pmatrix}.$$

Exemplificando, seja γ a fórmula $\sim P \vee (\sim R \vee S)$ que tem como componente, digamos, a fórmula α ficam os: $\sim R \vee S$. Imagine-se dada β: $R \rightarrow S$. Tem-se

$$\gamma \begin{pmatrix} \alpha \\ \beta \end{pmatrix} . : \sim P \vee (R \rightarrow S)$$

A propósito de tais "reposições" vale o seguinte

Teorema 5 $\models (\alpha \leftrightarrow \beta) \rightarrow \left[\gamma \rightarrow \gamma \begin{pmatrix} \alpha \\ \beta \end{pmatrix} \right].$

O teorema pode ser mais facilmente analisado por meio do seu corolário seguinte que é de utilidade:

Corolário Se $\models \alpha \leftrightarrow \beta$, então $\models \gamma \leftrightarrow \gamma \begin{pmatrix} \alpha \\ \beta \end{pmatrix}$.

De fato, admita-se que α e β sejam equivalentes. As tabelas de α e de β, nesse caso, são idênticas. Em consequência, ao construir a tabela de $\gamma \begin{pmatrix} \alpha \\ \beta \end{pmatrix}$ é preciso substituir o cálculo de α por um cálculo de β. Mas, como as tabelas de α e de β são idênticas, essa substituição não afeta o resultado, de modo que $\gamma \begin{pmatrix} \alpha \\ \beta \end{pmatrix}$ tem a mesma tabela de γ.

Vale, ainda, o seguinte novo

Corolário Se α eq β e se $\models \gamma$, então $\models \gamma \begin{pmatrix} \alpha \\ \beta \end{pmatrix}$.

5.3. Outros resultados úteis. Dualidade

Dois resultados ainda podem ser explicitamente mencionados, em vista de sua utilidade.

Teorema 6 Imagine-se dada uma fórmula, construída com átomos P, Q, etc. e suas negações, empregando apenas os conectivos '.' e 'v'. Seja construída uma nova fórmula, a partir da fórmula dada, mediante intercâmbio dos dois conectivos e intercâmbio de cada átomo com negação com o átomo sem a negação. A fórmula, assim obtida, é equivalente à negação da fórmula original.

Antes de passar à demonstração, ilustre-se, com um exemplo concreto, a situação descrita. Imagine-se dada a fórmula α

$$(P \vee \sim Q) . (P . \sim R)$$

construída apenas com '.' e 'v' (e os átomos P, Q, R ou suas negações). Efetue-se a troca indicada, de '.' por 'v' e de 'v' por '.', bem como de cada átomo com negação pelo mesmo átomo sem negação e de cada átomo sem negação pelo mesmo átomo com negação:

$$(\sim P . Q) \vee (\sim P \vee R)$$

Seja α^* essa nova fórmula. O que o teorema afirma é que

$$\sim \alpha \text{ eq } \alpha^*$$

Com efeito, usando tautologias conhecidas (leis de De Morgan) e cadeias de equivalências, é possível levar a negação em $\sim \alpha$ progressivamente para o "interior" da fórmula, o que acarreta a troca dos conectivos. Em seguida, usando outra tautologia conhecida (dupla negação), podem ser omitidas as duplas negações, de modo que átomos serão substituídos pelas suas negações.

Tomando a fórmula já indicada para ilustração, considere-se

$$\sim ((P \vee \sim Q) . (P . \sim R)) \qquad (1)$$

A negação inicial pode ser levada para o interior, numa primeira etapa, conduzindo a

$$\sim (P \vee \sim Q) \vee \sim (P . \sim R) \qquad (2)$$

Cada negação que abrange um parêntese pode, em segunda etapa, ser conduzida, de novo, para o interior das respectivas fórmulas:

$$(\sim P . \sim \sim Q) \vee (\sim P \vee \sim \sim R) \qquad (3)$$

As duplas negações podem ser eliminadas:

$$(\sim P . Q) \vee (\sim P \vee R) \qquad (4)$$

As transformações efetuadas mantêm a equivalência, de modo que (1) eq (2) eq (3) eq (4), ou seja, (1) eq (4), como se pretendia mostrar.

Enfim, tem-se o

Teorema 7 Qualquer fórmula γ é equivalente a uma fórmula δ em que a negação está associada apenas aos átomos.

De fato, dada uma fórmula qualquer, γ, pode-se, de início, eliminar '$\leftrightarrow$' e '$\rightarrow$' dessa fórmula, usando tautologias conhecidas (que dão alguns conectivos em termos de outros), de modo a obter uma fórmula que contenha apenas os conectivos '$\sim$', '.' e '$\vee$'. A essa fórmula (equivalente a γ) pode ser aplicado o teorema anterior, eliminando-se cada negação que não esteja diretamente ligada aos átomos.

Os resultados seguintes dizem respeito à dualidade.

Seja α uma fórmula construída com átomos, negação, conjunção e disjunção (não contendo, em outras palavras, os conectivos '$\rightarrow$' e '$\leftrightarrow$'). A *dual* de α (notação: α^d) é a fórmula obtida de α pela troca dos conectivos '.' e '$\vee$'.

Valem os seguintes resultados notáveis:

Cap. 5 | Cálculo Sentencial – Resultados Notáveis   95

Teorema 8 $(\alpha^d)^d$ e a própria α.

Teorema 9 Se α é tautológica, então $\sim (a^d)$ também é tautologia.

O Teorema 6 permite dizer que

$$\sim (\alpha^d) \text{ eq } (\alpha^d)^*,$$

em que $(\alpha^d)^*$ é obtida a partir de (α^d) seguindo as indicações dadas naquele teorema (intercâmbio de '.' e 'v'e de átomos com e sem negações). Mas isso quer dizer que $(\alpha^d)^*$ é obtida a partir de α mediante substituição de átomos por suas negações e átomos com negação por átomos sem negação. Portanto, se α é uma tautologia, também é tautológica a fórmula $(\alpha^d)^*$.

Teorema 10 Se $\models \alpha \to \beta$, então $\models \beta^d \to \alpha^d$.

Com efeito, se $\alpha \to \beta$ é uma tautologia, é tautológica a fórmula $\sim \alpha \vee \beta$ (que é equivalente à fórmula original). Pelo teorema anterior, $\sim ((\sim\alpha \vee \beta)^d)$ também é tautológica. Mas esta fórmula é precisamente $\sim (\sim\alpha^d . \beta^d)$, que é equivalente a $\beta^d \to \alpha^d$.

Teorema 11 $\models \alpha \leftrightarrow \beta$ se, e somente se, $\models \alpha^d \leftrightarrow \beta^d$.

Sendo $\alpha \leftrightarrow \beta$ uma tautologia, também o são $\alpha \to \beta$, bem como $\beta \to \alpha$. Pelo teorema anterior, $\beta^d \to \alpha^d$ e $\alpha^d \to \beta^d$ são tautologias. Segue-se que $\alpha^d \leftrightarrow \beta^d$ é uma tautologia. Reciprocamente, se $\alpha^d \leftrightarrow \beta^d$ é tautologia, segue-se, pelas considerações até agora feitas, que $(\alpha^d)^d \leftrightarrow (\beta^d)^d$ é tautologia. Mas, pelo Teorema 8, $(\alpha^d)^d$ é precisamente α e $(\beta^d)^d$ é precisamente β.

5.4. Consequência lógica

Imagine-se que uma fórmula α seja verdadeira (por tratar-se de axioma de alguma teoria, por questões de fato, ou por qualquer outro motivo). Em que condições será possível dizer que outras fórmulas também são verdadeiras, em decorrência da verdade de α? Estamos interessados, em outras palavras, em saber quais as "consequências" de α.

Comecemos com um exemplo. Digamos que α seja a seguinte fórmula

$$((P \to Q) . (Q \to R)) . R.$$

Considere-se, em seguida, a tabela:

P	Q	R	α	$R \cdot (Q \to R)$	$P . Q . R$	$(Q \to P) \vee R$	$\sim(\sim P . \sim Q . R)$
V	V	V	V	V	V	V	V
V	V	F	F	F	F	V	V
V	F	V	F	V	F	V	V
V	F	F	F	F	F	V	V
F	V	V	V	V	F	V	V
F	V	F	F	F	F	F	V
F	F	V	V	V	F	V	F
F	F	F	F	F	F	V	V

Não se tem conhecimento dos valores de P, Q e R. Mas a informação acerca da verdade de α já permite concluir alguma coisa. Sabemos, de início, que os valores de P, Q, R devem ser os que figuram nas linhas 1, 5 ou 7 – justamente nas quais α toma valor V. Tentando decidir da verdade de outras fórmulas, β, com base nessa informação (α é verdadeira) e usando o cálculo sentencial, não será preciso levar em conta outras atribuições de valores além das indicadas (linhas 1, 5 e 7).

Podemos concluir, p. ex., que $R \cdot (Q \to R)$ é também verdadeira, pois tem valores V nessas linhas assinaladas. O mesmo se diga acerca de $(Q \to P) \vee R$, que também só assume valores V nas linhas críticas.

Não se sabe o que dizer acerca da verdade de $P . Q . R$, por exemplo; porquanto em duas linhas críticas (linhas 5 e 7) o valor dessa fórmula é F. Também nada se pode afirmar acerca da verdade da fórmula que está na última coluna da tabela – que tem valor F na linha 7.

O exemplo leva à seguinte definição:

Sejam α e β duas fórmulas quaisquer (construídas com os átomos P, Q, etc.). Diz-se que β é uma *consequência lógica* de α (no CS), escrevendo

$$\alpha \models \beta,$$

se, nas tabelas de valores (construídas com os átomos apropriados), a fórmula β recebe valor V em todas as linhas em que *val* (α) $= V$.

Como o exemplo ilustra, tomando a mesma α acima considerada,

$$\alpha \models (Q \to P) \vee R,$$

Cap. 5 | Cálculo Sentencial – Resultados Notáveis   97

mas não se tem

$$\alpha \mid= P \cdot Q \cdot R.$$

A definição apresentada pode ser generalizada.

Diz-se que α_1, α_2,. . ., α_m *acarretam* β (ou que β é uma *consequência lógica* de α_1, α_2, ..., α_m – no cálculo sentencial) e se escreve

$$\alpha_1, \alpha_2, ..., \alpha_m \mid= \beta,$$

sempre que nas tabelas (apropriadas, isto é, que envolvam todos os átomos relevantes que surgem em uma ou mais das fórmulas α_i) se tiver val (β) = V em todas as atribuições de valores para as quais simultaneamente val (α_1) = val (α_2) = ... = val (α_m) = V.

Voltando ao exemplo dado acima, note-se que, chamando as fórmulas da tabela, na ordem em que surgem, de α, β, γ, δ e ϵ, se tem

$$\alpha, \beta \mid= \delta$$

$$\alpha, \delta \mid= \beta;$$

e não se tem

$$\delta, \epsilon \mid= \alpha$$

A propósito da noção de consequência (lógica) vale o seguinte importante resultado:

Teorema 12 $\alpha \mid= \beta$ se, e somente se, $\mid= \alpha \rightarrow \beta$.

As linhas em que α assume valor F não precisam ser levadas em conta. (Aliás, nessas linhas $\alpha \rightarrow \beta$ assume valor V.). Considere-se, pois, o conjunto das linhas em que val (α) = V. Pela definição de $\alpha \mid= \beta$ sabe-se que nessas linhas val (β) = V. Pela tabela de '$\rightarrow$' resulta que val ($\alpha \rightarrow \beta$) = V nessas linhas. Como já era V o valor nas linhas restantes, tem-se $\mid= \alpha \rightarrow \beta$.

Reciprocamente, sabendo que $\mid= \alpha \rightarrow \beta$, o valor de $\alpha \rightarrow \beta$ é sempre V (em particular, naquelas linhas em que val (α) = V). Pela tabela de '$\rightarrow$', β tem valor V em tais linhas (em que α tem valor V), de modo que $\alpha \mid= \beta$, segundo a definição.

Um raciocínio análogo permite generalizar o resultado anterior para se obter o

Teorema 13 $\alpha_1, ..., \alpha_{m-1}, \alpha_m \models \beta$ se, e somente se,

$$\alpha_1, ..., \alpha_{m-1} \models \alpha_m \to \beta.$$

Como consequência, tem-se, ainda, mediante repetida aplicação do teorema,

Corolário $\alpha_1, ..., \alpha_{m-1}, \alpha_m \models \beta$ se, e somente se,

$$\models \alpha_1 \to (...(\alpha_{m-1} \to (\alpha_m \to \beta))...).$$

Uma importante conclusão pode ser agora enunciada. Em vista do teorema ora citado, a questão de saber quais são as consequências lógicas de certas fórmulas dadas reduz-se à questão de saber quais são as tautologias. Isso realça, por outra via, o papel de relevo das tautologias no CS.

EXERCÍCIOS

1. Dar exemplos de fórmulas não tautológicas, α, tais que $\models \alpha \begin{pmatrix} P \\ \beta \end{pmatrix}$.

2. Construir tabelas para algumas das tautologias citadas.

3. Verificar a equivalência para cada par de fórmulas:

   a) $\alpha \vee (\alpha . \beta)$ e α

   b) $\alpha . (\alpha \vee \beta)$ e α

   c) $(\alpha . \beta)$ e $\alpha \vee \sim \beta$

   d) $(\alpha \vee \beta) . \sim \beta$ e $\alpha . \sim \beta$

   e) repetir, sabendo que T é uma tautologia e C uma contradição:

      e-1) $(T . \alpha)$ e α

      e-2) $(T \vee \alpha)$ e T

      e-3) $(C . \alpha)$ e C

      e-4) $(C \vee \alpha)$ e α.

4. Para os seguintes pares α e β verificar quando α eq β, quando α acarreta β e quando β acarreta α (isto é, quando $\models \alpha \leftrightarrow \beta$, etc.).

	α	β
a)	$R \leftrightarrow ((P . Q) \vee (Q . \sim R))$	$Q \to (R \to P)$
b)	$P \vee (Q \leftrightarrow R)$	$(P \vee Q) \leftrightarrow (P \vee R)$
c)	$P \leftrightarrow Q$	$Q \leftrightarrow P.$
d)	$\sim (Q \vee R)$	$\sim Q.$

5. Mostrar que se α é equivalente a β, então α acarreta β.

6. Mostrar que se $\alpha \models \beta$ não se tem, obrigatoriamente, $\beta \models \alpha$.

7. Mostrar que $\alpha_1 \vee \alpha_2 \vee ... \vee \alpha_n$ é uma tautologia se e somente se todas as α_1 são tautológicas.

8. Mostrar que $\alpha_1 . \alpha_2 . ... . \alpha_n$ é uma tautologia se e somente se todas as α são tautológicas.

9. Generalizar as leis de De Morgan (isto é, mostrar a que conduz a negação de $(\alpha_1 . \alpha_2 . ... . \alpha_n)$ ou a negação de $(\alpha_1 \vee ... \vee \alpha_n)$).

5.5. Referências

1. church, /Logic/, cap. 2.
2. Kleene, /Logic/, cap. 1.
3. Kleene, /Metamathematics/, *passim*.
4. Mendelson, /Boolean/, cap. 1.
5. Mates, /Logic/, *passim*.
6. Stoll, /Logic/.
7. Suppes, /Logic/, cap. 2.

Obs.: Os Teoremas 1-5 são encontrados (talvez sob aparência diversa) em qualquer bom livro de lógica. Utilizamos, em particular, os de Stoll e de Kleene, /Logic/. A questão da dualidade é examinada por Church e, de maneira mais simples e intuitiva, por Mendelson; o assunto é frequentemente omitido em textos usuais. A noção de consequência lógica é tratada de modos bem diferentes pelos vários autores. Suppes, p. ex., prefere introduzir a ideia de "interpretação" (que é, em suma, a ideia traduzida pelo nosso Teorema 1) e, em seguida, dizer que A |= B se qualquer "interpretação" de $A \rightarrow \beta$ for verdadeira. De qualquer modo, o assunto é de interesse e vem tratado nos textos mais comuns. Aqui, a questão é examinada pelo prisma que se vem tornando usual (Cf. Kleene, /Logic/).

Capítulo 6

Dedução – Aspectos Intuitivos

Sumário

Este capítulo destina-se a apresentar, de modo intuitivo, simples e direto, as noções importantes em que se assenta o trabalho dedutivo. O tema será retomado nos dois capítulos seguintes, recebendo, então, tratamento mais rigoroso. São examinadas, de maneira elementar, as noções de dedução a partir de premissas dadas (com as regras de inferências usuais), de demonstração condicional e de demonstração por absurdo (ou indireta). O leitor notará que não há uniformidade nas abreviações, passando-se, por exemplo, de *"modus ponens"* para "mod. pon." – antes de chegar à abreviação definitiva "MP". Essa falta de uniformidade foi intencional. Desejou-se fazer com que o leitor se familiarizasse gradualmente com as abreviações costumeiras (introduzidas posteriormente), evitando, ainda, uma possível confusão, a esta altura, entre "demonstração condicional" e "dilema construtivo".

6.1. Preliminares

Quando se consideram argumentos com mais de dois ou três constituintes simples, é trabalhoso e enfadonho o emprego de quadros de valores para constatar sua validade. Mais conveniente se torna *deduzir* a conclusão das premissas, usando argumentos simples, já de validez previamente assentada.

Considere-se, p. ex., este argumento com meia dúzia de enunciados:

Pedro estava no escritório ou havia ido para Santos e, além disso, ou ele estava no escritório ou perdeu a chamada telefônica.

Se Pedro estava no escritório, então Paulo o viu.

Se Paulo o viu, os documentos foram assinados.

Se Pedro foi a Santos e perdeu a chamada telefônica, então, se uma trapaça surgiu, os papéis foram assinados.

Os papéis não foram assinados.

Logo, não houve trapaça.

O argumento acima pode ser traduzido para a nossa "linguagem oficial" deste modo:

$$(A \vee B) . (A \vee C)$$
$$A \to D$$
$$D \to E$$
$$(B . C) \to (F \to E)$$
$$\sim E$$
$$\text{Logo} \sim F.$$

É claro que se poderiam usar as tabelas de valores, mas seria preciso construir um quadro com $2^6 = 64$ linhas, perspectiva nada animadora e que convida a buscar modo mais simples de estabelecer a legitimidade do argumento.

Esse modo é o que a seguir se descreverá.

6.2. Os argumentos básicos

O leitor há de se lembrar dos teoremas (de geometria, digamos) que foi obrigado a estudar nos seus tempos de colégio. Há de se recordar que os teoremas tinham suas "hipóteses" e suas "teses", e que se pedia para chegar à tese de um dado teorema partindo das hipóteses e "raciocinando" de modo "correto".

Esse "raciocínio" (na lógica usual, isto é, na "linguagem do estudioso") consistia em usar certos princípios gerais "preservadores da verdade" – ou seja, alguns argumentos simples, ou "básicos", cuja validade não é posta em dúvida. Qualquer pessoa "educada" garante a verdade da conclusão de um argumento como

$$\frac{\begin{array}{c} P \\ P \to Q \end{array}}{Q}$$

se a verdade das premissas está, por qualquer motivo, assegurada. ("Se chove, a rua se molha; ora, chove; logo, a rua está molhada".) E garante, digamos, que seu interlocutor lhe "dará a caneta" se disser:

Empreste-me a caneta ou o lápis;

não, o lápis não serve,

ou seja, garante a verdade da conclusão do argumento

$$\frac{\begin{array}{c} P \vee Q \\ \sim P \end{array}}{Q}$$

se são verdadeiras as premissas.

Em outras palavras, uma pessoa educada está habituada a raciocinar ao longo dessas linhas e usa (talvez até inconscientemente) um bom número de argumentos básicos desse gênero.[1]

Começamos, portanto, estabelecendo, como de uso apropriado, alguns argumentos básicos, simples – cuja validade pode ser determinada pelas tabelas de valores. Esses argumentos podem ser utilizados para fazer "inferências", isto é, executar os "passos" de uma dedução (nos moldes das que eram feitas em geometria ou nos moldes das que são feitas na vida diária).

Eis alguns de tais argumentos básicos:

1. *Modus Ponens*: P, $P \rightarrow Q$, logo Q
2. *Modus Tollens*: $P \rightarrow Q$, $\sim Q$, logo $\sim P$ (também chamada "lei do absurdo")
3. Silogismo hipotético: $P \rightarrow Q$, $Q \rightarrow R$, logo $P \rightarrow R$
4. Silogismo disjuntivo: $P \vee Q$, $\sim P$, logo Q
5. Dilema construtivo: $(P \rightarrow Q) \cdot (R \rightarrow S)$, $P \vee R$, logo $Q \vee S$
6. Dilema destrutivo: $(P \rightarrow Q) \cdot (R \rightarrow S)$, $\sim Q \vee \sim S$, logo $\sim P \vee \sim R$
7. Simplificação: $P \cdot Q$, logo P
8. Conjunção: P, Q, logo $P \cdot Q$
9. Adição: P, logo $P \vee Q$.

A seguir, estabelece-se o seguinte princípio: expressões logicamente equivalentes são intercambiáveis em enunciados em que ocorram. De fato, como só tratamos de enunciados cujo valor depende

---

1   O leitor recordará as observações feitas na Sec. 3.8 (tabelas e argumentos) e se servirá das tabelas para analisar a legitimidade dos argumentos em pauta – os citados e os que são apresentados abaixo.

apenas dos valores dos seus enunciados componentes, se uma parte de um enunciado é substituída por um outro enunciado equivalente a essa parte, o valor do enunciado resultante é o mesmo que o do enunciado original (princípio de substituição).

Para ter à mão algumas equivalências intersubstituíveis, eis uma lista das mais frequentes:

I $(P \cdot Q) \leftrightarrow (\sim P \vee \sim Q)$ De Morgan
$\sim (P \vee Q) \leftrightarrow (\sim P \cdot \sim Q)$ De Morgan

II $(P \vee Q) \leftrightarrow (Q \vee P)$
$(P \cdot Q) \leftrightarrow (Q \cdot P)$ Comutação

III $(P \vee (Q \vee R)) \leftrightarrow ((P \vee Q) \vee R)$
$(P \cdot (Q \cdot R)) \leftrightarrow ((P \cdot Q) \cdot R)$ Associação

IV $(P \cdot (Q \vee R)) \leftrightarrow ((P \cdot Q) \vee (P \cdot R))$
$(P \vee (Q \cdot R)) \leftrightarrow ((P \vee Q) \cdot (P \vee R))$ Distribuição

V $P \leftrightarrow \sim \sim P$ Dupla negação

VI $(P \rightarrow Q) \leftrightarrow (\sim Q \rightarrow \sim P)$ Transposição ou Contraposição

VII $(P \rightarrow Q) \leftrightarrow (\sim P \vee Q)$ Implicação – definição da implicação

VIII $(P \leftrightarrow Q) \leftrightarrow (P \rightarrow Q) \cdot (Q \rightarrow P))$ Definição da equivalência

IX $(P \leftrightarrow Q) \leftrightarrow ((P \cdot Q) \vee (\sim P \cdot \sim Q))$

X $((P \cdot Q) \rightarrow R) \leftrightarrow (P \rightarrow (Q \rightarrow R))$ Exportação, Importação

XI $P \leftrightarrow P \vee P$ Idempotência

XII $P \leftrightarrow P \cdot P$ Idempotência

Note-se que, por um lado, a lista de argumentos básicos é redundante e que, por outro lado, não contém alguns argumentos que seriam considerados "simples" – como este, digamos:

$$A \cdot B, \text{logo } B.$$

Todavia, essa outra forma de "simplificação" pode ser obtida sem dificuldade, notando que se pode passar de $A.B$ para $B.A$, por comutação, e, em seguida, inferir B, pela simplificação (tal como descrita nos argumentos básicos).

O fato de não se colocarem alguns argumentos simples (como o citado) na lista original se deve, simplesmente, ao desejo de não torná-la excessivamente longa. Observe-se que a lista nada tem de "sagrado". Uma pessoa comum pode estar perfeitamente habituada a "raciocinar" valendo-se dos argumentos 1, 4 e 7, digamos, sem jamais ter tido oportunidade de utilizar argumentos do tipo 5 ou 6. Outras pessoas, "sofisticadas", podem empregar argumentos complicados, que parecerão "simples" aos seus olhos, alargando, assim, a lista de nove argumentos aqui mencionados como "básicos".

O mesmo se diga a propósito da lista de tautologias. Qualquer tautologia pode ser utilizada, se isso parecer oportuno.

O que se deseja, em última análise, é oferecer alguns "pontos de abertura" para a dedução – exatamente como ao principiante de xadrez se ensinam certas "aberturas" padronizadas.

Note-se, ainda, que um "esquema" logicamente válido (tautológico) gera outros esquemas igualmente válidos, mediante substituições que "preservem a forma". Ilustrando, de

$$P \lor \sim P \qquad (1)$$

se terá também a validade de

$$(P \cdot Q) \lor \sim (P \cdot Q) \qquad (2)$$

que é uma forma do anterior:

$$S \lor \sim S, \text{ em que } S \text{ é } P \cdot Q.$$

Assim como (2) tem a forma de (1), também estes outros esquemas têm a forma de (1):

$$(R \to S) \lor \sim (R \to S),$$
$$(P \cdot Q \cdot R) \lor \sim (P \cdot Q \cdot R),$$

e são, pois, logicamente válidos.

De outra parte, alguns esquemas podem ser dados como válidos quando se reconhece que têm a "forma" de tautologias conhecidas. Assim,

$$((\sim P \lor Q) \to P) \leftrightarrow (\sim P \to (\sim Q \lor P))$$

não passa de um caso de

$$(A \to B) \leftrightarrow (\sim B \to \sim A),$$

e é válido uma vez que este o é.

6.3. Demonstração e dedução

Pode-se, agora, dizer o que se entende por "dedução de uma fórmula, a partir de certas premissas dadas".

Dizemos que P é *deduzível* de um conjunto K de premissas se existe uma sequência finita $P_0, P_1, ..., P_n$ de fórmulas (a última das quais é precisamente P), em que cada P_i ou é uma das premissas ou é obtida de fórmulas anteriores da sequência, mediante emprego de um argumento elementar válido. A sequência $P_0, P_1, ... P_n$ é uma *dedução* de P_n (a partir do conjunto K de premissas).

Convém estabelecer algumas condições a respeito do modo de disposição de uma dedução. O que se faz, de hábito, é numerar, cuidadosamente, os "passos" de dedução, colocando-os em coluna, acompanhados de uma justificativa que assegure a passagem de uma linha à outra.

Volte-se ao argumento enunciado no início do capítulo, para efeito de ilustração.

1.	$(A \lor B) . (A \lor C)$	Premissa
2.	$A \to D$	"
3.	$D \to E$	"
4.	$(B . C) \to (F \to E)$	"
5.	$\sim E$	"
6.	$A \to E$	2,3 Silog. Hipot.
7.	$\sim A$	6,5 Mod. Tollens
8.	$A \lor (B . C)$	1 Distribuição
9.	$B . C$	8,7 Silog. Disjuntivo
10	$F \to E$	4,9 Mod. Pon.
11.	$\sim F$	10,5 Mod. Tollens

Escolha-se mais um exemplo. Seja deduzir

$$S$$

a partir das seguintes premissas:

$$\sim S \to C, C \to \sim D, D \lor F, \sim F$$

Têm-se:

1. $\sim S \to C$ — Premissa
2. $C \to \sim D$ — ”
3. $D \lor F$ — ”
4. $\sim F$ — ”
5. D — 3,4 Sil. Disj.
6. $\sim\sim D$ — 5 Dupla Negação
7. $\sim C$ — 2,6 Mod. Toll.
8. $\sim\sim S$ — 1,7 Mod. Toll.
9. S — 8 Dup. Neg.

que, novamente, assegura poder-se deduzir S das premissas postas.

As indicações feitas devem estar claras. Voltando ao último exemplo, observe-se que se começa enumerando as premissas (linhas 1 a 4). Inicia-se, então, o "processo" de dedução. A linha 5 resulta das linhas 3 e 4, mediante aplicação de um argumento básico (o silogismo disjuntivo) e essa aplicação do argumento às linhas citadas é a justificativa que se coloca à direita (na coluna das justificativas):

5. D — 3,4 Sil. Disj.

O número à esquerda fixa a linha em que se está. A fórmula é a que se "deduz". A justificativa comparece à direita.

A linha 6 pode ser obtida mediante substituição da fórmula que estava na linha 5 por uma fórmula equivalente (lista de equivalências, V). Escreve-se:

6. $\sim\sim D$ — 5, Dupla Negação.

O procedimento se repete até chegar-se à conclusão desejada.

É talvez oportuno observar que se pode *efetivamente* saber se uma dada sequência de fórmulas é ou não uma dedução. Com efeito, a partir de cada fórmula imediatamente seguinte às premissas, pode-se examinar, percorrendo a lista 1.-9. dos argumentos elementares e, a seguir, a lista I-XII das equivalências, se a fórmula em questão resulta de outras fórmulas anteriores pelo processo requerido. Tratando-se de uma sequência finita de fórmulas e um número finito de exames a fazer para cada uma, o teste termina após um número finito de investigações.

Por outro lado, *não há* um procedimento efetivo (no mesmo sentido) que informe sobre a maneira de *obter* uma dedução. O processo das tabelas de valores é totalmente mecânico. Aqui, porém, é preciso "imaginar", "descobrir" um ponto de partida e um encaminhamento da dedução. Não obstante, ainda assim é mais fácil, em geral, obter uma dedução do que construir a tabela se esta envolver, digamos, mais que uma centena de linhas. Dois "atalhos" são úteis: 1) com as premissas, obter um grande número de consequências usando os argumentos simples, já que com elas se vislumbrará o que fazer, e 2) caminhar de trás para diante, partindo da conclusão e buscando ver de onde ela poderia ser obtida, retrocedendo até chegar às premissas dadas, ou – o que é mais comum – até algumas das consequências obtidas por força do uso do "atalho" 1).

Falamos, até o momento, em "dedução". Em teorias axiomáticas, os axiomas são apresentados de início e servem de "grandes premissas" para todos os argumentos dessa teoria. Se uma dedução é realizada sem uso de outras premissas que não os próprios axiomas (de uma vez por todas assentados como premissas gerais de que se pode lançar mão a qualquer momento), é usual dizer que se tem uma "demonstração".

Sejam **A** os axiomas de uma teoria. Sejam **P** certas premissas. Para indicar que C é deduzível de **A** e **P** escreve-se

$$A, P \vdash C.$$

Se a conclusão C é deduzível apenas de A, isto é, se

$$A \vdash C,$$

de modo que não haja outras premissas (além dos axiomas), diz-se que C é um *teorema* da teoria. Referência aos axiomas costuma ser omitida, tendo-se, então,

$$\vdash C,$$

para dizer que C é um teorema.

6.4 Demonstração condicional

A cada argumento corresponde um condicional, cujo antecedente é conjunção das premissas e cujo consequente é a conclusão do argumento. Já foi observado que o argumento é válido se e somente se o condicional correspondente é tautológico.

Suponhamos que a conclusão de um argumento seja um condicional $A \to C$. Simbolizemos a conjunção das premissas por P. O argumento será, então, válido, se e somente se

$$P \to (A \to C) \qquad (1)$$

for uma tautologia. O princípio da exportação mostra que (1) é equivalente a

$$(P \, . \, A) \to C \qquad (2)$$

Ora, (2) é o condicional correspondente a um argumento diferente: argumento cujas premissas são todas as premissas antigas, P, *mais uma*, A, o antecedente da antiga conclusão; cuja conclusão, C, é o consequente da antiga conclusão.

Portanto, se pudermos deduzir C de $P \, . \, A$ (mostrando que (2) é uma tautologia), pela equivalência entre (2) e (1), ver-se-á que (1) também será uma tautologia, o que assegura ser válido o argumento que corresponde a (1), de conclusão $A \to C$ e com uma premissa a menos.

A regra de demonstração condicional permite validar o argumento

$$P, \text{logo } A \to C$$

a partir da demonstração formal de validez do argumento

$$P \, . \, A, \text{logo } C$$

Em resumo: *Regra D . C: Se pudermos deduzir* C *de* A *e de um conjunto* P *de premissas, então poderemos deduzir* A $\to$ C *do conjunto* P *as premissas.*

Na prática, pois, o argumento de conclusão $A \to C$ pode ser validado colocando A como uma premissa adicional e deduzindo C.

Exemplifiquemos. Considere-se o argumento seguinte:

Se o Corínthians for terceiro, então, se o Palmeiras for segundo, o Juventus será quarto. Ou o Santos não será o primeiro ou o Corínthians será terceiro. De fato, o Palmeiras será segundo. Logo, se o Santos for primeiro, o Juventus será quarto.

Usemos as letras C, P, etc. Têm-se:

1.	$C \rightarrow (P \rightarrow J)$	Premissa
2.	$\sim S \vee C$	,,
3.	P	,,
4.	S	,,
5.	$\sim\sim S$	4, Dupl. Neg.
6.	C	2.5 Sil. Disj.
7.	$P \rightarrow J$	1,6 Mod. Pon.
8.	J	3,7 Mod. Pon.
9.	$S \rightarrow J$	4,8 D. Condic.

Desejamos obter $S \rightarrow J$. A dedução é facilitada colocando S como (nova) premissa e usando-a para obter J. Aí se emprega a regra de demonstração condicional, para assegurar que $S \rightarrow J$ se obtém das premissas dadas (as três primeiras).

É bom notar que a demonstração condicional pode ser aplicada mais de uma vez na mesma dedução. Assim, a validez de

$$A \rightarrow (B \rightarrow C), B \rightarrow (C \rightarrow D), \text{ logo } A \rightarrow (B \rightarrow D)$$

pode ser obtida da validez de

$$A \rightarrow (B \rightarrow C), B \rightarrow (C \rightarrow D), A, \text{ logo } B \rightarrow D,$$

que, por sua vez, vem da validez de

$$A \rightarrow (B \rightarrow C), B \rightarrow (C \rightarrow D), A, B \text{ logo } D.$$

O uso da demonstração condicional (DC) será indicado nas justificativas quando não se "completa a dedução". Eis um exemplo:

1.	$A \rightarrow (B \rightarrow C)$	Prem
2.	$B \rightarrow (C \rightarrow D)$	Prem
		Logo, $A \rightarrow (B \rightarrow D)$.
3.	A	Prem. Adic.
		Logo, $B \rightarrow D$ por $D \cdot C$.
4.	B	Prem. Adic.
		Logo D por $D \cdot C$.
5.	$B \rightarrow C$	1,3 Mod. Pon.

6. C 4,5 Mod. Pon.
7. $C \to D$ 2,4 Mod Pon.
8. D 6,7 Mod. Pon.

O "retorno", isto é, a obtenção da conclusão desejada desde o início, poderá ser indicado por meio de setas verticais (uma ou mais, conforme o número de aplicações do princípio) que partem da premissa provisória que permitiu obter a conclusão e descem até a fórmula que foi obtida como "conclusão provisória".

Ilustre-se a questão empregando o mesmo exemplo acima. Tomou-se, ali, na linha 3, uma premissa "provisória" (ou "adicional") A. Para uma segunda aplicação da demonstração condicional, usou-se nova premissa provisória, B, na linha 4. Chegou-se, assim, à conclusão D (linha 8). Na realidade, porém, a conclusão inicialmente almejada era

$$A \to (B \to C).$$

O que resta fazer é eliminar as premissas adicionais e atingir esta conclusão. Uma primeira seta, de B (linha 4) até D (linha 8), indica que a premissa provisória B foi eliminada, transposta para a conclusão, que fica sendo $B \to D$. Resta, ainda, uma outra premissa provisória, A (linha 3), que será eliminada, transposta para a conclusão, que fica sendo, precisamente, a conclusão originalmente buscada. Têm-se:

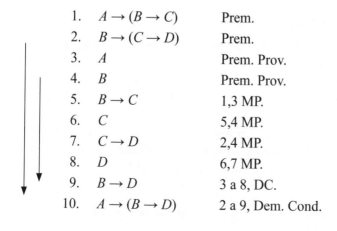

1. $A \to (B \to C)$ Prem.
2. $B \to (C \to D)$ Prem.
3. A Prem. Prov.
4. B Prem. Prov.
5. $B \to C$ 1,3 MP.
6. C 5,4 MP.
7. $C \to D$ 2,4 MP.
8. D 6,7 MP.
9. $B \to D$ 3 a 8, DC.
10. $A \to (B \to D)$ 2 a 9, Dem. Cond.

EXERCÍCIOS

1. Seguem-se algumas deduções. Solicita-se a justificativa das passagens feitas.

a)
1. $\sim P \to R$ Prem.
2. $R \to (P \text{ v } Q)$ Prem.
3. $P \to Q$ Prem.
4. $\sim P \to (P \text{ v } Q)$
5. $\sim P \text{ v } P$
6. $Q \text{ v } (P \text{ v } Q)$
7. $P \text{ v } Q$
8. $Q \to Q$
9. $Q \text{ v } Q$
10. Q

b)
1. $(P \cdot Q) \text{ v } (R \cdot S)$ Prem.
2. $P \to \sim P$ Prem.
3. $\sim P \text{ v } \sim P$
4. $\sim P$
5. $\sim P \text{ v } \sim Q$
6. $\sim (P \cdot Q)$
7. $R \cdot S$
8. R

Nota: quanto à linha 5 do exercício a), ver exercício 20 no final do capítulo.

2. São dados, a seguir, alguns argumentos em português. Simbolizando-os de um modo julgado cômodo, examinar sua validade.

a) Se leio Faulkner, aborreço-me; se leio Steinbeck, desiludo-me. Logo, lendo Faulkner ou Steinbeck, aborreço-me ou desiludo-me.

b) Se trabalho, ganho dinheiro; se não, divirto-me. Portanto, ou ganho dinheiro ou me divirto.

3. Procurar deduzir as conclusões que se seguem das premissas dadas:

a) $(P \text{ v } Q) \cdot (P \text{ v } R); P \to S; S \to T; (Q \cdot R) \to (U \cdot T); \sim T;$ logo $\sim U$.

b) $(P \text{ v } Q) \to (R \cdot S); (S \text{ v } T) \to U; P;$ logo U.

6.5. A demonstração por absurdo

A demonstração indireta, ou "por absurdo", é familiar. Começa-se por admitir a negação do que se tem em vista deduzir, para chegar, em seguida, a uma situação contraditória. Disso decorre que a admissão negativa é imprópria, concluindo-se que a tese inicial deve ser mantida.

Formalmente, o assunto pode ser mais minuciosamente tratado como segue. Principiemos notando que de uma contradição se deduz *qualquer* coisa. De fato, imaginemos que se tenha uma contradição,

$$P \cdot \sim P,$$

e seja Q uma sentença qualquer. Afirma-se que Q é deduzível da contradição. De fato,

1.	$P . \sim P$	Prem.
2.	P	1, Simp.
3.	$\sim P$	1, Simp.
4.	$P \vee Q$	2, Ad.
5.	Q	3, 4 Sil. disj.

Tratemos, agora, do vínculo existente entre o argumento "por absurdo" e a constatação que acabamos de fazer. Como lembramos acima, na "demonstração por absurdo", em vez de validar

$$P \mathrel{\mid}- \alpha,$$

tratamos do argumento

$$P . \sim \alpha \mathrel{\mid}- \beta . \sim \beta$$

(em que P, como já fizemos antes, indica a conjunção das premissas dadas), e dizemos que a conclusão α deve ser aceita. Por quê?

Comecemos notando que

$$P . \sim \alpha \to \beta . \sim \beta$$

é equivalente (pelo princípio de exportação — cf. tautologias) a

$$P \to (\sim \alpha \to (\beta . \sim \beta)).$$

Por seu turno, a conclusão que se obtém a partir de P, isto é,

$$\sim \alpha \to (\beta . \sim \beta),$$

equivale a

$$\sim [\sim \alpha . \sim (\beta . \sim \beta)],$$

e esta sentença equivale a

$$\sim \sim \alpha \vee \sim \sim (\beta . \sim \beta),$$

(pelas leis de De Morgan), podendo, enfim, transformar-se em

$$\alpha \vee (\beta . \sim \beta)$$

Em suma: das premissas P obtivemos esta última consequência, e, como não desejamos contradições, concluímos que é α que se obtém.

Nota: O assunto poderia ser mais rapidamente analisado com as seguintes considerações:

Desejamos mostrar que $P \vdash \alpha$. Verificamos se é possível obter uma contradição de $P . \sim \alpha$. Se assim acontece, no momento em que a contradição foi obtida, podemos arguir, como se fez no início desta seção e dizer que é possível obter α. Temos, então, $P . \sim \alpha \vdash \alpha$. Mas isso equivale a dizer que temos $P \vdash \sim \alpha \rightarrow \alpha$. Ora, $\sim \alpha \rightarrow \alpha$ é equivalente a $\sim \sim \alpha \vee \alpha$, que equivale a $\alpha \vee \alpha$ que, por sua vez, equivale a α. Logo, $P \vdash \alpha$.

Eis um exemplo para ilustrar a "técnica". Imagine-se desejar concluir que $\sim (P . S)$, dadas as premissas a seguir, postas em 1., 2., 3.:

1.	$P \rightarrow (Q \vee R)$	Prem.
2.	$Q \rightarrow \sim P$	Prem.
3.	$S \rightarrow \sim R$	Prem.
4.	$P . S$	Prem. Prov. $\sim$ por Abs.
5.	P	4, Simpl.
6.	$Q \vee R$	5,1 *MP.*
7.	S	4, Simpl.
8.	$\sim R$	7,3 *MP.*
9.	$\sim \sim P$	5, Dupl. neg.
10.	$\sim Q$	9,2 Mod. Tol.
11.	R	10, 6 Sil. disj.
12.	$R . \sim R$	11, 8, Conj.
13.	$P . S \rightarrow R . \sim R$	de 4 a 12, Dem. Cond.
14.	$\sim (P . S)$	

justificando-se a última linha "por absurdo", uma vez que admitir $P . S$ (na premissa provisória, 4) leva a uma contradição (evidenciada em 12).

Para concluir esta seção, é interessante mencionar o fato de que é habitual chamar de *inconsistentes* (ou *incompatíveis*) as sentenças de que seja possível deduzir uma contradição.

Cap. 6 | Dedução – Aspectos Intuitivos   115

EXERCÍCIOS

1. Deduzir N de C v N, $C \to T$, $\sim T$.
2. Deduzir Q v $(Q \to R)$ de P.
3. Construir provas de certas tautologias, empregando outras conhecidas.
   NOTA: é útil salientar isto: I) para deduzir α v $\beta \to \gamma$, deduzir antes $\alpha \to \gamma$ e, a seguir, $\beta \to \gamma$, para usar o fato de que destas duas se conclui o que se deseja, α v $\beta \to \gamma$. II) para deduzir $\alpha \to \beta$, em que α não seja uma conjunção, usar demonstração condicional. III) para derivar uma conjunção, deduzir cada um dos conjuntivos e usar regra da conjunção. IV) para deduzir α v β, deduzir $\sim \alpha \to \beta$ e concluir o desejado (conforme tautologia 26 da Seção 3.5).

6.6. Exercícios de revisão

1. Esboçar uma técnica para mostrar que um argumento não é válido sem que seja necessário construir toda a tabela de valores.
   Sugestões: atribuir valor F à conclusão e verificar se é compatível com o valor V para as premissas. Exemplo: De $P \to Q$ e $R \to Q$ se pode concluir $P \to R$?
   Colocam-se em linha os enunciados fornecidos e dá-se valor F à conclusão e V, às premissas:

$$P \to Q \qquad R \to Q \qquad P \to R$$
$$V \qquad\qquad V \qquad\qquad F$$

   É fácil ver que os valores V, V, F para P, Q, R são tais que tornam possível a atribuição de valores V para as premissas e F para a conclusão. O argumento não é válido.
2. Com a técnica do exercício anterior, mostrar que não são válidos:
   a) $P \to Q$, $R \to S$, P v S logo Q v R.
   b) $P \to Q$, $R \to S$, P v R logo Q v S.
3. Justificar os passos da seguinte dedução com 1., 2., 3. premissas:

1. $M \to (P \to Q)$		11. $(\sim Q$ v $M)$. $(\sim Q$ v $R)$
2. $(P \cdot Q) \to (M \cdot R)$		12. $\sim Q$ v M
3. P		13. $Q \to M$
4. $M \cdot P \to Q$		14. $(M \to Q)$. $(Q \to M)$
5. $P \cdot M \to Q$		15. $M \leftrightarrow Q$
6. $P \to (M \to Q)$		16. $(M \cdot Q)$ v $(\sim M \cdot \sim Q)$
7. $M \to Q$		17. $\sim (M \cdot \sim Q)$
8. $P \to (Q \to (M \cdot R))$		18. $\sim M \cdot Q) \to (\sim M \cdot \sim Q)$
9. $Q \to (M \cdot R)$		19. $\sim M \cdot \sim Q$
10. $\sim Q$ v $(M \cdot R)$		

116 Lógica | Leônidas Hegenberg

4. Construir as deduções:
   a) de $P \rightarrow Q$ a partir da premissa $\sim Q \rightarrow \sim (P \vee Q)$.
   b) de Q usando premissas $P \rightarrow Q, \sim P \rightarrow R, R \rightarrow (P \vee Q)$.
   c) de $\sim Q \rightarrow P$ tomando premissa $\sim P \rightarrow Q$.
   d) de P a partir de $\sim P \rightarrow Q$ e $\sim P \rightarrow \sim Q$.

5. Justificar as passagens em:

a)
1. $A \rightarrow B$ — Prem.
2. $B \rightarrow (\sim A \vee C)$ — Prem.
3. $\sim A \rightarrow C$ — Prem.
4. $A \rightarrow (A \vee C)$
5. $A \vee A$ — (cf. ex. 20)
6. $C \vee (\sim A \vee C)$
7. $\sim A \vee C$
8. $A \rightarrow C$
9. $C \vee C$
10. C

b)
1. $U \rightarrow (V \rightarrow W)$ — Prem.
2. $(W \cdot X) \rightarrow Y$ — Prem.
3. $\sim Z \rightarrow (X \cdot \sim Y)$
4. $(U \cdot V) \rightarrow W$
5. $W \rightarrow (X \rightarrow Y)$
6. $(U \cdot V) \rightarrow (X \rightarrow Y)$
7. $\sim (X \cdot \sim Y) \rightarrow \sim \sim Z$
8. $\sim (X \cdot \sim Y) \rightarrow Z$
9. $(\sim X \vee \sim \sim Y) \rightarrow Z$
10. $(\sim X \vee Y) \rightarrow Z$
11. $(X \rightarrow Y) \rightarrow Z$
12. $(U \cdot V) \rightarrow Z$

6. Completar a dedução (1. até 5. são premissas):
   1. $(A \vee B) \cdot (A \vee C)$
   2. $A \rightarrow D$
   3. $D \rightarrow E$
   4. $(B \cdot C) \rightarrow (F \rightarrow E)$
   5. $\sim E$
   .
   .
   .
   .
   $n \cdot \sim F$

   Obs. É possível concluir a dedução no 11° passo.

7. Construir uma demonstração da validade de "Chove ou não chove".
8. Construir uma sequência dedutiva para os argumentos seguintes:
   a) Meu capote está na sala ou no quarto. Não está na sala. Logo, acha-se no quarto.
   b) A reta CM é perpendicular à reta AB, no ponto M, se, e só se, o ângulo AMC for reto. Logo, CM é perpendicular a AB no ponto M e é paralela a DE, se, e só se, o ângulo AMC for reto e CM paralelo a DE.

Cap. 6 | Dedução – Aspectos Intuitivos

c) Se eu for ao casamento, terei que passar o fim de semana em S. Paulo. Mas, se eu passar o fim de semana em S. Paulo, não poderei simultaneamente fazer os exercícios e estudar física. Se não fizer os exercícios, terei que dar uma desculpa ao professor e não será possível fazê-lo. Além disso, tenho que estudar física. Logo, não poderei ir ao casamento (C, S, F, D para casamento, S. Paulo, exercícios, física e desculpa, respectivamente).

d) Se ele tivesse se casado com mulher bonita, estaria ciumento; se tivesse se casado com mulher caseira, estaria desgostoso. Quer com ciúmes, quer desgostoso, seria infeliz. Mas ele não está infeliz. Logo, não se casou com mulher bonita nem com mulher caseira (B, C, D, E, I por bonita, ciúmes, caseira, desgostoso e infeliz, respectivamente).

9. Escolher algumas tautologias e demonstrá-las.

10. De $A \rightarrow B$ e de $\sim A \rightarrow C$, deduzir B v C.

11. Se a matéria existe, Berkeley estava enganado; se minha mão existe, existe a matéria /– ou minha mão existe ou Berkeley estava enganado.

12. Deduzir C das premissas: a) A v $(B \cdot C)$ b) $A \rightarrow D$ c) $D \rightarrow C$.

13. Se o paciente não tinha febre, a malária não foi causa da morte; mas ele morreu em virtude de malária ou de envenenamento. O paciente não tinha febre. Logo, o envenenamento deve ter sido a causa da morte.

14. Deduzir o princípio do silogismo:
$$(P \rightarrow Q) \rightarrow ((Q \rightarrow R) \rightarrow (P \rightarrow R)).$$

15. Das premissas: a) $A \rightarrow B$, b) $(B \cdot C) \rightarrow D$, deduzir $C \rightarrow (A \rightarrow D)$.

16. Deduzir "Haverá inflação se houver aumento de preços e de salários" das premissas:
a) "Haverá inflação se houver aumento de preços e de salários" e
b) "Há aumento de preços se há aumento de salários".
Obviamente, as premissas são $(S \cdot P) \rightarrow I$ e $S \rightarrow P$. A conclusão é $S \rightarrow I$.

17. Deduzir a conclusão "$O \rightarrow \sim F$" a partir das premissas "$O \rightarrow C$" e "$C \leftrightarrow \sim F$".

18. Deduzir, em duas passagens, a lei $P \rightarrow P$.

19. Mostrar que P v Q é equivalente a Q v P.

20. Justificar, intuitivamente, a linha 5 do exercício a) da p. 98 (ou linha 5 de 5 a), p. 102. (Lembrar que a tautologia só toma valores V e que a dedução, afinal, destina-se a "preservar a verdade".)

6.7. Referências

1. Copi, cap. 3.
2. Chicago, cap. 2.
3. Kalish e Montague, *passim.*
4. Quine, /Methods/, cap. 1.
5. Stoll, /Logic/.
6. Suppes, /Logic/, cap. 2.
7. Tarski, /Logic/, cap. 2.

Obs.: A dedução "natural" que aqui se apresenta será mais meticulosamente examinada no Cap. 8. As ideias gerais são as que se encontram em Copi. A exposição segue o texto de Copi e os de Kalish-Montague e Stoll. Exercícios são encontrados em grande número no livro escrito pelos professores de Chicago, que também apresenta a dedução em termos simples e intuitivos. Vale a pena consultar Tarski e Suppes, para a simbolização de alguns argumentos formulados em linguagem quotidiana. A técnica da dedução natural, nas linhas de seu criador, Gentzen, é discutida em outras obras que diferem mais ou menos entre si e diferem bastante desta. Ver, p. ex., Dopp ou Leblanc ou Smullyan (a obra de Dopp está vertida para o português e foi editada pela Herder). O leitor mais afoito poderá estudar a controvertida questão da aceitabilidade das demonstrações por absurdo servindo-se de obras como as de Black, Korner, Beth, Wilder, Fraenkel e Bar-Hillel e Heyting. A coletânea organizada por Benacerraf e Putnam é de interesse para a questão.

Capítulo 7

Teoria da Demonstração

7.1. Teoria formal (Cf. Sumário do Cap. 6)

De modo geral, uma teoria formal T fica definida quando se conhecem os seus símbolos, as expressões "bem-formadas" que podem ser construídas com tais símbolos, os axiomas (um subconjunto das expressões bem-formadas) e as "regras de inferência" que permitem "operar" com as expressões bem-formadas.

Desejamos apresentar o cálculo sentencial como teoria formal. Introduzimos, pois, de início, os símbolos necessários:

$$P_1, P_2, ..., P_n, ...$$
$$\sim \quad . \quad v \quad \rightarrow \quad \leftrightarrow$$

sinais de pontuação (os parênteses).[1]

Define-se *expressão* como sendo qualquer sequência finita de símbolos. Assim,

$$\rightarrow P_1 (v P_2 \qquad P_2 \rightarrow (P_1 v P_2)$$
$$P_1 v P_2 \qquad P_1 \sim P_2$$

serão expressões do cálculo sentencial.

Naturalmente, apenas algumas dessas expressões são "bem-formadas" (Intuitivamente, a primeira expressão é "malformada", ao

---

[1] Como já o se tem feito, as letras sentenciais P_1, P_2, etc. poderão ser substituídas por outras letras (P, Q, etc., ou mesmo "letras sugestivas"). De outra parte, os sinais de pontuação poderão ser, ainda, as chaves e os colchetes.

passo que a segunda é "bem-formada".). As regras de boa formação são dadas de modo recursivo:

1. uma letra sentencial isolada (isto é, P_1 ou P_2, etc.) é uma expressão bem-formada;

2. sendo α e β expressões bem-formadas, também são bem-formadas as seguintes expressões: $\sim \alpha$, $(\alpha \cdot \beta)$, $(\alpha \vee \beta)$, $(\alpha \rightarrow \beta)$ e $(\alpha \leftrightarrow \beta)$.

A essas duas cláusulas junta-se uma terceira, que estipula não serem bem-formadas quaisquer outras expressões, isto é, são bem-formadas *apenas* essas expressões construídas em obediência às cláusulas 1 e 2.[2]

As expressões bem-formadas serão chamadas "*fórmulas*", para seguir o uso que se vem consagrando.

Dentre as fórmulas, algumas são selecionadas como *axiomas*.

Os axiomas serão estes:

1. $\alpha \rightarrow (\beta \rightarrow \alpha)$.
2. $(\alpha \rightarrow \beta) \rightarrow \{[\alpha \rightarrow (\beta \rightarrow \gamma)] \rightarrow (\alpha \rightarrow \gamma)\}$.
3. $\alpha \rightarrow [\beta \rightarrow (\alpha \cdot \beta)$.
4. $(\alpha \cdot \beta) \rightarrow \alpha$.
   $(\alpha \cdot \beta) \rightarrow \beta$.
5. $\alpha \rightarrow (\alpha \vee \beta)$.
   $\beta \rightarrow (\alpha \vee \beta)$.
6. $(\alpha \rightarrow \gamma) \rightarrow \{(\beta \rightarrow \gamma) \rightarrow [(\alpha \vee \beta) \rightarrow \gamma]\}$.
7. $(\alpha \rightarrow \beta) \rightarrow [(\alpha \rightarrow \sim \beta) \rightarrow \sim \alpha]$.
8. $\sim \sim \alpha \rightarrow \alpha$.
9. $(\alpha \rightarrow \beta) \rightarrow [(\beta \rightarrow \alpha) \rightarrow (\alpha \leftrightarrow \beta)]$.
10. $(\alpha \rightarrow \beta) \rightarrow (\alpha \rightarrow \beta)$.
    $(\alpha \leftrightarrow \beta) \rightarrow (\beta \rightarrow \alpha)$.

Em verdade, não se tem apenas dez ou treze axiomas, mas treze "esquemas de axiomas", porquanto α, β e γ são fórmulas quaisquer. Em particular,

---

2   Como antes, entretanto, admitir-se-á que os parênteses podem ser substituídos por chaves e colchetes (para simplificar a "leitura" das expressões) e aceitar-se-ão as convenções para eliminação de parênteses (ver Subseção 3.3.1).

$$\alpha \rightarrow (\beta \rightarrow \alpha)$$

é um axioma. Isso quer dizer que fórmulas como

$$P \rightarrow (Q \rightarrow P)$$
$$P \rightarrow (P \rightarrow P)$$
$$(P \cdot Q) \rightarrow ((R \rightarrow {\sim}P) \rightarrow (P \cdot Q)),$$

e assim por diante, são axiomas. São o que se poderia chamar "instanciações do axioma 1". As fórmulas principiam com certa fórmula α, apresentam, em seguida, uma seta, um parênteses esquerdo, uma outra fórmula β (que não precisa ser distinta da fórmula α), outra seta, nova ocorrência da mesma fórmula inicial, α, e, por fim, o parêntese direito.

Concluindo, são dadas as *regras de inferência*. De modo geral, existem certas relações R_i entre as fórmulas, relações que são denominadas "regras de inferência". Para cada R_i existe um só j com a seguinte propriedade: qualquer que seja o conjunto de fórmulas e para toda fórmula α, é possível decidir se as j fórmulas do conjunto estão (ou não) na relação R_i com α. No caso afirmativo, isto é, se as j fórmulas estão na relação R_i com α, diz-se que α é uma *consequência direta* (ou *consequência imediata*) das fórmulas dadas, mediante R_i (ou, em virtude de R_i).

A formulação é geral, mas, aqui, na realidade, apenas uma regra (fundamental) será introduzida, de modo que é possível dizer, de modo mais simples, apenas isto:

Dadas duas fórmulas

$$\alpha, \alpha \rightarrow \beta,$$

diz-se que β é uma consequência direta (imediata) delas, em virtude da regra *modus ponens* (abreviadamente, *MP*). Usaremos, então, a notação

$$\frac{\alpha, \alpha \rightarrow \beta}{\beta} \qquad MP$$

para indicar que β resulta, como consequência imediata, por aplicação da regra *MP*, de α e de $\alpha \rightarrow \beta$.

Entre parênteses, vale a pena dizer que é comum pedir que haja um procedimento que permita identificar (em um número finito de fases) se uma fórmula é ou não bem-formada. Também é comum existir um procedimento desse gênero (um procedimento "efetivo") para reconhecimento dos axiomas – caso em que a teoria em pauta se diz axiomática. Em face das regras, é preciso que se possa também decidir, efetivamente, se uma fórmula está ou não em dada relação com as demais (se é ou não consequência imediata, por *MP*, de duas outras fórmulas dadas).[3]

7.2. Demonstração e dedução

Suponhamos fixada uma teoria formal T. Uma *demonstração*, em T, de uma fórmula β, é uma sequência finita de fórmulas

$$<\emptyset_1, \emptyset_2, ..., \emptyset_n>$$

com as seguintes propriedades:

i) $\emptyset_n$ é precisamente β;

ii) para cada i (= 1, 2, ..., n), $\emptyset_1$ ou é um axioma de T ou é uma consequência imediata de fórmula ou fórmulas anteriores (na sequência), em virtude de alguma regra de inferência.

No presente caso, a demonstração de β é uma sequência

$$< \emptyset_1, \emptyset_2, ..., \emptyset_n>$$

tal que β é precisamente $\emptyset_n$ e cada $\emptyset_i$ ou é um axioma ou resulta de duas fórmulas anteriores, mediante aplicação da regra *modus ponens*.

A sequência é uma demonstração de sua última fórmula, $\emptyset_n$.

Não é comum haver processo efetivo para a determinação dos teoremas. Quando a noção de "teorema" é efetiva, a teoria T se diz *decidível*.

Suponhamos que nos tenha sido apresentada uma lista de fórmulas $\alpha_1, \alpha_2, ..., \alpha_p$. Seja θ o conjunto de tais fórmulas, as premissas. Imagine-se, como antes, que se tenha uma sequência finita de fórmulas

$$< \emptyset_1, \emptyset_2, ..., \emptyset_n>,$$

onde $\emptyset_n$ seja uma fórmula β e onde, para cada i,

---

3   A propósito, ver o final da Seção 9.1 (no próximo capítulo).

$\emptyset_i$ é um axioma ou

$\emptyset_i$ é uma das fórmulas do conjunto θ ou

$\emptyset_i$ resulta de fórmulas anteriores (na sequência), mediante uso de alguma regra de inferência.

Em tal hipótese, diz-se que β é uma *consequência* das fórmulas $\alpha_1, \alpha_2, \ldots, \alpha_p$ (do conjunto θ), ou que β é *deduzível* das fórmulas do conjunto θ.

Escreve-se, em tal caso,

$$\theta \mathop{|\!-} \beta$$

(leia-se: "β é deduzível de θ", ou "θ acarreta β"). Quando apenas os axiomas são usados, não se introduzindo premissas adicionais, escreve-se

$$\mathop{|\!-} \beta$$

(leia-se: "β é um teorema" (de T)).

A diferença entre um teorema e uma consequência de certas premissas está apenas em que no teorema só são utilizados os axiomas, ao passo que, na consequência de certas outras fórmulas, estas aparecem ao lado dos axiomas, como pressupostos adicionais – que podem ser incluídos na sequência demonstrativa $\langle\emptyset_1, \ldots, \emptyset_n\rangle$.

As noções introduzidas podem parecer "abstratas". As ilustrações apresentadas abaixo farão com que o leitor as assimile e passe a empregá-las sem mais dificuldades.

7.3. Propriedades de $\mathop{|\!-}$

Quando se fala em "acarreta", ou "é consequência de", algumas propriedades úteis precisam ser explicitamente mencionadas. Estão reunidas em nosso

Teorema 1 Sejam α, β, γ, (com ou sem índices) fórmulas e sejam

θ e $\emptyset$ conjuntos de fórmulas. Têm-se:

(1) $\alpha_1, \alpha_2, \ldots, \alpha_p \mathop{|\!-} \alpha_i, (i = 1, 2, \ldots, p)$.

Em outras palavras, qualquer fórmula é deduzível de um conjunto de fórmulas em que ela apareça como premissa.

(2) sendo β um axioma, então $\mathop{|\!-} \beta$.

Com efeito, a sequência (degenerada) $<\beta>$ é uma demonstração de β.

(3) imagine-se que θ seja um subconjunto de $\emptyset$ e que $\theta \mathrel{|\!-} \beta$. Nesse caso, $\emptyset \mathrel{|\!-} \beta$.

Em outras palavras, é sempre possível "ampliar o conjunto de premissas", sem se perder, com isso, os resultados que já eram deduzíveis com o conjunto menor de premissas. Note-se que a mesma sequência que permitia deduzir β de θ permite, igualmente, deduzir β de θ.

(4) se $\theta \mathrel{|\!-} \alpha$ e $\theta \mathrel{|\!-} \alpha \to \beta$, então $\theta \mathrel{|\!-} \beta$.

Esse resultado pode ser denominado "regra do destacamento" – "destaca-se" β quando se possui prévia dedução de α e de $\alpha \to \beta$.

O resultado 4 pode ser, em particular, formulado desta maneira: Se $\mathrel{|\!-} \alpha$ e se $\mathrel{|\!-} \alpha \to \beta$ então $\mathrel{|\!-} \beta$.

É comum ver esta regra confundida com o *modus ponens*. Note-se, porém, a diferença (que nem sempre é relevante):

$$
\begin{array}{cc}
\textit{modus ponens} & \text{destacamento} \\
\alpha & \mathrel{|\!-} \alpha \\
\dfrac{\alpha \to \beta}{\beta} & \dfrac{\mathrel{|\!-} \alpha \to \beta}{\mathrel{|\!-} \beta}
\end{array}
$$

No primeiro caso, "β é consequência imediata de α e de $\alpha \to \beta$". No segundo, tem-se o resultado que precisa ser demonstrado, a saber: "se α é um teorema e se $\alpha \to \beta$ é um teorema, então β é um teorema".

(5) se $\theta \mathrel{|\!-} \beta_1, \dots, \theta \mathrel{|\!-} \beta_q$ e se $\beta_1, \dots, \beta_q \mathrel{|\!-} \gamma$, então $\theta \mathrel{|\!-} \gamma$.

Enfim, tem-se este resultado de grande importância no que se segue

(6) se $\theta \mathrel{|\!-} \alpha \to \beta$ então $\theta, \alpha \mathrel{|\!-} \beta$.

Em especial, como corolário,

$$\text{se } \mathrel{|\!-} \alpha \to \beta \text{ então } \alpha \mathrel{|\!-} \beta.$$

Trate-se da demonstração deste último resultado (6), usando o que ficou estabelecido nos itens anteriores do teorema. Sabe-se que

$$\theta \mathrel{|\!-} \alpha \to \beta$$

Pela parte (3), pode-se, é claro, "ampliar" as premissas, escrevendo

$$\theta, \alpha \vdash \alpha{\to}\beta \qquad \text{(I)}$$

De outro lado, pela parte (1), tem-se

$$\theta, \alpha \vdash \alpha \qquad \text{(II)}$$

(α é uma das premissas). Enfim, a parte (4) (regra do destacamento) permite, em função de (I) e (II), obter a tese,

$$\theta, \alpha \vdash \beta.$$

7.4. Um teorema fundamental

Necessitamos, a seguir, do

Teorema 2 $\vdash \alpha \to \alpha$.

A demonstração deste teorema tornará concretas as alusões que iniciam o capítulo. Precisamos, para fixar melhor as ideias, de uma sequência de fórmulas. A sequência deve terminar com a fórmula desejada, isto é, $\alpha \to \alpha$. De início, só nos podermos valer de axiomas (pois não há premissas de que a fórmula seja deduzida). A cada passagem efetuada será aplicada a regra (única) ao dispor, *MP*. Escreveremos a demonstração em cinco etapas, em linhas numeradas de 1 a 5, colocando as fórmulas com a justificativa devida.

1. $\alpha \to (\alpha \to \alpha)$ Axioma 1.
2. $[\alpha \to (\alpha \to \alpha)] \to \{[\alpha \to ((\alpha \to \alpha) \to \alpha)] \to (\alpha \to \alpha)\}$ Axioma 2.
3. $[\alpha \to ((\alpha \to \alpha) \to \alpha)] \to (\alpha \to \alpha)$ 1,2 *MP*.
4. $\alpha \to ((\alpha \to \alpha) \to \alpha)$ Axioma 1.
5. $\alpha \to \alpha$ 3,4 *MP*.

Para bem compreender o que foi feito, observe-se que na linha 1 está o axioma 1 com α e β substituídos por α. Na linha 2 está o axioma 2 com as seguintes substituições:

no lugar de α: o próprio α.

no lugar de β: $\alpha \to \alpha$.

no lugar de γ: α.

Na linha 4 está novamente o axioma 1, com α substituído por $\alpha \to \alpha$.

As linhas restantes são obtidas pela aplicação da regra *MP*, pois, em ambos os casos, têm-se linhas anteriores do tipo

$$\alpha \text{ e } \alpha \to \beta,$$

das quais se deduz β.

A última fórmula, como se pretendia, é $\alpha \to \alpha$. Fica, pois, estabelecido que essa fórmula é um teorema (do cálculo sentencial).

Sem mais comentários, eis outra ilustração. Considere-se a sequência de oito fórmulas:

1. $\alpha \to (\beta \to \gamma)$ Premissa.
2. $\alpha \cdot \beta$ Premissa.
3. $\alpha \cdot \beta \to \alpha$ Axioma.
4. α 2,3 *MP.*
5. $\beta \to \gamma$ 4,1 *MP.*
6. $\alpha \cdot \beta \to \beta$ Axioma.
7. β 2,6 *MP.*
8. γ 5,7 *MP.*

Tem-se, aí, uma dedução da fórmula γ a partir das premissas dadas. Verifica-se, pois, que

$$\alpha \to (\beta \to \gamma), \alpha \cdot \beta \vdash \gamma.$$

A demonstração e a dedução (Teorema 2 e o exemplo agora dado) são *formais*, no sentido de que se fazem na linguagem objeto (que está sendo estudada na linguagem apropriada, do "estudioso", ou seja, a metalinguagem). Na linguagem formal, examina-se apenas a "forma" das expressões (sem cogitar de "conteúdos" ou significados), para verificar se há, de fato, demonstração ou dedução. Observe-se que o exemplo atesta que γ é deduzível das premissas dadas, quaisquer que sejam α, β e γ escolhidas. Continuaremos, de outra parte, a demonstrar teoremas e a fazer deduções "não formais" (na metalinguagem), agindo com muito maior flexibilidade, com base nos significados das asserções e valendo-nos de argumentos que sejam plausíveis. O leitor deve sempre ter em mente essa diferença entre as duas linguagens: uma em que são feitas demonstrações e deduções formais, outra em que são demonstrados resultados e são obtidas consequências de certas premissas, mas de modo não formal.

7.5. O teorema da dedução

A propriedade da dedução, expressa no teorema seguinte, corresponde a um método familiar de "raciocínio". Para demonstrar uma fórmula que tem a forma de um condicional, $\alpha \to \beta$, começa-se por admitir o antecedente, α, para, a seguir, obter o consequente, β,

Teorema 3 (da dedução – Herbrand e Tarski)

Se $\alpha \vdash \beta$ então $\vdash \alpha \to \beta$.

Note-se, antes de passar à demonstração, que se trata da recíproca de resultado anteriormente citado (Corolário da parte 6 do Teorema 1).

O teorema pode ser formulado mais genericamente:

Se $\alpha_1, ..., \alpha_{m-1}, \alpha_m \vdash \beta$ então $\alpha_1, ..., \alpha_{m-1} \vdash \alpha_m \to \beta$.

Suponhamos, então, que $\alpha \vdash \beta$. Isto significa que existe uma sequência $<\varnothing_1, \varnothing_2, ..., \varnothing_n>$, em que $\varnothing_n$ é precisamente β e onde, para cada i, $\varnothing_i$, ou é um axioma ou é a premissa (no presente caso: α) ou resulta de fórmulas anteriores, mediante uso da regra *MP*.

A tese é esta: $\vdash \alpha \to \beta$. Vamos admitir, por indução (no comprimento da sequência), que já se tenha demonstrado

$$\vdash \alpha \to \varnothing_1, ..., \vdash \alpha \to \varnothing_{i-1}.$$

Consideremos $\varnothing_i$. Três casos se apresentam:

caso 1: $\varnothing_i$ é um axioma.

Sendo $\varnothing_i$ um axioma, sabe-se que $\varnothing_i$ é teorema, $\vdash \varnothing_1$.

Também se sabe que $\vdash \varnothing_i \to (\alpha \to \varnothing_i)$, pois que este é o Axioma 1 da lista de nossos axiomas.

Em vista da parte 4 do Teorema 1, tem-se $\vdash \alpha \to \varnothing_i$.

caso 2: $\varnothing_i$ é precisamente α.

O que se deseja é mostrar que $\vdash \alpha \to \varnothing_i$. Como α é $\varnothing_i$, o que se, deseja é mostrar que $\vdash \alpha \to \alpha$. Esse resultado, porém, já foi estabelecido (Teorema 2).

caso 3: $\varnothing_i$ resulta de $\varnothing_j$ e de $\varnothing_k$, mediante uso da regra *MP*.

Têm-se, então, fórmulas $\varnothing_j$ e $\varnothing_k$, sendo $j, k < i$, do tipo que permite uso de *MP*, ou seja, $\varnothing_k$ sendo $\varnothing_j \to \varnothing_i$.

Como os índices j e k são menores do que i, a hipótese indutiva assegura que

$$\vdash \alpha \to \varnothing_j \quad \text{e} \quad \vdash \alpha \to \varnothing_{j'}$$

ou seja, lembrando o tipo de $\varnothing_k$, tem-se

$$\vdash \alpha \to \varnothing_j \quad \text{e} \quad \vdash \alpha \to (\varnothing_j \to \varnothing_i).$$

Usa-se, agora, o Axioma 2 para escrever

$$\vdash (\alpha \to \varnothing_j) \to \{[\alpha \to (\varnothing_j \to \varnothing_i)] \to (\alpha \to \varnothing_i)\}.$$

As duas últimas expressões permitem uso repetido (duas vezes) do Teorema 1, parte 4, aplicado ao axioma ora escrito, chegando-se a

$$\vdash \alpha \to \varnothing_i.$$

Analisados os quatro casos, percebe-se que se tem $\vdash \alpha \to \varnothing_i$ em qualquer deles. A indução permite concluir, pois, que

$$\vdash \alpha \to \varnothing_n,$$

ou seja (recordando que $\varnothing_n$ é precisamente β),

$$\vdash \alpha \to \beta.$$

Essas considerações encerram a demonstração do teorema no caso mais simples. O leitor poderá fazer a demonstração no caso de existirem várias premissas, lembrando que haverá, então, um quarto caso a considerar: aquele em que $\varnothing_i$ é uma das premissas

$$\alpha_1, \dots, \alpha_{m-1}.$$

O teorema da dedução afirma que se α acarreta β, então existe uma demonstração de $\alpha \to \beta$. Em outras palavras, afirma que se α acarreta β, então existe uma sequência

$$<\eth_1, \eth_2, \dots, \eth_p>,$$

em que $\eth_p$ é precisamente $\alpha \to \beta$ e em que, para cada i, $\eth_i$ ou é um axioma ou resulta de fórmulas anteriormente colocadas na sequência, mediante uso da regra *MP*.

Uma vez conhecido esse resultado, será desnecessário obter uma tal sequência. Em vez disso, o que se procurará fazer é acrescentar uma premissa às premissas eventualmente dadas – o antecedente do condicional – para deduzir o consequente desse mesmo condicional. Isso representa simplificação apreciável.

O teorema da dedução (propriamente dito) e a recíproca (parte 6 do Teorema 1) serão utilizados, doravante, com uma justificativa resumida: *TD* (ou *DC*, "demonstração condicional"). Os exemplos abaixo ilustrarão a maneira de empregar o teorema.

Imagine-se desejar mostrar que

$$\alpha \to (\beta \to \gamma) \vdash \beta \to (\alpha \to \gamma) \qquad (1)$$

Essa conclusão pode ser obtida de "modo direto", mas isso exige cerca de 50 linhas. O uso do teorema da dedução encurta consideravelmente o trabalho.

A conclusão desejada tem a forma de um condicional. Junta-se, pois, seu antecedente às premissas (no caso há uma premissa dada) e procura-se deduzir o consequente. O problema transforma-se neste:

$$\alpha \to (\beta \to \gamma), \beta \vdash \alpha \to \gamma \qquad (2)$$

O teorema da dedução afirma que se for possível resolver (2), então será possível resolver (1). Mas, a conclusão, em (2), também tem a forma de um condicional, o que leva a aplicar o teorema uma segunda vez, transformando o problema em outro:

$$\alpha \to (\beta \to \gamma), \beta, \alpha \vdash \gamma \qquad (3)$$

A questão fica bastante simplificada. Eis como deduzir γ das premissas indicadas:

1. $\alpha \to (\beta \to \gamma)$ Premissa.
2. β Premissa.
3. α Premissa.
4. $\beta \to \gamma$ 3,1 *MP.*
5. γ 2,4 *MP.*

Resolvido o problema (3), o teorema da dedução assegura que se pode resolver a questão (2). Não nos damos ao trabalho de deixar explícita a dedução da conclusão de (2) a partir das premissas aí arroladas, mas sabemos que tal dedução pode ser feita. Mais: resolvido o problema (2), o teorema garante que existe solução para o problema original (1). Também não nos preocupamos com deixar explícita a dedução, pois sabemos que ela pode ser construída.

O teorema da dedução aplica-se, pois, aos casos em que a conclusão desejada tem a forma de um condicional, $\alpha \to \beta$. Traz-se α para antes do símbolo '$\vdash$', considerando-a como "premissa provisória". Deduz-se β. Em seguida, a premissa provisória pode ser "eliminada", isto é, pode ser devolvida para depois do símbolo '$\vdash$', figurando como antecedente de um condicional.

Nada impede que o teorema seja aplicado mais de uma vez em uma dedução. Cada aplicação do teorema pode ser indicada por uma seta, conforme vem ilustrado no diagrama abaixo.

Resumindo, em vez de

$$\alpha \to (\beta \to \gamma) \vdash \beta \to (\alpha \to \gamma).$$

procurou-se deduzir γ usando "premissas provisórias" adicionais, isto é, β e α. O fato de que tais premissas são provisórias pode ser indicado, escrevendo, na coluna das justificativas, "prem. prov." (ou mesmo, "p.p."). Essa indicação presta-se para salientar que elas serão "eliminadas" no correr da dedução, ou seja, que serão devolvidas para depois do símbolo '$\vdash$', mediante aplicação do teorema da dedução.

Quando se aplica o teorema, uma premissa é "eliminada", deixando de "agir" como tal. As setas verticais indicam a "vigência" das premissas provisórias e o exato momento em que deixam de ser premissas.

Têm-se :

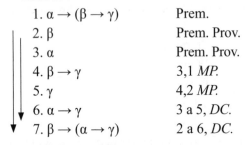

A abreviação "*DC*" foi aqui usada. Poderíamos usar *TD* ou deixar de fazer qualquer indicação, pois que a seta vertical é suficiente para salientar que o teorema da dedução foi aplicado.

7.5.1. Alguns exemplos

Seja deduzir $(Q \to (P \to R))$ de $(P \to (Q \to R))$. Essa dedução exigiria, provavelmente, um grande número de passagens. Adota-se a técnica indicada no teorema da dedução e se procura resolver

$$P \to (Q \to R) , Q \vdash P \to R.$$

Verificando que a nova conclusão tem a forma de um condicional, torna-se a aplicar o teorema, para resolver

$$P \to (Q \to R), Q, P \vdash R.$$

Este último problema é simples:

1. $P \to (Q \to R)$ Prem.
2. Q Prem.
3. P Prem.
4. $Q \to R$ 3,1 *MP.*
5. R 2,4 *MP.*

Foi possível, portanto, sem complicações, obter R das três premissas. O teorema da dedução assegura que é possível, por conseguinte, resolver o problema anterior e, novamente, o teorema original.

Passemos a um novo exemplo, indicando outra forma de escrever os resultados de interesse.

Seja demonstrar o teorema

$$\vdash (P \to Q) \to [(Q \to R) \to (P \to R)].$$

Pode-se proceder como segue:

$$P \to Q, Q \to R, P \vdash P \tag{1}$$
$$\vdash P \to R \tag{2}$$
$$\vdash R \tag{3}$$
$$P \to Q, Q \to R \vdash P \to R \tag{4}$$
$$P \to Q \vdash (Q \to R) \to (P \to R) \tag{5}$$
$$\vdash (P \to Q) \to [(Q \to R) \to (P \to R)] \tag{6}$$

Cada uma das passagens (1)–(6) pode ser facilmente justificada.

(1) é sugerida pelo teorema da dedução: procura-se simplificar a questão dada, obtendo o maior número possível de premissas. Passamos, pois, para a condição de premissas "provisórias" os antecedentes dos condicionais que figuravam no Teorema. (1), por certo, vale, em virtude do Teorema 1, parte 1. O mesmo se diga acerca de (2), que também vale pelas mesmas razões. O teorema 1, parte 4 (regra "do destacamento"), permite escrever a etapa (3).

As etapas seguintes são resultantes de sucessivas aplicações do teorema da dedução, eliminando, em progressão, cada uma das premissas "provisórias". Em (4) elimina-se a última premissa provisória, P, que vai para depois de $\vdash$. Em (5) elimina-se a penúltima premissa provisória, $Q \to R$, que também vai para depois do sinal $\vdash$, como antecedente de um condicional (cujo consequente é a fórmula que já estava após o sinal). O procedimento se repete mais uma vez, obtendo-se a tese desejada, (6).

Cada teorema demonstrado dá uma espécie de "sub-rotina", preparada, que pode ser utilizada em novas demonstrações ou deduções. Pelo teorema da dedução, sabe-se que existe uma rotina que daria (se fosse explicitada) a demonstração do teorema usado acima como exemplo. Se um novo teorema exigir o resultado, poderemos aludir ao fato de que tal "rotina" existe – e que poderia ser acrescentada às fases de uma particular demonstração ou dedução que nos interessa no momento.

A ideia é familiar aos matemáticos. É comum, em matemática, citar teoremas anteriores, encurtando, assim, a demonstração de teoremas novos. Os teoremas são numerados e, ao longo de uma particular dedução, se diz: "Em vista do teorema p, segue-se que...". A rigorosa demonstração (ou dedução) exigiria a inclusão das etapas utilizadas (inclusive as do teorema auxiliar). Isso, porém, tornaria as deduções excessivamente longas. Usa-se o resultado anterior, cuja "sequência demonstrativa" já sabemos existir (mesmo que não tenha sido explicitada), encurtando a dedução em pauta.

Dentro dessa ordem de ideias, vejamos de que modo se encurta a demonstração do teorema

$$\vdash P \to \sim\sim P.$$

(Recorde-se que o Axioma 8 diz que $\sim\sim P \to P$; não o resultado agora citado).

Pode-se agir como segue:

1. $\sim\sim\sim P \to \sim P$ Ax. 8
2. $(\sim\sim\sim P \to \sim P) \to [(\sim\sim\sim P \to P) \to \sim\sim P]$ Ax. 7
3. $(\sim\sim\sim P \to P) \to \sim\sim P$ 1,2 MP
4. $P \to (\sim\sim\sim P \to P)$ Ax. 1

Se tentássemos prosseguir, usando apenas axiomas e MP, é provável que chegássemos a uma lista enorme de fórmulas. Entretanto, isso é dispensável. O exemplo anterior já mostrou que a seta é transitiva, isto é, mostrou que:

$$A \rightarrow B$$
$$B \rightarrow C$$
$$\overline{A \rightarrow C}$$

Não dispomos de todas as etapas de uma demonstração desse resultado, mas sabemos que existem – sabemos que o teorema *pode* ser demonstrado. Teríamos, pois, uma "sub-rotina" preparada, que *poderia* ser introduzida no presente teorema (se necessário), a fim de deixar a demonstração totalmente explicitada. Usando esse conhecimento, aplicamo-lo diretamente às fórmulas das linhas 4 e 3 (tem-se, ali, que P implica uma fórmula e que essa fórmula implica $\sim \sim P$). O resultado é imediato:

     5. $P \rightarrow \sim \sim P$ 4,3 teorema anterior.

Essa "tática" será usada aqui frequentemente, visando encurtar as demonstrações e deduções. Por isso mesmo será útil, numa apresentação adequada dos teoremas, numerá-los, simplificando a alusão que a eles se venha fazer.

Concluindo esta seção, vale a pena repisar o que se disse no final da seção anterior, quando se estabeleceu a diferença entre uma demonstração formal e uma demonstração não formal. Quando se constrói uma demonstração formal, apenas os axiomas, as premissas e a regra *MP* podem ser utilizadas. Isso, via de regra, torna as demonstrações longas e inutilmente complicadas. O que se procura, portanto, é simplificar demonstrações (e deduções), usando artifícios apropriados. O teorema da dedução é um de tais artifícios. Outros serão empregados a seguir. Em síntese, o que permitem é substituir uma longa sequência de fórmulas (cuja existência está, de algum modo, assegurada) por sequências mais curtas, em que apenas os dados essenciais estejam explícitos – aqueles dados que permitiriam, se necessário, reproduzir toda a longa sequência.

7.6. Dois resultados fundamentais

Os resultados que serão mencionados a seguir prestam-se para estabelecer uma primeira conexão entre '$\models$' e '$\vdash$' e para estabelecer a "consistência" do cálculo sentencial, num sentido que será elucidado abaixo.

Tem-se, preliminarmente,

Teorema 4 Se $|- \alpha$ então $|= \alpha$.

Em outras palavras, todo teorema é tautológico.

A demonstração do teorema pode ser feita da seguinte maneira. Começamos notando que todos os axiomas são tautologias (de fato, os axiomas foram escolhidos dentre as fórmulas tautológicas). Imagine-se, portanto, que $|- \alpha$. Existe uma sequência

$$<\emptyset_1, \emptyset_2, ..., \emptyset_n>,$$

em que $\emptyset_n$ é precisamente α e cada $\emptyset_i$ ou é axioma ou é obtido de fórmulas anteriores, mediante uso da regra *MP*. Por indução, suponhamos verificado que $|= \emptyset_1, ..., |= \emptyset_{i-1}$. Consideremos a fórmula $\emptyset_i$. Se se trata de axioma, certamente $|= \emptyset_i$. Por outro lado, $\emptyset_i$ pode resultar de $\emptyset_j$ e de $\emptyset_k$ (da forma $\emptyset_j \to \emptyset_i$) com $j, k < i$, pela regra *MP*. Pela hipótese indutiva,

$$|= \emptyset_j \text{ e } |= \emptyset_k$$

(uma vez que os índices j e k são inferiores a i). Ou seja,

$$|= \emptyset_j \text{ e } |= \emptyset_j \to \emptyset_i,$$

Isso permite concluir (cf. teorema 3, do cap. 5) que

$$|= \emptyset_i.$$

Completando a indução, tem-se $|= \emptyset_n$, isto é, $|= \alpha$.

Em seguida, tem-se:

Teorema 5 Não há fórmula β tal que $|- \beta$ e $|- \sim \beta$.

Em outras palavras, não existe, no cálculo sentencial, uma fórmula que seja demonstrável e que tenha sua negação igualmente demonstrável.

A verificação é simples, depois de conhecer o teorema anterior. Imagine-se, por absurdo, que tal fórmula existisse. Teríamos, então, $|= \beta$ e $|= \sim \beta$, o que é impossível.

Em termos não muito rigorosos, uma teoria axiomática se diz *consistente* quando não é possível demonstrar todas as fórmulas dessa teoria, isto é, quando, no máximo, algumas fórmulas são demonstráveis (e outras não). O Teorema 5 estabelece, em tal sentido, a consistência do cálculo sentencial: há fórmulas que não são demonstráveis. Se β for um teorema, certamente $\sim \beta$ não será um teorema, e vice-versa.

Cap. 7 | Teoria da Demonstração

7.7. Preliminares para o teorema da completude

São a seguir reunidos alguns teoremas que servem de lastro para a demonstração do teorema da completude (próxima seção). São citados a título de exemplos e exercícios, salientando, porém, que técnicas bem mais simples poderão ser posteriormente utilizadas para demonstrá-los. É oportuno deixar os teoremas em certa ordem. Como não serão incluídos em nossa numeração, recebem ordenação alfabética.

Teorema A $\alpha \to \beta, \beta \to \gamma \vdash \alpha \to \gamma$.

Esse teorema, "da transitividade da seta", já foi comentado nos exemplos anteriores. O mesmo se diga a respeito do

Teorema B $\alpha \to (\beta \to \gamma) \vdash \beta \to (\alpha \to \gamma)$,

que se poderia chamar teorema "da troca de premissas".

Teorema C $(\alpha \to (\beta \to \gamma)) \to [(\alpha \to \beta \to (\alpha \to \gamma)]$.

O resultado pode ser obtido do Axioma 2 mediante troca de premissas (teorema B).

Teorema D $(\sim \beta \to \sim \alpha) \to [(\sim \beta \to \alpha) \to \beta]$.

Em primeiro lugar, trocam-se as premissas, para escrever

$$(\sim \beta \to \alpha) \to [(\sim \beta \to \sim \alpha) \to \beta].$$

Têm-se:

1. $\sim \beta \to \alpha$	prem.
2. $\sim \beta \to \sim \alpha$	prem.
3. $(\sim \beta \to \alpha) \to [(\sim \beta \to \sim \alpha) \to \sim \sim \beta]$	Ax. 7.
4. $(\sim \beta \to \sim \alpha) \to \sim \sim \beta$	1,3, *MP.*
5. $\sim \sim \beta$	2,4, *MP.*
6. $\sim \sim \beta \to \beta$	Ax. 8.
7. β	5,6, *MP.*[4]

---

4   Mendelson, /Logic/, usa como axiomas: 1. o mesmo nosso; 2. nosso teorema *C*; 3. o nosso teorema *D* (a regra é *MP*). Todos os teoremas apresentados em seu livro podem, portanto, ser deduzidos em nosso sistema.

Teorema E $\beta \to \mathord{\sim}\mathord{\sim} \beta$.

1. $(\mathord{\sim}\mathord{\sim}\mathord{\sim} \beta \to \mathord{\sim} \beta) \to [(\mathord{\sim}\mathord{\sim}\mathord{\sim} \beta \to \beta) \to \mathord{\sim}\mathord{\sim} \beta]$ Teo. D.
2. $\mathord{\sim}\mathord{\sim}\mathord{\sim} \beta \to \mathord{\sim} \beta$ Ax. 8.
3. $(\mathord{\sim}\mathord{\sim}\mathord{\sim} \beta \to \beta) \to \mathord{\sim}\mathord{\sim} \beta$ 2,1, *MP*.
4. $\beta \to (\mathord{\sim}\mathord{\sim}\mathord{\sim} \beta \to \beta)$ Ax. 1.
5. $\beta \to \mathord{\sim}\mathord{\sim} \beta$ 4,3, Teo. A.

Teorema F $\mathord{\sim} \alpha \to (\alpha \to \beta)$.

1. $\mathord{\sim} \alpha$ prem.
2. α prem.
3. $\alpha \to (\mathord{\sim} \beta \to \alpha)$ Ax. 1.
4. $\mathord{\sim} \alpha \to (\mathord{\sim} \beta \to \mathord{\sim} \alpha)$ Ax. 1.
5. $\mathord{\sim} \beta \to \alpha$ 2,3 *MP*.
6. $\mathord{\sim} \beta \to \mathord{\sim} \alpha$ 1,4, *MP*.
7. $(\mathord{\sim} \beta \to \mathord{\sim} \alpha) \to [(\mathord{\sim} \beta \to \alpha) \to \beta]$ Teo. D.
8. $(\mathord{\sim} \beta \to \alpha) \to \beta$ 6,7, *MP*.
9. β 5,8, *MP*.

A demonstração será concluída aplicando o teorema da dedução.

Teorema G $(\mathord{\sim} \beta \to \mathord{\sim} \alpha) \to (\alpha \to \beta)$.

O leitor poderá fornecer as justificativas:[5]

1. $\mathord{\sim} \beta \to \mathord{\sim} \alpha$
2. α
3. $(\mathord{\sim} \beta \to \mathord{\sim} \alpha) \to [(\mathord{\sim} \beta \to \alpha) \to \beta]$
4. $\alpha \to (\mathord{\sim} \beta \to \alpha)$ Ax. 1.
5. $(\mathord{\sim} \beta \to \alpha) \to \beta$
6. $\alpha \to \beta$ 4,5, Teo A.
7. β

---

5   Church, em seu /Logic/, usa como axiomas:
    1. $\alpha \to (\beta \to \alpha)$ que é também nosso axioma 1
    2. $[\alpha \to (\beta \to \gamma)] \to [(\alpha \to \beta) \to (\alpha \to \gamma)]$
    que pode ser obtido de nosso axioma 2 mediante troca de premissas. E, enfim,
    3. Nosso teorema G. Os resultados demonstrados com tais axiomas (e a regra *MP*) podem ser também deduzidos em nosso sistema.

Teorema H $(\alpha \to \beta) \to (\sim \beta \to \sim \alpha)$.

Teorema J $\alpha \to [\sim \beta \to \sim (\alpha \to \beta)]$.

Sabe-se que $\alpha, \alpha \to \beta \vdash \beta$. Pelo teorema da dedução, resulta que

$$\alpha \vdash (\alpha \to \beta) \to \beta.$$

Por outro lado,

$$\vdash [(\alpha \to \beta) \to \beta] \to [\sim \beta \to \sim (\alpha \to \beta)]$$

(que é o Teorema H). A transitividade da seta (depois de uma transformação óbvia) conduz à tese.

Teorema K $(\alpha \to \beta) \to [(\sim \alpha \to \beta) \to \beta]$.

Na seção seguinte, ao demonstrar o teorema da completude (em particular no lema que o precede), usaremos e três resultados, aqui reunidos, sem expressa alusão ao fato. O leitor aproveitará a ocasião para recapitular os resultados necessários.

EXERCÍCIOS

1. Demonstrar:
   a) $\vdash (\sim \alpha \to \alpha) \to \alpha$.
   b) $\vdash ((\alpha \to \beta) \to \alpha) \to \alpha$.
2. Demonstrar o Teorema *H*.
3. Demonstrar o Teorema *K*.
4. Concluir a demonstração do Teorema *J*.

7.8. A completude do Cálculo Sentencial

Até o momento, relativamente aos sinais $\models$ e $\vdash$, reunimos as seguintes informações:

(1) $\alpha \models \beta$ significa: β é consequência (lógica) de α, ou α acarreta β;

(2) $\models \alpha \to \beta$ significa: $\alpha \to \beta$ é uma tautologia;

(3) $\alpha \vdash \beta$ significa: β é deduzível de α.

(4) $\vdash \alpha \to \beta$ significa: $\alpha \to \beta$ é um teorema.

O Teorema 1 (parte 6) diz que "Se 4, então 3". O Teorema 3 (da dedução), por sua vez, afirma que "Se 3, então 4". O Teorema 12 do Capítulo 5 permitiu dizer que "1 se e somente se 2". O Teorema 4, no presente capítulo, enfim, permitiu afirmar que todo teorema é uma tautologia (estabelecendo liame entre 4 e 2).

A presente seção destina-se a mostrar que toda tautologia é teorema, de modo que se estabelece equivalência completa entre os resultados acima arrolados.

A demonstração desse último resultado é mais delicada e para simplificá-la um pouco utilizaremos um fato anteriormente citado, a saber, o de que é possível usar, no cálculo sentencial, uma linguagem "mais econômica", isto é, linguagem em que os símbolos são apenas dois: $\sim$ e $\to$. Imaginemos, pois, a bem da simplicidade, que o cálculo tenha sido formulado com os símbolos $\sim$ e $\to$; faremos, depois, a ampliação do resultado, de modo que se aplique à formulação geral, com todos os conectivos.[6]

Começamos estabelecendo o seguinte:

Lema. Seja α uma fórmula construída com os átomos P_1, ..., P_k. Correspondendo a uma dada atribuição de valores para tais letras, seja P'_i a própria P_i, no caso de ser *val* $(P_i) = V$; ou a negação de P_i, caso *val* $(P_i) = F$. Seja, ainda, α' a própria α, no caso de se ter *val* $(\alpha) = V$, para essa atribuição, ou a negação de α, caso *val* (α) F, nessa atribuição.

Isso posto,

$$P_1', P_2', ..., P_k' \vdash \alpha'.$$

A demonstração pode ser feita por indução no número n de ocorrências dos símbolos primitivos $\sim$ e $\to$. Se $n = 0$, então o que o lema assevera é simplesmente que

$$P_1 \vdash P_1 \text{ e } \sim P_1 \vdash \sim P_1.$$

Admita-se, pois, que o lema vige para todos os $j < n$.

Caso 1: α é do tipo $\sim \beta$ (sendo β uma fórmula em que há menor número de ocorrências dos símbolos primitivos, de modo que a hipótese indutiva se aplica). Duas situações podem apresentar-se:

1. 1) *val* $(\beta) = V$. Nesse caso, *val* $(\alpha) = F$. Em consequência, β' é β e α' é $\sim \alpha$. Segundo a hipótese,

$$P_1', ..., P_k' \vdash \beta.$$

Já se sabe, porém, que $\vdash \beta \to \sim\sim \beta$. A regra do destacamento (teorema 1, parte 4) permite escrever

$$P_1', ..., P_k' \vdash \sim\sim \beta.$$

---

6 A propósito, ver Seção 4.2. Já se usou o artifício no Cap. 3 (Sec. 3.7).

Mas como $\sim\sim\beta$ é precisamente α', tem-se a tese.

1.2) $val\,(\beta) = F$. Tem-se que β' é $\sim\beta$ e α' é α. A hipótese indutiva assegura que

$$P_1{}', ..., P'{}_k, \vdash \sim\beta.$$

mas $\sim\beta$ é α'.

Caso 2: α é do tipo $\beta \to \gamma$ (sendo β e γ fórmulas às quais se aplica a hipótese indutiva). Três situações podem apresentar-se:

2.1) $val\,(\beta) = F$. Isso quer dizer que $val\,(\alpha) = V$. Então β' é $\sim\beta$ e α' é α. Em consequência,

$$P_1{}', ..., P_k{}' \vdash \sim\beta.$$

Já se sabe, entretanto, que

$$\vdash \sim\alpha \to (\alpha \to \beta),$$

ou seja, no presente caso, sabe-se que

$$\vdash \sim\beta \to (\beta \to \gamma),$$

de modo que, pela regra de destacamento

$$P_1{}', ..., P_k{}' \vdash \beta \to \gamma.$$

Como $\beta \to \gamma$ é α, tem-se a tese.

2.2) $val\,(\gamma) = V$. Segue-se que $val\,(\alpha) = V$. γ' é γ e α' é α. Tem-se

$$P_1{}', ..., P_k{}' \vdash \gamma.$$

Mas o Axioma 1 informa que $\vdash \gamma \to (\beta \to \gamma)$. A regra do destacamento permite escrever

$$P_1{}', ..., P_k{}' \vdash \beta \to \gamma,$$

e como $\beta \to \gamma$ é α', resulta a tese.

2.3) $val\,(\beta) = V$ e $val\,(\gamma) = F$. Tem-se $val\,(\alpha) = F$. Nesse caso, β' é β, γ' é $\sim\gamma$ e α' é $\sim\alpha$. O leitor poderá concluir a demonstração, recordando apenas que

$$\vdash \alpha \to (\sim\beta \to \sim(\alpha \to \beta))$$

e transformando convenientemente esta fórmula para que seja utilizada no caso em pauta.

Com base neste lema, pode-se, agora, apresentar o chamado teorema da completude (do cálculo sentencial) – na forma que lhe deu o matemático L. Kalmár (1936):

Teorema 6 Se $\models \alpha$ então $\vdash \alpha$.

Admita-se que α seja uma tautologia, construída com as letras $P_1, \dots, P_k$. Para qualquer atribuição de valores para tais letras, tem-se (pelo que fixou o lema anterior)

$$P_1', \dots, P_k' \vdash \alpha$$

(note-se que α' é α, já que *val* $(\alpha) = V$, em qualquer atribuição de valores, por tratar-se de tautologia).

Se P_k toma o valor V,

$$P_1', \dots, P_{k-1}', P_k \vdash \alpha.$$

Se, ao contrário, P_k toma o valor F,

$$P_1', \dots, P_{k-1}', \sim P_k \vdash \alpha.$$

O teorema da dedução permite escrever

$$P_1', \dots, P_{k-1}' \vdash P_k \to \alpha$$

e

$$P_1', \dots, P_{k-1}' \vdash \sim P_k \to \alpha.$$

De outro lado, sabe-se que

$$\vdash (P_k \to \alpha) \to [(\sim P_k \to \alpha) \to \alpha],$$

de modo que, pela regra do destacamento,

$$P_1', \dots, P_{k-1}' \vdash \alpha.$$

O procedimento se repete, lembrando-se que P_{k-1}' pode ser V ou F. Elimina-se, então, P_{k-1}' da mesma forma, para se ter

$$P_1', \dots, P_{k-2}' \vdash \alpha.$$

Repetindo o procedimento k vezes, tem-se, enfim,

$$\vdash \alpha.$$

O teorema foi demonstrado de maneira mais indireta e curta, usando uma linguagem em que compareciam apenas dois conectivos primitivos. Claro está que o caso geral pode ser agora considerado. Sendo α uma tautologia construída com todos os conectivos, o teorema da reposição garante que é possível substituir partes do tipo

$$\alpha \leftrightarrow \beta \quad \alpha \cdot \beta \quad \alpha \vee \beta$$

por partes equivalentes, sem destruir o caráter tautológico da fórmula. A substituição é feita, de modo que só compareçam os conectivos desejados, isto é, $\sim$ e $\rightarrow$. A fórmula original será tautológica apenas se esta nova fórmula o for – o que pode ser estabelecido pelo teorema, na forma que lhe foi dada aqui.

A propósito da completude, note-se que uma teoria se diz *completa* quando permite demonstrar *pelo menos* certas fórmulas (aquelas que têm uma propriedade qualquer, salientada por um motivo especial). O teorema da completude atesta que o cálculo sentencial é completo relativamente à "validade": o que é "verdade" (pelas tabelas) pode ser demonstrado.

Concluindo as observações feitas no início da seção, sabe-se, agora, que toda tautologia é teorema e que todo teorema é tautológico.

O cálculo sentencial, portanto, por um prisma intuitivo, é um cálculo "bem elaborado": o que é "verdadeiro" (segundo as tabelas) pode ser demonstrado e o que é demonstrável certamente é uma "verdade". Em outras palavras, não se corre o risco de demonstrar coisas falsas no cálculo sentencial, nem de ter verdades indemonstráveis.

Uma teoria (como a que está em causa) se diz *absolutamente completa* se qualquer que seja α,

i) $\vdash \alpha$ faz parte da teoria

ou

ii) juntando-se $\sim \alpha$ à teoria, na qualidade de axioma, essa teoria se torna inconsistente (ou seja, permite demonstrar todas as fórmulas).

O que se acabou de verificar é a consistência absoluta do cálculo sentencial.[7]

7.9. Referências

1. Curry, cap. 1.

---

7   Church, /Logic/, dá outros sentidos ao vocábulo "completude" e o analisa em minúcia. Cf. parag. 18 do livro.

2. Kleene, /Logic/, cap. 1.
3. – /Metamathematics/, *passim.*
4. Mendelson, /Logic/, cap. 1.

Obs.: Os bons livros de lógica apresentam, com variações maiores ou menores, todos os resultados aqui reunidos. A apresentação geral de teoria formal pode ser vista em Curry. Kleene e Mendelson reúnem, com algumas diferenças de enfoque, o material apresentado neste capítulo. Um problema adicional, que aqui não foi abordado, é o da independência dos axiomas. O tema é examinado por Mendelson (p. 38 e segs.). Church, em seu /Logic/, também fala das várias acepções que podem ter os vocábulos "completo" e "consistente" e discute, ainda, a questão da independência dos seus axiomas. Em nosso /Mudança de linguagem/ há um sistema de axiomas ainda mais econômico – que Kutschera atribui a Lukasiewicz (que teria, aliás, partido de ideias originalmente devidas a Frege – cf. nota de pé de página, p. 81, do livro de Kutschera). Dopp faz um levantamento minucioso das várias axiomatizações do cálculo sentencial.

Capítulo 8

A Dedução Natural

Sumário

A dedução foi examinada, de maneira intuitiva, no capítulo 6. Fez-se, ali, um exame do que se poderia chamar "dedução natural", isto é, da dedução tal como se processa, com naturalidade, usando "regras de inferência" a que nos habituamos, no trato diário com a questão. O tema é retomado, agora, de modo mais rigoroso, mostrando-se que tais "regras" naturais são, de fato, empregadas de modo justificado. A única regra *MP* é, portanto, substituída por um bom número de regras "secundárias", que facilitam sobremaneira o trabalho dedutivo.

8.1. Introdução e eliminação de conectivos

O leitor poderá recordar, ligeiramente, o que foi dito no capítulo 6, a propósito dos "argumentos básicos". A intenção, aqui, é a de justificar a aplicação de tais argumentos, na forma de regras de inferência auxiliares, que se colocarão ao lado da regra *modus ponens* para simplificar o trabalho de dedução e demonstração.

A apresentação das regras auxiliares será feita em duas etapas. Na primeira, cuidaremos de legitimar alguns resultados a propósito da "introdução" e da "eliminação" de cada um dos conectivos. Na segunda, cuidaremos de fazer com que as regras "naturais" (lembradas no cap. 6) sejam acrescentadas ao sistema, na forma de "sub-rotinas" previamente preparadas e que poderão ser utilizadas para encurtar as deduções e demonstrações (feitas com uso apenas dos axiomas e da regra *MP*).

A primeira "sub-rotina" diz respeito à introdução da dupla seta:

Teorema 1 $\alpha \rightarrow \beta, \beta \rightarrow \alpha \vdash \alpha \leftrightarrow \beta$.

Têm-se, de maneira simples:

1. $\alpha \rightarrow \beta$ prem.
2. $\beta \rightarrow \alpha$ prem.
3. $(\alpha \rightarrow \beta) \rightarrow [(\beta \rightarrow \alpha) \rightarrow (\alpha \leftrightarrow \beta)]$ Ax. 9.
4. $(\beta \rightarrow \alpha) \rightarrow (\alpha \leftrightarrow \beta)$ 1,3, *MP.*
5. $\alpha \leftrightarrow \beta$ 2,4, *MP.*

A eliminação da dupla seta pode ser feita de dois modos, ambos decorrência imediata do Axioma 10:

Teorema 2 $\alpha \leftrightarrow \beta \vdash \alpha \rightarrow \beta$ (ou $\alpha \leftrightarrow \beta \vdash \beta \rightarrow \alpha$).

O teorema seguinte corresponderia a uma forma de introdução da seta. O resultado é conhecido (teorema da dedução, Teorema 3 do capítulo anterior). Sem embargo, voltemos a formulá-lo:

Teorema 3   Se $\theta, \alpha \vdash \beta$ então $\theta \vdash \alpha \rightarrow \beta$.

A eliminação da seta é aplicação direta da regra *MP*:

Teorema 4 $\alpha, \alpha \rightarrow \beta \vdash \beta$.

A introdução da conjunção resulta imediatamente do Axioma 3:

Teorema 5 $\alpha, \beta \vdash \alpha \cdot \beta$.

Com efeito:

1. α prem.
2. β prem.
3. $\alpha \rightarrow (\beta \rightarrow \alpha \cdot \beta)$ Ax. 3.
4. $\beta \rightarrow \alpha \cdot \beta$ 1,3, *MP.*
5. $\alpha \cdot \beta$ 2,4, *MP.*

A eliminação da conjunção resulta do Axioma 4:

Teorema 6 $\alpha \cdot \beta \vdash \alpha$ (também: $\alpha \cdot \beta \vdash \beta$).

A introdução da disjunção é consequencia trivial do Axioma 5:

Teorema   7 $\alpha \vdash \alpha \vee \beta$ (também: $\beta \vdash \alpha \vee \beta$).

A eliminação da disjunção traduz o raciocínio seguinte:

$$\frac{\begin{array}{l}\alpha \text{ ou } \beta \\ \text{se } \alpha, \text{ então } \gamma \\ \text{se } \beta, \text{ então } \gamma\end{array}}{\text{logo, tem-se } \gamma}$$

É o que o próximo teorema afirma:

Teorema 8 Se $\theta, \alpha \vdash \gamma$ e se $\theta, \beta \vdash \gamma$, então
$\theta, \alpha \text{ v } \beta \vdash \gamma$.

A hipótese $\theta, \alpha \vdash \gamma$ pode ser transformada em $\theta \vdash \alpha \to \gamma$, em virtude do teorema da dedução. O mesmo sucede com a segunda hipótese, que dá $\theta \vdash \beta \to \gamma$. De outra parte, o Axioma 6 diz

$$\vdash (\alpha \to \gamma) \to [(\beta \to \gamma) \to (\alpha \text{ v } \beta \to \gamma)],$$

podendo-se acrescentar o sinal inicial, $\vdash$, em vista de resultados conhecidos (ver Teorema 1 do capítulo anterior). Pode-se "ampliar as premissas" (ainda Teorema 1 do capítulo anterior) e escrever

$$\theta \vdash (\alpha \to \gamma) \to [(\beta \to \gamma) \to (\alpha \text{ v } \beta \to \gamma).$$

Aplicação sucessiva da regra do destacamento (Teorema 1 do cap. anterior) permite obter a tese desejada.

A eliminação da negação não oferece qualquer dificuldade, decorrência que é do Axioma 8. Tem-se

Teorema 9 $\sim \sim \alpha \vdash \alpha$.

Ao lado desse resultado, tem-se, ainda, o que caberia denominar "eliminação fraca" da negação, expressa em

Teorema 10 $\alpha, \sim \sim \alpha \vdash \beta$.

A ideia que norteia a demonstração abaixo é a de conseguir um par de fórmulas que permita o uso do Axioma 7. Partindo da premissa α, obtem-se

1. α prem.
2. $\alpha \to (\sim \beta \to \alpha)$ Ax. 1.
3. $\sim \beta \to \alpha$ 1,2, *MP*.

Repete-se o procedimento, com a segunda premissa

146 Lógica | Leônidas Hegenberg

4. $\sim \alpha$	prem.
5. $\sim \alpha \to (\sim \beta \to \sim \alpha)$	Ax. 1.
6. $\sim \beta \to \sim \alpha$	3,4, *MP*.

Estamos em condições de usar o Axioma 7:

7. $(\sim \beta \to \alpha) \to ((\sim \beta \to \sim \alpha) \to \sim \sim \beta)$.

As duas etapas seguintes são óbvias (MP duas vezes). Resulta:

9. $\sim \sim \beta$	
10. $\sim \sim \beta \to \beta$	Ax. 8.
11. β	9, 10, *MP*.

O teorema atesta, em outras palavras, que de uma contradição (isto é, α e $\sim \alpha$), é possível deduzir qualquer fórmula β.

Acerca da introdução da negação, tem-se

Teorema 11 $\quad \alpha \mid\!\!- \sim \sim \alpha$.

O resultado já é conhecido e foi discutido no capítulo anterior.

E, por fim,

Teorema 12 $\quad$ Se $\theta \; \alpha \mid\!\!- \beta$ e se $\theta, \alpha \mid\!\!- \sim \beta$, então

$\theta \mid\!\!- \sim \alpha$.

A demonstração pode ser feita usando o Axioma 7 (e usando o mesmo tipo de argumento utilizado na demonstração do Teorema 8).

8.2. As regras de inferência da dedução natural

Com base nos teoremas anteriores, é possível introduzir, agora, uma série de "regras de inferência" que são utilizadas com naturalidade nas deduções. Cada regra se apoia em um teorema conhecido. Não há, conforme já se teve oportunidade de salientar (ver Seção 6.2), número fixo de tais regras. O número pode ser reduzido ou ampliado, segundo as conveniências do momento. Para as demonstrações matemáticas é suficiente contar com a regra "oficial", isto é, *modus ponens*. Para os argumentos da vida diária é útil ampliar a lista, incluindo argumentos como o "silogismo disjuntivo", a regra *modus tollens*, e assim por diante. Fixaremos, para nosso uso, treze "regras" auxiliares. Algumas são consequências óbvias de teoremas conhecidos. Outras exigem um pouco mais de atenção. Serão apresentadas de modo uniforme, deixando as premissas sobre um traço horizontal e a conclusão sob o mesmo traço.

Eis, então, as regras da "dedução natural":

Regra 1 Repetição

$$\frac{\alpha}{\alpha}$$

A regra é consequência imediata de $\vdash \alpha \to \alpha$, ou seja, de $\alpha \vdash \alpha$.

Regra 2 Simplificação

a) $\dfrac{\alpha \cdot \beta}{\alpha}$ \qquad b) $\dfrac{\alpha \cdot \beta}{\beta}$

Em qualquer das formas, a regra resulta do teorema da eliminação da conjunção.

Regra 3 Conjunção

a) $\dfrac{\alpha, \beta}{\alpha \cdot \beta}$ \qquad b) $\dfrac{\beta, \alpha}{\alpha \cdot \beta}$

O teorema em que se assenta a regra é o da introdução de '.'.

Regra 4 Dupla negação

a) $\dfrac{\alpha}{\sim\sim\alpha}$ \qquad b) $\dfrac{\sim\sim\alpha}{\alpha}$

Em sua forma b), a regra é aplicação direta do Axioma 8. Na forma a), justifica-se desta maneira:

(1) $\alpha, \sim\alpha \vdash \alpha$.

(2) $\alpha, \sim\alpha \vdash \sim\alpha$.

Logo, pela introdução da negação,

(3) $\alpha \vdash \sim\sim\alpha$.

Regra 5 Adição

a) $\dfrac{\alpha}{\alpha \vee \beta}$ \qquad b) $\dfrac{\beta}{\alpha \vee \beta}$

Esta regra baseia-se no teorema da introdução de 'v'.

Regra 6 Modus ponens

$$\frac{\alpha, \alpha \to \beta}{\beta}$$

Esta regra é "básica" no sistema adotado. Foi utilizada para introduzir as noções de que necessitamos. Sua inclusão, entre as regras, é feita para ressaltar que figura no sistema.

Regra 7 Modus tollens

$$\frac{\sim \beta, \alpha \to \beta}{\sim \alpha}$$

Para justificar a regra, pode-se adotar procedimento análogo ao que foi acima usado, para a regra da dupla negação. Têm-se

(1) $\alpha \to \beta, \sim \beta, \alpha \vdash \beta$.

(2) $\alpha \to \beta, \sim \beta, \alpha \vdash \sim \beta$.

O teorema da introdução da negação permite concluir

(3) $\alpha \to \beta, \sim \beta \vdash \sim \alpha$.

o que justifica a regra.

Regra 8 Silogismo hipotético

$$\frac{\alpha \to \beta, \beta \to \gamma}{\alpha \to \gamma}$$

Sob outras vestes, este é o conhecido resultado que afirma "transitividade da seta". Será demonstrado uma vez mais.

(1) $\alpha \to \beta, \beta \to \gamma \vdash \alpha \to \beta$,

porque a conclusão está entre as premissas; pelo teorema da dedução:

(2) $\alpha \to \beta, \beta \to \gamma, \alpha \vdash \beta$.

De outra parte,

(3) $\alpha \to \beta, \beta \to \gamma \vdash \beta \to \gamma$,

e se pode ampliar as premissas, para ter

(4) $\alpha \to \beta, \beta \to \gamma, \alpha \vdash \beta \to \gamma$.

De (2) e de (4), pela regra do destacamento, resulta:

(5) $\alpha \to \beta, \beta \to \gamma, \alpha \vdash \gamma$,

e uma aplicação do teorema da dedução conduz a

(6) $\alpha \to \beta, \beta \to \gamma \vdash \alpha \to \gamma$.

Regra 9 Silogismo disjuntivo

$$\frac{\alpha \vee \beta, \sim \alpha}{\beta}$$

No Axioma 6, substitua-se γ por $\sim \alpha \to \gamma$. Tem-se:

$$(\alpha \to (\sim \alpha \to \beta)) \to \{[\beta \to (\sim \alpha \to \beta)] \to [\alpha \vee \beta) \to (\sim \alpha \to \beta)]\}.$$

O antecedente é teorema conhecido (eliminação fraca da negação). Tem-se o consequente como teorema. Novamente, o antecedente do novo condicional é teorema (em verdade, é o Axioma 1). Resulta que o consequente desse condicional é teorema, isto é,

$$\vdash (\alpha \vee \beta) \to (\sim \alpha \to \beta).$$

Aplicando duas vezes o teorema da dedução,

$$\alpha \vee \beta, \sim \alpha \vdash \beta.$$

Está claro que a regra pode assumir esta forma:

$$\frac{\alpha \vee \beta, \sim \beta}{\alpha}$$

(O leitor poderá legitimar a regra nesta segunda forma.)

Regra 10 Bicondicional-condicionais

a) $\dfrac{\alpha \leftrightarrow \beta}{\alpha \to \beta}$

b) $\dfrac{\alpha \leftrightarrow \beta}{\beta \to \alpha}$

A regra, em qualquer das formas, é consequência direta do teorema da eliminação da dupla seta.

De outra parte, a regra seguinte resulta da introdução da dupla seta:

Regra 11 Condicionais-bicondicional

$$\frac{\alpha \to \beta, \beta \to \alpha}{\alpha \leftrightarrow \beta}$$

Regra 12 Dilema construtivo

$$\frac{\alpha \to \beta, \gamma \to \delta, \alpha \vee \gamma}{\beta \vee \delta}$$

Abreviem-se as duas primeiras premissas com o símbolo θ. Tem-se:

(1) $\theta \vdash \alpha \to \beta$,

pois que a conclusão está entre as premissas. Pelo teorema da dedução,

(2) $\theta, \alpha \vdash \beta$.

De outro lado,

(3) $\beta \vdash \beta \vee \gamma$,

que é o Axioma 5. Mas (2) e (3), pela transitividade da seta, dão,

(4) $\theta, \alpha \vdash \beta \vee \delta$.

De maneira análoga se obtém

(5) $\theta, \gamma \vdash B \vee \delta$.

(4) e (5), pelo teorema da eliminação de 'v', fornecem

(6) $\theta, \alpha \vee \gamma \vdash \beta \vee \delta$.

Lembrando que θ está no lugar das premissas iniciais, resulta a tese.

Encerrando, tem-se

Regra 13 Dilema destrutivo

$$\frac{\alpha \to \beta, \gamma \to \delta, \sim \beta \vee \sim \delta}{\sim \alpha \vee \sim \gamma}$$

(que se deixa por conta do leitor).

8.3. A dedução natural

A dedução "oficial" deve ser feita com os treze axiomas e a regra *modus ponens*. Vimos, entretanto, que uma dedução "estrita", desse tipo, pode ser longa e difícil. O teorema da dedução permitiu, já, considerável simplificação. Agora, com as novas regras, o trabalho se torna bem mais simples. Dispomos, em última análise, de certas "unidades pré-fabricadas", ou seja, de certas "sub-rotinas", que podem ser utilizadas com o fito de abreviar as longas deduções estritas.

Nas deduções importa "preservar a verdade". Partindo de premissas (supostamente verdadeiras) que tenham sido oferecidas, desejamos atingir conclusões legítimas, isto é, fórmulas que não possam ser falsas (uma vez admitidas as premissas).

Há vários modos de "preservar a verdade". Podemos, em primeiro lugar, introduzir numa dedução, a qualquer altura, uma tautologia – fórmula sempre verdadeira. Essa introdução será indicada, a seguir, com a justificativa correspondente.

$$\text{p.} \quad \alpha \quad \text{taut.}$$

Podemos, em segundo lugar, introduzir, a qualquer altura da dedução, as premissas – dadas ou tidas como verdadeiras. A justificativa será indicada desta maneira, como, aliás, já era feito:

$$\text{q.} \quad \beta \quad \text{prem.}$$

Podemose, ainda, substituir uma fórmula já introduzida (na linha r, digamos) por outra que lhe seja equivalente. Imagine-se que numa dedução, na "fase" r, figure a fórmula α. Imagine-se, ainda, saber que β é equivalente a α.

Saber que α eq β é saber que $\vdash \alpha \leftrightarrow \beta$.

De outro lado, sabe-se também que

$$\vdash (\alpha \leftrightarrow \beta) \rightarrow (\alpha \rightarrow \beta).$$

porquanto a fórmula aí escrita é um axioma. O uso da regra do destacamento permite afiançar que

$$\vdash \alpha \rightarrow \beta.$$

Ora, como α já está na dedução, pode-se, mediante a regra *MP*, escrever, em seguida, β. A justificativa será feita desta maneira:

$$\text{r.} \; \alpha \qquad \qquad \text{fórmula que já figura}$$
$$\text{na dedução}$$

.
.
.

r + s   β   r, eq.

(isto é, β é equivalente à fórmula que figura na linha r).

Pode-se, como é óbvio, utilizar qualquer das regras agora introduzidas. Todas elas têm o caráter desejado: "preservam a verdade". Em vez, pois, de incluir na dedução os passos correspondentes, faz-se alusão direta às regras, na justificativa correspondente. Eis um exemplo. Imagine-se ter

n $\alpha \vee \beta$
.
.
.

n + m $\sim \alpha$

pode-se, a seguir, escrever

n + m + 1   β   n, n + m, *SD*

(usando a cômoda abreviação *SD* para o silogismo disjuntivo).

No emprego do *DC* (dilema construtivo), por exemplo, a justificativa correria assim:

i. $\alpha \rightarrow \beta$
.
.

j. $\gamma \rightarrow \delta$
.
.
.

k. $\alpha \vee \gamma$
.
.

m. $\beta \vee \delta$ i, j, k *DC*

Pode-se também usar teoremas conhecidos (anteriormente demonstrados), deixando de incluir sua demonstração na dedução

Cap. 8 | A Dedução Natural **153**

específica focalizada no momento. Essa tática já foi ilustrada antes e deve ser suficientemente simples para que não se precise voltar a comentá-la.

Não se deve, finalmente, esquecer que o teorema da dedução é poderoso instrumento, a ser usado sempre que possível. Acerca de seu uso, já se disse o bastante. Recorde-se, apenas, que as setas verticais são meio de indicar o emprego do teorema.

Para concluir, é oportuno examinar a demonstração por absurdo.

8.4. A demonstração por absurdo

Dispondo de todo o conjunto de regras de inferência até agora introduzidas, torna-se muito mais simples fazer deduções. Comecemos por estabelecer (mais uma vez, por outra via) que de uma contradição se deduz qualquer fórmula.

Imagine-se ter como premissa uma contradição $(\alpha. \sim \alpha)$ e seja β uma fórmula qualquer.

1. $\alpha. \sim \alpha$	Prem.
2. α	1, Simp.
3. $\sim \alpha$	1, Simp.
4. $\alpha \vee \beta$	2, Ad.
5. β	3,4, *SD*.

Verifica-se que β pode ser deduzida da contradição. Memorizemos esta "sub-rotina" de 5 fases.

A técnica adotada na demonstração por absurdo é sabida: pretendendo concluir α, junta-se a negação de α às premissas, visando obter, assim, uma contradição.

Imagine-se ter conseguido completar essa etapa do trabalho, isto é, imagine-se dispor de

$$\theta, \sim \alpha \mid\!- \text{contradição}$$

(θ é conjunto das premissas). A contradição, por comodidade, será abreviadamente indicada por C, recordando que deve ser da forma ε. $\sim \varepsilon$. Em outras palavras, têm-se:

1. θ	prem. (conjunto de premissas)
2. ~ α	prem. prov. (por abs.)

.

.

.

n . ε . ~ ε

Via de regra, habituado a esse tipo de raciocínio, quem chegou a este ponto afirma "a negação da tese leva a um absurdo, logo, aceita-se a tese". Isso equivale, de modo mais preciso, a completar a dedução, com mais estas passagens:

n + 1	ε	n, Simp
n + 2	~ ε	n, Simp
n + 3	ε v a	n + 1, Ad
n + 4	α	n + 2, n + 3, *SD*

Obtivemos α. Todavia, a dedução não está completa, porque a fórmula α na linha n + 4, depende da premissa provisória, que ainda não foi eliminada (o que se deseja é deduzir α de θ apenas, não de θ mais a premissa provisória). Observe-se, de passagem, que as cinco fases agora escritas correspondem à sub-rotina anteriormente apresentada. Para completar a dedução é preciso, em seguida, eliminar a premissa provisória. Isto se consegue usando o teorema da dedução (ou demonstração condicional): coloca-se uma seta vertical, desde a linha 2 até a linha n + 4, para obter:

$$n + 5 \sim α → α \qquad 2 \text{ a } n + 4, TD$$

Ora, $\sim α → α$ eq $\sim \sim α$ v α eq α v α eq α. Isso permite escrever

$$n + 6 \qquad α \qquad n + 5, \text{eq.}$$

Nas demonstrações por absurdo é usual omitir as cinco etapas que formam a sub-rotina referida. Em resumo, tem-se:

$$θ, \sim α \mid– ε . \sim ε \mid– α.$$

Logo,

$$θ, \sim α \mid– α,$$

ou seja,

$$θ \mid– \sim α → α \mid– α,$$

isto é, tal como o desejado:

$$\theta \mathrel{\vert\!-} \alpha.$$

Um exemplo ajudará a fixar as ideias.

Seja deduzir $\beta \lor (\beta \rightarrow \gamma)$ da premissa α.

A técnica adotada será a da demonstração por absurdo.

1.	α	Prem.
2.	$\sim (\beta \lor (\beta \rightarrow \gamma))$	Prem. Prov.
3.	$\sim (\beta \lor (\sim \beta \lor \gamma))$	2, eq.
4.	$\sim (\beta \lor \sim \beta) . \lor \gamma$	3, eq.
5.	$\sim (\beta \lor \sim \beta) . \sim \gamma$	4, eq.
6.	$\sim (\beta \lor \sim \beta)$	5, Simp.
7.	$\sim \beta . \sim \sim \beta$	6, eq.
8.	$\sim \beta$	7, Simp.
9.	$\sim \sim \beta$	7, Simp.
10.	$\sim \beta \lor [\beta \lor (\beta \rightarrow \gamma)]$	8. Ad.
11.	$\beta \lor (\beta \rightarrow \gamma)$	9, 10, *SD*.
12.	$\beta \lor (\beta \rightarrow \gamma)$	por absurdo.
13.	$\sim (\beta \lor (\beta \rightarrow \gamma)) \rightarrow (\beta \lor (\beta \rightarrow \gamma))$	2 a 12 *TD*.
14.	$\beta \lor (\beta \rightarrow \gamma)$	

Algumas observações. Note-se que a premissa α não foi utilizada na dedução. Em verdade, a fórmula que aparece após o sinal $\vert\!-$ é uma tautologia. As etapas 8, 9 e 10 e 11 costumam ser suprimidas (fazem parte da "sub-rotina" que é sempre utilizada na demonstração por absurdo). Escreve-se, diretamente, a linha 12, com a justificativa "por absurdo": admitir a negação da tese levou a uma contradição (na linha 7). Em geral, a dedução (ou a demonstração) termina aí. As etapas 13 e 14 destinam-se a eliminar a premissa provisória, de modo que a conclusão decorra apenas das premissas originais.

8.5. Estratégias a adotar

Já se disse que não há modo padrão para construir uma dedução. Deduzir (ou demonstrar) depende de um pouco de sorte, de treino, de um "raciocínio às avessas" (se tivesse esta fórmula α, poderia obter β; como teria sido introduzida α?) e de imaginação.

156 Lógica | Leônidas Hegenberg

Ao leitor só importa, pois, indicar umas tantas regras gerais, que serão lembradas ao iniciar uma dedução:

1. Se a conclusão é do tipo $\alpha \to \beta$, acrescentar α às premissas e deduzir β (para utilizar, ao fim, o teorema da dedução).

2. Se uma das premissas for da forma $\alpha \vee \beta$ e a conclusão for γ, usar o método anterior para obter $\alpha \to \gamma$ e $\beta \to \gamma$ (e utilizar, ao final, o Axioma 6).

3. Se a conclusão for do tipo $\alpha \leftrightarrow \beta$, procurar obter $\alpha \to \beta$ e $\beta \to \alpha$ (utilizando, no final, o Axioma 9).

4. Sempre que as premissas pareçam "inadequadas", usar a tática da demonstração por absurdo.

EXERCÍCIOS

1. Deduzir C das premissas: $A \vee (B \cdot C)$, $A \to D$ e $D \to C$.

1.	$A \vee (B \cdot C)$	Prem.
2.	$A \to D$	Prem.
3.	$D \to C$	Prem.
4.	$\sim A \vee (B \cdot C)$	1, eq.
5.	$A \to C$	2,3 *SH.*
6.	$\sim C \to \sim A$	5, eq.
7.	$\sim C \to (B \cdot C)$	6,4, *SH.*
8.	$B \cdot C \to C$	Taut.
9.	$\sim C \to C$	7,8, *SH.*
10.	C	9, eq.

2. $\sim (F \cdot H)$, G, $H \to F \vdash \sim H$.

3. $S \leftrightarrow T \vee U$, $\sim (T \vee U) \vdash \sim (S \cdot W)$.

O leitor poderá encarregar-se das justificativas:

1. $S \leftrightarrow T \vee U$
2. $\sim (T \vee U)$
3. $\sim (T \vee U) \leftrightarrow \sim S$
4. $\sim (T \vee U) \to \sim S$
5. $\sim S$
6. $S \cdot W \to S$
7. $\sim (S \cdot W)$

4. $\sim A \vee B$, $\sim B \cdot \sim D \vdash (E \cdot C) \vee (E \cdot D)$.

5. $A \vee B \to D$, $C \cdot E \cdot F \vdash (E \cdot F) \cdot ((A \vee B) \to D)$.

6. $\sim (B \to C) \cdot A$, $(E \to D) \vee (B \to C) \vdash (D \vee A) \cdot (E \to D)$.

7. $A \to B$, $B \to C$, $\sim C \vdash \sim A$.

8. $\sim A \to \sim C$, $\sim A \cdot B$, $(A \vee C \vee D) \cdot ((B \cdot D) \to E) \vdash G \vee E$.

9. $L, L \rightarrow G . \sim C, (G \rightarrow (U \rightarrow I) . (\sim C \rightarrow (L \rightarrow \sim R) \vdash I$ v $\sim R$.

10. Apresentar as justificativas apropriadas:

    1. $A \rightarrow (B$ v $C)$ Prem.

    2. $\sim (\sim B . \sim C) \rightarrow D$ Prem.

    3. $\sim (\sim A . \sim E)$ Prem.

    4. $(E \rightarrow F) . (F \rightarrow G)$ Prem.

    5. $E \rightarrow F$

    6. $F \rightarrow G$

    7. B v $C \rightarrow D$

    8. A v E

    9. $A \rightarrow D$

    10. $E \rightarrow G$

    11. D v G

11. $J . \sim G \rightarrow T, \sim T . \sim G \vdash S$ v $\sim J$.

12. $\sim C \leftrightarrow \sim S, P \leftrightarrow \sim C \vdash P \leftrightarrow \sim S$.

13. $U \rightarrow ((R . H)$ v $\sim D), U \vdash D \rightarrow H$.

14. $\sim T \rightarrow (\sim (E$ v $C)$ v $\sim (S$ v $Q)) \vdash E \rightarrow (S \rightarrow T)$.

15. Justificar as passagens:

    1. $A \rightarrow (B \rightarrow C)$ Prem.

    2. $(B . C) \rightarrow D$ Prem.

    3. $(A . B) \rightarrow C$

    4. $(C . B) \rightarrow D$

    5. $C \rightarrow (B . D)$

    6. $(A . B) \rightarrow (B \rightarrow D)$

    7. $(A . B . B) \rightarrow D$

    8. $(A . B) \rightarrow D$

    9. $A \rightarrow (B \rightarrow D)$

16. $(T \rightarrow U) \rightarrow \sim R \vdash \sim (R . U)$.

    Sugestão: acrescentar R como premissa e usar *TD*

17. $((P$ v $M) . (G$ v $L)) \rightarrow B \vdash P \rightarrow (G \rightarrow B)$.

    Sugestão: usar duas vezes o *TD*

18. A v $C, (C \rightarrow D) . (A \rightarrow S) \vdash D$ v S.

    Sugestão: demonstração por absurdo

19. $\sim T \rightarrow (\sim (E$ v $C)$v $\sim (S$ v $Q)) \vdash E \rightarrow (S \rightarrow T)$.

    Sugestão: acrescentar E às premissas, para usar *TD*.
                Em seguida, usar a demonstração por absurdo,
                juntando $\sim (S \rightarrow T)$ às premissas.

20. Repetir o exercício anterior, mas fazendo isto:

    1. $\sim T \rightarrow (\sim (E$ v $C)$ v $\sim (S$ v $Q))$ Prem.

2. E	Prem.	Prov.
3. S	Prem.	Prov.
4. $\sim T$	Prem.	Prov.

sendo a última premissa acrescentada com o fito de fazer uma demonstração por absurdo. (A contradição pode ser rapidamente obtida: $(E \lor C)$ e $\sim (E \lor C)$.)

8.6. Argumentos formulados em linguagem comum

Na prática, os argumentos aparecem em linguagem corrente. A dedução das conclusões requer, portanto, prévio trabalho de simbolização. O leitor deve, a propósito, recordar o que ficou dito no capítulo 3, especialmente na seção 3.7., consultando, entre outras coisas, a tabela das "variantes de estilo" ali apresentada. Nos exemplos seguintes, faremos algumas simbolizações (completas ou parciais), facilitando parte da tarefa solicitada.

Simbolização de algumas sentenças, usando "letras sugestivas", que aparecem em itálico:

1. Se o *t*estemunho era correto, o réu é culpado

$$T \to C.$$

2. João terá êxito, a menos que *M*aria interfira.

A sentença pode ser encarada como equivalente a:

Se *M*aria não interferir, João terá êxito

Usando *M*: Maria interfere, *J*: João terá êxito, tem-se:

$$\sim M \to J$$

3. *E*u vou, mas *M*ário não vai.

Este "mas" tem força de "e":

$$E \,.\, \sim M.$$

4. A *b*anana e o *l*eite são nutritivos:

$$(B \lor L) \to N.$$

O "e" não deve ser simbolizado por "**.**" pois isso nos levaria a dizer $B \,.\, L \to N$, o que não é o caso (não há objeto que seja, a um tempo, banana e leite)

5. Doris comerá *b*olo ou tomará *s*orvete:

$$B \text{ v } S.$$

6. Segundo Heisenberg, conhecemos a *p*osição de uma partícula subatômica, ou sua *v*elocidade:

$$(P \text{ v } V) \, . \sim (P \, . \, V).$$

7. Carlos não estará *i*ndo ou *v*indo.

Talvez se pensasse em $\sim I$ v V. Ou mesmo em $\sim I$ v $\sim V$.

Examine-se, porém, com mais cuidado a sentença. No primeiro caso só se negou que Carlos vá, não que possa vir. No segundo afirma-se que Carlos não estará indo ou não estará vindo, mas ele pode, é claro, fazer uma das duas coisas. A sentença equivale a uma negação de "Carlos estará indo ou vindo", ou seja, equivale a

$$\sim (I \text{ v } V).$$

8. Ou o papel Tornasol é colocado no *á*cido e não se torna vermelho ou o experimento *f*alha:

$$(A \, . \, V) \text{ v } F.$$

9. A menos que ele siga as instruções ou seja pessoa de muita *s*orte, o experimento não terá êxito:

$$(I \text{ v } S) \rightarrow E.$$

Passemos, agora, a alguns argumentos.

1. As práticas morais de uma pessoa são, com frequência, não muito diversas do sistema ético que adota. Todavia, quando as práticas morais são diversas do sistema ético, a pessoa pode ficar *n*eurótica. Que uma pessoa fique facilmente neurótica é condição suficiente para não poder agir no melhor de suas capacidades. Ora, uma pessoa pode ficar desequilibrada quando não pode agir em função de suas melhores capacidades. Acresce que, se uma pessoa acolhe práticas morais diversas das que proconizaria o sistema ético adotado, isso se deve, em geral, a condições sociais reinantes. Consequentemente, se uma pessoa se torna *d*esequilibrada, as condições sociais são a causa de maior relevo.

A conclusão pode ser escrita na forma: $D \rightarrow N$.

A primeira premissa diria apenas: $\sim M$.

A segunda, diria $M \rightarrow N$.

A terceira: $N \rightarrow \sim C$.

A quarta: $(\sim C \rightarrow D) \cdot (M \rightarrow S)$.

O leitor poderá verificar se o argumento é ou não legítimo.

Resp.: não é legítimo.

2. Simbolizar e deduzir a conclusão:

Que o estudo da Sociologia não tenha base é condição necessária para que o comportamento humano seja aleatório. Se o comportamento humano não é predizível e a interação simbólica não é destituída de sentido, então o comportamento humano é aleatório. Todavia, o estudo da Sociologia não é sem base, e a interação simbólica não é destituída de sentido. O comportamento humano, portanto, é predizível.

A conclusão: P (predizível).

As premissas: a) $A \rightarrow B$ (aleatório; sem base).

b) $(\sim P \cdot \sim S) \rightarrow A$ (predizível, sem sentido).

c) $\sim B \cdot \sim S$ (não é sem base e não é sem sentido).

3. Simbolizar e deduzir a conclusão:

Georg Stahl estar correto é condição suficiente para que a teoria do flogístico se veja substanciada, caso seus experimentos se confirmem. Mas não se dá que: a teoria é substanciada ao passo que experimentos não se confirmam, mas a teoria não é substanciada. A teoria não está substanciada, mas Stahl está correto. Logo, a teoria está substanciada se e somente se os experimentos de Stahl se confirmam.

A conclusão: $T \leftrightarrow E$ (teoria se e só se experimentos).

As premissas: a) $S \rightarrow (E \rightarrow T)$ (Stahl; experimento, teoria).

b) $\sim ((T \cdot \sim E) \cdot \sim T)$.

c) $\sim T \cdot S$.

4. Adote-se o símbolo 'w' para o 'ou', no sentido excludente. Tem-se: a w β significando ou α ou β, mas não ambos. Por definição, a tabela 'w' toma os valores F, V, V, F. Mais,

$$\alpha \text{ w } \beta \text{ equivale a} \sim (\alpha \cdot \beta) \cdot \sim (\sim \alpha \cdot \sim \beta).$$

Simbolizar e deduzir a conclusão:

Cap. 8 | A Dedução Natural

É sabido que João ficará doente se e somente se continuar com os presentes hábitos. Então, o fato de João não deixar o fumo é condição necessária para que fique doente. Que João deixe de fumar é condição necessária e suficiente para que se regenere. Ora, a menos que João não se regenere, ele não continuará com seus presentes hábitos. Logo, João parará de fumar ou ficará doente (mas não ambos).

Conclusão: F w D (parar de fumar; ficar doente).

Premissas: a) $D \leftrightarrow H$ (doença; hábitos).

b) $D \rightarrow \sim F$ (doença; não parar de fumar).

c) $F \leftrightarrow R$ (parar de fumar; regenerar).

d) $\sim R \rightarrow H$.

5. Simbolizar e deduzir a conclusão:

Eurípedes pensava que ou os deuses eram poderosos ou impassíveis diante de questões humanas, não havendo ordem moral objetiva. Logo, pensava que os deuses eram poderosos sempre que havia uma ordem moral objetiva.

Premissa: P w $(I . \sim O)$ (poderosos ou impassíveis e não ordem).

Conclusão: $O \rightarrow P$.

8.7. Principais teoremas do Cálculo Sentencial

São aqui citados alguns teoremas de interesse. As demonstrações podem ser feitas tomando por base os dez (ou treze) axiomas e a regra *modus ponens*. É claro que essas demonstrações se simplificam de modo apreciável quando as regras auxiliares são utilizadas. Em alguns casos, a "demonstração oficial" (só com os axiomas e a regra *modus ponens*) é apresentada. As justificativas podem ser apresentadas pelo leitor.

Grupo I: as "leis do absurdo".

Teorema 1 $\alpha \rightarrow (\sim \alpha \rightarrow \beta)$

1. α prem.

2. $\alpha \rightarrow (\sim \beta \rightarrow \alpha)$

3. $\sim \beta \rightarrow \alpha$

4. $\sim \alpha$

5. $\sim \alpha \rightarrow (\sim \beta \rightarrow \sim \alpha)$

6. $\sim \beta \rightarrow \sim \alpha$
7. $(\sim \beta \rightarrow \sim \alpha) \beta ((\sim \beta \rightarrow \alpha) \rightarrow \sim \sim \beta)$
8. $(\sim \beta \rightarrow \alpha) \rightarrow \sim \sim \beta$
9. $\sim \sim \beta$
10. $\sim \sim \beta \rightarrow \beta$
11. β

Teorema 2 $\sim \alpha \rightarrow (\alpha \rightarrow \beta)$.
Teorema 3 $\sim \alpha \rightarrow (\alpha \rightarrow \sim \beta)$.
Teorema 4 $\alpha \rightarrow (\sim \alpha \rightarrow \sim \beta)$.

Note-se que o Teorema 1 pode ser facilmente demonstrado com as regras auxiliares:

1. α prem.
2. $\sim \alpha$ prem.
3. $\alpha \vee \beta$ 1, Ad.
4. β 2,3, *SD*.

Grupo II: resultados com $\vee$ e $\rightarrow$.

Teorema 5 $(a \vee \beta) \rightarrow (\sim \alpha \rightarrow \beta)$.
Teorema 6 $(\sim \alpha \vee \beta) \rightarrow (\alpha \rightarrow \beta)$.
Teorema 7 $(\alpha \vee \sim \beta) \rightarrow (\sim \alpha \rightarrow \sim \beta)$.
Teorema 8 $(\sim \alpha \vee \sim \beta) \rightarrow (\alpha \rightarrow \sim \beta)$.

1. $\sim \alpha \vee \sim \beta$ prem.
2. $(\sim \alpha \rightarrow \alpha) \rightarrow \sim \beta)) \rightarrow$
     $((\sim \beta \rightarrow (\alpha \rightarrow \sim \beta)) \rightarrow ((\sim \alpha \vee \sim \beta) \rightarrow (\alpha \rightarrow \sim \beta)))$
3. $\sim \alpha \rightarrow (\alpha \rightarrow \sim \beta)$.

A linha 3 é justificada lembrando os teoremas do grupo I. Usando 1,2, *MP*, chega-se ao condicional que está como consequente da linha 2. Usa-se o Axioma 1 para ter o antecedente desse condicional. A regra *MP* fornece o consequente. Usando a premissa, tem-se (por *MP*) a tese.

Note-se, mais uma vez, a simplificação que se consegue empregando as regras auxiliares; eis o Teorema 5:

1. $\alpha \vee \beta$ prem.
2. $\sim \alpha$ prem.

3. β	1,2, *SD.*
4. $\sim \alpha \rightarrow \beta$	2 a 3, *TD.*

Grupo III: contraposição.

Teorema 9 $(\alpha \rightarrow \beta) \rightarrow (\sim \beta \rightarrow \sim \alpha)$.

1. $\alpha \rightarrow \beta$	prem.
2. $\sim \beta$	prem.
3. $\sim \beta \rightarrow (\sim \alpha \vee \sim \beta)$	Ax. 5.
4. $\sim \alpha \vee \sim \beta$	2,3, *MP.*
5. $(\sim \alpha \vee \sim \beta) \rightarrow (\alpha \rightarrow \sim \beta)$	teo. grupo II.
6. $\alpha \rightarrow \sim \beta$	4,5, *MP.*
7. $(\alpha \rightarrow \beta) \rightarrow ((\alpha \rightarrow \sim \beta) \rightarrow \sim \alpha)$	Ax. 7.
8. $(\alpha \rightarrow \sim \beta) \rightarrow \sim \alpha$	1,7, *MP.*
9. $\sim \alpha$	6,8, *MP.*

Teorema 10 $(\alpha \rightarrow \sim \beta) \rightarrow (\beta \rightarrow \sim \alpha)$.
Teorema 11 $(\sim \alpha \rightarrow \beta) \rightarrow (\sim \beta \rightarrow \alpha)$.
Teorema 12 $(\sim \alpha \rightarrow \sim \beta) \rightarrow (\beta \rightarrow \alpha)$.

Grupo IV: importação-exportação e troca de premissas.
Teorema 13 $(\alpha \rightarrow (\beta \rightarrow \gamma)) \rightarrow (\alpha . \beta \rightarrow \gamma)$.
Teorema 14 $(\alpha \rightarrow (\beta \rightarrow \gamma)) \rightarrow (\beta \rightarrow (\alpha \rightarrow \gamma)$.

Grupo V: a seta e os demais conectivos.
Teorema 15 $(\alpha \rightarrow \beta) \rightarrow ((\beta \rightarrow \gamma) \rightarrow (\rightarrow \gamma)$.
Teorema 16 $(\alpha \rightarrow \beta) \rightarrow ((\gamma \rightarrow \alpha) \rightarrow \gamma \rightarrow \beta))$.
Teorema 17 $(\alpha \rightarrow \beta) \rightarrow (\alpha . \gamma \rightarrow \beta . \gamma)$.
Teorema 18 $(\alpha \rightarrow \beta) \rightarrow (\gamma.\alpha \rightarrow \gamma. \beta)$.
Teorema 19 $(\alpha \rightarrow \beta) \rightarrow (\alpha \vee \gamma \rightarrow \beta \vee \gamma)$.
Teorema 20 $(\alpha \rightarrow \beta) \rightarrow (\gamma \vee \alpha \rightarrow \gamma \vee \beta)$.

Estes teoremas são demonstrados usando as regras auxiliares. Eis, entretanto, uma forma de abordar o Teorema 19:

(1) $\alpha, \alpha \rightarrow \beta \vdash \beta$	elim. da seta.
(2) $\alpha \rightarrow \beta, \gamma \vdash \gamma$	elim. da seta.
(3) $\beta \vdash \beta \vee \gamma$	introd. de 'v'.
(4) $\gamma \vdash \beta \vee \gamma$	introd. de 'v'.

(5) $\alpha \to \beta, \alpha \vee \gamma \vdash \beta \vee \gamma$ \hfill elim. de 'v'.

Grupo VI: teoremas com a dupla seta.

Teorema 21 $\alpha \to \beta, \beta \to \alpha \vdash \alpha \leftrightarrow \beta$.

Teorema 22 $\alpha \leftrightarrow \beta \vdash \alpha \to \beta$.

Teorema 23 $\alpha \leftrightarrow \beta \vdash \beta \to \alpha$.

Teorema 24 $\alpha \leftrightarrow \alpha$.

Teorema 25 $\alpha \leftrightarrow \beta, \beta \leftrightarrow \gamma \vdash \alpha \leftrightarrow \gamma$.

Teorema 26 $\alpha \leftrightarrow \beta \vdash \beta \leftrightarrow \alpha$.

Teorema 27 $\alpha \leftrightarrow \beta \vdash (\alpha \leftrightarrow \gamma) \leftrightarrow (\beta \leftrightarrow \gamma)$.

Teorema 28 $\alpha \leftrightarrow \beta \vdash (\gamma \leftrightarrow \alpha) \leftrightarrow (\gamma \leftrightarrow \beta)$.

Teorema 29 $\alpha \leftrightarrow \beta \vdash \alpha \cdot \gamma \leftrightarrow \beta . \gamma$.

Teorema 30 $\alpha \leftrightarrow \beta \vdash \gamma \cdot \alpha \leftrightarrow \gamma \cdot \beta$.

Teorema 31 $\alpha \leftrightarrow \beta \vdash \alpha \vee \gamma \leftrightarrow \beta \vee \gamma$.

Teorema 32 $\alpha \leftrightarrow \beta \vdash \gamma \vee \alpha \leftrightarrow \gamma \vee \beta$.

Teorema 33 $\alpha \leftrightarrow \beta \vdash \sim \alpha \leftrightarrow \sim \beta$.

É claro que esta lista poderia ser ampliada, acrescentando todas as tautologias notáveis (que são teoremas, em vista da completude do cálculo sentencial).

EXERCÍCIOS

Procure demonstrar alguns dos teoremas anteriores.

Notar que:

1) é possível construir as tabelas, verificar o caráter tautológico das fórmulas e afirmar que são teoremas (em vista da completude). Este é o caminho "mecânico", isto é, o caminho que só exige "esforço muscular", mas quase nenhum esforço mental.

2) é possível usar apenas os axiomas e a regra *modus ponens*, demonstrando "diretamente" os teoremas. Este é o caminho "penoso", que exige grande esforço mental.

3) é possível usar as regras auxiliares. Este é o caminho "sensato", em que o esforço mental existe, é certo, mas em dose equilibrada.

8.8. Referências

1. Copi.

2. Kleene, /Metamathematics/.

3. – /Logic/.

Cap. 8 | A Dedução Natural

4. Mendelson, /Logic/.
5. Harrison.
6. Mates.

Obs.: Os teoremas de introdução e eliminação de conectivos são discutidos por Kleene, em suas duas obras citadas nas referências. As "regras auxiliares" são ampliação das que Copi sugere como "naturais". As demonstrações não são usualmente encontradas nos livros de Lógica mais comuns. A Seção 8.3 resume ideias que se acham, via de regra, nas obras costumeiramente adotadas, espalhadas no texto ou apresentadas sem qualquer justificativa. A demonstração por absurdo é examinada nas linhas que Copi adota para discutir o assunto. As "táticas" são sugeridas em Mates. Os exemplos de simbolização foram recolhidos em várias obras, mas especialmente em Harrison, que é pródigo em exercícios – geralmente muito bem formulados. Os teoremas podem ser encontrados em qualquer bom livro de lógica. Kleene, em seu /Metamathematics/, parece que enumera tudo o que pode ser de interesse.

Capítulo 9

Informações Adicionais e Exercícios

Sumário

Este capítulo contém algumas informações adicionais, de relativo interesse. Apresenta-se a chamada "notação polonesa" (sem parênteses), fala-se rapidamente das falácias, comenta-se alguma coisa das chamadas lógicas "não clássicas" (polivalentes e modais) e reserva-se uma seção para exercícios de revisão, abrangendo praticamente toda a matéria exposta.

9.1. A notação polonesa

Os parênteses eram indispensáveis para a caracterização das fórmulas – escritas da maneira por que o foram nesta apresentação. Sem embargo, é possível caracterizar as fórmulas de modo a evitar-se por completo o uso dos parênteses. Isso se consegue por meio da "notação polonesa", preferida por alguns autores (entre os quais, p. ex., está Prior). Torna-se oportuno, em consequência, ganhar uma ideia acerca desta outra maneira de apresentar as fórmulas.

Os parênteses podem ser eliminados quando a definição de fórmula é assim colocada:

1) Um átomo isolado a uma fórmula:
2) sendo α e β fórmulas, são fórmulas

$$\sim \alpha, . \alpha \beta, \vee \alpha \beta, \rightarrow \alpha \beta, \leftrightarrow \alpha \beta.$$

Assim, as fórmulas $\sim \alpha . (\beta \vee \alpha)$ e $(\alpha \rightarrow (\sim \beta \leftrightarrow \alpha \vee \gamma))$ poderiam ser escritas, respectivamente, desta maneira:

$$. \sim \alpha \lor \beta \, \alpha,$$

$$\rightarrow \alpha \leftrightarrow \sim \beta \lor \alpha \, \gamma.$$

Esta maneira de escrever as fórmulas foi introduzida por J. Lukasiewicz e adotada pelos estudiosos poloneses, seus discípulos, tornando-se conhecida, por isso, como "notação polonesa".

É oportuno salientar o seguinte. Associando

    – 1 aos átomos,

     0 à negação,

    + 1 aos demais conectivos,

demonstra-se que:

Uma expressão α é uma fórmula (em notação polonesa) se e só se:

a) a soma dos inteiros associados a todas as ocorrências de símbolos de α é igual a - 1;

b) imagine-se que α seja do tipo AB (A e B expressões, B com pelo menos um símbolo). Diz-se que A é um *segmento inicial próprio* de α. Daí a segunda condição: a soma dos inteiros associados a todas as ocorrências de símbolos em cada segmento inicial próprio, A, de α, é positiva ou igual a zero.

Ilustre-se a situação. Seja dada a expressão

$$\rightarrow \rightarrow \rightarrow P \sim P \, Q \rightarrow P \, Q.$$

Sob cada um dos símbolos, escrevam-se os números correspondentes:

$$\rightarrow \rightarrow \rightarrow P \sim P \, Q \rightarrow P \, Q$$
$$1 \quad 1 \quad 1 \,\text{-}1 \;\; 0 \;\text{-}1 \;\text{-}1 \;\; 1 \;\text{-}1 \;\text{-}1$$

Têm-se:

a) a soma algébrica é igual a - 1;

b) qualquer segmento inicial próprio tem soma não negativa. Por exemplo, tome-se como segmento inicial (próprio) a expressão constituída pelos 6 primeiros símbolos. Esta expressão está associada ao número 1 (não negativo). À expressão formada com nove símbolos iniciais vem associada o número 0 (não negativo), e assim por diante, para qualquer segmento inicial próprio.

Cap. 9 | Informações Adicionais e Exercícios — 169

Estando satisfeitas as condições, tem-se uma fórmula.

Seja dada esta outra expressão:

$$\sim P\,Q\,\text{v}.$$

Como antes, a condição a) está satisfeita: os números associados, a saber, 0, -1, -1, 1, têm soma algébrica igual a -1. Todavia, a condição b) *não* está satisfeita: o segmento inicial $\sim P$, por exemplo, está associado ao número -1, que é negativo. Em suma, a expressão não é uma fórmula.

O critério formulado é "efetivo" no seguinte sentido: dada uma expressão qualquer, pode-se considerar a lista dos números associados e pode-se, em seguida, verificar se as condições a) e b) estão (ou não) satisfeitas. A questão "X é uma fórmula?" pode ser, pois, respondida com um "sim" ou com um "não", após um número finito de verificações (ou computações).

EXERCÍCIOS

1. Escrever em notação polonesa:
   a) $((\alpha \rightarrow \sim \alpha) \rightarrow \beta) \rightarrow (\alpha \rightarrow \beta)$.
   b) $((\sim \alpha \vee (\beta . \gamma)) \rightarrow (\alpha \leftrightarrow \sim \beta)$.
2. Escrever de modo usual:
   a) $\rightarrow \vee \sim \alpha . \beta \gamma \leftrightarrow \alpha \sim \beta$.
   b) $\rightarrow \vee \alpha \sim \beta . \leftrightarrow \alpha \beta \gamma$.

9.2. Falácias

Os estudiosos de lógica voltam sua atenção para os argumentos legítimos e não se preocupam com milhares de formas de erros lógicos. Do ponto de vista prático, porém, é útil fazer um exame (ainda que sucinto) dos enganos lógicos, ou seja, dos "raciocínios falazes".

A falácia é um erro de ordem lógica, erro que se comete ao argumentar. A palavra é empregada, às vezes, para fazer alusão a sentenças falsas ou a crenças despidas de base. Em lógica, porém, o vocábulo indicará apenas os erros "de raciocínio". A falácia, por este prisma, só existe quando se dispõe de premissas e conclusão, sendo admitido, por engano (de ordem lógica), que a conclusão decorre das premissas.

Recorde-se que o argumento é apresentado com o fito de justificar uma dada asserção. A conclusão fica "provada" se

1. as premissas de argumento podem ser verdadeiras;
2. a verdade das premissas pode ser reconhecida (mesmo que não seja reconhecida a verdade da conclusão).
3. a conclusão é consequência (lógica) das premissas.

Falhando qualquer das condições, falha o argumento, em sua tentativa de justificar a conclusão.

Se falha a condição 3, tem-se o que se convenciona chamar "*non sequitur*". Aqui estão as falácias em sentido lato: o defeito lógico está em que falta "nexo" entre premissas e conclusão.

Se falha a condição 2, a falácia é ligeiramente mais sutil. Se as premissas estão relacionadas à conclusão, mas uma delas (pelo menos) suscita as mesmas dúvidas que a conclusão poderia suscitar, o argumento é impróprio como "prova" da conclusão. Com efeito, esta se assenta, em tal caso, em premissas igualmente duvidosas. As falácias deste gênero são conhecidas como "*petitio principii*".

Se falha, enfim, a condição 1, de modo que as premissas não possam ser simultaneamente verdadeiras, tem-se a "*incompatibilidade*".

Vale a pena sublinhar que certos argumentos são falazes a mais de um título, mas qualquer falácia pode ser colocada, em última análise, em pelo menos uma das categorias citadas.

As falácias mais interessantes são as que se enquadram na "*petitio principii*" e, muito especialmente, no "*non sequitur*".

Exemplifiquemos:

– Não se deve beber.

– Por quê?

– Beber é contra a vontade divina.

– Como sabe?

– É o que dizem as obras religiosas.

– Mas como saber que é verdade o que nelas se registra?

– Tudo o que registram é verdade.

– Por quê?

– Pois são fruto de inspiração divina.

– Mas como sabe disso?

– Ora, os próprios livros assim o dizem.

– E por que aceitar isso?

– Deve-se crer nos livros, pois que tudo o que dizem é verdadeiro.

Aí está um caso de "raciocínio circular": a pessoa caminha ao longo de um grande círculo, tomando como aceito exatamente aquilo que pretende mostrar.

Curioso caso de "*petitio principii*" está na questão armada de tal forma que dá como assente um ponto controverso que precisaria ser previamente elucidado. Exemplo anedótico é o da célebre pergunta:

– O senhor já parou de bater em sua esposa?

A resposta afirmativa, como é natural, deixa implícito que a pessoa batia na esposa (e parou de fazê-lo). A resposta negativa deixa explícito que a pessoa continua a bater na esposa. A resposta "não", diga-se de passagem, é ambígua, pois poderia pretender significar: "Não, eu continuo a bater em minha esposa", como poderia significar: "Não, não parei pois jamais comecei".

No caso do *non sequitur*, as falácias "propriamente ditas" são aquelas em que há mal-entendido acerca das leis lógicas. Entre elas, podem ser lembradas:

falácia da afirmação do consequente: $\alpha \to \beta$, β, logo α.

falácia da negação do antecedente: $\alpha \to \beta$, $\sim \alpha$, logo $\sim \beta$.

Da primeira já temos exemplos ("Se chove, a rua se molha; ora, a rua está molhada. Logo, choveu"). Eis um exemplo da segunda: "Se Carlos tirou dinheiro dos cofres da escola, ele cometeu um crime: mas não tirou o dinheiro. Logo, não cometeu crime".

Há outras falácias (formais) desse gênero, mas seria impróprio comentá-las a esta altura, já que exigem conhecimentos mais amplos do que os fornecidos pelo cálculo sentencial. Uma das mais comuns é distribuir uma universalização sobre uma conjunção, passando, digamos, de "Todos os A são B ou C" para "todos os A são B ou todos A são C".

Eis um caso curioso. Imagine-se que alguém, por qualquer motivo, esteja em dúvida quanto aos silogismos em AII, da 3ª figura. O interlocutor lhe diz:

Todos os silogismos que satisfazem certas regras de correção são legítimos:

Alguns silogismos que satisfazem as regras de correção têm a forma AII e são da 3ª figura:

Logo, alguns silogismos AII, da 3ª figura, são legítimos.

Isso parece apropriado. Todavia, note-se que o argumento ora formulado é, ele próprio, um silogismo em AII da 3ª figura!

Há muitos outros tipos de falácias. A ambiguidade, por exemplo, pode, facilmente, conduzir a erro. Aceita-se como legítimo, em tal caso, um argumento ilegítimo, por força de má interpretação das palavras. É o que se dá, digamos, em:

Não podemos confiar em pessoas ardilosas.
Caçadores preparam ardis para os bichos.
Logo, não se pode confiar em caçadores.

A ambiguidade citada é o "equívoco". Outra ambiguidade é a "anfibologia", resultante de construção gramatical que permite mais de uma interpretação. Exemplo famoso está no *Henrique IV*, de Shakespeare:

O duque ainda vive que Henrique deporá.

Tipos diversos de *non sequitur* resultam de "irrelevância". As premissas podem parecer apropriadas, mas se revelam irrelevantes para a conclusão, sob melhor análise. Mais frequente, nestes casos, é o argumento "contra o homem": atacando-se a pessoa que formula uma opinião, pretende-se destruir essa mesma opinião. Em forma "abusiva":

Ele é um ladrão, logo não pode ter apresentado ideia digna de atenção em questões de ética.

Em exemplos desse tipo, o apelo é para fatores emocionais e não para evidência possível ou disponível.

"Argumentos de autoridade" também são frequentes. Nós nos apoiamos, sem dúvida, na autoridade. Consultar livros e enciclopédias ou artigos de revistas é, no fundo, dar crédito a uma autoridade. Em forma aperfeiçoada, o argumento tem mais ou menos o seguinte aspecto:

X é autoridade no assunto p.
X afirma S (que diz respeito a p).
Logo, S.

Cap. 9 | Informações Adicionais e Exercícios — 173

O argumento não é legítimo. Tem, não obstante, certa plausibilidade (tem certa "força indutiva"). Essa plausibilidade é "forçada" nos assuntos de propaganda (uma artista famosa fazendo anúncios de firmas de investimentos, p. ex.) e nos casos em que não pode haver evidência para as afirmações em pauta.

O argumento da autoridade toma sua forma extrema (e odiosa) no caso da "força" (da ameaça):

Passe-me seu dinheiro, ou lhe estouro os miolos.

O assunto é amplo. O leitor deve procurar outras fontes para examiná-lo mais atentamente.

9.3. Lógicas "não clássicas"

A lógica examinada neste livro é "clássica": lógica de dois valores, verdadeiro-falso, com axiomas que traduzem, com certa fidelidade, a argumentação corriqueira.

Outras lógicas, porém, têm sido estudadas, com diferentes axiomas e diferentes valores e, mesmo, com diferentes classificações para sentenças.

As lógicas trivalentes nascem da contemplação de sentenças que não sejam definitivamente verdadeiras nem falsas, podendo admitir um terceiro *status*: indeterminação (ou neutralidade). As sentenças relativas ao futuro contingente, p. ex., seriam sentenças desse tipo.

A ideia de "modalidade" também serviu para ampliar o escopo da lógica. Os estudiosos, desde Aristóteles, não se mostraram satisfeitos com a dicotomia verdade-falsidade e consideraram classificações mais complicadas, levando em conta modalidades:

necessariamente verdadeiro
contingentemente verdadeiro
contingentemente falso
necessariamente falso.

Outros estudiosos introduziram modalidades probabilísticas:

certamente verdadeiro.
provavelmente verdadeiro
indiferente
provavelmente falso
certamente falso.

9.3.1. Lógicas trivalentes

As lógicas "plurivalentes" foram estudadas por MacColl, Peirce e Vasil'ev. Todavia, a sistematização do assunto se deve aos trabalhos (independentes) de Post e de Lukasiewicz, aparecidos por volta de 1920.

Considere-se, para ilustração, a lógica trivalente. Uma sentença P admite, então, além dos valores "clássicos" (V e F), um valor "indiferente" (I)[1]. Duas negações poderiam ser definidas:

P	NP
1	0
1/2	1/2
0	0

P	$N'P$
1	0
1/2	1
0	1

No primeiro caso (negação N), têm-se, como era de esperar, as linhas 1 e 3. A linha 2 estipula que a negação de algo duvidoso é também duvidosa.

No segundo caso (negação N'), a negação de uma afirmação duvidosa conduz a uma verdade.

Há 27 operações "unitárias" no caso da lógica trivalente. Eis algumas, com símbolos escolhidos sem especial intenção:

P	NP	MP	DP
1	0	1	0
1/2	1/2	1	1
0	1	0	0

Usando a negação N, tem-se, como no caso da lógica bivalente:

$$NNP \quad eq \quad P$$

Todavia, o mesmo não acontece com a negação N':

P	$N'P$	$N'N'P$
1	0	1
1/2	1	0
0	1	0

---

1 Por comodidade, 1, 1/2 e zero substituem V, I e F, respectivamente.

Cap. 9 | Informações Adicionais e Exercícios — 175

A tabela de $N\,M\,P$ seria esta:

P	$N\,M\,P$
1	0
1/2	0
0	1

de modo que, com boa aproximação, $N\,M\,P$ traduziria algo como "P é impossível".

Já a tabela de $N\,M\,N\,P$ seria 1, 0, 0, o que poderia merecer a interpretação "P é necessariamente verdadeira".

De outra parte, $M\,N\,P$ admite os valores 0, 1, 1 o que poderia ser interpretado como "P é possivelmente falsa".

O leitor poderá construir a tabela para $N\,D\,P$ e verificar que se poderia interpretar o resultado dizendo "P não é duvidosa".

Está claro que a lógica trivalente pode abranger operadores binários. O análogo da conjunção seria dado pela tabela:

&	1	1/2	0
1	1	1/2	0
1/2	1/2	1/2	0
0	0	0	0

Examine-se, a seguir, a disjunção. Indique-se com 'o' a operação correspondente.

Primeira alternativa: Tal como no caso da lógica bivalente, introduz-se P o Q como $N\,(N\,P\ \&\ N\,Q)$. A tabela para essa disjunção dá:

o	1	1/2	0
1	1	1	1
1/2	1	1/2	1/2
0	1	1/2	0

valores que são "razoáveis", por todos os prismas (a disjunção toma maior valor dentre os valores de suas partes).

Imagine-se, porém, que, em continuação, se introduza a implicação, na forma $N\,(P\ \&\ N\,Q)$.

Essa implicação tem por tabela:

$\rightarrow$	1	1/2	0
1	1	1/2	0
1/2	1	1/2	1/2
0	1	1	1

O valor 1/2 que figura no posto central é, porém, discutível. De fato, imagine-se que P tenha valor 1/2 e que se construa a implicação $P \rightarrow P$. Pela tabela, o valor dessa implicação seria 1/2, e não é fácil encontrar interpretação da lógica trivalente em que tal resultado se mostre inteiramente aceitável.

Isso conduz à

Segunda alternativa: começar com a tabela desejável:

$\rightarrow$	1	1/2	0
1	1	1/2	0
1/2	1	1	1/2
0	1	1	1

e, a partir daí, definir

$$P \text{ o } Q \text{ como } (P \rightarrow Q) \rightarrow Q.$$
$$P \ \& \ Q \text{ como } N (N P . N Q)$$

(usando resultados conhecidos da lógica bivalente). As tabelas, agora, tomam os valores esperados e se contorna a dificuldade surgida no caso da implicação.

O leitor poderá verificar, sem dificuldade, que $P \rightarrow (P \text{ o } P)$ é uma tautologia (na lógica trivalente). Sem embargo,

$$P \text{ o } N P$$

(que seria o equivalente, na lógica trivalente, de $P \text{ v } \sim P$) *não* é uma tautologia.

9.3.2. Lógicas modais

Ao lado das lógicas plurivalentes desenvolveram-se as lógicas *modais*, especialmente depois dos trabalhos de C. I. Lewis (1920-1930).

Tratando apenas de sentenças de que interessam os valores verdade, a definição

$$P \to Q =_{df} \sim P \text{ v } Q$$

parece retratar o tipo de implicação de aceitação geral – pelo menos o tipo de implicação que tem interesse para a matemática. Todavia, é possível definir a implicação de outros modos, particularmente se não se acham em tela os valores verdade, mas a "estrutura" ou o "conteúdo" das sentenças. Lewis sugeriu outra forma de introduzir a noção, de que resultou uma forma diversa de caracterizar a teoria da dedução, denominada *implicação estrita*.

Lewis partiu de novo conceito primitivo, denotado por

$$\blacklozenge P$$

(leia-se "P é possível"), para, a seguir, introduzir a noção de implicação estrita:

$$P \dashv Q =_{df} \sim \blacklozenge (P . \sim Q).$$

A fórmula $P \dashv Q$ pode ser lida "P implica estritamente Q". Entre a implicação estrita e a implicação comum ("material"), tal como ficou definida acima, estabelece-se a seguinte relação:

$$(P \dashv Q) \dashv (P \to Q).$$

sem que valha, no entanto, a "inversa". Supondo que

P: a água é incolor.
Q: 2 e 2 são 4.,

tem-se que P implica materialmente Q, mas P *não* implica estritamente Q. No caso da implicação material, a verdade do consequente assegurava o valor verdade para todo o condicional, $P \to Q$: importava o valor (V ou F) do condicional, sendo irrelevante a existência de "conexão" entre antecedente e consequente.

Fatos estranhos, associados à implicação material, como

i) uma sentença falsa implica materialmente qualquer sentença

ii) uma sentença verdadeira é implicada, materialmente, por qualquer sentença não se verificam para a implicação estrita.[2]

Para melhor ideia acerca da implicação estrita, o leitor deve procurar o livro de Lewis e Langford (ver indicações no final desta obra). Lewis construiu cinco tipos diferentes de sistemas dedutivos observando que "o bom uso da inferência lógica não parece bastante para dar preferência a um dos sistemas".

Para a implicação estrita tem-se um análogo da regra *modus ponens*:

$$\frac{\alpha,\ \alpha \dashv \beta}{\beta}$$

A equivalência estrita seria definida desta maneira:

α equivale estritamente a β se, e só se,

$$\alpha \dashv \beta \text{ e } \beta \dashv \alpha.$$

As modalidades poderiam ser introduzidas desta forma:

P é necessária: $\square\, P$.

$$\square\, P =_{df} (\sim P \dashv P).$$

Resultam alguns teoremas de interesse, como:

1. $\square\, P \dashv P$.
2. $(P \dashv Q)$ equivale estritamente a $\square\, (P \to Q)$.
3. $\square\, (P \to Q) \dashv (P \dashv Q)$.
4. $\square\, (P \cdot Q) \dashv (\square\, P \cdot \square\, Q)$.
5. $(P \cdot \square\, Q) \dashv \square\, (P \cdot Q)$.

No caso de a implicação estrita ter sido introduzida independentemente da noção de possibilidade, esta é definida como se segue:

$$\blacklozenge\, P =_{df} \sim (P \dashv \sim P).$$

Entre os resultados de interesse:

1. $\blacklozenge\, P \leftrightarrow \sim \square \sim P$.

---

2   Sem embargo, ver os comentários de S. Halldén, em "A note concerning the paradoxes of strict implication and Lewis system SI", Jour. of Symbolic Logic, v. 13, 1948, p. 138-39.

2. $\blacklozenge \blacklozenge P \dashv \blacklozenge P$.
3. $\blacklozenge \Box P \leftrightarrow \Box P$.
4. $\blacklozenge \dashv \Box \blacklozenge P$.
5. $\blacklozenge P \leftrightarrow \Box \blacklozenge P$.

P é compatível com Q

$$P \triangle Q =_{df} \blacklozenge (P . Q).$$

9.3.3. Outros estudos

Questões lógicas que preocupam os estudiosos da atualidade estão também presentes nos casos de comandos e interrogações. Seria possível definir inferência e validade de modo a legitimar inferência de um comando a partir de premissas dadas (com ou sem comandos)?

Que dizer, por exemplo, de um "argumento" como

Sempre diga "Por favor" ao pedir o pão!

Peça o pão:

Diga "Por favor"!

ou como:

Vá à farmácia da esquina!

Comprar drogas é ilegal.

Não compre drogas na farmácia da esquina!

ou, ainda, como

Não proceda mal!

Faça A!

Não há mal em fazer A.

Para as interrogativas já se tentou elaborar um sistema axiomático (Cresswell, 1964). Supondo que

a) q é uma questão;
b) r é uma resposta

introduz-se uma relação R

R: r é uma resposta para q.

Entre os axiomas devem figurar, por exemplo,

1. $Rrq \cdot Rr'q \rightarrow r = r'$

isto é: a questão q admite uma resposta, no máximo.

2. existe r tal que Rrq.

3. $Rrq \rightarrow r$,

ou seja, r é uma resposta "verdadeira" ("apropriada").

4. $\square (r \leftrightarrow r') \cdot Rrq \rightarrow Rr'q$.

isto é, se r e r' se equivalem e se r é resposta para q, então r' também é resposta para q.

Essa axiomatização oferece algumas dificuldades para o matemático, já que todas as verdades matemáticas (ou lógicas) se equivalem e não seria admissível oferecer qualquer fórmula como resposta "apropriada".

Os estudos a respeito prosseguem e seria impraticável estender estas anotações sem entrar em minúcias técnicas que não poderiam ser abordadas convenientemente. Fica aí a informação, apenas para registro e para que o leitor, se o desejar, se volte para estas questões, consultando obras avançadas.

9.4. Exercícios de revisão

Não nos preocuparemos, aqui, com a formulação explícita de problemas. Em vez disso, daremos uma orientação geral, para o próprio leitor poder fazer um balanço daquilo que aprendeu, formulando ele mesmo os exercícios apropriados.

Capítulo 1.

1. Examinar casos em que asserções não precisam ser justificadas, "em condições normais".

2. Cogitar do que seriam "condições anormais", em que as justificativas seriam solicitadas.

3. Comparar a situação geral da lógica e da religião: ambas partem de "verdades fixadas", não justificadas. Qual seria, porém, a diferença?

4. Identificar argumentos para distingui-los de outras formulações linguísticas. Determinar critérios para a identificação de premissas e de conclusões de argumentos.

5. Caracterizar melhor a noção de "verdade".

6. Examinar até que ponto o formalismo é indispensável para a formulação dos argumentos e para o estabelecimento dos critérios de legitimidade.

7. Estudar um pouco melhor os argumentos não dedutivos (Ver, p. ex., o que diz Skyrms.).

Capítulo 2.

1. Formular vários silogismos e examinar a sua validade (usando as regras de Salmon ou quaisquer outros recursos conhecidos).

2. Verificar se o simbolismo do cálculo sentencial se presta ou não para boa simbolização dos argumentos silogísticos.

A resposta é negativa. Para exame da validade, em tais casos, é preciso fazer uma análise "intrassentencial" (não apenas intersentencial), levando em conta os predicados – o que requer simbolismo bem mais geral, estudado no cálculo de predicados.

Capítulo 3.

1. Discutir os pressupostos gerais aqui fixados para o estudo do cálculo sentencial.

2. Examinar a implicação material e confrontá-la com outros tipos de emprego do condicional.

3. Construir sentenças "rigorosas", com todos os parênteses, e reescrevê-las de modo mais simples, adotando as convenções acerca da eliminação dos parênteses. Agir de modo inverso, isto é, "recompondo" a fórmula "simples", adicionando todos os parênteses que foram omitidos.

4. Identificar, em várias fórmulas, os conectivos "principais".

5. Construir tabelas de valores para fórmulas dadas.

6. Verificar o caráter tautológico de fórmulas dadas.

7. Usar as tabelas abreviadas para verificar se uma dada fórmula é ou não tautológica.

8. Traduzir argumentos simbólicos para o português.

9. Simbolizar argumentos dados em linguagem comum.

10. Examinar a validade de argumentos com auxílio das tabelas.

Capítulo 4.

1. Obter uma fórmula, dada a sua tabela de valores.

2. Eliminar conectivos em fórmulas dadas, reduzindo o número de tais conectivos (reduzir a fórmulas com apenas dois conectivos; reduzir a fórmulas com apenas um conectivo).

3. Passar fórmulas dadas para a forma normal e para a forma normal completa.

Capítulo 5.

1. Compreender a distinção que existe entre a substituição de átomos por fórmulas

$$\alpha \begin{pmatrix} P \\ \beta \end{pmatrix}$$

e de "partes" (que são fórmulas) por outras "partes":

$$\alpha \begin{pmatrix} \alpha \\ \beta \end{pmatrix}$$

182 Lógica | Leônidas Hegenberg

e compreender em que sentido se conserva o caráter tautológico nas substituições e nas reposições.

2. Examinar várias fórmulas para saber se estão ou não na relação de "consequência lógica".

3. Examinar as relações que existem entre a noção de consequência lógica e implicação (material).

4. Examinar as relações que existem entre a noção de consequência lógica e as tautologias.

5. Obter duais de fórmulas dadas.

Capítulo 6.

1. Examinar a legitimidade de cada um dos argumentos "básicos", mediante uso das tabelas.

2. Notar que tais argumentos "preservam a verdade": se as premissas são verdadeiras, a conclusão também é verdadeira (não pode ser falsa).

3. Entender claramente o que significa "deduzir B a partir de um conjunto (dado) de premissas".

4. Examinar a demonstração condicional e perceber em que consiste a transição do problema

$$Q, A \mid - B$$

para o problema

$$Q \mid - A \rightarrow B,$$

e vice-versa.

5. Compreender claramente a simplificação introduzida pelo teorema da dedução.

6. Examinar a demonstração indireta (por absurdo) e compreender que se justifica mediante apelo ao teorema da dedução.

7. Formular vários argumentos (simbólicos), tentando deduzir a conclusão das premissas dadas.

8. Lembrar que há procedimento mecânico para verificar se uma fórmula é (ou não) tautológica, mas que não há processo do mesmo tipo para efetuar deduções. Compreender que as deduções dependem de treino, argúcia e um pouco de sorte. Todavia, uma vez escrita a dedução, é possível constatar sua "correção" de modo igualmente "mecânico". Justificar essa afirmativa.

Capítulo 7.

1. Estabelecer a distinção entre dedução e demonstração.

2. Examinar as propriedades de $\mid-$.

3. Em particular, compreender que é possível *i*) deduzir A se A se acha entre as premissas; *ii*) ampliar o número de premissas, sem deixar de obter as conclusões que eram obtidas com as premissas originalmente dadas; *iii*) dizer que B é um teorema sempre que forem teoremas A e $A \rightarrow B$ (regra do destacamento). Examinar a similaridade que existe entre a regra *modus ponens* e a regra do destacamento.

Cap. 9 | Informações Adicionais e Exercícios 183

4. Rever o teorema da dedução.
5. Rever os demais resultados básicos do capítulo.
6. Estabelecer as conexões entre |– e / =.
7. Examinar em que sentido as "verdades" são demonstráveis e os teoremas são "verdades".
8. Procurar demonstrar um bom número de teoremas empregando apenas os treze axiomas e a regra *modus ponens*.
9. Simplificar as demonstrações anteriores usando o teorema da dedução.

Capítulo 8.
1. Compreender o alcance dos teoremas de introdução e eliminação dos conectivos.
2. Rever os "argumentos básicos" (do cap. 6) e verificar que podem ser introduzidos como "regras derivadas" no sistema apresentado no texto.
3. Deduzir conclusões de certas premissas, empregando todo o aparato da "dedução natural".
4. Examinar mais uma vez a demonstração por absurdo.
5. Compreender o alcance das "táticas" sugeridas para a dedução de algumas conclusões de tipos especiais.
6. Compreender claramente por que é possível, numa dedução,
i) introduzir premissas em qualquer momento.
ii) introduzir tautologias em qualquer momento.
iii) substituir fórmulas dadas por outras equivalentes.
iv) usar as regras derivadas.
7. Compreender em que sentido as deduções feitas também "preservam a verdade".
8. Rever a questão da simbolização e formalização para traduzir os argumentos comuns e dar-lhes aspecto simbólico apropriado.
9. Formular argumentos em linguagem comum e tentar deduzir a conclusão a partir das premissas oferecidas.

Capítulo 9.
1. Passar da notação comum para a polonesa, e vice-versa.
2. Examinar, mais detidamente, as falácias, prestando particular atenção às chamadas falácias formais (e muito especialmente às falácias do tipo *non sequitur*).
3. Compreender que a lógica não se restringe ao cálculo sentencial e muito menos ao tipo de lógica estudado neste livro. Examinar a noção de valor-verdade para outras lógicas, polivalentes, e verificar até que ponto podem ter interesse tais terceiros valores (ou outros valores), por um prisma filosófico.
4. Examinar o que se preservaria (como na lógica tradicional se preserva a verdade) no caso de uma lógica dos comandos e das interrogativas. Que tipo de "validade" seria compatível com tais outras lógicas?

9.5. Referências

1. Anderson e Johnstone, cap. 4.

2. Barker, cap. 5.

3. Copi, /Logic/, cap. 8.

4. Mendelson, /Boole/, Apêndice.

5. Salmon, Seções 15 a 23.

Obs.: A notação polonesa tem, é claro, a vantagem de dispensar sinais adicionais de pontuação. Ela é apresentada em termos simples por Copi e por Mendelson. As falácias dão margem para muitas considerações. O livro de Barker pode ser consultado para um primeiro exame do assunto. Simples, também, é o tratamento que Salmon dá ao tema. As lógicas não clássicas foram aqui examinadas de modo superficial. O livro de Anderson e Johnstone se presta bem para um primeiro contato com a matéria. Um estudo adequado é o de N. Rescher, "Many-valued logic", New York, McGraw-Hill, 1969, que examina o tema amplamente. Quanto à lógica modal, o tratado clássico é o de Lewis e Langford, "Symbolic logic", New York, Dover, 1959 (original de 1932), mas há obras recentes em que a matéria vem tratada com mais cuidado e de modo mais amplo. A lógica dos comandos e das interrogativas é pouco explorada em livros, aparecendo, em geral, nas comunicações para Congressos e em artigos de revistas especializadas. Introdução ao tema é "Logic of comands", de N. Rescher, London, Kegan Paul, 1966. O livro "Norm and action", de von Wright, publicado em 1963, explora alguns aspectos de relevo da questão. Há, em português, um sumário da lógica modal, na tese de mestrado de Lafayette de Moraes ("Sobre a Lógica Discursiva de Iaskowsky"), o primeiro trabalho no gênero em nosso idioma (USP, 1970).

O próprio prof. L. de Moraes, em sua tese de doutoramento (PUC, SP, 1972), aprofundou alguns temas dessa lógica e E. Alves (também em tese apresentada na PUC, SP, 1973) examinou outros aspectos da lógica modal.

No livro *Argumentar* [Rio de Janeiro: e-papers, 2009], escrito com a colaboração de Flavio E. Novaes Hegenberg, as falácias são longamente examinadas, inclusive por prismas anteriormente inexplorados. No último capítulo desse livro há uma análise dos quatro tipos fundamentais de argumentos, assim distribuídos:

1) certeza maior (*demonstrar* – matemática).

2) certeza menor (*deduzir* – lógica).

3) incerteza menor (*convencer* – dialética).

4) incerteza maior (*persuadir* – retórica).

O leitor poderá consultar com proveito o livro *Métodos de pesquisa* (São Paulo: Atlas, 2012), em que há um resumo da lógica (incluindo a modal). As complicadas questões colocadas pelo condicional "*se* ..., *então*" foram examinadas em "Implicação significante", artigo divulgado no vol. I de Psicologia USP, 1991. Ampliado, o artigo foi minha comunicação ["Significant implication"] para o Congresso "The growing mind" (Geneve, setembro de 1996), divulgado em *Ensaios de Leônidas Hegenberg*, organizados por Flavio E. N. Hegenberg (Rio de Janeiro: e-papers, 2008). Resumos das ideias encontram-se em *Novo dicionário de lógica*, de Leônidas Hegenberg e Mariluze F. A. Silva (Rio de Janeiro: Editora Pos-Moderno, 1995).

Parte II

Cálculo de Predicados

Capítulo 1

Uma Nova Linguagem

Sumário

Salientada a insuficiência dos recursos do cálculo sentencial, uma nova linguagem é introduzida para a análise da legitimidade de argumentos. Estuda-se uma linguagem L que permite o exame da "estrutura interna" das sentenças, definindo-se *fórmula* de L e sentença de L. A simbolização de sentenças e a tradução (para o português) são ilustradas com numerosos exemplos. Em seguida, uma linguagem mais geral, L^n, é considerada, para efetuar a simbolização de sentenças complexas, em que surgem relações (sentido amplo) entre dois ou mais objetos.

1.1. Preliminares

Estão aí, na circunstância que nos rodeia, as pessoas, os animais, as plantas, os artefatos. Esses objetos têm qualidades e mantêm, uns com os outros, vários tipos de relações. Pode-se dizer, por exemplo, que são belos ou assustadores, úteis ou inúteis, grandes ou pequenos. Pode-se dizer que um está ao lado do outro ou que um é mais veloz do que o outro. E pode-se dizer que um está entre dois outros ou que quatro se combinam para equilibrar um quinto.

Formam-se, pois, sentenças como

Frieda é bisavó de Anne.
Anne é estudiosa.
Todos os felinos são mamíferos.
Alguns homens são calvos,

em que a "estrutura interna" deixa claro o emprego das qualidades e das relações.

Tais sentenças podem ser utilizadas em argumentos, dizendo-se, por exemplo, que

Frieda é bisavó de Anne
Flávio é irmão de Anne
___
Flávio é bisneto de Frieda

ou que

Todos os felinos são mamíferos
Alguns felinos são ferozes
___
Alguns mamíferos são ferozes

A legitimidade de tais argumentos não pode ser assegurada com as técnicas do cálculo sentencial. De fato, nesse cálculo os argumentos citados assumiriam a forma

$$\frac{\begin{array}{c} P \\ Q \end{array}}{R}$$

em que a legitimidade não está colocada em evidência. Técnicas mais requintadas precisam ser introduzidas para o exame de legitimidade. A "estrutura interna" das sentenças é, agora, elemento indispensável para que se constate ou analise a legitimidade. No cálculo sentencial as sentenças eram encaradas como "unidades indivisíveis", de modo que não havia como revelar similaridade e diferenças que se estabelecem entre sentenças do tipo

Tudo é esférico.
Algo é esférico,

e nem se podia colocar, lado a lado,

Para todo natural x, se x é par, x^2 é par

e

Tudo é esférico,

ou seja,

Para todo objeto x, x é esférico.

As similaridades e diferenças, não traduzidas com fidelidade no cálculo sentencial, podem ser colocadas em realce quando se efetua a análise da estrutura interna das sentenças. Procura-se, portanto, uma linguagem "mais rica", em que as qualidades e relações possam ser explicitamente referidas, introduzindo constantes individuais, para aludir aos objetos de que se fala, introduzindo variáveis, para aludir a objetos não especificados (de um particular conjunto de objetos) e introduzindo símbolos especiais para representar "tudo" ("todos") e "algum" ("alguns"). Essa linguagem mais rica é a do cálculo de predicados. Utilizando-a, examina-se a legitimidade de argumentos que o cálculo sentencial é incapaz de abranger.

1.2. Estrutura das sentenças

Vimos no cálculo sentencial, de que modo as sentenças se combinam para formar novas sentenças. Em especial, sendo α e β sentenças dadas, eram formadas novas sentenças com o auxílio dos conectivos, construindo sentenças do tipo

$$\sim \alpha, (\alpha \cdot \beta), (\alpha \vee \beta), (\alpha \rightarrow \beta).$$

Veremos, agora, de que modo substantivos, adjetivos e predicados (gramaticais) se combinam para formar sentenças.

As palavras "todo" e "alguns" (e análogas) desempenham, aqui, papel de relevo. Essas palavras indicam, de modo natural, "quantidade", razão pela qual o cálculo de predicados também é denominado, às vezes, cálculo quantificional.

Comecemos com as sentenças simples. Formam-se com um sujeito e um verbo. Essas duas unidades do discurso são independentes. Um verbo pode vir acompanhado de vários sujeitos, como em

João trabalha.
Peter trabalha.
Márcio trabalha,

e um sujeito pode estar acompanhado de verbos diversos, como em

Peter estuda.
Peter trabalha.
Peter dorme.

A dicotomia sujeito-verbo é suficiente quando o verbo é intransitivo (segundo as ilustrações oferecidas). Se o verbo, porém, é transitivo, outra unidade do discurso deve ser levada em conta, o objeto (gramatical). Há objetos diretos e indiretos:

Machado fundou a Academia.

Raquel presta serviços à Academia,

e um verbo transitivo pode ter vários objetos, diretos e/ou indiretos, como em

Não me prometeram glórias, mas ilusões.

Os elementos que entram na formação das sentenças simples são, pois:

1. sujeitos e objetos;
2. os verbos – os "predicados".

Aparentemente, são deixados de lado outros fragmentos do discurso, como advérbios, preposições e conjunções. Advérbios e proposições podem ser englobados no predicado. Assim, em

Octanny vai frequentemente ao cinema,

o advérbio ("frequentemente") e a preposição ("ao") podem constituir um "predicado complexo":

vai frequentemente ao,

tendo-se estrutura do tipo:

sujeito – predicado – objeto.

As conjunções requerem algum cuidado. Às vezes, é possível parafrasear a sentença de modo que ela apareça como sentença molecular. Assim,

Nadja e Fátima são bonitas,

pode ser entendido como:

Nadja é bonita e Fátima é bonita,

e a conjunção "e" se transforma no conectivo sentencial '.', tendo-se:

Nadja é bonita. Fátima é bonita.

Em outras circunstâncias isso não se pode fazer, como em

Márcio e Mauro vieram juntos.

Tem-se, aqui, um predicado complexo. A sentença é atômica e nasce de um esquema do tipo

$$\text{---}_1 \text{ e ---}_2 \text{ vieram juntos,}$$

mediante colocação dos nomes apropriados nos locais indicados.
A sentença

Flávio visitou Santos e Poá no mesmo dia

surge de um esquema do tipo

$$\text{---}_1 \text{ visitou ---}_2 \text{ e ---}_3 \text{ no mesmo dia,}$$

mediante apropriada substituição.

Na lógica tradicional, a análise das sentenças fazia-se de outro modo. A análise clássica ajustava-se perfeitamente a casos como

O carvão é negro.
Ângela é expedita,

mas conflitava com sentenças do tipo

João corre.
Anne senta-se entre Leila e Elcia,

em que não surge a cópula "é". A fim de manter a tricotomia – sujeito, cópula e atributo – era preciso conceber tais sentenças como

João é correndo.
Anne é sentada entre Leila e Elcia,

(ou, de modo mais natural, como

João está correndo.
Anne está sentada entre Leila e Elcia,

ignorando-se a questão de permanência, própria de "é" e de coisa temporária, própria de "está"). A análise aristotélica tem, entre outros, os seguintes dois defeitos: dá exagerado realce ao verbo *ser*, sem estabelecer, contudo, diferença entre os vários significados que admite; e não efetua separação nítida entre predicados simples (ou seja, as qualidades, ou "predicados de um lugar", como "... é azul" ou "... é sábio") e predicados mais gerais (ou seja, predicados de dois ou mais lugares, como "... é mais alto do que ..." ou "... está entre ... e ...").

Aqui, adotado enfoque mais apropriado, trataremos das frases copulativas (da lógica tradicional) como predicados complexos.

1.3. Primeiros passos para a simbolização

Discorrendo a propósito das coisas que nos cercam é possível, de início, delimitar a classe de objetos que reclamará atenção. Esses objetos constituem nosso "universo de discurso". Tais objetos possuem certas qualidades.

Para fixar ideias, digamos que o universo é o conjunto de pessoas e que delas falamos para atribuir-lhes certos predicados. Teremos sentenças como

João é professor.
Peter é bom.
Octanny é estudioso.

Introduzir-se-ão certas "abreviações", usando letras

$$c_1, c_2, c_3, ...$$

para indicar os objetos do universo (as pessoas) e as letras

$$P_1, P_2, P_3, ...$$

para indicar os atributos. Um conjunto de tais abreviações forma um "esquema abreviador" (requerendo-se que não haja repetições nos primeiros elementos de cada par), como segue:

c_1 : João.
c_2 : Peter.
c_3 : Octanny.
P_1 : professor.
P_2 : bom.
P_3 : estudioso.

As sentenças citadas podem, pois, ser escritas desta maneira:

$$P_1 c_1, \qquad P_2 c_2, \qquad P_3 c_3.$$

Cap. 1 | Uma Nova Linguagem

É muito comum, para maior facilidade de associação, utilizar "letras sugestivas" em vez das "letras neutras" P_1, P_2, etc. e c_1, c_2, etc. Letras sugestivas são, por exemplo, as iniciais dos nomes dos objetos e dos atributos. Usaremos, então, como esquema abreviador,

j : João P : professor
p : Peter B : bom
o : Octanny E : estudioso,

dando às sentenças esta forma:

$$P j \quad B p \quad E o.$$

Esse procedimento é conveniente e pode ser adotado quando não há margem para mal-entendidos. Não convém utilizá-lo se vários predicados ou vários nomes têm a mesma letra inicial. Falando, de Anne, Ângela e Arlete, para dizer que têm atributos como "bonito", "bom" e "bisbilhoteiro", uma simbolização como

$$B a$$

seria extremamente ambígua, podendo referir-se a quaisquer das três pessoas e a quaisquer dos três predicados. Em tais casos, é preferível fixar o esquema abreviador para não dar margem a confusões.

Os predicados aqui considerados são "de um lugar", isto é, são predicados monádicos. Em outras palavras, associam-se a apenas *um* objeto para formar sentenças. O esquema abreviador pode deixar explícito esse fato, indicando claramente que *há* uma vaga a ser preenchida:

$$B: (1) \text{ é bom}$$

ou

$$B : \underline{\quad}_1 \text{ é bom.}$$

A "vaga" é preenchida por um nome para formar uma sentença. Colocando no "claro" o nome Flávio, por exemplo, tem-se a sentença

$$\text{Flávio é bom.}$$

Utilizando a abreviação

$$c_1 : \text{Flávio,}$$

esta sentença poderia ser representada deste modo

$$B\,c_1.$$

Costuma-se, às vezes, aludir a um objeto não especificado do universo. Para isso, utilizam-se as variáveis. Variáveis serão

$$x_1,\ x_2,\ x_3,\ \ldots$$

e desempenham o mesmo papel que, no discurso ordinário, é desempenhado pelos pronomes. Em vez de dizer, pois,

ele é bom,

diremos

x é bom,

empregando, sempre que não houver margem para confusão, as letras x, y, z como variáveis.

Ele é bom

não é exatamente uma sentença (não é verdadeira nem falsa – até que se saiba a quem o pronome se refere). Trata-se de uma "quase sentença", diferindo das sentenças propriamente ditas pela presença de variáveis (ou pronomes) nos lugares reservados para as constantes (os nomes).

Para se fixar a nomenclatura, dir-se-á que

x é bom

é uma sentença aberta, uma quase-sentença, ou, simplesmente, um aberto.

Um aberto pode transformar-se em sentença, mediante a substituição da variável (pronome) por constante (nome). Assim,

$$Bx : x\ \text{é bom},$$

por exemplo, transforma-se em sentença quando a variável é substituída por uma constante (nome):

$$Bc_1 : \text{Flávio é bom},$$

Há outra maneira de transformar um aberto em sentença. Usa-se, em tal caso, um dos quantificadores.

Introduzimos, pois, dois novos símbolos:

$$\forall \qquad \exists,$$

chamados, respectivamente, quantificador universal e quantificador existencial.

A expressão '$\forall x$' pode ser lida "qualquer que seja x", "para todo x", "Todos", "Tudo" (existindo ainda outras variantes de estilo que serão lembradas no momento oportuno).

A expressão '$\exists x$' pode ser lida "Existe um x tal que", "Algo", "Alguma coisa", "Alguns" (e de outros modos, ainda, segundo veremos na ocasião adequada).

Partindo do aberto:

$$x \text{ é sábio,}$$

por exemplo, pode-se usar o quantificador existencial para escrever

$$\exists x \, (x \text{ é sábio}),$$

que se leria:

$$\text{Existe um } x \text{ tal que } x \text{ é sábio}$$

(sendo "Existe" entendido no sentido de "existe pelo menos um"), ou, de modo mais natural:

$$\text{Existem sábios.}$$
$$\text{Há um sábio.}$$

Supondo que o universo seja o dos homens, a sentença tomaria esta forma, ainda mais natural:

$$\text{Alguns homens são sábios.}$$

O mesmo aberto pode ser associado ao quantificador universal:

$$\forall x \, (x \text{ é sábio}),$$

que se leria:

$$\text{Qualquer que seja } x, x \text{ é sábio,}$$

ou, de modo mais corrente:

$$\text{Todos são sábios.}$$

Supondo que o universo seja o dos homens, tem-se:

Todos os homens são sábios.

Um aberto como, por exemplo,

x escreveu um livro,

pode ser encarado como função sentencial: para cada valor da variável x, ele se transforma em sentença. A sentença resultante pode, naturalmente, ser verdadeira (quando x é Tarski ou Church, por exemplo) como pode ser falsa (quando x é Sócrates ou Caim).

Representando o aberto por

$$Lx$$

e supondo que as constantes a, b, c se refiram, respectivamente, a Anne, Bernardo e Carlos, é claro que as sentenças

$$La \quad Lb \quad Lc$$

devem ser entendidas de modo correto, isto é, como abreviações, respectivamente, de "Anne escreveu um livro", "Bernardo escreveu um livro" e "Carlos escreveu um livro".

1.4. Simbolizando relações

A sentença "Eva estava bonita e feliz" pode ser simbolizada deste modo:

$$Be \cdot Fe.$$

Todavia, a sentença "Sócrates e Platão eram amigos" não admite essa decomposição, pois

$$As \cdot Ap$$

diria "Sócrates é amigo e Platão é amigo". Tem-se, agora, uma relação entre duas pessoas, um predicado de "dois lugares", ou seja, um predicado diádico, que exige dois nomes para a formação de uma sentença:

$$\underline{\quad}_1 \text{ é amigo de } \underline{\quad}_2.$$

Os predicados de dois lugares serão representados por letras afetadas de índices superiores (indicadores do fato de que são diádicos):

$$P^2_{\ 1}, P^2_{\ 2}, P^2_{\ 3}, ...,$$

tendo-se, nas abreviações, algo como

$$P^2_{\ 1} (1) (2) : (1) \text{ é amigo de } (2).$$

Esta abreviação gera sentenças quando as "vagas" são preenchidas por nomes. Admitindo que

$$c_1: \text{Flávio.}$$
$$c_2: \text{Anne,}$$

tem-se

$$P^2_{\ 1} c_1 c_2$$

para dizer

Flávio é amigo de Anne.

Como antes, em vez dessa notação "oficial", é conveniente, muitas vezes, usar letras sugestivas (como as iniciais dos nomes das relações). Escreveríamos,

$$A\,fa,$$

para dizer que

Flávio é amigo de Anne,

ou

$$A\,sp,$$

para dizer que

Sócrates é amigo de Platão.

O predicado "maior do que" poderia ser abreviadamente representado por "M". Para dizer, pois, que "O pinheiro é maior do que a goiabeira", escreveríamos

$$M\,pg,$$

colocando, por questão de uniformidade, a letra predicado no início. É comum colocar nome da relação entre os nomes dos dois objetos relacionados. Em matemática, por exemplo, usa-se escrever

$$2 < 5,$$

colocando o nome da relação entre os dois nomes dos objetos relacionados. Essa prática pode ser adotada, se parecer oportuna, mas aqui manteremos a notação indicada, por questão de uniformidade, já que teremos predicados triádicos e, de modo geral, predicados n-ádicos a considerar.

Um argumento como

> Darcy é mais baixo do que Antônio
> Antônio é mais baixo do que Jair
> _____
> Darcy é mais baixo do que Jair

assumiria, então, esta forma

$$\frac{\begin{array}{l} M\,da \\ M\,aj \end{array}}{M\,dj}$$

em que, é claro, "M" está no ligar de "$é$ mais baixo do que".

A sentença

> Romeu ama Julieta

pode ser considerada como "valor" de qualquer das "funções sentenciais":

$$\frac{\begin{array}{l} x\ \text{ama Julieta} \\ \text{Romeu ama } x \end{array}}{x\ \text{ama } y}$$

Na gramática, "x ama Julieta" é um predicado, mas não "Romeu ama y", nem "x ama y". Diz-se, ainda, na gramática, que qualquer valor de x é sujeito e que qualquer valor de y é objeto. De um ponto de vista geral, porém, essas distinções não têm grande importância. Diante disso, é usual denominar *predicado* qualquer função sentencial

$$P\,(x_1, x_2, \dots x_n),$$

seja qual for o número de variáveis. Assim,

> x ama y.
> x deve y a z pela compra de w.
> x está entre y e z.
> x e y e z equilibram w,

e, assim por diante, são funções sentenciais, ou seja, são *predicados*: dão origem a sentenças quando as variáveis são substituídas por nomes.

Como casos particulares, têm-se:

1. $n = 0$ – tem-se já uma sentença (não há variáveis).
2. $n = 1$ – tem-se a qualidade, ou o atributo, em sentido usual.
3. $n = 2$ – tem-se a relação diádica (a relação, no sentido que é costumeiramente dado a tal palavra).

Expressões como as citadas não aparecem na linguagem corrente. Podem ser consideradas como expressões que contêm marcadores de lugares, destinados a fixar posições para vocábulos que nomeiam objetos. É claro que as palavras ou expressões que entram nos lugares marcados não precisam ser nomes próprios, como "Romeu", "Julieta", "o pai de Antônio" ou "o autor de *Os Lusíadas*". Pode-se, por exemplo, no aberto

$$x \: ama \: y$$

ter

Alguém ama Julieta.

Há alguém que ama Julieta.

Ninguém ama Julieta.

Todos amam alguém.

Alguém é amado por todos.

Todos amam a si próprios.

Não há quem não ame a si próprio.

A adequada representação de tais sentenças exige a introdução dos quantificadores. Usando, pois, as seguintes abreviações

$$j : Julieta$$
$$A \: (1) \: (2): (1) \: ama \: (2)$$

e dando aos quantificadores os seus sentidos costumeiros (já indicados há pouco), as sentenças citadas admitem as seguintes simbolizações:

$$\exists x \, A \, x \, j$$
$$\exists x \, A \, x \, j$$
$$\sim \exists x \, A \, x \, j$$

$$\forall\, x\, \exists\, x\, A\, x\, j$$
$$\exists\, y\, \forall\, x\, A\, x\, y$$
$$\exists\, x\, A\, xx$$
$$\sim \exists\, x \sim A\, xx$$

As noções podem, agora, ser ampliadas, sem mais complicações. Um aberto como

$$x \text{ está entre } y\ e\ z,$$

pode gerar sentenças como

$$\exists\, x\, E\, x\, a\, b,$$
$$E\, a\, b\, c,$$
$$\forall\, y\, \forall\, z\, \exists\, x\, E\, x\, y\, z,$$

que significariam, respectivamente:

Algo está entre a e b.
a está entre b e c.
Entre dois objetos quaisquer há um terceiro.

Tendo indicado o procedimento a adotar, podemos passar para nossa linguagem formalizada.

1.5. A linguagem *L*

Por comodidade didática, examinaremos, de início, apenas uma linguagem simples, a "linguagem monádica". Nesta linguagem se fazem presentes os predicados "de um lugar". Posteriormente, trataremos do assunto de modo mais amplo, introduzindo as relações (e, genericamente, os predicados n-ádicos).

Comecemos esclarecendo o que entender por "fórmula do português".

Diz-se que as fórmulas do português são

1. As sentenças do português e
2. as expressões que contêm variáveis e que se transformam em sentenças do português quando as ocorrências (todas ou algumas) de variáveis são substituídas por ocorrências de nomes (do português).

Completamos a definição esclarecendo-se que

Um nome do Português é um vocábulo (ou grupo de vocábulos) que designa – pelo menos em um determinado contexto – um e um só objeto.

Assim,

Sócrates,

6,

4 + 3,

o autor de *Dom Casmurro,*

são nomes (e designam, respectivamente, Sócrates, 6, 7 e Machado de Assis).

Entre as fórmulas do português figuram, por exemplo,

Churchill é humano.

x adora $y.$

$x + y = z.$

há um x tal que x *ama y.*

A primeira é uma sentença, do português. Nas demais, é possível obter sentenças mediante substituição de variáveis por nomes. Substituindo x e y na segunda fórmula por Julieta e Romeu, tem-se a sentença:

Julieta adora Romeu.

Substituindo apenas y, no último exemplo, por Julieta (sem ser necessária a substituição de x – que é uma variável "aparente"), tem-se

há um x tal que x ama Julieta,

ou seja, mais coloquialmente,

alguém ama Julieta.

Dispomos, portanto, do português, como linguagem básica. Ao português acrescentamos:

1. os conectivos
2. os parênteses
3. os quantificadores
4. as variáveis
5. as letras sentenciais
6. as letras predicado.

Temos, assim, uma nova linguagem, digamos L, com suas próprias fórmulas.

Uma fórmula de L será uma fórmula do português, sua contraparte simbólica ou a combinação de fórmulas do português com tais contrapartes simbólicas. De modo mais explícito, as fórmulas de L podem ser exaustivamente caracterizadas desta maneira:

São fórmulas de L

1. as fórmulas do Português
2. as letras sentenciais
3. uma letra predicado seguida de uma variável ou de uma constante
4. as expressões $\sim \alpha$, $(\alpha . \beta)$, $(\alpha \vee \beta)$, $(\alpha \rightarrow \beta)$ e $(\alpha \leftrightarrow \beta)$, desde que α e β sejam fórmulas de L
5. as expressões $\forall \, v \, \alpha$ e $\exists \, v \, \alpha$, desde que α seja fórmula de L e v, uma variável.

Nota: esta última cláusula conduz a expressões do tipo

$$\forall \, x \, F \, x,$$

que parece "bem-formada", mas conduz, ainda, a expressões como

$$\forall \, x \, \forall \, x \, F \, x \qquad \forall \, x \, P,$$

que parecem "malformadas". Seria artificial, porém, excluir tais casos. Os quantificadores "supérfluos" podem ser ignorados para efeito de interpretação.

De todas as fórmulas de L é útil isolar as "fórmulas simbólicas".

As fórmulas simbólicas de L são exaustivamente caracterizadas pelas cláusulas 2, 3, 4 e 5, substituindo, porém, a palavra "fórmula" pela expressão "fórmula simbólica".

É oportuno ressaltar que as letras sentenciadas serão, aqui,

$$P, Q, R,...$$

E que as letras predicado (monádicas) serão

$$F, G, H,...$$

(ou mesmo letras sugestivas, sempre que não houver margem para confusões).

Resta, enfim, definir sentença de L.

Isso requer definição de ocorrências livres e ligadas de variáveis.

Diremos, preliminarmente, que, nas fórmulas simbólicas do tipo

$$\forall x \, \alpha$$

ou do tipo

$$\exists x \, a,$$

a fórmula α é o escopo do quantificador (nos dois casos).

Isso posto, uma ocorrência da variável v é *livre* em certa fórmula (simbólica) $\varnothing$ se v não está no escopo de um quantificador do tipo $\forall v$ ou do tipo $\exists v$. Caso contrário, a ocorrência se diz *ligada*.

Exemplificando,

$$\forall x \, (Fx \to \exists y \, Gy) \vee Hx$$

é fórmula em que a variável x ocorre três vezes. A última ocorrência é livre (não está "associada" a quantificador do tipo $\forall x$ ou do tipo $\exists x$). As demais ocorrências, ao contrário, são ligadas. Em

$$\forall x \, (Fx \, . \, Gy) \to \forall y \, Gy$$

há três ocorrências de y, sendo livre a primeira. De fato, y está no escopo de um quantificador, mas este não é do tipo $\forall y$ ou do tipo $\exists y$ (é o quantificador $\forall x$, com outra variável, x).

Diz-se que a variável v é livre em α se tem pelo menos uma ocorrência livre e que é ligada em α se tem pelo menos uma ocorrência ligada em α. Está claro que uma variável pode, portanto, ser livre e ligada em certa fórmula α.

Com essas observações, pode-se definir sentença de L:

A fórmula $\varnothing$ é uma *sentença* de L se não tem variáveis livres.

Nessa linguagem L é mais ou menos simples dar expressão a sentenças e abertos do português. Trataremos de ilustrar o procedimento a adotar para fazer a simbolização, utilizando vários exemplos.

Posteriormente, uma nova linguagem, "mais rica", em que surgem predicados n-ádicos, será considerada.

Ao mesmo tempo, falaremos da "tradução", isto é, da passagem de sentenças ou abertos de L para as fórmulas do português.

1.6. Tradução e simbolização

As sentenças que comparecem em argumentos silogísticos,

> Todos os homens são sábios
> Nenhum homem é sábio
> Alguns homens são sábios
> Alguns homens não são sábios.

merecem atenção. Usando a abreviação

$$S: (1) \text{ é sábio}$$

e tomando como universo o conjunto dos seres humanos, as sentenças podem ser assim simbolizadas:

$$\forall x\, Sx$$
$$\exists x\, Sx$$
$$\forall x \sim Sx$$
$$\exists x \sim Sx$$

Entretanto, se o universo de discurso não for especificado (sendo, pois, literalmente, tudo), a simbolização precisa ser alterada.

> Todos os homens são sábios

pode ser sucessivamente transformada em

> Dado um objeto qualquer, se é humano, é sábio
> Dado um x qualquer do universo, se x é homem, x é sábio
> Dado um x qualquer do universo, x homem $\rightarrow x$ sábio

Empregando, ainda, a abreviação

$$H: (1) \text{ é homem,}$$

tem-se

$$\forall x\, (Hx \rightarrow Sx).$$

De outra parte,

> Alguns homens são sábios

se entende como

Há pelo menos um objeto humano e sábio
Há pelo menos um objeto x tal que x é homem e sábio
Há pelo menos um objeto x tal que x homem e x sábio

chegando a

$$\exists x \, (Hx \cdot Sx).$$

Não parece haver dificuldade para as demais sentenças:

Nenhum homem é sábio

corresponde a

$$\forall x \, (Hx \rightarrow \sim Sx),$$

enquanto que

Alguns homens não são sábios

corresponde a

$$\exists x \, (Hx \cdot \sim Sx).$$

Tendo aceito a forma:

$$\forall x \, (Hx \rightarrow Sx)$$

para a universal afirmativa, há certa tendência para admitir que a particular afirmativa receberia a forma

$$\exists x \, (Hx \rightarrow Sx).$$

Sem embargo, esta última expressão traduz uma afirmação "fraca": trata-se de afirmação banal, que poucas vezes chegaríamos a fazer. De fato, recordando que

$$Hx \rightarrow Sx \text{ equivale a} \sim Hx \text{ v } Sx,$$

nota-se que a primeira expressão é satisfeita por qualquer objeto x tal que $\sim Hx$ ou tal que Sx (isto é, a expressão é satisfeita por qualquer objeto não humano ou sábio). Em consequência,

$$\exists x \, (Hx \rightarrow Sx)$$

afirma apenas que há um objeto não humano ou sábio. Essa afirmação é trivial, pois é quase sempre legítima: só deixa de ser legítima num caso muito especial – quando o universo só contém homens e nenhum deles é sábio.

Por outro lado, é comum, ainda, supor que

Todos os homens são sábios

admitiria esta outra simbolização:

$$\forall x \,(Hx \,.\, Sx),$$

pois "Para todo x, x é humano e x é sábio" parece uma variante estilística de "todos os homens são sábios". Esta simbolização é inadequada. Entre outros motivos, porque a expressão

$$\forall x \,(Hx \,.\, Sx)$$

admite como consequência (segundo se verá mais adiante)

$$\forall x \, Hx,$$

que é, evidentemente, uma asserção falsa, significando "Para todo x, x é humano" – bastando considerar universo o que tenha um objeto não humano.

Como regra geral, pode-se dizer que

$\forall$ se faz acompanhado de seta (condicional)
$\exists$ se faz acompanhado de ponto (conjunção).

Seguem-se vários exemplos de simbolização. Não serão indicados, de hábito, os universos ou as abreviações – que serão "sugestivas".

1. Se São Paulo é uma cidade industrial, é rica.
   $Cp \,.\, Ip \rightarrow Rp.$
2. Os astronautas são bem treinados.
   $\forall x \,(Ax \rightarrow Tx).$
3. Os metais se dilatam, se aquecidos.
   $\forall x \,(Mx \rightarrow (Ax \rightarrow Dx)).$
4. O ouro é metal caro.
   $\forall x \,(Ox \,.\, Mx \rightarrow Cx).$
5. Qualquer pessoa tolerante ou alegre é feliz se e só se não é egoísta.
   $\forall x \,[Px \,.\, (Tx \lor Ax) \rightarrow (Fx \leftrightarrow {\sim} Ex)].$

6. Se algo é caro ou belo, então, sendo boa pintura, não fica sem ser notado.

$\forall x [(Cx \text{ v } Bx) \rightarrow (Px \rightarrow \sim \sim Nx)]$.

7. Se algo é droga viciante, então, se não for indicada medicinalmente, não se dá que seja benéfica ou segura.

$\forall x [(Dx \cdot Ax) \rightarrow (\sim Mx \rightarrow \sim (Bx \text{ v } SX))]$.

8. Alguns estudantes inteligentes são trabalhadores.

$\exists x ((Ex \cdot Ix) \cdot Tx)$.

9. Há pintores que não são artistas ou artesões.

Aqui surge ambiguidade com as iniciais: A: artista, B: artesão

$\exists x (Px \cdot \sim) Ax \text{ v } Bx))$.

10. Os artistas são criadores só se os poetas são sensíveis.

$\forall x (Ax \rightarrow Cx) \rightarrow Ax (Px \rightarrow Sx)$.

A propósito, lembrar que "P só se Q" admite a simbolização "$P \rightarrow Q$". Convém salientar-se, ainda, que não deve ser usada a forma $\forall x [(Ax \rightarrow Cx) \rightarrow (Px \rightarrow Sx)]$. De fato, esta última expressão equivale a esta outra $\forall x [Px \cdot (Ax \rightarrow Cx) \rightarrow Sx]$, que significa "Todos os poetas – que são artistas só se criadores – são sensíveis", que é um juízo categórico (uma universal afirmativa), e não hipotético. Note-se que a sentença dada é hipotética, formada com dois juízos categóricos.

11. Nem tudo que reluz é ouro.

Pode-se usar qualquer das duas formas:

$\sim \forall x (Rx \rightarrow Ox)$ ou $\exists x (Rx \cdot \sim Ox)$.

12. O metal se dilata quando aquecido.

Fazendo a simbolização por etapas: "qualquer objeto do universo, se é metal, então, se aquecido, se dilata". Isto é, "$\forall x$ (se x é metal então, se x é aquecido, x se dilata)". Ou seja:

"$\forall x$ (se x é M, então se x é A então Dx". Enfim:

$\forall x (Mx \rightarrow (Ax \rightarrow Dx))$.

O cuidado a tomar é o de não deixar variáveis livres. Tem-se, para a simbolização, uma sentença. Descuidos, como o da omissão de parênteses, são comuns e devem ser evitados. Eis alguns dos erros comumente cometidos quando a sentença acima é simbolizada:

$\forall x (Mx \rightarrow (Ax \rightarrow Dx)$ omissão do parêntese final.

$\forall x\,(Mx \rightarrow Ax \rightarrow Dx)$, que daria, pela associação à esquerda, significado diverso do pretendido.

$\forall x\,Mx \rightarrow (Ax \rightarrow Dx)$ que deixa variáveis livres.

13. Os sócios são pais ou mestres.

Claramente, a sentença não diz "Os sócios são pais ou os sócios são mestres", de modo que a simbolização apropriada seria $\forall x\,(Sx \rightarrow Px \text{ v } Mx)$.

14. Alguns senhores são ingênuos ou mal assessorados.

$\exists x\,(Sx \,.\, (Ix \text{ v } Mx))$.

15. O leite e a banana são nutritivos.

O "e" sugere algo como $\forall x\,((Lx \,.\, Bx) \rightarrow Nx)$, mas isso equivaleria a dizer que algo que é simultaneamente banana e leite (!?) é nutritivo. A simbolização apropriada seria

$$\forall x\,((Lx \text{ v } Bx) \rightarrow Nx),$$

ou, ainda,

$$\forall x\,(Lx \rightarrow Nx) \,.\, \forall x\,(Bx \rightarrow Nx).$$

Note-se que não há processo "mecânico" para efetuar a simbolização. A sentença precisa ser entendida e, em seguida, reexpressa na linguagem simbólica. Convém, pois, lembrar que há numerosas "variantes estilísticas" para os símbolos. Eis algumas:

$\forall x\,Px$: para qualquer x, Px.

    Qualquer um é P.

    Qualquer coisa é P.

    Tudo é P.

    Para cada x, Px.

    Para todos x, Px.

    Cada objeto é P.

    Para x arbitrário, Px.

$\exists x\,Px$: Para algum x, Px.

    Alguns x são P.

    Há pelo menos um x tal que Px.

    Algum objeto é P.

    Alguma coisa é P.

Algo é P

Pelo menos alguém é P

Pelo menos alguma coisa é P

Há um x que é P

Quando os quantificadores se associam à negação, é preciso certo cuidado para que sejam tomados na ordem desejada. Assim,

$$\sim \forall x \, Px$$

poderia significar

Não se dá que, para todo x, x é P

Px não se dá para todos os x

Px não tem lugar sempre

Nem tudo é Px

Em comparação,

$$\forall x \sim Px$$

poderia significar

Para todo x, não se tem Px

Px sempre falha

Todos são não P

Veja-se, ainda,

$$\sim \exists x \, Px$$

cujo significado seria

Não existe x tal que Px

Não há qualquer x para o qual Px

Não há x tal que Px

Ninguém é P

ao passo que

$$\exists x \sim Px$$

indicaria

Para algum x, não se dá Px

Alguém é não P

Alguma coisa é não P

210 Lógica | Leônidas Hegenberg

Observe-se que o artigo definido pode, às vezes, ter significado apreendido por um quantificador universal:

Os astronautas são bem tratados

querendo dizer "Todos os astronautas", como pode, em outras ocasiões, ter o sentido do quantificador existencial

O homem esteve aqui

cuja melhor simbolização seria

$$\exists x \, (Hx . Ax)$$

("Alguém esteve aqui").

O mesmo se dá com o artigo indefinido. Assim,

Uma criança precisa de afeto

significa "Todas as crianças precisam de afeto", mas

Uma senhora entrou na sala

se converte em

$$\exists x \, (Sx . Ex).$$

Convém, ainda, ter presente que

$\exists x \, (Px . Qx)$ significa Alguém é P e Q

$\exists x \, Px . \exists x \, Qx$ significa Alguém é P e alguém é Q

$\forall x \, (Px \lor Qx)$ significa Todos são P ou Q

$\forall x \, Px \lor \forall x \, Qx$ significa Todos são P ou todos são Q.

Feitas essas observações e dados os exemplos, pode-se procurar alguma sistematização para o trabalho de tradução e simbolização.

Diz-se, como no cálculo sentencial, que um *esquema abreviador* é uma coleção de abreviações, sem repetições nos primeiros membros. Uma abreviação, é um par de qualquer dos tipos seguintes:

a: Pedro

P: João é amigo de Leo

F: (1) é quadrado perfeito

G: (1) é divisível por dois

em que o primeiro elemento é uma constante, uma letra sentencial ou uma letra predicado (monádica) e o segundo elemento é um nome, uma sentença do português ou uma fórmula do português (com um lugar para a variável ou para o nome).

A tradução literal, para o português, com base em certo esquema abreviador, é um processo que se inicia com uma fórmula simbólica e termina com uma fórmula do português. Esse processo se desdobra em:

1. restauração de parênteses, eventualmente omitidos;
2. substituição de letras sentenciais por sentenças, de acordo com o esquema abreviador;
3. substituição das constantes por nomes, de acordo com o esquema;
4. substituição das letras predicado pelas fórmulas correspondentes, segundo o esquema;
5. eliminação dos símbolos lógicos, substituídos pelos seus equivalentes usuais.

Efetuada a tradução literal, pode-se usar uma variante estilística para obter a tradução (ou tradução livre).

Em paralelo, a simbolização se processa às avessas. Diz-se que $\emptyset$ é uma *simbolização* de uma fórmula do português, α, com base em certo esquema abreviador, se $\emptyset$ é uma fórmula simbólica do que α é uma tradução (com base no mesmo esquema).

A simbolização exige introdução dos símbolos lógicos no lugar de suas variantes estilísticas e, em linhas gerais, a inversão dos passos seguidos para efetuar a tradução.

1.7. Exemplos e exercícios

É comum, nos esquemas abreviadores, usar variáveis em vez de marcadores de lugar. Assim, em vez de escrever, digamos,

$$F : (1) \text{ é um gato,}$$

pode-se escrever

$$F: x \text{ é um gato.}$$

Quando esse procedimento é usado, convém tornar dois aspectos de minúcia bem claros.

Estamos, aqui, usando apenas predicados monádicos. A fórmula que está como segundo elemento da abreviação é fórmula com uma variável, isto é, a variável x. Pode ocorrer que a simbolização exija a presença de uma variável diferente, tendo-se, por exemplo, um componente do tipo

$$Fy.$$

O que se deve entender, em tais casos, é que a variável do componente domina, ou seja, tem precedência. Mais explicitamente, imagine-se que haja um componente do tipo

$$Fy$$

a ser traduzido, de acordo com abreviação

$$F: x \text{ é um gato.}$$

Escreve-se, então,

$$(x \text{ é um gato}) \, y,$$

para obter o desejado, isto é,

$$y \text{ é um gato,}$$

colocando a variável "ativa", y, no lugar da variável "marcador de lugar", x.

Outro exemplo. Dada a sentença:

Ou Pedro foi à aula ou alguém faltou,

o conectivo principal, "ou", permite escrever

(Pedro foi à aula) v (alguém faltou).

O primeiro elemento resiste à análise; o segundo pode ser simbolizado com um quantificador existencial. Adotando o esquema:

$$P: \text{Pedro foi à aula.}$$
$$Fx: x \text{ faltou,}$$

resulta

$$P \text{ v } \exists x \, Fx.$$

Novo exemplo. Simbolizar:

Se alguns estudantes forem reprovados, mas não todos, então o esforço terá sido compensador.

O consequente do condicional resiste à análise, devendo ser representado por uma letra sentencial. O antecedente, porém, pode ser escrito assim:

alguns estudantes são reprovados, mas não todos os estudantes são reprovados.

Usando letras sugestivas, tem-se:

$$\exists x\, (Ex . RX) . \sim \forall x\, (Ex \to Rx) \to P,$$

em que P, naturalmente, está no lugar de "O esforço terá sido compensador".

EXERCÍCIOS

1. Com base no esquema:

P: x é um chinês

Q: x é um sábio

simbolizar: *a*) todo chinês é sábio; *b*) nem todo sábio é um chinês; *c*) alguns sábios não são chineses; *d*) alguns chineses são sábios, outros não; *e*) se todos os sábios são chineses, então se existe um sábio, existe um chinês.

2. Simbolizar: *a*) João comprou um presente e deu-o a Pedro; *b*) Todo número é tal que, se não é zero, é positivo ou negativo; *c*) se há um número divisível por 4 e por 6, esse número é divisível por 12; *d*) se nem tudo foi testado, então nada foi demonstrado.

3. Seja dado o esquema:

F: x é uma obra de arte

G: x foi pintada por Van Gogh

H: x surgiu no século XX

P: a arte é nobre

Traduzir: *a*) $\forall x\, (Gx \to Fx)$; *b*) $\exists x\, (Gx . \sim Fx)$; *c*) $\sim \exists x\, (Fx . Hx)$; *d*) $\forall x\, (G \to Fx) \to P$.

4. Colocar em linguagem corrente:

a) $\exists x\, (x$ é feio$)$ 	c) x é lerdo $\to \exists y\, (y$ é mais feliz que $x)$

b) $\forall x\, \exists y\, (x \neq y)$ 	d) $\forall x\, (\sim x$ resiste ao tempo$)$

5. Colocar em notação adequada, com quantificadores:

a) Não houve sobreviventes

b) Tudo tem um fim

c) Há um homem honesto

6. Pode-se parafrasear "Todos, salvo João, estiveram lá" com.

$$\forall x\, (x \neq \text{João} \to x \text{ esteve lá})$$

a) Parafrasear "Todos, salvo *y*, estiveram lá"

b) De que sentença é isto uma paráfrase: "$\exists y \; \forall x \; (x \neq y \rightarrow x$ esteve lá)"

c) Explicar por que "Todos, salvo *x*, estão aqui" não admite a simbolização

$$\forall x \; (x \neq x \rightarrow x \text{ está aqui})$$

7. Simbolizar:

a) Há alguém que conhece João e a quem João admira

b) Os médicos opõem-se ao uso do fumo

c) Todos odeiam alguém

d) Todo número primo é maior do que 1

e) Sorvetes e chocolates são deliciosos

f) Algumas estradas são trafegáveis somente quando secas

g) Não há novos monarcas

h) O que João quer ele consegue (Resp.: $\forall x$ (João quer $x \rightarrow$ João consegue x)
Daí $\forall x \; (Qx \rightarrow Cx)$, p. ex.)

i) João não pode superar nenhum dos colegas

j) João não pode superar cada um dos colegas
Obs.: Nos dois últimos exemplos, têm-se, respectivamente:

$$\forall x \; (Cx \rightarrow \sim Sx)$$
$$\exists x \; (Cx \, . \sim Sx)$$

com o esquema óbvio correspondente:

$$C: x \text{ é colega de João.}$$
$$S: \text{João supera } x.$$

k) Se todos os sorteados que receberam aviso tinham talões com final 4, alguns sorteados não foram avisados.
Resp.: $\forall x \; (Fx \, . \, Gx \rightarrow Hx) \rightarrow Ex \; (Fx \, . \sim Gx)$,

com o esquema '*F*' é sorteado; '*G*' recebe o aviso; '*H*' tem final 4.

l) Entre os pescadores só os mentirosos e caladões são perigosos.
Resp.: Notar que se tem $\forall x$ (se *x* é pescador, então (se *x* é perigoso, então (*x* é mentiroso ou *x* é caladão))).

m) Nada assusta, a menos que seja sobrenatural.

1.8. A linguagem L^n

Trataremos, agora, dos predicados n-ádicos (inclusive os zero-ádicos e os monádicos). A linguagem que introduziremos será um pouco diversa da que foi antes examinada, pois que usaremos as chamadas letras-operador, em vez das constantes. A variação destina-se apenas a familiarizar o leitor com um tipo ligeiramente diferente de linguagem. Sem embargo, a diferença desta nova linguagem, em relação à que foi

Cap. 1 | Uma Nova Linguagem **215**

examinada anteriormente, não é muito grande e nem precisa ser considerada, caso se prefira continuar empregando as constantes. Deve-se acentuar, porém, que a linguagem nova terá recursos para efetuar a simbolização de relações em sentido amplo – sem se restringir a relações comuns, diádicas.

Nos moldes da generalização que permitiu passar de sentenças para abertos (quase sentenças), faremos, agora, outra generalização: a que conduz dos nomes para os termos (quase-nomes).

Há expressões que se parecem com os nomes (da mesma forma como os abertos se pareciam com as sentenças). P. ex:

$$o \text{ irmão de } x,$$
$$x + 5,$$

parecem nomes (os nomes 'o irmão de Pedro' e '3 + 5', digamos) sem o serem (pois não designam um particular objeto (Paulo ou 8, p. ex.). Assim como sucedia no caso das sentenças, consideradas como um particular tipo de fórmulas, diremos que os nomes são um particular tipo de termos. Temos a seguinte caracterização:

Um termo do português é

1. um nome; ou
2. uma expressão que contenha variáveis e que se transforma em nome quando ocorrências de variáveis (algumas ou todas) são substituídas por nomes.

Para exemplificar:

Machado de Assis (a)

o quadrado de x (b)

o cociente de x por y (c)

são termos: (a) por ser um nome; (b) e (c) porque levam a nomes quando 'x' é substituído por '5' e 'y' por '3', digamos – precisamente os nomes 'o quadrado de 5' e 'o cociente de 5 por 3' que designam 25 e 5/3, respectivamente.

Outros termos seriam, digamos:

1) o maior divisor de x

2) o mais alto homem da cidade x

3) o país em que nasceu y.

Para simbolizar de modo conveniente os termos, introduziremos letras-operador. Usaremos um índice superior, 0, 1, 2, ... para distinguir letras-operador 0-ádicas, 1-ádica, etc. Teremos:

$$O^o_{\ 1}, O^o_{\ 2}, O^o_{\ 3}, ...$$

$$O^1_{\ 1}, O^1_{\ 2}, O^1_{\ 3}, ...,$$

isto é, um grupo de letras zero-ádica, distinguíveis pelo índice inferior, um grupo de letras um-ádica, também distinguidas pelos índices inferiores, e assim por diante.

A fim de evitar os índices, poderemos empregar letras maiúsculas do início do alfabeto (de A até D), para escrever

$$A^o, B^1, C^2, D^3, ...$$

Devemos entender que tais letras são abreviações. Os nomes serão abreviados com letras zero-ádica. Fixando as ideias com exemplos, eis uma lista em que as letras-operador da primeira coluna abreviam os termos que figuram na segunda coluna:

A^o Machado de Assis.

B^o Graciliano Ramos.

$B^1 x$ o país em que nasceu x.

$C^2 xy$ a soma de x com y.

$D^3 xyz$ o ponto x que está entre y e z.

Podemos, agora, cuidar das relações e dos predicados gerais. Usaremos letras G afetadas de índices para indicar os predicados. Temos uma lista de predicados 0-ádicos:

$$G^o_{\ 1}, G^o_{\ 2}, G^o_{\ 3}, ...,$$

uma lista de predicados um-ádicos:

$$G^1_{\ 1}, G^1_{\ 2}, G^1_{\ 3}, ...$$

e, de modo geral, para um número inteiro positivo n, uma lista de predicados n-ádicos,

$$G^n_{\ 1}, G^n_{\ 2}, G^n_{\ 3}, ...$$

Por comodidade, continuaremos a usar as letras F, G, H, I, J, K para predicados, indicando o fato de que são n-ádicos com um índice superior, evitando o índice inferior.

Podemos, a seguir, ilustrar o emprego de tais letras. Fórmulas do português com n variáveis serão simbolizadas com uma letra-predicado de n lugares, seguida dessas n variáveis. Assim,

$$x \text{ é o dobro de } y$$

admitiria a simbolização

$$G^2 xy$$

que, onde não puder surgir ambiguidade, pode ser substituída por

$$Dxy,$$

usando a inicial D de 'dobro'.

Entenderemos que as letras-predicado zero-ádicas tomam o lugar das letras sentenciais (levadas em conta nos parágrafos anteriores). Os casos mais frequentes a considerar, via de regra, são aqueles em que surgem relações entre dois objetos, como

$$x \text{ é amigo de } y$$
$$x \text{ é maior do que } y$$
$$x \text{ está sobre } y$$

que simbolizaremos, respectivamente, com

$$G^2xy$$
$$H^2xy$$
$$J^2xy$$

ou, se não houver ambiguidade, com

$$Axy$$
$$Mxy$$
$$Sxy$$

usando as iniciais de 'amigo', 'maior' e 'sobre'.

As fórmulas

$$x \text{ está entre } y \text{ e } z$$
$$x \text{ saiu com } y \text{ e } z \text{ para ir a } t$$

admitiriam as abreviações

$$G^3xyz$$
$$H^4xyzt$$

Procederíamos de modo análogo, em casos mais complicados.

Temos, agora, os elementos que permitem considerar uma nova linguagem, L^n, do cálculo de predicados n-ádicos. Essa L^n é obtida acrescentando ao português:

a) os conetivos
b) os parênteses
c) os quantificadores
d) as variáveis
e) as letras-predicado
f) as letras-operador.

Em L^n caracterizamos exaustivamente os termos por meio dos seguintes requisitos:

1) termos do português são termos de L^n. Em particular, variáveis são termos de L^n;

2) uma letra-operador n-ádica, seguida de n termos, é um termo de L^n. Em particular, cada letra-operador 0-ádica é um termo de L^n.

Podemos, a seguir, caracterizar exaustivamente as fórmulas de L^n com os seguintes quesitos:

1) fórmulas do português são fórmulas de L^n;

2) uma letra-predicado n-ádica, seguida de n termos, é uma fórmula de L^n. Em particular, uma letra-predicado 0-ádica, isolada, é fórmula de L^n;

3) se α e β forem fórmulas de L^n, também o serão

$$\sim \alpha, (\alpha \cdot \beta), (\alpha \vee \beta)$$
$$(\alpha \to \beta), (\alpha \leftrightarrow \beta);$$

4) se α for uma fórmula de L^n e se u for uma variável, serão fórmulas de L^n $\forall u \alpha$ e $\exists u \alpha$.

A caracterização dos termos simbólicos e das fórmulas simbólicas não oferece dificuldade. Os termos simbólicos serão:

T1) as variáveis;

T2) uma letra-operador n-ádica, seguida de n termos simbólicos. Em especial, uma letra-operador 0-ádica é um termo simbólico.

Exemplificando,

$$A^o, B^1 C^2xy, D^3xyz$$

são termos. Além desses, outros podem surgir, mais complicados, como veremos adiante.

Imagine-se, por exemplo, que se usem

$$C^1 x : \text{o cubo de } x.$$
$$P^2 xy : \text{o produto de } x \text{ por } y.$$

Segue-se que uma forma conveniente de representar

o cubo do produto de x por y

seria

$$C^1 P^2 xy$$

De outra parte, invertendo os sinais.

$$P^2 C^1 xy$$

seria um modo adequado de simbolizar coisa diversa, a saber,

o produto do cubo de x por y.

Via de regra, um exame cuidadoso dos itens 1) e 2) acima é suficiente para a identificação dos termos. Todavia, para facilitar a leitura de tais expressões simbólicas, pode-se fazer uso dos parênteses, agrupando-se convenientemente as "partes". Nos últimos exemplos teríamos

$$C^1 (P^2 xy)$$

e

$$P^2 (C^1x) y$$

para ressaltar que se trata do "cubo de x" que deve ser multiplicado por y (no segundo caso), ao passo que, no primeiro caso, trata-se de elevar ao cubo um produto já efetuado.

A propósito dos parênteses, portanto, recorde-se que eles podem ser moderadamente empregados, sempre que facilitem a "leitura" das expressões. Moderadamente significa, pois, como anteriormente, que:

1. é permitido eliminar os parênteses externos;

2. é lícito usar chaves e colchetes;

3. é oportuno eliminar parênteses "supérfluos" (como, p. ex., os que se tornam dispensáveis em face da usual "dominância" de alguns conectivos sobre outros);

4. é lícito introduzir parênteses (chaves e colchetes) para ressaltar a forma de agrupamento, particularmente quando há letras predicado e letras-operador.

Assim, imagine-se, concretamente, dispor da fórmula

$$F^3 A^o C^1 xy.$$

A rigor, os parênteses são todos desnecessários, pois que a fórmula admite uma "única leitura". De fato, examinando a expressão, nota-se que envolve uma letra predicado (isto é, F), que é 3-ádica, que deve, portanto, estar associada a três termos. Trata-se, a seguir, de identificar esses mesmos termos. Obviamente, a letra com índice superior zero é um termo. A outra letra vem afetada de índice superior 1, devendo, pois, estar associada à variável que a segue. A outra variável será o terceiro termo. Os termos são

$$A^o, C^1 x, y,$$

e a fórmula dada admite esta forma de agrupamento:

$$F^3 (Ao, C^1(x), y).$$

Recorde-se, para fins teóricos, que tais convenções devem ser abolidas quando se cogita da formação dos termos e das expressões, caso em que se retorna à "notação oficial".

Outro pormenor que exige atenção é o seguinte. Uma variável pode ser apenas aparente. Mais precisamente, diz-se que v é uma variável aparente em uma fórmula Ø do português quando:

a) Ø é uma sentença do português (contendo v);

b) Ø pode transformar-se em sentença do português mediante substituição de ocorrências de variáveis por nomes, mas sem ser preciso efetuar substituição de v.

Assim, a sentença

x é a vigésima quarta letra do alfabeto

contém "x", mas de modo "aparente", porque já se tem, de fato, uma sentença. De outra parte,

para algum x, x é pai de João,

embora contenha "x", já é uma sentença, a saber:

alguém é pai de João.

Isso posto, o que se requer, ainda, é que, nas abreviações, as fórmulas não contenham variáveis aparentes.

Feitas as observações, passemos aos exemplos e exercícios.

Efetue-se a simbolização de

Se um gato é felino e os felinos são ferozes, ele é feroz.

O pronome "ele" refere-se, está claro, a "gato". O artigo indefinido tem, aqui, força de quantificador universal. Embora "se" inicie a sentença, ela não tem '$\rightarrow$' como elemento principal, mas '$\forall$ '. Tem-se:

Para todo x (se ((x é gato e x é felino) e para todo y (se y é felino então y é feroz) então x é feroz)).

Daí se passa para

$$\forall x \ \{[(x \text{ gato } . \ x \text{ felino}) . \ \forall y \ (y \text{ felino} \rightarrow \text{feroz})] \rightarrow x \text{ feroz}\}$$

ou, adotando o esquema abreviador:

$F : x$ é um gato

$G : x$ é um felino

$H : x$ é feroz,

para

$$\forall x \ \{(Fx \ . \ Gx) . \ \forall y \ (Gy \rightarrow Hy) \rightarrow Hx\}.$$

EXERCÍCIO

Nas expressões seguintes, omitir e/ou restaurar parênteses, para chegar à notação oficial:

a) $FA \ (x)$.

b) $G \ (C \ (BB) \ A \ (B) \ B)$.

c) $\exists x \ Fx \rightarrow G \ (xy) . \ H \ (xyz)$.

Convém notar que os parênteses permitem, via de regra, a supressão dos índices. Estes, todavia, devem ser restaurados, quando se visa chegar à notação correta.

É oportuno, agora, falar das fórmulas simbólicas. Estas são caracterizadas pelas seguintes condições:

F-1 uma letra predicado n-ádica, seguida de n termos, é uma fórmula simbólica (os termos, naturalmente, são termos simbólicos). Em especial, uma letra predicado zero-ádica é uma fórmula simbólica;

F-2 sendo α e β fórmulas simbólicas, também o serão as expressões

$$\sim \alpha, (\alpha \cdot \beta), (\alpha \vee \beta), (\alpha \to \beta), (\alpha \to \beta);$$

F-3. sendo α uma fórmula simbólica e v uma variável, são fórmulas simbólicas as expressões

$$\forall v \, \alpha, \exists v \, \alpha.$$

Com tais especificações, fica ampliada a classe de fórmulas. Como antes, continuamos a ter fórmulas como

$$F^0, G^0,$$

(antigas sentenças) e como

$$F^1 x, G^1 x, H^1 x,...$$

(já examinadas no cálculo monádico). Mas agora temos fórmulas bem mais complicadas, como, digamos,

$$G^2 xy, G^2 A^0 x, G^2 x B^1 y, F^1 C^0,$$

e assim por diante.

EXERCÍCIO

Indicar se se trata de termo, fórmula, termo simbólico ou fórmula simbólica:

a) $\forall x \, F^2 x \, A^0$.

Solução: é fórmula simbólica. De fato, 'x' é termo (condição T-1), A^0 é termo (condição T-2); segue-se, daí, que $F^2 x \, A^0$ é fórmula (condição F-1); a expressão dada é fórmula, enfim, em virtude da condição F-3). Que se trata de fórmula simbólica é fácil ver.

b) $G^1 A^1 B^1 x$.

c) $(Ax\ F^2x\ A^0 \to G^1\ A^1\ B^1x)$.
d) A^1 o pai de x.
e) $Ex\ (F^1\ A^0 \to G^1\ A^0)$.
f) $G^1\ F^1x$.
g) o filho de x gosta dos livros de y.

A fim de efetuar, nesta nova linguagem L^n, a simbolização de sentenças do português (e a fim de traduzir, para o português, com base em certo esquema abreviador, sentenças simbólicas) é preciso, antes de mais nada, ampliar a noção de ocorrência livre (ou ligada). Essa noção aplicava-se, até aqui, às variáveis. Agora, entretanto, recordando que os termos podem incluir variáveis, é preciso falar também de ocorrência livre (ligada) de *termos*. A noção aplica-se, como antes, às fórmulas simbólicas. Diz-se:

Um termo t tem uma *ocorrência ligada* na fórmula α se comparece numa fórmula dos tipos

$$\forall\ v\ \beta \qquad \exists\ v\ \beta$$

(que são constituintes de α), sendo v variável que ocorre em t.

A ocorrência se diz livre se não é ligada.

O termo se diz *livre* (ou *ligado*) se tiver uma ocorrência livre (ou ligada).

Para ilustrar, considere-se a fórmula

$$\forall x\ F^1\ A^1\ x \to F^1\ B^1x.$$

Existem, aí, dois termos que contêm a variável x, a saber:

$$A^1\ x,\ B^1\ x.$$

A ocorrência do primeiro termo é ligada: nesse termo está a variável x que está no quantificador. A ocorrência do segundo termo é livre.

É oportuno, ainda, recordar o que já se disse a propósito de variáveis aparentes. Diz-se que uma variável v é aparente, em uma fórmula do português, digamos α, quando:

1. α contém v e outras variáveis, mas se transforma em sentença mediante substituição dessas outras variáveis por nomes (v não influi);

2. α já é uma sentença (contendo v).

De outra parte, v é uma variável aparente de um termo do português, digamos t, quando:

1. t contém v e outras variáveis, mas se transforma em nome mediante a substituição dessas outras variáveis (v não influi);
2. t já é um nome (contendo v).

Para fixar ideias, seja

a letra que precede u.

Trata-se de um nome (nome da letra "t"), embora esteja presente a variável u: a ocorrência é apenas "aparente". Para ilustrar a primeira situação,

O objeto u tal que u afirmou v,

basta substituir v para obter um nome, de modo que u é aparente.

As noções de abreviação e de esquema abreviador não precisam de mais comentários. Em síntese, uma abreviação é um par ordenado

a) cujo primeiro elemento é um predicado n-ádico e cujo segundo elemento é uma fórmula do português com n variáveis;

b) cujo primeiro elemento é uma letra-operador n-ádica e cujo segundo elemento é um termo do Português com n variáveis.

Usaremos sempre as primeiras n variáveis de nossa lista (na lista "oficial" essas variáveis, apresentadas em uma dada ordem, são, x_1, x_2, etc.). Essa imposição pode ser "abrandada" usando x, y, etc.

A^0 : Machado de Assis.
B^0 : Graciliano Ramos.
A^1 : o cubo de x_1.
A^2 : a soma de x_1 e x_2.
F^0 : Mauro é inteligente.
G^0 : Anne é bonita.
F^1 : x_1 é bonito.
F^3 : x_1 está sobre x_2 e sob x_3.

O processo de tradução literal consiste em:

a) retorno às notações oficiais;

b) substituição de letras-operador 0-ádicas por nomes e de letras predicado 0-ádicas por sentenças, de acordo com o esquema;

c) substituição das demais letras-operador e letras predicado pelas frases a que se associam, segundo o esquema.

Nota: Assim como já se indicou antes, a variável que predomina é a da fórmula. P. ex., dada uma fórmula com o componente

$$F^1 y,$$

teremos, segundo o esquema acima,

$$(x_1 \text{ é bonito) y,}$$

que, na tradução, será

$$y \text{ é bonito}$$

(A esse respeito, cf. seção correspondente no cálculo monádico.)

d) eliminação dos quantificadores e conectivos pelas frases correspondentes.

Da tradução literal passamos para a tradução, entendida como qualquer variante estilística da tradução literal.

Enfim, a simbolização de uma fórmula Ø do Português conduz a uma fórmula θ da nossa linguagem que deve ser tal que Ø seja uma tradução de θ. Sem entrar em minúcias, a simbolização se faz "invertendo" o caminho percorrido para fazer a tradução.

1.8.1. Exemplos e exercícios

Exemplo. Seja dado o esquema:

A^0 : Machado de Assis

F^2 : x é filho de y

e seja dada a fórmula:

$$\sim \exists x \, F^2 x \, A^0$$

Tem-se, sucessivamente:

$$\sim \exists x \, F^2 \, x \, Machado$$
$$\sim \exists x \, x \text{ é filho de } Machado$$

não sucede que existe um objeto x tal que x é filho de Machado, de que uma variante estilística seria

Machado de Assis não teve filhos.

Nota: Observando o que preceitua a nota anterior, conviria, a rigor, escrever as passagens intermediárias, lembrando que no esquema se teria algo como:

$$F^2 x_1 \text{ é filho de } x_2,$$

passando, pois, de

$$\sim \exists x F^2 x \text{ Machado}$$

para

$$\sim \exists x \, (x_1 \text{ é filho de } x_2) \, x \text{ Machado,}$$

e daí para

$$\sim \exists x \, x \text{ é filho de Machado.}$$

De hábito, como já foi salientado no caso monádico, simbolizações são feitas sem que o esquema seja explicitamente dado, cabendo construí-lo simultaneamente com o trabalho de simbolização. Não é possível explicitar mais minuciosamente a tarefa a executar. Daremos, pois, alguns exemplos, convidando o leitor a resolver os exercícios seguintes e a praticar, por conta própria, com textos que escolher, o que pedem os problemas abaixo.

1º exemplo: Seja dada a sentença: "Há um professor tal que todos os alunos aprendem algo com ele". Este é, mais ou menos, o natural ponto de partida para a simbolização:

$F^1 : x$ é professor.

$G^1 : x$ é aluno.

$H^1 : x$ é um dado assunto.

$J^3 : x$ aprendeu y com z.

As passagens seriam estas:

a) existe um x tal que x é professor e qualquer que seja y, se y é um aluno, então existe um assunto z tal, que y aprende z com x;

b) $\exists x \, (x$ é professor $. \; \forall y \, (y$ é aluno $\rightarrow \exists z \, (z$ é um assunto $. \; y$ aprende z com $x)))$;

c) $\exists x \, (F^1 x \, . \; \forall y \, (G^1 y \rightarrow \exists z \, (H^1 z \, . \; J^3 xyz)))$.

2º exemplo: "Se existe um número tal que seja par o seu produto por qualquer número, então existe um número par." A "grande estrutura" da sentença é a de um condicional. O consequente tem a forma "existe um número par", que pode ser escrito na forma.

$$\exists x \, (Fx \, . \, Gx)$$

com esquema

$Fx : x$ é um número
$Gx : x$ é par.

O antecedente exige um termo diádico:

A: o produto de x por y.

e o predicado G (é par) está aplicado a esse termo, de modo que se deve ter

$$G \, (Axy).$$

"Existe um número" se põe na forma $\exists x \, (Fx \, ...)$, e o fato de que seu produto por qualquer número y é par escrever-se-ia, então, pondo

$$\exists x \, (Fx \, . \, \forall y \, (Fy \rightarrow G \, (Axy)))),$$

A sentença, portanto, é

$$\exists x \, (Fx \, . \, Ay \, (Fy \rightarrow GAxy)) \rightarrow \exists x \, (Fx \, . \, Gx).$$

3º exemplo: "Se x é um número inteiro maior do que zero ou igual a zero, e se todo número inteiro é divisível por x, então x é igual a um."

O esquema requer:

F^1: x é inteiro	I^2: x é divisível por y
G^2: x é maior que y	A^0: zero
H^2: x é igual a y	B^0: um

A sentença é uma generalização de um condicional. O antecedente diz que x é um inteiro ($F \, x$) e que ou x é igual a zero ($H \, x \, A$) ou que x é maior que zero ($G \, x \, A$) e que, ainda, para todo y, se y é um inteiro, y é divisível por x ($I \, y \, x$). O consequente diz que x é igual a um ($H \, x \, B$). Tem-se:

$$\forall x \, ((Fx \, . \, (GxA^0 \vee HxA^0) \, . \, \forall y \, (Fy \rightarrow Iyx)) \rightarrow HxB^o).$$

4.º exemplo: Seja dada a seguinte fórmula:

$$\forall x \ (F^2x, \ G^2xA \ (B) \rightarrow \exists y \ (H^2yB \ . \ I^2xy \ . \ \forall z \ (J^2zy \ K^2xz)))$$

e este esquema:

$F^1 : x_1$ é uma pessoa

$G^2 : x_1$ recebe R\$ 100 por x_2

$Hz : x_1$ é uma turma de x_2

$I^2 : x_1$ pertence a x_2

$J^2 : x_1$ é uma aula de x_2

$K^2 : x_1$ comparece a x_2

A^1: a aula de x_1

B^0 : o curso de física.

A tradução, feita com todas as minúcias, parte por parte, caminharia deste modo:

a) $F^1 x$: (x_1 é pessoa) x, isto é, x é uma pessoa;

b) $G^2 x^A (B)$: note-se, de início, que A (B) significa (a aula de x_1), aplicada a B, "curso de física", logo: "a aula do curso de física". Em seguida, $G^2 x$ A (B) teria esta análise: (x_1 recebe R\$ 100 por x_2) x A (B), que se transforma, sem dificuldade, em: x recebe R\$ 100 por aula do curso de física;

c) H^2yB: (x) é turma de x_2) y B, ou seja, y é uma turma do curso de física;

d) I^2xy: (x_1 pertence a x_2) xy, ou seja: x pertence a y;

e) J^2zy: (x_1 é uma aula de x_2) zy, isto é, z é uma aula de y;

f) K^2xz: (x_1 comparece a x_2) xz ou: x comparece a z

Feita a análise dos componentes, tem-se:

$\forall x$ (x é uma pessoa. x recebe R\$ 100 por aula do curso de física $\rightarrow \exists y$ (y é uma turma do curso de física. x pertence a y). Az (z é uma aula de $y \rightarrow x$ comparece a z), que nos dá, a seguir:

Para todo x (se (x é uma pessoa e x recebe R\$ 100 por aula do curso de física), então existe um objeto y tal que ((y é uma turma do curso de física e x pertence a y) e para cada z (se z é uma aula de y, então x comparece a z))).

Uma tradução livre dessa frase, recordando o significado de 'somente se', seria a seguinte:

Uma pessoa recebe R\$ 100 por aula do curso de física, somente se pertence a pelo menos uma das turmas do curso de física e comparece a todas as aulas dessa turma.

Cap. 1 | Uma Nova Linguagem

O exemplo foi mais ou menos elaborado para que várias das observações cabíveis estivessem presentes na discussão. Se o leitor acompanhou o que aí foi feito, não deve ter dificuldades para resolver os problemas seguintes.

EXERCÍCIOS

1. Traduzir:

$\forall x \ \forall y \ \forall z \ \forall w \ (((((((F^1x \ . \ G^2yx) \ . \ G^2zx) \ . \ G^2wz) \ . \ H^2yz) \ . \ H^2yw) \ . \ H^2zw) \rightarrow$
$\rightarrow I^2 A^2 B^1 y \ B^1 z \ B^1 w),$

segundo o esquema:

$F^1 x_1$ é um triângulo
$G^2 x_1$ é um lado de x_2
$H^2 x_1$ é diferente de x_2
$I^2 x_1$ é maior do que x_2
A^2 a soma de x_1 e x_2
B^1 : o comprimento de x_1.

Resp.: a soma dos comprimentos de dois lados quaisquer de um triângulo é maior que o comprimento do terceiro lado.

2. Traduzir

$\exists x \ (Fx \ . \ \forall y \ (Fy \rightarrow GA \ (yx))) \rightarrow \exists x \ (Fx \ . \ Gx),$

segundo o esquema: $F^1 x$ é um número; $G^1 x$ é par; A^2 o produto de x e y.

3. É dado o seguinte esquema: A^0 José; C^0 Pedro; D^0 Ana; B^1 o pai de x_1; H^1 o irmão de x_1; $F^2 x_1$ é pai de x_2; $G^2 x^1$ é maior que x_2.

Traduzir:

a) BA Solução: temos (o pai de x_1) José; Logo, o pai de José

b) $G \ Ay$

c) $FCBA$

Resp.: Pedro é pai do pai de José.

Simbolizar:

a) o pai de José é maior que o pai de Pedro.

Solução: 'o pai de José' se escreve BA e o 'o pai de Pedro', BC; a relação 'maior' é dada por G. Temos: $G^2 B^1 A^0 B^1 C^0$.

b) José é pai de Pedro.

c) José é maior que o pai de Pedro.

d) Se José é pai de Pedro, José não é maior que o irmão de Ana.

Resp.: $FAC \rightarrow \ \sim GAHD$.

230 Lógica | Leônidas Hegenberg

4. Com o esquema A^o zero; B^o um; A^1, o sucessivo de x_1; F^1x_1 é um número; $G^2 x_1$ é o sucessivo de x_2; $I^2 x_1$ é igual a x_2, simbolizar:

a) zero é um número.

b) zero não tem sucessivo.

c) o sucessivo de zero é um.

d) se os sucessivos de dois números são iguais, esses números são iguais.

Resp.: $\forall x \forall y \, (Fx \, . \, Fy \, . \, IA^1xA^1y \rightarrow Ixy)$.

e) pondo, ainda, $H^1 \, x_1$ tem a propriedade P, dar uma formulação simbólica do princípio de indução (Se zero tem a propriedade P e se um número tem a propriedade P, seu sucessivo também tem a propriedade P, então todos os números têm a propriedade P). (Obs.: evidentemente 'número' está, neste exercício, no lugar de 'número natural').

1.8.2. Exercícios de revisão

1. Usando o esquema F_2: x é o dobro de y; G^2: x é divisor de y; H^2: x é menor do que y, traduzir: a) $\exists x \, Fxx$ b) $\exists y \, Fxy$ c) $\exists x Gxy$ d) $\forall x \exists y Fxy$ e) $\sim \exists y Hyy$ f) $\forall x \, (Gxy \rightarrow Hxy)$.

2. Fixando como universo o das pessoas, simbolizar:

a) alguém admira alguém. (Resp.: $\exists x \exists y Fxy$)

b) há alguém a quem todos admiram.

d) todos são admirados por alguém.

e) há quem admire todos.

f) todos admiram todos.

g) todos são admirados por todos.

3. Repetir o exercício anterior, sem fixar o universo como sendo o das pessoas.

4. com o aberto 'x confia em y', podemos obter quatro fórmulas, prefixando os quantificadores $\forall x$, $\forall y$, $\exists x$ e $\exists y$, e oito fórmulas, prefixando pares de quantificadores. Dar as traduções correspondentes.

5. Argumentar informalmente a respeito do fato de que a frase 'há no máximo um x tal que Fx' pode ser simbolizada por

$$\forall x \forall y \, (Fx \, . \, Fy \rightarrow x = y).$$

6. Exprimir em símbolos o significado de 'há no máximo dois objetos tais que possuam a propriedade F'.

7. Obtemos sentenças antepondo $\forall x$, $\exists y$ às fórmulas seguintes; identificar as verdadeiras e as falsas:

a) y é pai de x b) x é neto de y c) y é tio de x d) y é primo de x e) y é neto de x f) y é filho de x.

8. $\forall x \forall y \, (Fxy \rightarrow Gxy)$ admite esta tradução: "se dois objetos têm igual massa, têm igual inércia." Qual o esquema usado? Dar outras traduções e os respectivos esquemas.

Cap. 1 | Uma Nova Linguagem — 231

9. Repetir para as sentenças seguintes:

   a) $\forall x \forall y\, (Fxy \rightarrow Fyx)$

   b) $\forall x\, (\exists y Fxy \rightarrow \forall y FXy)$

   c) $\exists x\, Fx \,.\, \exists x \forall y Gxy$

10. "Para todo x e para todo y, se é x diferente de y, há um z tal que z está entre x e y" é uma sentença verdadeira no universo dos números racionais. Fixando 'F' para 'x diferente de y' e 'G' para 'x está entre y e z' e 'H' para 'x é menor do que y', tem-se a simbolização:

$$\forall x \forall y\, (Fxy \rightarrow (\exists z\, (Hxz \,.\, Hzy)\, v\, (Hyz \,.\, Hzx)))$$

ou esta outra

$$\forall x \forall y\, (Fxy \rightarrow \exists z Gzxy).$$

Explicar as diferenças. Se o universo não for especificado, de que modo se faria a simbolização?

11. Simbolizar:

   a) o cubo do quadrado de 2 é par.

   b) a força que age numa partícula é igual ao produto de sua massa pela sua aceleração.

     F: x é uma partícula; A: a força que age em x; G: x é igual a y.

     B: o produto de x por y; C: a massa de x; D: a aceleração de x.

   c) alguém é atingido por um carro cada dia.

     F: x é um dia; H: x é um carro; 1: x é atingido por y com z.

12. Traduzir, com esquemas diferentes, preparados pelo leitor:

   a) $\sim \exists x\, (Hx \,.\, \forall y \forall z\, (Fy \,.\, Gz \rightarrow Syx4)$

   b) $\forall x\, (\forall y \forall z\, (Fy \,.\, Hz \rightarrow Syzx) \rightarrow Gx)$

1.9. Referências

1. Harrison Jr., caps. 10, 11 e 12.

2. Kalish e Montague, caps. 3 e 4.

3. Kleene/Logic/, parags. 16, 26 e 27.

4. Leblanc/Logic/, parags. 13, 14, 15 e 16.

5. Quine/Methods/, parags. 12, 14, 15, 22 e 23.

Obs.: Qualquer bom livro de lógica apresenta, com menos ou mais minúcias, as linguagens L e L^n aqui consideradas e discute a simbolização (e a tradução). As anotações feitas neste capítulo assentam-se, em particular, no que dizem Kleene, Kalish e Montague. Os exemplos foram construídos tomando por base vários textos comuns, e muitos são encontrados no livro de Harrison Jr.

Capítulo 2

A Linguagem do Cálculo de Predicados e sua Interpretação

Sumário

Conhecida, de modo intuitivo, a linguagem do cálculo de predicados, as noções serão agora reapresentadas de modo geral e abstrato. A fim de dar sentido preciso à noção de *sentença verdadeira*, fala-se nas interpretações e se define "sentença verdadeira em uma interpretação". Em correspondência, tem-se a noção de um aberto "satisfeito" por determinados objetos. A satisfatoriedade é objeto de exame no final do capítulo. A maioria dos teoremas é citada sem demonstração, esperando-se que o leitor possa compreender seu alcance, embora não os demonstre. Prepara-se o terreno para introduzir, em seguida, a noção de "verdade lógica", a ser investigada no próximo capítulo.

2.1. Símbolos, fórmulas e sentenças

Apresentando a questão de modo geral, pretendemos falar dos objetos de um conjunto A, não vazio, com certos elementos especificados, a_1, a_2, etc., entre os quais se estabelecem certas relações R_1, R_2, etc. Temos, pois, como "tema subjacente de conversação", o sistema

$$< A, R_i, a_j >,$$

em que os índices i e j percorrem conjuntos finitos ou enumeráveis. Para cada índice i se tem, em correspondência, um número que indica o posto de R_i, isto é, indica se R_i é uma relação zero-ádica, 1-ádica, 2-ádica, etc.

Para falar acerca de tal sistema, fixamos o conjunto não vazio, A, o "universo de discurso", e introduzimos símbolos apropriados.

Os símbolos são:

1. as constantes lógicas: $\sim \Rightarrow$;
2. as variáveis: $x_1, x_2, x_3, \dots$
3. as constantes não lógicas:
   3.1 constantes individuais $c_1, c_2, c_3, \dots$
   3.1 constantes relacionais $P_1, P_2, P_3, \dots$

As constantes c_1, c_2, e assim por diante, são nomes dos objetos a_1, a_3, etc. Por sua vez, P_1, P_2, etc. são nomes das relações R_1, R_2, etc. Os P_j são chamados "predicados" e cada qual tem um número fixo de lugares (ou seja, é 0, 1, 2, etc., n-ádico).

Dados os símbolos, podemos formar expressões. Uma expressão é uma sequência finita de símbolos.

A bem da simplicidade, da boa compreensão e da boa leitura das expressões, convém, desde já, introduzir notações mais familiares e indicar as abreviações e convenções a seguir adotadas.

As variáveis poderão ser representadas, onde convier, por x, y, z, com ou sem índices inferiores. Para fazer alusão a uma variável qualquer, não especificada, do conjunto de variáveis, será útil usar as letras u, v, w, com ou sem índices inferiores.

As constantes poderão ser representadas por a, b, c, com ou sem índices inferiores. Para aludir a uma constante qualquer, não especificada, será conveniente usar a letra k, com ou sem índices inferiores.

Os demais conectivos e o quantificador existencial podem ser introduzidos de imediato. Quanto ao conectivo '$\rightarrow$', é oportuno que se apresente da maneira habitual. Além disso, será conveniente, para fins práticos, adotar os parênteses (as chaves e os colchetes) como sinais de pontuação, facilitando a leitura das expressões.

Temos, pois, as seguintes convenções: sendo X e Y expressões quaisquer:

$X \rightarrow Y$	estará no lugar de $\Rightarrow XY$.
$X \cdot Y$	estará no lugar de $\sim (X \rightarrow \sim Y)$.
$X \vee Y$	estará no lugar de $\sim X \rightarrow Y$.
$X \leftrightarrow Y$	estará no lugar de $(X \rightarrow Y) \cdot (Y \rightarrow A)$.
$\exists v\, X$	estará no lugar de $\sim Av \sim X$.

Cap. 2 | A Linguagem do Cálculo de Predicados e sua Interpretação

Onde convier, o número de lugares do predicado será explicitamente indicado, usando para isso índices superiores. Os predicados zero-ádicos, portanto, serão:

$$P^0_{\ 1}, P^0_{\ 2}, P^0_{\ 3}, \ldots$$

Correspondem, é claro, às sentenças. Em vista disso, poderão ser representados pelas letras:

$$P, Q, R.$$

Os predicados de um lugar serão:

$$P^1_{\ 1}, P^1_{\ 2}, P^1_{\ 3}, \ldots$$

Serão, como era de esperar, as qualidades (atributos, predicados no sentido usual, isto é, propriedades dos objetos em tela). Onde for oportuno e não houver possibilidade de confusão, letras sugestivas poderão ser utilizadas.

Os predicados diádicos serão:

$$P^2_{\ 1}, P^2_{\ 2}, P^2_{\ 3}, \ldots,$$

e correspondem às relações no sentido usual, isto é, relações entre dois objetos. Sempre que for oportuno, tais relações poderão ser indicadas por:

$$F, G, H.$$

Como as expressões construídas serão sempre "bem- formadas" (no sentido que se dará a seguir), o uso de índices poderá ser em geral evitado, o que tornará as expressões mais simples.

Feitas essas observações, passemos a alguns exemplos. Como sequências finitas de símbolos,

$$\rightarrow c_1 \cdot x_3 \, \forall,$$
$$x_2 \, x_3 \, P_2 \, c_3 \, \forall \sim$$

são, é claro, expressões de nossa linguagem. Todavia, são "malformadas". As expresses "bem-formadas" serão chamadas fórmulas e a seguir definidas por um processo recursivo.

Introduzamos, antes de mais nada, as chamadas fórmulas atômicas. São fórmulas atômicas expressões do tipo:

$$P_i \, t_1 \, t_2 \ldots t_n.$$

em que P_i é um predicado n-ádico e t_i são constantes individuais ou variáveis. É útil dar um nome especial a tais letras t_i. Diremos que as variáveis e as constantes individuais são os *termos* de nossa linguagem – também chamados *símbolos individuais*.

Uma fórmula atômica, portanto, é obtida com um predicado n-ádico, acompanhado de n termos (ou símbolos individuais).

Lembrando as convenções acima, temos fórmulas atômicas como:

$$P,\ Fxa,\ Fxy,\ Fab,\ P^3_{\ 1}\ xyz,\ P^2_{\ 5}\ x_1\ x_2.$$

Uma letra sentencial (isolada) é fórmula atômica: é predicado zero-ádico acompanhado de zero termos. Sendo F um predicado diádico, pode ser acompanhado de duas variáveis, duas constantes, uma variável e uma constante, etc. Quando oportuno, o tipo de predicado será indicado com o índice superior, vindo, em seguida, o número apropriado de termos.

As fórmulas são agora exaustivamente caracterizadas mediante as seguintes cláusulas:

1. Fórmulas atômicas são fórmulas
2. Se α e β são fórmulas, então $\alpha \rightarrow \beta$ é fórmula
3. Se α é fórmula, então $\sim \alpha$ é fórmula
4. Se α é fórmula e v é variável, então $\forall\, v\, \alpha$ é fórmula.

Note-se que as fórmulas são apenas as expressões dadas pelas cláusulas acima. Caso sejam usados todos os conectivos e também o quantificador existencial, é oportuno ampliar a caracterização, dizendo que:

a) sendo α e β fórmulas, são fórmulas

$$(\alpha \,.\, \beta),\ (\alpha \vee \beta),\ (\alpha \rightarrow \beta),\ (\alpha \leftrightarrow \beta)\ \text{e} \sim \alpha$$

b) sendo α fórmula e v variável, são fórmulas

$$\forall\, v\, \alpha\ \text{e}\ \exists\, v\, \alpha.$$

Os parênteses, em tal caso, são indispensáveis para a "boa leitura" das expressões. Na definição que acompanha a notação polonesa, os sinais de pontuação são dispensáveis, recordando que '$\alpha \rightarrow \beta$' é, em verdade, uma abreviação de '$=> \alpha\, \beta$'.

Cap. 2 | A Linguagem do Cálculo de Predicados e sua Interpretação

Pode-se introduzir a noção de sequência estrutural:

$$<\varnothing_1, \varnothing_2, ..., \varnothing_m>,$$

em que, para cada $i \leq m$, $\varnothing_i$ ou é atômica, ou é $\sim \varnothing_j$, para algum $j < i$, ou é $\varnothing_j \rightarrow \varnothing_k$, para $j, k < i$, ou é $\forall v \varnothing_j$, para $j < i$. Isso posto, diz-se que uma expressão X é uma *fórmula* quando (e somente quando) existe uma sequência estrutural tal que X é precisamente $\varnothing_m$.

De acordo com as definições,

$$\sim \forall x_1 P_1 x_1 c_3,$$
$$\forall x_1 (P_3 c_1 \rightarrow P_2 x_1 c_5)$$

são fórmulas. Naturalmente,

$$P_1 x_1 c_2 . P_2 x_1 c_3,$$
$$\exists x_1 P_1 x_2 x_1$$

também são fórmulas, recordando que, em verdade, abreviam expressões que são fórmulas, a saber, respectivamente,

$$\sim (P_1 x_1 c_2 \rightarrow \sim P_2 x_1 c_3),$$
$$\sim \forall x_1 \sim P_1 x_2 x_1$$

No primeiro exemplo, temos a seguinte sequência estrutural:

$$<P_1 x_1 c_3, \forall x_1 P_1 x_1 c_3, \sim \forall x_1 P_1 x_1 c_3>.$$

A expressão dada é o último termo da sequência. Esta sequência tem como primeiro elemento uma fórmula atômica. O segundo elemento resulta do primeiro mediante uso do quantificador e da variável. O terceiro resulta do segundo mediante uso da negação.

Talvez seja oportuno dizer que a definição da fórmula aqui dada permite a construção de expressões como:

$$\forall x P,$$
$$\forall x \, \forall y \, Fx,$$

que não surgem na prática: um quantificador diante de uma letra sentencial ou dois quantificadores diante de uma fórmula atômica em que só há uma variável. Seria artificial, porém, excluir tais expressões, mesmo que não sejam comuns nas aplicações.

Sendo dada uma expressão X, isto é, a sequência de símbolos:

$$S_1, S_2, ..., S_n,$$

diz-se que n é o *comprimento* de X, indicado por $L(X)$.

Diz-se que um símbolo s ocorre na posição i de uma expressão X se X é $<S_1, S_2, ..., S_n>$, $i \leq n$ e s é s_i.

Diz-se que Y é um segmento (p, q) de X, em que X é $<s_1, s_2, ..., s_n>$, se $0 \leq p < q < L(X)$ e Y é $< s_p \, s_{p+1} ... s_q>$.

Em especial, Y é um segmento inicial de X se Y é $<s_1, s_2, ..., s_j>$ com $j \leq n$. Será segmento inicial próprio se $j < n$.

Essas noções destinam-se a garantir a "única leitura" das fórmulas e se destinam, de outra parte, a caracterizar ocorrências livres e ligadas de variáveis – que permitirão definir sentença.

A única leitura das fórmulas é questão delicada que só será aqui mencionada de passagem. O leitor deve apenas compreender o enunciado dos teoremas, sem preocupar-se com suas demonstrações (que nem chegaremos a esboçar), porque a intenção é clara e está, intuitivamente, assegurada: uma fórmula qualquer não pode ser "mal interpretada": ela só admite uma leitura.[1]

A "boa leitura" fica assentada quando se nota que:

1. nenhum segmento inicial próprio de uma fórmula é fórmula.
2. dada uma fórmula α, apenas uma das condições seguintes ocorre:

   2.1 α é atômica.

   2.2 α é $\sim \beta$, para alguma fórmula β.

   2.3 α é $\beta \to \gamma$, para certas fórmulas β e γ.

   2.4 α é $\forall v \, \beta$, para alguma fórmula β e alguma variável v.

Tem-se, ainda:

3. se $\sim \beta$ coincide com $\sim \beta'$, então β coincide com β';

   se $\alpha \to \beta$ coincide com $\alpha' \to \beta'$, então α coincide com α' e β coincide com β;

   se $\forall v \, \beta$ coincide com $\forall u \, \beta'$, então v coincide com u e β coincide com β';

   se $P_i \, t_1 \, t_2 ... t_n$ coincide com $P_j \, t_1' \, t_2' ... t_n'$, então $i = j$ e $t_k = t_k'$ para $k = 1, 2, ... , n$.

---

1   Esses resultados são apresentados, por outra via, em Church,/Logic/, que os reúne em seus Teoremas 312 a 315 (p. 180).

Cap. 2 | A Linguagem do Cálculo de Predicados e sua Interpretação

É oportuno sublinhar que:

4. cada segmento de uma fórmula α que também for uma fórmula será um constituinte de α (isto é, elemento da sequência estrutural de α). Em outras palavras:

4.1 se α for atômica e β um segmento de α, então β será a própria α.

4.2 se β for um segmento de $\sim \alpha$, então β é a própria $\sim \alpha$ ou um segmento de α.

4.3 se α for um segmento de $\beta \rightarrow \gamma$, então α será esta fórmula ou um segmento de β ou um segmento de γ.

4.4 se α for um segmento de $\forall v \, \beta$, então α será esta mesma fórmula ou um segmento de β.

Passamos, agora, para as ocorrências livres e ligadas de variáveis. Diz-se que a variável v ocorre *livre na posição i de uma fórmula* α se:

1. v ocorre na posição i de α;
2. não existe segmento (p, q) de α, com $p < i$ e $q \leq m \leq L(\alpha)$, que tenha a forma $\forall \, v \, \beta$.

A variável u ocorre ligada na posição i de α se u ocorre na posição i de α, mas não ocorre livre.

Ampliando a noção, diz-se que a variável v ocorre *livre em* α se ocorre livre em alguma posição de α. E se diz que v ocorre *ligada em* α se ocorre ligada em alguma posição de α.

Vale a pena dar exemplos e tecer alguns comentários a propósito dessa definição. Note-se, para ilustrar, que a fórmula

$$\forall x \, (Fxy \rightarrow \forall y \, (Fyz \rightarrow Hy)) \rightarrow Hx$$

tem três ocorrências de 'x'. As duas primeiras ocorrências são ligadas. A última é livre.

A rigor, nossa fórmula seria:

$$\rightarrow \forall x \rightarrow Fxy \, \forall y \rightarrow Fyz \, Hy \, Hx.$$

com posições numeradas de 1 a 17. A primeira ocorrência de x é na posição 3. Há um segmento, precisamente o segmento (2,15), que tem a forma $\forall x \, \beta$. Pela mesma razão a ocorrência na posição 6 é ligada. Na última ocorrência x é livre, pois não há segmento da forma indicada.

A notação costumeira, com os parênteses, é mais simples. Percebe-se mais facilmente o agrupamento dos constituintes da fórmula. Adotando essa escritura mais fácil, nota-se que em

$$\forall v\, \alpha,$$

α é o escopo do quantificador $\forall v$. Isso posto, a variável v ocorre livre se não está no escopo de um quantificador do tipo $\forall v$. Caso contrário, ocorre ligada. O escopo fica indicado claramente pelos parênteses, de modo que é mais simples localizar as variáveis livres e ligadas.

Além disso, as fórmulas contêm, via de regra, quantificadores existenciais e seria oportuno incluir o caso de ocorrência *livre* (e ligada) relativamente a tais outros quantificadores. Diz-se, então, que a variável v ocorre *livre* se não está no escopo de um quantificador do tipo $\forall v$ ou do tipo $\exists v$. Caso contrário, a ocorrência é ligada.

Enfim, convém sublinhar que uma variável pode ser livre e ligada em uma dada fórmula (tendo ocorrências livres e ocorrências ligadas nessa fórmula).

Convém ressaltar que a variável v ocorre livre na posição i:

1. de uma fórmula atômica, se ocorre na posição i dessa fórmula.
2. de $\sim \beta$ se ocorre livre na posição $i - 1$ de β.
3. de $\alpha \to \beta$ se ocorre livre na posição $i - 1$ de α, quando $i < L\,(\alpha)$, ou ocorre livre $i - [L\,(\alpha) - 1]$ de β, quando $L\,(\alpha) < i < L\,(\alpha \to \beta)$.
4. de $\forall u\, \alpha$ se ocorre livre na posição $i - 2$ de α e v não coincide com u.

Completando a lista de definições gerais é oportuno acrescentar mais estas:

A posição i de α se diz *livre para u* se não existem p e q (tais que $p \leq i \leq q \leq L\,(\alpha)$) de modo que o segmento (p, q) de α seja da forma $\forall u\, \beta$.

Uma expressão da forma "$\forall v_1\, \forall v_2\, ..., \forall v_m$" chama-se *agrupamento de quantificadores*. Diz-se que β é uma *generalização* de α (ou uma universalização de α) se β é da forma:

$$X\alpha,$$

Cap. 2 | A Linguagem do Cálculo de Predicados e sua Interpretação   241

em que X é um agrupamento de quantificadores.

Tem-se, por fim, a definição de sentença:

Diz-se que uma fórmula α é uma *sentença* se não contém variáveis livres.

Assim,

$$F\,ab,$$
$$\forall x\,F\,xb,$$
$$\forall x\,\forall y\,F\,xy,$$

são sentenças.

Dada uma fórmula β com variáveis livres e um agrupamento de quantificadores tal que todas as variáveis livres de β fiquem ligadas, tem-se o *fecho universal* de β – que é uma sentença.

Exemplificando, dada a fórmula:

$$F\,xy,$$

uma de suas universalizações seria:

$$\forall x\,F\,xy.$$

A universalização

$$\forall x\,\forall y\,F\,xy$$

que a transforma em sentença (ligando todas as variáveis que eram livres) é o fecho universal da fórmula originalmente dada.

2.2. Interpretações

As noções utilizadas no parágrafo anterior sugeriam que a linguagem formal está associada a expressões da linguagem corrente. É precisamente o que se poderia depreender do uso de palavras como "sentença", "predicado", e assim por diante.

De modo geral, as constantes devem corresponder a indivíduos (de um prefixado conjunto de indivíduos). As letras predicado serão associadas a qualidades e relações. As letras sentenciais que correspondem a sentenças serão verdadeiras ou falsas, "traduzindo" asserções comuns. As constantes lógicas, por seu turno, terão sentido determinado: o sentido que se lhes atribui normalmente.

Estas noções podem, agora, ser apresentadas de modo minucioso. Fornecer uma interpretação I de nossa linguagem formal é

1. especificar um conjunto não vazio, A, isto é, o "universo"
2. associar a cada constante individual um elemento de A
3. associar a cada letra predicado n-ádica uma relação n-ádica
4. associar a cada sentença (isto é, cada letra sentencial) um dos dois valores verdade (V ou F)
5. atribuir aos conectivos e quantificadores os seus sentidos usuais.

Deve-se sublinhar que qualquer conjunto não vazio pode ser tomado como universo e que qualquer relação n-ádica, entre elementos desse universo, pode ser associada a um predicado n-ádico.

A propósito, alguns comentários. Imagine-se dado um conjunto A. A noção de par ordenado (de elementos de A) pode ser introduzida de modo rigoroso. Entretanto, aqui admitiremos que a noção é familiar. O par ordenado, com elementos a e b, será indicado por:

$$<a, b>,$$

É importante salientar que os pares $<a , b>$ e $<b , a>$ são distintos, já que se fala em pares ordenados, caso em que só se estabelece identidade se são iguais os primeiros elementos e também iguais os segundos elementos. Define-se a terna (ou tripla) ordenada:

$$<a, b, c> = <<a, b>, c>,$$

e, a partir daí, a quádrupla ordenada:

$$<a, b, c, d> = <<a, b, c>, d>,$$

e assim por diante.

No discurso ordinário, falando-se em relação pensa-se em certa conexão entre dois objetos (ou, talvez, entre vários objetos). Diz-se, por exemplo, que Elizabeth II está na relação "mãe de", em relação a Carlos. Diz-se, também, que Curitiba está na relação "estar entre", relativamente a Porto Alegre e São Paulo. Indiquem-se essas relações por meio de letras, "M" e "E", por exemplo. Escreve-se:

Elizabeth M Carlos

Cap. 2 | A Linguagem do Cálculo de Predicados e sua Interpretação   243

para dizer que Elizabeth é mãe de Carlos. Para relacionar três ou mais objetos, é mais cômodo colocar a letra abreviadora no início:

$$E \text{ (Curitiba, Porto Alegre, São Paulo).}$$

Pensando-se nas relações comuns, é razoável insistir em que haja algum modo intuitivo de descrever o tipo de conexão que se estabelece entre os objetos (que se afirma estarem em certa relação). Essa conexão, entretanto, é vaga e nem sempre ganha significado muito preciso. Para contornar possíveis ambiguidades, delibera-se chamar relação binária (ou diádica) qualquer conjunto de pares ordenados. Assim,

$$\text{<Platão, 5>, <Aristóteles, 9>, <Russell, 3>}$$

seria uma relação binária – que não teria, é claro, qualquer sentido intuitivo.

O importante é isto:

Definição: uma *relação binária* é um conjunto de pares ordenados.

De acordo com essa definição, a relação "amar" é o conjunto de pares ordenados $<x, y>$ tais que x ama y. Representando "amar" por "A", esse conjunto (relação) conteria, entre outros, os pares:

$$\text{<Romeu, Julieta>,}$$
$$\text{<Abelardo, Heloisa>,}$$
$$\text{<Otelo, Desdêmona>.}$$

Convencionando que os pares ordenados de objetos de um conjunto C formam um novo conjunto, representado por C^2, então a relação binária é simplesmente um conjunto R contido em C^2: uma relação binária (entre elementos de C) é qualquer conjunto R tal que

$$R \subseteq C^2.$$

A noção se amplia para as relações ternárias (ou triádicas), e assim por diante. Dado o conjunto C, pode-se formar o conjunto de todas as n-plas ordenadas de objetos de C. Esse conjunto será denotado C^n. Uma relação n-ádica (entre elementos de C) será um conjunto R tal que

$$R \subseteq C^n$$

A relação, portanto, é um conjunto – um subconjunto do conjunto de todas as n-ulas ordenadas (formadas com elementos de certo conjunto previamente especificado).

Em especial, as relações 1-ádicas podem ser entendidas como sendo simplesmente um subconjunto do conjunto dado. Essa ideia está de acordo com o que a intuição poderia sugerir. Imagine-se dado C, o conjunto de todos os animais, por exemplo. A relação 1-ádica (ampliando-se a noção de "relação") seria, em termos intuitivos, uma qualidade, ou uma propriedade, como, digamos, "feroz". Do conjunto C, portanto, separa-se uma parte constituída pelos animais ferozes. Aplicando de modo genérico essa ideia, a relação 1-ádica é, simplesmente, um subconjunto de certo conjunto dado.

Em especial, ainda, a relação zero-ádica é, sumariamente, uma sentença (mais precisamente, uma coleção de sentenças).

Voltando, então, à interpretação, pode-se fixar o universo,

$$A = \{\text{Russell, Brouwer, Hilbert, Tarski}\}.$$

Uma relação diádica, por exemplo, seria o conjunto de pares ordenados:

$$\{<\text{Tarski, Hilbert}> , < \text{Brouwer, Russell}>\}.$$

Uma relação triádica poderia ser o conjunto de ternas ordenadas:

$$\{<\text{Tarski, Hilbert, Russell}>\}.$$

Uma relação monádica poderia ser:

$$\{\text{Russell, Tarski}\}$$

(que é um subconjunto de A).

Ao cogitar de uma interpretação, qualquer conjunto pode ser tornado como universo, qualquer elemento do universo pode ser associado às constantes individuais, qualquer conjunto de pares ordenados pode ser associado a um predicado diádico, qualquer subconjunto do universo pode ser associado a um predicado monádico, e assim por diante. Não é preciso que os conjuntos e subconjuntos considerados sejam, de alguma forma, "bem comportados", isto é, tenham nome especial ou correspondam a relações em sentido intuitivo.

2.3. Sentença verdadeira em uma interpretação

A noção mais importante que se pode introduzir, dada uma interpretação, é a de "sentença verdadeira", nessa interpretação. Em correspondência, pode-se definir "sentença falsa" (numa interpretação).

Deseja-se, pois, definir:

α é verdadeira em I,

sendo α sentença de nossa linguagem formal e I interpretações possíveis.

A noção será desdobrada, por mera conveniência didática, em duas partes: (1) sentenças em que não ocorrem quantificadores e (2) sentenças que contêm quantificadores – caso esse que requer algumas considerações prévias a respeito de "variantes k" de uma fórmula.

Seja, então, I uma interpretação qualquer e seja α uma sentença de nossa linguagem, admitindo-se que a sentença α não encerre quantificadores.

1. α pode ser uma letra sentencial. Diz-se que α é verdadeira em I se, e só se, I associa o valor V a essa letra.

2. α pode ser atômica (não letra sentencial). Tem, pois, a forma:

$$P\, t_1,\, t_2 \ldots t_n,$$

em que, como é óbvio, todos os termos são constantes (De fato, se comparecessem variáveis, elas seriam livres e não se teria uma sentença.). Diz-se que α é verdadeira em I se, e se, só os objetos que I associa às constantes estão na relação que I associa ao predicado P.

3. α é do tipo $\sim \beta$. Diz-se que α é verdadeira em I se, e só se, β não é verdadeira em I.

4. α é do tipo $\beta \, . \, \gamma$, sendo β e γ sentenças. Diz-se α é verdadeira em I se, e só se, β e γ são verdadeiras em I.

5. α é do tipo $\beta \lor \gamma$, sendo β e γ sentenças. Diz-se que α é verdadeira em I se, e só se, β é verdadeira em I ou γ é verdadeira em I.

6. α é do tipo $\beta \rightarrow \gamma$, sendo β e γ sentenças. Diz-se que α é verdadeira em I se, e só se, ou β não é verdadeira em I ou γ é verdadeira em I ou ambas as situações se verificam.

7. α é do tipo $\beta \leftrightarrow \gamma$, sendo β e γ sentenças. Nesse caso α é verdadeira em I se e só se β e γ são ambas verdadeiras em I ou β e γ não são ambas verdadeiras em I.

Diz-se que α é falsa em I se α não é verdadeira em I.

A definição é intuitivamente apropriada, conforme se depreende de um ou dois exemplos. Seja dada a sentença:

$$P.$$

Na interpretação, ela pode receber um de dois valores: V ou F. P será verdadeira se I lhe associar o valor V.

Seja dada a sentença:

$$P^2\, ab.$$

Esta sentença será verdadeira se os indivíduos correspondentes às constantes a e b estiverem na relação que I associa à letra predicado P^2. Digamos, para ilustrar, que (universo de seres humanos) "a" corresponda a "Romeu" e "b" corresponda a "Julieta" e que "P^2" corresponda, numa dada I, a "(1) ama (2)". Tem-se "P^2ab" verdadeira nessa interpretação, pois os objetos (Romeu e Julieta), associados às constantes (a e b), estão na relação que I associa à letra predicado P^2 (a relação "ama").

Estão analisados, assim, os casos simples, de sentenças atômicas. A verdade (numa I) de sentenças moleculares fica reduzida à verdade ou falsidade das sentenças atômicas que formam essa molécula, segundo as cláusulas de 3 a 7.

Resta, agora, para concluir, examinar as fórmulas que contêm quantificadores. Para isso, convém falar nas k-variantes de uma dada interpretação.

Imagine-se dada uma interpretação I. Seja k uma constante individual. Diz-se que I' é uma *variante k* de I se

1) I' é a própria I, ou

2) I' difere de I apenas quanto ao objeto associado à k.

Subentende-se que o universo, nos dois casos, é o mesmo.

Exemplificando, imagine-se que I associe às constantes $a_1, a_2, \ldots$ os seguintes objetos:

a_1 : Graciliano $\qquad$ a_2 : Lobato $\qquad$ a_3 : Assis

a_4: Alencar $\qquad$ a_5: Azevedo $\qquad$ a_6: Camões

I' será uma a_3-variante de I se (não sendo a própria I) associar os mesmos indivíduos às constantes a_1, a_2, a_4, a_5 e a_6, associando, porém, outro indivíduo à constante a_3, digamos

$$a_3 : \text{Castro Alves.}$$

Vamos, a seguir, introduzir uma notação adequada. Dada uma fórmula α,

Cap. 2 | A Linguagem do Cálculo de Predicados e sua Interpretação

$$\alpha \begin{pmatrix} v \\ t \end{pmatrix}$$

indicará a substituição, em α, da variável v, em todas as suas ocorrências livres, pelo símbolo individual (constante ou variável) t.[2]

Imagine-se, então, que α contenha quantificadores. A verdade de α, em dada I, se define desta maneira:

8. α é do tipo $\forall v \, \beta$. Nesse caso, α é verdadeira em I se, e só se, $\beta \begin{pmatrix} v \\ k \end{pmatrix}$ é verdadeira em qualquer variante k de I.

9. α é do tipo $\exists v \, \beta$. Então α é verdadeira em I se, e só se, $\beta \begin{pmatrix} v \\ k \end{pmatrix}$ é verdadeira em pelo menos uma k variante de I.

Como antes, diz-se que α é falsa em I se α não é verdadeira em I.

Exemplifique-se. A sentença α é formada por um quantificador, $\forall v$ ou $\exists v$, seguido de uma fórmula β em que não podem ocorrer livres outras variáveis além de v (com efeito, se outra variável ocorresse livre em β, a anteposição dos quantificadores indicados ligaria v, mas não essa nova variável, de modo que a expressão resultante não seria uma sentença). Considere-se, pois, a fórmula β e faça-se, aí, a substituição de v por uma constante.[3] A fórmula β se transforma em β', que é uma sentença em que a variável livre, v, única existente, foi substituída por constante. Ora, essa fórmula (sentença) β' será verdadeira ou falsa, na interpretação em pauta. O que, em resumo, as cláusulas 8 e 9 afirmam é isto:

8. $\forall v \, \beta$ é verdadeira em uma interpretação I exatamente no caso de ser β' verdadeira em I e em *qualquer* variante k de I.

9. $\exists v \, \beta$ é verdadeira em I, exatamente quando β' é verdadeira em I ou em *alguma* variante k de I.

Concretizando a situação, imagine-se dada a sentença α

---

2 Pode-se assegurar que o resultado de tal substituição é ainda uma fórmula. Para isso, ver Hegenberg, Mudança de linguagens.

3 Para tornar o procedimento uniforme, escolhe-se a primeira constante que não compareça em β (na lista, ordenada, de constantes).

$$\exists x\, P^2 xa_1.$$

Seja dada a interpretação I, em que o universo é o conjunto, não vazio, de estudiosos de lógica, e

$$P^2 : (1) \text{ leu obras de } (2).$$

Imagine-se que alguns objetos selecionados do universo sejam:

$$a_1 : \text{Aristóteles} \qquad a_3: \text{Leibniz}$$
$$a_2 : \text{Russell} \qquad a_4: \text{Church}$$

A fórmula dada é do tipo:

$$\exists x\, \beta,$$

sendo β a fórmula:

$$P^2 xa_1.$$

Efetue-se, em β, a substituição de x por uma constante (a primeira, na ordem, que não comparece em β) para obter uma sentença:

$$\beta \begin{pmatrix} v \\ k \end{pmatrix}: P^2\, a_2\, a_1.$$

Esta sentença afirma: "Russell leu obras de Aristóteles". A sentença original será verdadeira se esta outra for verdadeira em alguma a_2 variante de I. A a_2 variante de I pode ser a própria I: $P^2\, a_2 a_1$ é verdadeira em I, de modo que a sentença original é verdadeira em I.

Considerando novo exemplo, seja α a sentença:

$$\exists x\, P^2 xa_2.$$

Como antes, α é do tipo:

$$\exists x\, \beta,$$

em que β é a fórmula $P^2 xa_2$. Para transformar esta fórmula em sentença, efetue-se a substituição da variável x por uma constante (a primeira que não surge em β, na ordem dada, é a_3), tendo-se a sentença:

$$P^2\, a_3\, a_2,$$

que significa: "Leibniz leu obras de Russell". Esta sentença é falsa. Procure-se, porém, uma (alguma) variante a_3 de I, fazendo, diga-se, com que essa variante I' associe a a_3 um outro objeto, por exemplo:

$$a_3 : \text{Church.}$$

Nessa I', a sentença $P^2 a_3 a_2$ significa: "Church leu obras de Russell", que é verdadeira. Sendo, pois

$$\beta \begin{pmatrix} x \\ a_3 \end{pmatrix} \text{ verdadeira em variante } a_3 \text{ de } I,$$

segue-se que a sentença original, α, é verdadeira em I.

Como nova ilustração, seja dada a sentença:

(1) $\forall x\, \exists y\, P^2\, xy.$

Esta sentença (1) é da forma $\forall x\, \beta$, sendo β a fórmula:

(2) $\exists y\, P^2\, xy.$

Sabe-se que (1) será verdadeira em I se, e somente se, $\exists y\, P^2\, ay$ for verdadeira em qualquer variante-a de I. Concretizando a situação, imagine-se que o universo é o dos seres humanos e que:

$$P^2 : (2) \text{ é pai de } (1).$$

É fácil mostrar que $\exists y\, P^2\, ay$ é verdadeira na variante-a de I se, e só se, o ser humano correspondente à constante a tiver pai. Em harmonia com as nossas intenções, (1) será verdadeira em I se, qualquer que seja o indivíduo do universo, ele tiver um pai.

Espera-se que o leitor possa compreender a definição de "verdadeira em uma interpretação I'". Essa definição não oferece dificuldade na maioria dos casos, ressaltando-se, entretanto, que nas fórmulas com quantificadores a intenção é clara:

a) Se α é uma generalização universal, $\forall v\, \beta$, então, para cada constante k, $\beta \begin{pmatrix} v \\ k \end{pmatrix}$ é verdadeira.

b) Se α é uma sentença do tipo $\exists v\, \beta$, então α é verdadeira se $\beta \begin{pmatrix} v \\ k \end{pmatrix}$ é verdadeira para alguma constante k.

De passagem, considere-se o caso em que cada objeto do universo de discurso é nomeado por uma constante c_1, c_2, etc. Nessa hipótese, dizer que a sentença

$$\forall x\, Px$$

é verdadeira equivaleria a dizer que são verdadeiras todas as sentenças:

$$Pc_1, Pc_2, Pc_3, \dots, Pc_n, \dots$$

Chamando interpretações completas aquelas interpretações em que cada elemento do universo está associado a um nome, as cláusulas relativas às sentenças quantificadas podem ser substituídas por estas outras:

a) se α é $\forall u\, \beta$, então α é verdadeira em I se, e só se, cada sentença $\beta \left(\begin{smallmatrix} u \\ k \end{smallmatrix} \right)$ é verdadeira em I.

b) se α é $\exists u\, \beta$, então α é verdadeira em I se, e só se, alguma sentença $\beta \left(\begin{smallmatrix} u \\ k \end{smallmatrix} \right)$ é verdadeira em I.

Essa formulação das definições parece mais intuitiva. Todavia, ao usar nossa linguagem, não estaremos, comumente, na situação de poder associar uma constante a cada objeto do universo – quando este é infinito e não enumerável, como no caso dos números reais, por exemplo. Isso obriga acolher as definições mais gerais dadas antes.

Merecem especial menção os seguintes resultados fundamentais:

1. A sentença α é falsa em uma interpretação I se e só se $\sim \alpha$ é verdadeira nessa I.

2. Em uma dada I, uma sentença não pode ser simultaneamente verdadeira e falsa.

3. Se α e $\alpha \to \beta$ são verdadeiras em uma I, então β também é verdadeira nessa I.

4. Em uma dada I, $\alpha \to \beta$ é falsa se e só se α é verdadeira e β é falsa.

Postas estas noções, é possível falar em verdade lógica. Uma sentença é *logicamente verdadeira* (é uma *verdade lógica*, é *logicamente válida*, ou, sumariamente, é *válida*) se é verdadeira em qualquer interpretação, qualquer que seja o universo (não vazio).

A noção será examinada de modo minucioso adiante (no capítulo 3). Completando estas considerações, examinaremos o caso dos

Cap. 2 | A Linguagem do Cálculo de Predicados e sua Interpretação 251

abertos, isto é, das fórmulas com variáveis livres. Veremos que há muita semelhança entre o que se disse aqui e o que se pode dizer acerca dos abertos.

EXERCÍCIO

Demonstrar os quatro resultados fundamentais citados acima.

Obs.: O leitor interessado poderá consultar as obras de Mates/Logic/, e de Mendelson,/Logic/, para exame destas mesmas noções e de teoremas conexos.

2.4. Satisfatoriedade

As sentenças podem ser encaradas como fórmulas fechadas. Nesse caso, as fórmulas com variáveis livres serão as fórmulas abertas, ou, abreviadamente, os *abertos*. Um aberto como, por exemplo:

$$\sim \forall x \, F \, xy,$$

não é, a rigor, verdadeiro nem falso. Pode ou não ser *satisfeito* por alguns objetos, segundo o significado atribuído ao predicado. A noção é conhecida. Dada a desigualdade:

$$x < 5,$$

ela não é verdadeira nem falsa, mas satisfeita (ou verificada) para objetos como 1, 2, 3 e 4 e *não* satisfeita para objetos como 5, 6, 7, etc.

A fórmula:

$$Px,$$

numa interpretação I para a qual:

$$P : \text{é par,}$$

é satisfeita por objetos como 2, 4, 6, e assim por diante. Não é satisfeita por objetos como 3, 5, 7, etc.

A noção de satisfatoriedade é importante para a caracterização das verdades lógicas e merece exame pormenorizado.

A expressão:

$$\alpha \begin{pmatrix} v \\ t \end{pmatrix}$$

indicará a fórmula que se obtém de α mediante a substituição de v, em todas as ocorrências livres, pelo termo t.

Admitindo que $v_1, v_2, ..., v_m$ sejam todas distintas, então

$$\alpha \left(\begin{array}{c} v_1, v_2, ... v_m \\ t_1, t_2, ... t_m \end{array} \right)$$

é a fórmula obtida de α efetuando substituição uniforme e simultânea das variáveis, em todas as ocorrências livres, pelos termos.

A substituição é uniforme no sentido de que as ocorrências livres de uma dada variável v_i são todas substituídas por ocorrências do mesmo termo t_i. A substituição é simultânea, para que não se confunda com a substituição sucessiva (que conduz, em geral, a resultado diverso).

Será oportuno, desde já, indicar por

$$\alpha \left(\begin{array}{c} k \\ v \end{array} \right)$$

a fórmula obtida mediante substituição da constante k por uma variável v.

Sem entrar em minúcias, vale ressaltar que

1. Se a é uma fórmula, $\alpha \left(\begin{array}{c} v \\ t \end{array} \right)$ também é uma fórmula.

2. Qualquer substituição simultânea pode ser reduzida a substituições simples sucessivas.

3. $\alpha \left(\begin{array}{c} k \\ v \end{array} \right)$ é uma fórmula.

4. $\alpha \left(\begin{array}{c} t \\ t \end{array} \right)$ é uma fórmula, salvo se t' é uma constante, t ocorre

na posição i de α e na posição i-1 ocorre $\forall$.

Recorde-se que, para efeito teórico, a linguagem mais econômica é que está em jogo (apenas com as fórmulas atômicas, a negação, o condicional e o quantificador universal). As noções podem ser ampliadas, se for preciso, de modo a se aplicarem também aos demais casos – quando presentes os outros conectivos e o quantificador existencial.

Tem-se, ainda:

5. a) $P t_1 t_2 \ldots t_i \begin{pmatrix} v \\ t \end{pmatrix}$ é $P t_1' t_2' \ldots t_i'$

sendo t_i' o próprio t_i caso $t_i \neq v$
e sendo t_j' o termo t caso $t_i = v$.

b) $(\sim \alpha) \begin{pmatrix} v \\ t \end{pmatrix}$ é $\sim \alpha \begin{pmatrix} v \\ t \end{pmatrix}$.

c) $(\alpha \rightarrow \beta) \begin{pmatrix} v \\ t \end{pmatrix}$ é $\alpha \begin{pmatrix} v \\ t \end{pmatrix} \rightarrow \beta \begin{pmatrix} v \\ t \end{pmatrix}$.

d) $(\forall u\ \alpha) \begin{pmatrix} v \\ t \end{pmatrix}$ é a própria $\forall u\ \alpha$ se $u \neq v$

ou é $\forall u\ \alpha \begin{pmatrix} v \\ t \end{pmatrix}$ se $u = v$.

A noção de satisfatoriedade pode ser introduzida por um processo recursivo. Imagine-se, como na primeira seção, dispor de um sistema

$$S = <A, R_i\ a_j>$$

e considerem-se sequências

$$s = <s_1, s_2, \ldots, s_n, \ldots>$$

formadas com objetos de A.

Pretendemos dar sentido à expressão

$$s \text{ satisfaz } \alpha \text{ em } S.$$

Começamos com as fórmulas atômicas, do tipo:

$$P t_1 t_2 \ldots t_i$$

obtidas com uma letra predicado i-ádica, seguida de i termos.

Na interpretação, a letra predicado P corresponde a uma relação i-ádica, R. Os termos t_j podem ser variáveis ou constantes. Diremos que

$$s \text{ sat } P t_1 t_2 \ldots t_i.$$

sempre que

$$<y_1, y_2, \dots y_i> \in R,$$

sendo

$$y_j = s_k \text{ se } t_j = x_k,$$
$$y_j = a_k \text{ se } t_j = c_k.$$

Dada a sequência s, são deixados os elementos que correspondem às variáveis na fórmula dada. Os elementos que correspondem às constantes são substituídos pelos objetos do universo. Ilustre-se a situação com um caso concreto. Imagine-se dada a fórmula.

$$P x_1 c_2$$

Os termos t_1 e t_2 são, nessa ordem, a primeira variável e a segunda constante. Seja oferecida uma interpretação. Suponhamos que o universo seja o conjunto de seres humanos e que, em particular,

$$c_2: \text{Peter.}$$

Seja dada uma sequência s (de seres humanos):

$$s = <\text{Octanny, Obemor, Leo, ...}>$$

Imagine-se, enfim, que:

$$P: \text{é amigo de.}$$

Pergunta-se se a sequência s satisfaz a fórmula dada. O que cabe verificar, em suma, é se

$$<\text{Octanny, Peter}> \varepsilon R$$

(em que R é a relação "ser amigo de"), ou seja, o que se deve verificar é se Octanny é amigo de Peter. De fato, a fórmula dada é

$$P x_1 c_2.$$

O que se vai construir, portanto, é um par de objetos do universo. Como o primeiro termo é uma variável, mantém-se o elemento inicial da sequência s. Como o segundo termo é a segunda constante, o segundo elemento do par deve ser o objeto que corresponde a essa constante.

Cap. 2 | A Linguagem do Cálculo de Predicados e sua Interpretação — 255

Mais uma ilustração. É dada a fórmula atômica:

$$P\, x_1\, c_3\, x_5.$$

A interpretação fixa como universo o conjunto de números. As constantes correspondem aos naturais, na ordem costumeira: c_1: 1, c_2: 2, etc. O predicado P é associado a uma relação triádica (*e.g.*, o primeiro elemento é soma do segundo e terceiro).

É dada uma sequência de elementos do universo, digamos

$$s = \,<2, 3, 5, 7, 11, ...>$$

(para fixar ideias: a sequência dos números primos). Pergunta-se se esta sequência satisfaz a fórmula dada. A fórmula dada é do tipo:

$$P\, t_1\, t_2\, t_3,$$

em que t_1 é x_1, t_2 é c_3 e t_3 é x_5. Em vista disso, escolhe-se uma terna ordenada de números, de acordo com o seguinte critério:

como t_1 é x_1, o primeiro elemento da terna é s_1, isto é, 2
como t_2 é c_3, o segundo elemento da terna é a_3, isto é, 3
como t_3 é x_5, o terceiro elemento da terna é s_5, isto é, 11;
tem-se a terna:

$$<2, 3, 11>,$$

e resta ver se essa terna está na relação apropriada, isto é, se o primeiro elemento é a soma dos dois outros. Como

$$2 \neq 3 + 11,$$

segue-se que a sequência dada não satisfaz a fórmula dada.

Mantendo o exemplo, imagine-se que

$$P\, xyz : y \text{ está entre } x \text{ e } z,$$

isto é, que a interpretação associa à letra predicado P a interpretação "estar entre", na ordem considerada. Claramente,

$$<2, 3, 11>$$

é uma terna de números que está na relação indicada, ou seja,

3 está entre 2 e 11,

de modo que a sequência satisfaz a fórmula dada.

Os casos em que surgem os conectivos são simples. Diz-se que

$$s \text{ sat} \sim \alpha \text{ se, e só se, s não satisfaz } \alpha$$

e que

$$s \text{ sat } \alpha \to \beta \text{ se, e só se, se s sat } \alpha \text{ então } s \text{ sat } \beta.$$

Para o caso em que a fórmula envolve o quantificador, rever as definições dadas no início do parágrafo e convencionar que

$$s \begin{pmatrix} n \\ b \end{pmatrix}$$

é uma sequência que difere da sequência s apenas na posição n, substituindo o elemento que estava nessa posição por b.

Isso posto,

$$s \text{ sat } \forall x_n \, \alpha \text{ se, e só se, s } \begin{pmatrix} n \\ b \end{pmatrix} \text{ sat } \alpha, \text{ para cada } b \in A.$$

Em outras palavras, dada a sequência s, constrói-se uma nova sequência em que a posição n é ocupada por elementos diferentes. Se estas sequências satisfazem α, então a sequência original satisfaz $\forall x \, \alpha$. Essa definição deve ser aplicada a qualquer x_n (isto é, a qualquer variável que figure na fórmula dada).

Estamos, agora, em condições de dizer quando uma fórmula é uma verdade lógica. Diremos:

A fórmula α é uma verdade lógica (é logicamente verdadeira, é logicamente válida, ou, simplesmente, é válida no cálculo de predicados) se, para todo sistema S e para cada sequência s, s satisfaz α (em S).

Escreve-se, nesse caso:

$$|= \alpha$$

(e se tem o que corresponde às tautologias do cálculo sentencial).

Não é oportuno incluir, aqui, as demonstrações de delicados teoremas relativos à satisfatoriedade.[4] Sem embargo, os teoremas podem ser mencionados, para que se tenha ideia de como a noção se aplica.

---

4   Essas demonstrações podem ser examinadas em nosso *Mudança de linguagens*, bem como em Mendelson,/Logic/, p. 49-54.

Cap. 2 | A Linguagem do Cálculo de Predicados e sua Interpretação

Têm-se, entre os resultados dignos de nota, os seguintes:

Teorema. Se $s_j = s'_j$ para todo j tal que x_j é livre em α, então

s sat α (em S) se e só se s' sat α (em S).

O teorema seguinte amplia a noção de modo a torná-la aplicável a fórmulas que não têm a forma padrão:

Teorema: s sat $\alpha . \beta$ se, e só se, s sat α e s sat β.

s sat $\alpha \vee \beta$ se, e só se, s sat α ou s sat β.

s sat $\alpha \leftrightarrow \beta$ se, e só se, s sat α se e só se s sat β.

s sat $\exists x_m \, \alpha$ se, e só se, existe um $b \in A$ tal que

$$s \begin{pmatrix} m \\ b \end{pmatrix} \text{ sat } \alpha.$$

Estas noções não diferem muito das já examinadas quando se falou de "sentença verdadeira", de modo que não deve haver grande dificuldade para compreendê-las.

É, de relevo, ainda, este outro:

Teorema: s sat $\alpha \begin{pmatrix} x_m \\ c_j \end{pmatrix}$ se, e só se, $s \begin{pmatrix} m \\ a_j \end{pmatrix}$ sat α

$$s \text{ sat } \alpha \begin{pmatrix} x_m \\ x_j \end{pmatrix} \text{ se, e só se, } s \begin{pmatrix} m \\ s_j \end{pmatrix} \text{ sat } \alpha$$

Concluindo, é oportuno lembrar mais dois resultados:

Teorema: Se β é uma universalização qualquer de α então

s sat β se e só se s sat α

Teorema: Se s sat α (em S) e se s sat ($\alpha \to \beta$) (em S), então

s sat β (em S)

2.5. Referências

1. Hegenberg,/Mudanças de linguagens, cap. 1.
2. Mates,/Logic/, caps. 3 e 4.
3. Mendelson,/Logic/, cap. 2, parags. 1 e 2.
4. Vaught,/Curso/.

Obs.: A linguagem L^n, examinada no capítulo 1, é agora introduzida de maneira abstrata. A interpretação está associada a um sistema (que é, em última análise, um sistema algébrico). A notação polonesa é preferida, por comodidade teórica, mas é imediatamente substituída pela notação usual, para simplificar a leitura das fórmulas. O tratamento dado ao assunto é o que se adotou em /Mudança de linguagens/, escrito com base no curso do prof. Vaught. Deve-se ressaltar, porém, que as noções se devem, em última análise, a Tarski. O estudo da interpretação está baseado no que diz Mates. A satisfatoriedade é examinada, ainda, por Mendelson. O capítulo é de leitura difícil para um principiante, a quem recomenda-se que passe para a questão da validade (verdade lógica), que se discutiu a seguir, sem se preocupar com o fato de deixar as minúcias do presente capítulo mal assimiladas. A elas sempre se poderá retornar em outra oportunidade, numa segunda leitura.

Capítulo 3

Verdades Lógicas

Sumário

O assunto do capítulo são as verdades lógicas – que correspondem, no cálculo de predicados, às tautologias do cálculo sentencial. Quinze verdades lógicas de particular interesse são discutidas e a geração de novas verdades, a partir dessas, é examinada – mediante substituições apropriadas. Ressalta-se o paralelismo que há entre os teoremas relativos às tautologias e os teoremas relativos às verdades lógicas.

3.1. Preliminares

As tautologias são fórmulas do cálculo sentencial que assumem sempre o valor "Verdade", independentemente das atribuições de valores para os átomos presentes na fórmula. Correspondentemente, há várias fórmulas do cálculo de predicados que também são invariavelmente verdadeiras, isto é, verdadeiras em qualquer interpretação.

Diz-se, pois, que:

Uma sentença é uma *verdade lógica* (é *logicamente verdadeira*, é *logicamente válida*, ou, simplesmente, é *valida* no cálculo de predicados) se é verdadeira em qualquer interpretação.

A definição não oferece meios para decidir, de imediato, se uma fórmula é ou não logicamente verdadeira. A verificação de que uma dada fórmula (sentença) não é uma verdade lógica pode ser feita, em geral, sem grandes dificuldades: basta encontrar *uma* interpretação em que seja falsa.

Para determinar a verdade lógica de uma fórmula é preciso considerar todas as possíveis interpretações, isto é, famílias infinitas de interpretações, com infinidades de universos. A tarefa é, de hábito, muito mais complexa que a da determinação de não validade. Sem embargo, é possível, para numerosos casos de relevo, estabelecer a validade lógica, empregando raciocínios metalinguísticos – como se fará em seguida.[1]

Por comodidade didática, desdobraremos o estudo em duas etapas.

Na primeira etapa examinaremos fórmulas "uniformemente quantificadas", ou seja, fórmulas em que surgem predicados monádicos, sendo necessária uma só variável, não existindo quantificador no escopo de outro quantificador.

Numa segunda etapa examinaremos casos mais gerais, com predicados diádicos, triádicos, etc., podendo haver quantificadores no escopo de outros quantificadores.

As noções serão ampliadas de modo a falar não apenas em sentenças logicamente verdadeiras, mas também em abertos logicamente válidos.

3.2. Verdade lógica (L^1)

Iniciamos o exame da questão da verdade lógica estudando o que se poderia chamar *quantificação uniforme*.

Temos, então, abertos como

$$x \text{ é um livro,}$$
$$x \text{ é homem} \rightarrow x \text{ é mortal,}$$
$$x = x,$$

que são frases (ou fragmentos de frases) cujo interesse maior está em que são potencialmente partes de sentenças (fechadas) como

$$\exists x \, (x \text{ é um livro}),$$

$$\forall x \, (x \text{ é homem} \rightarrow x \text{ é mortal}),$$

$$\forall x \, (x = x).$$

Dispomos de letras sentenciais, P, Q, R, de predicados monádicos, F, G, H. Estas letras predicado combinam-se com as variáveis para formar, digamos, abertos dos tipos

---

1 Kleene, em seu /Logic/, constrói tabelas de valores para as fórmulas do cálculo de predicados. Preferimos, aqui, adotar o procedimento usado por Quine, em /Methods/, que parece mais intuitivo.

$$Fx , \sim Fx , Fx \lor (Ex . Hx)$$

chamados *esquemas quantificados abertos uniformes* (em resumo: abertos ou esquemas abertos).

Temos, enfim, quantificações de tais esquemas abertos ou suas combinações com os conectivos:

$$\forall x \, Fx, \ \forall x \, (Fx \to Ex), \ \exists x \, Hx$$

e

$$\forall x \, Fx \to \exists x \, (Fx . \sim Gx), (\forall x \, Fx . \exists x \, Ex) \to \exists x \, Gx.$$

chamados *esquemas fechados*.

Em qualquer caso, não há quantificadores no escopo de quantificadores.

A questão de verdade numa interpretação pode ser introduzida sem mais dificuldades quando há sentenças. Com efeito, uma interpretação I

associa valores V ou F às letras $P, Q, R, \ldots$

associa subconjuntos do universo às $F, G, H, \ldots$

cabendo, como de hábito, fixar de antemão o universo U.

Um esquema fechado se diz logicamente verdadeiro, se é verdadeiro em (para) todas as interpretações de F, G, H, em qualquer universo não vazio.

A questão do universo vazio merece um breve comentário. Há sentenças, como, por exemplo:

$$\forall x \, Fx \to \exists x \, Fx \tag{1}$$

que são verdades lógicas (segundo o veremos adiante) quando os universos *não* são vazios. Todavia, se o universo é vazio, a sentença torna-se falsa. Com efeito, o antecedente é verdadeiro: vacuamente verdadeiro, porque não há objetos que deixam de ter a qualidade F. O consequente, porém, é falso, pois não existe objeto (universo vazio) com a propriedade F. Em consequência, a sentença em pauta é falsa.

Outros esquemas como, digamos

$$\exists x \, (Fx . Ex) \to \exists x \, Fx, \tag{2}$$

são verdadeiros, não importando se o universo é ou não vazio.

As exceções requerem atenção, porque é comum simplificar argumentos mediante escolha de universos particulares (a respeito dos quais faltam informações, ignorando-se se são vazios ou não).

Todavia, o caso dos universos vazios pode ser facilmente resolvido, aplicando as técnicas do cálculo sentencial. Esquemas são substituídos por letras sentenciais e seus valores serão V ou F, conforme o quantificador associado seja universal ou existencial (como se sugeriu no primeiro exemplo). Mais precisamente, a sentença (1) toma a forma

$$P \to Q$$

sendo V o valor de P e F o valor de Q. Já a sentença (2) tem a forma

$$P \cdot Q \to P$$

sendo val $(P \cdot Q) = V$ e val $(Q) = V$.

De outro lado, os abertos requerem investigações especiais.

A definição de verdade lógica aplica-se às sentenças, mas não aos abertos. Os abertos não são verdadeiros nem falsos, mas "satisfeitos" ou não pelos objetos do universo.

Assim, para ilustrar,

$$x \text{ é par}$$

é um aberto "satisfeito", digamos, por números como 2, 4, 6, 8, etc., não satisfeito por números como 5, 13, 21, etc.

O aberto

$$x \text{ é cantor}$$

é satisfeito por Gigli, Sinatra, Roberto Carlos, não por Rivelino, Demóstenes e Léo Amaral.

Pode-se dizer que um aberto é uma verdade lógica (ampliando, assim, a definição anterior) quando, para qualquer escolha do universo U, não vazio, e para qualquer escolha de interpretações para 'Fx', 'Ex', e assim por diante, o esquema resulta satisfeito por todos os objetos de U.

Isso equivale, em outras palavras, a dizer que

Um aberto é logicamente verdadeiro se é logicamente verdadeiro o seu fecho universal.

Recorde-se que o fecho universal de um aberto é obtido colocando quantificadores universais para deixar ligadas as variáveis. Assim,

$$Fx$$

tem como fecho universal

$$\forall x\, Fx.$$

Como exemplo de aberto logicamente verdadeiro tem-se

$$Fx \to Fx \qquad (3)$$

De fato, o aberto tem a forma de uma tautologia

$$P \to P,$$

de modo que se torna verdadeiro qualquer que seja a interpretação dada a 'Fx', satisfaça ou não x o aberto 'Fx'.

O raciocínio pode ser repetido em todos os casos semelhantes, tendo-se, então, o seguinte resultado básico:

Qualquer esquema que tem a forma de uma tautologia é uma verdade lógica.

Não foi preciso restringir o resultado aos abertos, pois que os fechados são igualmente abrangidos.

Com efeito, o esquema

$$\forall x\, Fx \,.\, \exists x\, Gx \to \forall x\, Fx \qquad (4)$$

pode ser obtido da tautologia

$$P \,.\, Q \to P$$

(mediante substituições óbvias), resultando que o esquema é logicamente verdadeiro em qualquer interpretação. Esquemas como (3) e (4) se dizem logicamente verdadeiros, em virtude de "sua forma tautológica".

A verdade lógica de um esquema como (1) não depende de sua forma tautológica e sim de considerações de outra ordem, envolvendo os quantificadores e as expressões que são abrangidas por esses quantificadores.

A situação dos abertos é mais simples. Os que não têm a forma de tautologias NÃO são logicamente verdadeiros. Exemplificando, seja

$$Fx \to Gx.$$

Interpretando 'Fx' de modo que seja satisfeito por um dado objeto j, que, entretanto, não satisfaz o aberto 'Gx', resulta que o aberto não é satisfeito por esse objeto, tendo-se

$$V \to F$$

e, portanto, valor F para o aberto em pauta.

Em suma, os abertos se comportam exatamente como se fossem fórmulas do cálculo sentencial, no que concerne à verdade lógica.

No cálculo sentencial era viável manter o caráter tautológico de uma fórmula mediante substituições apropriadas. Assim,

$$P \cdot Q \to P$$

era um "gerador" de tautologias, mediante substituições (uniformes e simultâneas) de letras sentenciais por fórmulas do cálculo sentencial.

Procedimento análogo pode ser aqui adotado. Seja dada uma fórmula α que é uma verdade lógica. Seja

$$\alpha \left(\frac{F_1 F_2 \dots F_n}{\beta_1 \beta_2 \dots \beta_n} \right)$$

a fórmula resultante de α mediante substituição uniforme e simultânea das letras predicado por fórmulas abertas do cálculo de predicados. O resultado é ainda uma verdade lógica.

Antes de considerar os motivos que justificam a asserção, é oportuno dispor de algumas tautologias do cálculo de predicados.

Já lembramos que são verdades lógicas as fórmulas que têm a forma de tautologias. Mas há outras, que não têm a forma de tautologias e que precisam ser arroladas, dada a importância de que se revestem.

Passemos, pois, a considerar algumas das verdades lógicas do cálculo de predicados.

3.3. Algumas verdades lógicas

Eis algumas verdades lógicas de especial interesse:

1. $\forall x\, Fx \to \exists x\, Fx$;
2. $\forall x\, Fx \leftrightarrow {\sim} \exists x \sim Fx$;
3. ${\sim} \forall x\, Fx \leftrightarrow \exists x \sim Fx$;
4. $\exists x\, Fx \leftrightarrow {\sim} \forall x \sim Fx$;
5. ${\sim} \exists x\, Fx \leftrightarrow \forall x \sim Fx$;
6. $\forall x\, (Fx \cdot Gx) \leftrightarrow (\forall x\, Fx \cdot \forall x\, Gx)$;

Cap. 3 | Verdades Lógicas · 265

7. $\exists x\,(Fx\,.\,Gx) \rightarrow (\exists x\,Fx\,.\,\exists x\,Gx)$;
8. $(\forall x\,Fx \lor \forall x\,Gx) \rightarrow \forall x\,(Fx \lor Gx)$;
9. $(\exists x\,Fx \lor \exists x\,Gx) \leftrightarrow \exists x\,(Fx \lor Gx)$;
10. $\forall x\,(Fx \rightarrow Gx) \rightarrow (\forall x\,Fx \rightarrow \forall x\,Gx)$.

A fim de ilustrar o procedimento a adotar na análise da verdade lógica, tomem-se alguns exemplos dessa lista.

1. É dada uma interpretação arbitrária, I, com universo não vazio. Duas alternativas se abrem: 1) Fx é satisfeito por algum objeto ou 2) não há objeto que satisfaça Fx.

   1) se existe um objeto que satisfaz Fx, a sentença $\exists x\,Fx$ é verdadeira. O condicional é verdadeiro, pois tem consequente verdadeiro.

   2) se, de outra parte, não há objeto que satisfaz Fx, a sentença $\forall x\,Fx$ é falsa. O condicional é, novamente, verdadeiro, pois tem antecedente falso.

   Não podendo o condicional ser falso, em qualquer I, trata-se realmente de uma verdade lógica.

5. Como no caso anteriormente examinado, se Fx é satisfeito por algum objeto, então $\exists x\,Fx$ é uma sentença verdadeira, ao passo que é falsa a sentença $\forall x \sim Fx$. De outra parte, se $\exists x$ Fx é falsa, $\forall x \sim Fx$ é verdadeira. Em qualquer das situações o bicondicional é verdadeiro.

6. Note-se que os dois elementos separados pela dupla seta têm sempre o mesmo valor: são ambos verdadeiros ou são ambos falsos. Com efeito, o primeiro elemento é verdadeiro se e só se $Fx\,.\,Gx$ é satisfeito por todos os objetos, o que se dá se e só se Fx é satisfeito por todos os objetos e Gx é satisfeito por todos os objetos. Isso ocorre se e só se $\forall x\,Fx$ é uma sentença verdadeira e $\forall x\,Gx$ é uma sentença verdadeira. O que é o mesmo que dizer que $\forall x\,Fx\,.\,\forall x\,Gx$ é uma sentença verdadeira.

7. Note-se, de início, que não vale, como no caso anterior, a dupla implicação. O fato de que

$$(\exists x\,Fx\,.\,\exists x\,Gx) \rightarrow \exists x\,(Fx\,.\,Gx)$$

não é uma verdade lógica pode ser facilmente estabelecido: da existência de pássaros e mamíferos (ou de pares e ímpares ou de cubos e esferas) não decorre que existam pássaros-mamíferos (ou pares-ímpares ou cubos-esferas).

No sentido contrário, porém, tem-se uma verdade lógica. Numa interpretação qualquer, em que o antecedente é verdadeiro, o consequente também é verdadeiro. Isso basta para assegurar que se trata de verdade lógica. Seja, pois, I uma interpretação arbitrariamente escolhida que torna verdadeiro o antecedente. Segue-se que $Fx . Gx$ é satisfeito por um objeto (pelo menos) do universo. Seja b um dos objetos que torna verdadeiro o antecedente, isto é, que satisfaça o aberto $Fx . Gx$. Esse objeto b satisfaz (separadamente) Fx e Gx. Resulta que são verdadeiras as sentenças $\exists x\, Fx$ e $\exists x\, Gx$, de modo que também é verdadeira a conjunção, ou seja, é verdadeira a sentença $\exists x\, Fx . \exists x\, Gx$.

8. Não vale, como acima, a dupla implicação, e o leitor poderá encontrar uma interpretação adequada para mostrar que não vige uma das implicações. Escolha-se, como acima, um I que torne verdadeiro o antecedente. Pode-se ter, portanto, $\forall x\, Fx$ verdadeira ou $\forall x\, Gx$ verdadeira. Se $\forall x\, Fx$ é verdadeira, Fx é satisfeito por todos os objetos, de modo que também $Fx \lor Gx$ é satisfeito por todos os objetos e é verdadeira a sentença $\forall x\, (Fx \lor Gx)$. O mesmo se dá se $\forall x\, Gx$ é verdadeira.

É oportuno usar um símbolo especial para indicar que certa fórmula é uma verdade lógica. Utilizaremos o mesmo sinal empregado no cálculo sentencial, isto é, $\models$. Assim,

$$\models \alpha$$

será indicação de que a fórmula α é uma verdade lógica, no cálculo de predicados.

Podemos retornar, agora, às substituições. Temos:

Teorema: Se $\models \alpha$ e se β é um aberto, então $\models \alpha \left(\begin{array}{c} F \\ \beta \end{array} \right)$.

Não apresentaremos uma demonstração do teorema, porém um exemplo concreto em que a situação se esclareça. Diremos, de início, que os objetos que satisfazem um aberto, como Fx, por exemplo, constituem a *extensão do predicado F*.

Seja, então, dada α:

$$\exists x\,(Fx \cdot Gx) \to \exists x\, Fx,$$

que é logicamente verdadeira (como consequência da expressão 7, da lista acima).

Seja β o aberto $Hx \vee Kx$. Quando se substitui, em α, o predicado F pelo aberto β resulta

$$\exists x\,[(Hx \vee Kx) \cdot Gx)] \to \exists x\,(Hx \vee Kx).$$

Deseja-se mostrar que esta expressão é uma verdade lógica.

Seja, então, I uma interpretação qualquer (que atribui significados a H, K e G). Seja, em correspondência com I, uma interpretação I' que torna a extensão de Fx exatamente a extensão de $Hx \vee Kx$ (mantendo Gx inalterado).

Como α é verdadeira em qualquer interpretação, será verdadeira na interpretação I'. Mas

$$\alpha \left(\begin{array}{c} F \\ \beta \end{array} \right) \text{ afirma, em } I', \text{ o mesmo que } \alpha \text{ assevera em } I.$$

Logo,

$$\alpha \left(\begin{array}{c} F \\ \beta \end{array} \right) \text{ e verdadeira em } I.$$

Como I foi escolhida arbitrariamente, $\alpha \left(\begin{array}{c} F \\ \beta \end{array} \right)$ é logicamente verdadeira.

O teorema, em síntese, permite dizer que

$$\forall x\, Fx \to \exists x\, Fx \qquad (1)$$

gera novas tautologias do tipo

$$\forall x\, \beta \to \exists x\, \beta,$$

em que β é um aberto. Em outras palavras, do fato de (1) ser uma verdade lógica decorre, por exemplo, que também são verdades lógicas:

$$\forall x\,(Gx \vee Kx) \to \exists x\,(Gx \vee Kx),$$
$$\forall x\,[(Fx \cdot Ex) \vee Kx] \to \exists x\,[(FX \cdot Gx) \vee Kx],$$
$$\forall x\, Gx \to \exists x\, Gx,$$

e assim por diante, podendo-se efetuar a substituição de '*Fx*' por abertos quaisquer, dos tipos

$$Gx, Hx, Gx \vee Kx, (Gx \rightarrow Kx) . Jx,$$

etc.

Dispondo da noção de verdade lógica, pode-se falar em implicação e em equivalência.

É claro que α é uma verdade lógica se e somente se $\sim \alpha$ não é uma verdade lógica (não é satisfeita por qualquer conjunto apropriado de termos, em qualquer interpretação, com universo não vazio).

De outra parte, α é passível de satisfação se e somente se $\sim \alpha$ não é uma verdade lógica. Se α é uma sentença, então α ou é verdadeira ou falsa em qualquer interpretação dada: é satisfeita por todas ou por nenhuma coleção apropriada de objetos do universo.

Diz-se que α é *contraditória* (no cálculo de predicados) se e somente se $\sim \alpha$ é uma verdade lógica (ou seja, se e somente se α é falsa em qualquer interpretação).

Diz-se que α *implica* β se e somente se é válido o condicional $\alpha \rightarrow \beta$. Ampliando a noção,

$$\alpha_1, \alpha_2, \dots, \alpha_n \text{ implicam } \beta$$

se e somente se for verdade lógica o condicional

$$\alpha_1 . \alpha_2 . \dots . \alpha_n \rightarrow \beta.$$

As duas fórmulas α e β são *equivalentes* (no cálculo de predicados) se e somente se elas se implicam mutuamente, ou seja, se e somente se o bicondicional

$$\alpha \leftrightarrow \beta$$

é uma verdade lógica.

Em vista da lista de verdades lógicas, pode-se dizer, por exemplo, que

$\forall x \, Fx$ implica $\exists x \, Fx$.

$\forall x \, Fx \vee \forall x \, Gx$ implica $\forall x \, (Fx \vee Gx)$,

e que

$\forall x \, Fx$ equivale a $\sim \exists x \sim Fx$,

$\exists x \, Fx \vee \exists x \, Gx$ equivale a $\exists x \, (Fx \vee Gx)$.

Cap. 3 | Verdades Lógicas   269

Quando $\alpha_1, \alpha_2, \ldots, \alpha_n$ implicam β, diz-se que β é *consequência lógica* de $\alpha_1, \alpha_2, \ldots, \alpha_n$. Nesse caso, se todas as α_i são verdadeiras em uma interpretação, β também é verdadeira nessa interpretação.

À semelhança do que ocorria no cálculo sentencial, tem-se também no cálculo de predicados o

Teorema: Se $\models \alpha$ e se $\models \alpha \to \beta$ então $\models \beta$.

Com efeito, se β fosse falso em alguma interpretação I, então, nessa I, α teria de ser falsa (já que, por hipótese, $\models \alpha \to \beta$), mas isso contrad016 taria a suposição feita, de que $\models \alpha$. Ou, admitindo-se que α fosse verdadeira em I, não se teria $\models \alpha \to \beta$, contrariando, de novo, a hipótese.

Concluindo esta apresentação de resultados fundamentais, é preciso fazer alusão ao

Teorema: Seja γ uma fórmula qualquer e $\gamma \left(\begin{array}{c} \alpha \\ \beta \end{array} \right)$ a fórmula que resulta de γ mediante substituição da fórmula constituinte α por outra fórmula β. Tem-se:

se $\models \alpha \leftrightarrow \beta$, então $\models y \leftrightarrow \gamma \left(\begin{array}{c} \alpha \\ \beta \end{array} \right)$.

Podemos afastar, desde logo, dois casos extremos:

1. γ não tem α como constituinte. Neste caso, não há substituição e $\gamma \left(\begin{array}{c} \alpha \\ \beta \end{array} \right)$ é a própria γ e, é claro, $\models \gamma \leftrightarrow \gamma$.

2. γ é α. Neste caso, substitui-se γ por β e se deseja mostrar que $\models \alpha \leftrightarrow \beta$, que é a própria hipótese.

Afastados esses casos "limite", a demonstração pode ser feita por indução (no comprimento da fórmula γ). Admite-se, pois, que o teorema é legítimo para fórmulas de dado comprimento $L \leq n$ e examinam-se as fórmulas de comprimento $n + 1$.

Caso 1: γ é atômica, do tipo $P^n t_1 t_2 \ldots t_n$. O teorema é vacuamente satisfeito, pois não há constituinte α a substituir.

Caso 2: γ é $\sim \delta$. Nesta hipótese, $\gamma \left(\begin{array}{c} \alpha \\ \beta \end{array} \right)$ é $\sim \delta \left(\begin{array}{c} \alpha \\ \beta \end{array} \right)$. Pela hipótese indutiva, recordando que δ tem comprimento menor do que $n + 1$,

$$\models \delta \leftrightarrow \delta \left(\begin{array}{c} \alpha \\ \beta \end{array} \right).$$

Tem-se a tautologia $(P \leftrightarrow Q) \leftrightarrow (\sim Q \leftrightarrow \sim P)$, que leva ao desejado.

Os casos em que γ é do tipo δ . ε ou do tipo $\delta \lor \varepsilon$ ou do tipo $\delta \rightarrow \varepsilon$ ou do tipo $\delta \leftrightarrow \varepsilon$ podem ser examinados de modo análogo, bastando escolher convenientemente a tautologia em que basear a obtenção do desejado resultado.

Caso 7: γ é do tipo $\forall v \ \delta$. Seja, então, γ' a fórmula $\forall v \ \delta'$. Pela hipótese indutiva, $\models \delta \leftrightarrow \delta'$. É claro que δ e δ' podem ter livre a variável v. Mas a validade de abertos é a validade dos correspondentes fechos universais, de modo que, também, $\models \forall v \ (\delta \leftrightarrow \delta')$. Na prévia lista de fórmulas logicamente verdadeiras (que se encontra no início deste parágrafo) tem-se esta:

$$\forall x \ (Fx \rightarrow Gx) \rightarrow (\forall x \ Fx \rightarrow \forall x \ Gx).$$

Devidamente acomodada ao caso presente, ela permite dizer que

$$\models \forall v \ (\delta \leftrightarrow \delta') \rightarrow (\forall v \ \delta \leftrightarrow \forall v \ \delta').$$

O teorema anterior, enfim, dá

$$\models \forall v \ \delta \leftrightarrow \forall v \ \delta'$$

tal como se desejava mostrar.

O caso final, em que γ é do tipo $\exists \ v \ \delta$, pode ser examinado de maneira análoga, usando-se primeiramente a quantificação universal, para assegurar que $\models \forall v \ (\sim \delta' \leftrightarrow \sim \delta)$ – efetuando previamente a introdução da negação – para, em seguida, distribuir o quantificador universal (como no caso anterior) e obter

$$\models \forall v \sim \delta' \leftrightarrow \forall v \sim \delta$$

e chegar, por fim, à tese, recordando que '$\forall v \sim \varnothing$' equivale a '$\sim \exists v \ \varnothing$'.

Com esse resultado, completa-se o grupo de teoremas que são análogos aos do cálculo sentencial.[2]

É oportuno salientar que outros resultados do cálculo sentencial podem ser transportados para o cálculo de predicados (os teoremas

---

2   O leitor notará que os teoremas aqui reunidos são, precisamente, os análogos dos teoremas de 1 a 5 citados no cap. 5 da parte I.

Cap. 3 | Verdades Lógicas   271

relativos à consequência lógica e os relativos à dualidade, por exemplo). Não nos preocuparemos com isso neste livro. Passaremos para a validade no caso mais geral, de quantificação generalizada – segunda etapa de investigação deste capítulo.

3.4. Quantificação geral

Ao lado, agora, dos predicados monádicos, podemos considerar os diádicos, triádicos, e assim por diante, como, por exemplo:

$Gxyz$: x dá y a z.
$Hxyzw$: x paga y a z pela compra de w.

O uso de quantificadores no escopo de outros quantificadores é agora indispensável para que se formulem certas sentenças.

Para dizer, por exemplo, que

Flávio comprou algo no mercado, mas o trocou
por outra coisa

é preciso fazer a simbolização desta maneira:

$\exists x$ (Flávio comprou x. Flávio trocou x por outra coisa),

da qual se destaca a parte final, que se simboliza assim:

$\exists y$ (Flávio trocou x por y),

de modo que a sentença original aparece nesta forma:

$\exists x\ (Fx\ .\ \exists y\ (Gxy))$,

com o esquema abreviador:

$F\ (1)$: Flávio comprou (1).
$G\ (1)\ (2)$: Flávio trocou (1) por (2).

Como há vários quantificadores, as variáveis também podem multiplicar-se.

Têm-se, então, letras sentenciais P, Q, R, etc., predicados monádicos Fx, Gx, etc., diádicos, Hxy, Jxy, etc., e assim por diante. Combinando-os com os conectivos e os quantificadores, obtemos os chamados esquemas quantificados. Estão incluídos os esquemas quantificados uniformes (examinados antes) e mais uma grande variedade de outros, inclusive esquemas mistos do tipo

$$\exists x\, Fx \to P$$

ou

$$\exists x\, (Fx \to P).$$

Só se deve impor uma restrição: uma letra não pode representar senão um predicado, bem determinado – uma letra predicado não pode estar com m termos, numa ocorrência, e *no mesmo contexto*, ocorrer outra vez, com n termos, m diferente de n. Em outras palavras, não podem ser admitidas expressões como:

$$\forall x\, (Fx \to Fxx).$$
$$\forall x\, (Fx \to \exists y\, Fxy).$$

A letra 'F' deve comparecer com um determinado número de termos – número que permanece fixo ao longo de uma discussão específica.

Os esquemas quantificadores podem, como antes, ser abertos ou fechados.

$$\forall x\, (Fx \to \exists y\, (Gy \lor Hyx))$$

é um esquema fechado (uma sentença), mas suas partes,

$$Fx \to \exists y\, (Gy \lor Hyx),$$
$$\exists y\, (Gy \lor Hyx),$$
$$Gy \lor Hyx,$$

são esquemas abertos. Em especial, esquemas do tipo:

$$P \lor (P \to Q),$$

em que só compareçem letras sentenciais, são dados como fechados.

Os diagramas que contêm números em círculos podem ser encarados como expressões auxiliares que indicam abertos a colocar no lugar de 'Fx', 'Fy', 'Gxy', e assim por diante. Assim, se 'G' deve receber uma interpretação, como, por exemplo,

(1) é maior do que (2),

então o esquema

$$\exists x\, Gxy \lor \exists x\, Gyx \qquad\qquad \text{(A)}$$

se transforma em

$$\exists x\, (x \text{ é maior do que } y) \lor \exists x\, (y \text{ é maior do que } x).$$

Algumas observações são oportunas. O esquema contém o predicado 'G', que é diádico. Na interpretação, portanto, deve-se escolher uma relação diádica, ou seja, uma relação que se estabelece entre dois objetos – cujas posições serão as indicadas pelos numerais em círculos.

Obviamente, o esquema (A) não poderia ser interpretado usando

(1) está entre (2) e (3),

pois que 'G' é predicado diádico, e como tal vem associado a dois termos, que não podem ocupar os três lugares fixados pela relação triádica.

Sem embargo, nada impede que se ponha, como interpretação, algo como

(2) diverte (1) mais do que y diverte (1).

Nessa interpretação, o esquema dado, (A), se transformaria em

$$\exists x \, (y \text{ diverte } x \text{ mais do que } y \text{ diverte } y) \, v$$
$$\exists x \, (x \text{ diverte } y \text{ mais do que } y \text{ diverte } x).$$

Resumindo, dado um esquema, digamos

$$\forall x \, Fx \rightarrow Gxy,$$

nota-se que 'F' ocorre monadicamente e que 'G' ocorre diadicamente. Nas interpretações devem ser usadas relações apropriadas, isto é, com *uma* "vaga" e com *duas* "vagas", respectivamente, para substituir 'F' e 'G'. Assim, 'F' pode ser substituída por qualquer esquema dos tipos:

$$G\,(1), x \qquad\quad Gy\,(1),$$
$$H\,(1)\,xy\,, \qquad Hz\,(1)\,x, \qquad Ha\,(1)\,y,$$
$$J\,xy\,(1)\,z, \qquad J\,ab\,(1)\,x,$$

sempre com *uma* "vaga" (a ser preenchida por uma variável: a variável que, no esquema, está associada a F).

G, por seu turno, pode ser substituída por algo como:

$$K\,(1)\,(2),$$
$$H\,(1)\,(2)\,x, \qquad\qquad H\,(1)\,y\,(2),$$
$$J\,(1)\,xy\,(2), \qquad\qquad J\,ab\,(1)\,(2).$$

Todavia, não por algo como

$$F(1)$$

ou

$$K\,x\,(1), \qquad\qquad K\,x\,(2),$$
$$J\,xyz\,(1), \qquad\qquad J\,ab\,(1)\,z,$$

pois que, em tais casos, não há o número correto de "vagas" para as duas letras que ocorrem, junto a 'G', no esquema dado.

Além disso, é oportuno ressaltar que o lugar indicado por (1) deve ser ocupado pelo primeiro termo associado ao predicado (único, no caso de predicado monádico), que os lugares (1) e (2) devem ser ocupados pelos termos, na ordem em que surgem no predicado do esquema, e assim por diante.

Exemplificando, seja dado o esquema:

$$\forall y\,(\forall x\,Fx \rightarrow Fy),$$

e considere-se

$$G\,(1)\,xy.$$

Efetuando a substituição, tem-se:

$$\forall y\,(\forall x\,G\,(1)\,xy \rightarrow G\,(1)\,xy),$$

e o lugar assinalado por (1) deve ser ocupado pelas letras associadas a F no esquema dado, isto é, x na primeira vez e y na segunda. Tem-se:

$$\forall y\,(\forall x\,G\,xxy \rightarrow G\,yxy).$$

A letra F do esquema dado pode ser substituída por esquemas complicados, envolvendo outros quantificadores, outras variáveis e outros conectivos. O importante é que haja, de cada vez, uma vaga exatamente, a ser ocupada pelo termo associado a F. Assim, se poderia, por exemplo, substituir F no esquema acima por algo como:

$$\forall x\,G\,(1)\,xy\,.\,H\,(1) \rightarrow G\,ax\,(1).$$

O teorema das substituições, na etapa inicial (quantificação uniforme), era relativamente simples. Agora, porém, a questão é mais delicada.

Em primeiro lugar, as substituições devem ser adequadas – no sentido acima explicitado. Em outras palavras, predicados que ocorrem monadicamente só podem ser substituídos por predicados com uma vaga; predicados que ocorrem diadicamente só podem ser substituídos por predicados com duas vagas, e assim por diante.

Mas tais substituições nem sempre preservam a validade.

Examine-se alguns casos concretos para, em seguida, enunciar as restrições que precisam ser impostas com o fito de assegurar que a validade fique preservada.

Imagine-se, para ilustrar, que se tenha o predicado:

$$(1) \text{ é um pai}$$

ou, mais precisamente,

$$\exists x \, (\, (1) \text{ é pai de } x).$$

Se tal predicado é colocado no lugar de 'F', o que se pretende, simplesmente, é que 'F' seja interpretado como "ser pai". Colocar o predicado no lugar de 'Fx', de 'Fy' ou de 'Fz', deve conduzir a resultados precisos: 'x é um pai', ou 'y é um pai' ou 'z é um pai'. Usando 'y' ou 'z', tem-se, de fato, o significado desejado:

$$\exists x \, (y \text{ é pai de } x).$$
$$\exists x \, (z \text{ é pai de } x).$$

Usando, porém, 'x', resulta:

$$\exists x \, (x \text{ é pai de } x),$$

que, por certo, não era o que se pretendia dizer.

A substituição, portanto, precisa ser restringida para afastar o caso em pauta. Exige-se:

Restrição I: variáveis que são colocadas nos círculos numerados não devem ficar ligadas aos quantificadores porventura existentes no predicado.

Veja-se, em seguida, o caso de

$$(1) \text{ causou } y,$$

deixando a variável 'y' para que fique indeterminado o que foi causado. Se esse predicado é colocado no lugar de 'F', deve transformar:

$$Fx \text{ em } x \text{ causou } y.$$
$$Fy \text{ em } y \text{ causou } y.$$
$$Fz \text{ em } z \text{ causou } y,$$

e assim por diante.

Imagine-se ter o esquema:

$$\exists x\, Fx.$$

A substituição pretende dizer:

$$\exists x\, (x \text{ causou } y),$$

isto é, 'algo causou y'. Pode-se, é claro, usar 'z', para ter

$$\exists z\, (z \text{ causou } y),$$

cujo significado ainda é o mesmo: 'algo causou y'. Todavia, usando 'y', tem-se sentença diversa do que se poderia pretender:

$$\exists y\, (y \text{ causou } y),$$

cujo significado não é o de "algo causou y", mas o de "algo causou a si mesmo".

A substituição, portanto, precisa sofrer mais uma restrição.

Restrição II: variáveis que ocorrem livres no predicado não devem ficar ligadas aos quantificadores porventura existentes no esquema.

Veremos, adiante, em casos concretos, o efeito das restrições.

3.5. Novas verdades lógicas

Entre as verdades lógicas de maior interesse estão as seguintes:

1. $\forall y\, (\forall x\, Fx \rightarrow Fy)$
2. $\forall y\, (Fy \rightarrow \exists x\, Fx)$
3. $\exists y\, (Fy \rightarrow \forall x\, Fx)$
4. $\exists y\, (\exists x\, Fx \rightarrow Fy)$
5. $\forall x\, (Fx \rightarrow P) \leftrightarrow (\exists x\, Fx \rightarrow P)$

Antes de justificar a afirmação, mostrando que tais esquemas são logicamente verdadeiros, é oportuno compreender seu significado intuitivo. Imagine-se, para fixar ideias, que:

$$F\,(1) : (1) \text{ é bom.}$$

Os esquemas 1-4 afirmam, então, o seguinte:

Cap. 3 | Verdades Lógicas 277

1. qualquer que seja o objeto (não importando como tenha sido selecionado), ele é tal que, *se* todos os objetos são bons, o objeto em pauta é bom;
2. todos os objetos são tais que, se eles são bons, algo é bom;
3. há um objeto tal que, se ele for considerado bom, tudo terá de ser considerado bom;
4. se existe algo que é bom, então este objeto (y) é bom.

A maior dificuldade, em geral, é a dos esquemas 3 e 4. Insista-se. Tornando para 'F' a interpretação 'é bonito' e limitando o universo aos seres humanos, pode-se, relativamente a 3, dizer:

há um y, p. ex., o corcunda de Notre Dame, tal que, se ele for considerado bonito, todos terão de ser considerados bonitos.

Tomando para 'F' a interpretação 'é sábio', pode-se dizer, relativamente a 4:

há um y, p. ex., Buda, tal que se existem sábios, então Buda é sábio.

Passemos à verificação de que os esquemas são logicamente verdadeiros, tomando alguns casos específicos:

1. Seja I uma interpretação arbitrariamente escolhida, com universo U qualquer. Duas possibilidades se apresentam: 1) o predicado F é tal que todos os objetos o satisfazem; 2) o predicado é tal que alguns objetos não o satisfazem. Na primeira situação, qualquer que seja y,

$$\forall x\, Fx \to Fy$$

é satisfeito por todos os objetos, já que o consequente do condicional é sempre satisfeito. Na segunda situação, o condicional também é satisfeito, pois que o antecedente é falso.

2. De novo, duas possibilidades se apresentam: 1) não há objeto que satisfaça 'Fy' e 2) algum objeto de U satisfaz o aberto 'Fy'. No primeiro caso,

$$Fy \to \exists x\, Fx$$

é satisfeito porque o antecedente é falso. No segundo caso, o condicional também e satisfeito (qualquer que seja y), pois que o consequente é verdadeiro.

Os esquemas 3 e 4 são examinados de modo análogo.

5. Seja I uma interpretação arbitrariamente escolhida e U um universo qualquer (não vazio, como de hábito). Duas são as situações a examinar:

1) P é uma sentença verdadeira. Segue-se que

$$Fx \rightarrow P$$

é um esquema satisfeito por todos os objetos, pois que o consequente é verdadeiro. Resulta que o esquema dado é verdadeiro.

2) P é uma sentença falsa. Segue-se que

$$\exists x\, Fx \rightarrow P$$

é uma sentença cujo valor é o oposto do valor do antecedente, ou seja, é uma sentença que tem o valor de $\sim \exists x\, Fx$. De outra parte, para cada objeto de U, $Fx \rightarrow P$ tem valor oposto ao de Fx, isto é, tem o valor de $\sim Fx$. Resulta que $\forall x\, (Fx \rightarrow P)$ tem o valor de $\forall x \sim Fx$ (que é o mesmo que $\sim \exists x\, Fx$). O bicondicional do esquema é tal que suas duas partes assumem sempre o mesmo valor: o esquema dado é verdade lógica.

As observações precedentes atestam, em especial, que também são verdades lógicas, entre outras:

1') $\forall x\, Fx \rightarrow Fy$;

2') $Fy \rightarrow \exists x\, Fx$.

Com efeito, recorde-se que um aberto é logicamente verdadeiro se é verdadeiro o seu fecho universal. Ora, os fechos universais de 1') e 2') são, precisamente, os esquemas logicamente verdadeiros 1. e 2. (da lista com que se iniciou este parágrafo).

Os esquemas dados geram novas verdades lógicas mediante substituição. Recordando o que se disse anteriormente acerca das substituições, vale a pena explicitar a situação:

Imagine-se dado um esquema logicamente verdadeiro, α.

Substituir uma letra predicado de α por um esquema é retirar de α a letra predicado, com suas variáveis associadas, colocando em seu lugar um esquema com as "vagas" correspondentes, (1), (2), etc., ocupadas pelas variáveis (na ordem em que surgiam).

Substituir uma letra sentencial de α por um esquema é retirar a letra sentencial e colocar em seu lugar um esquema sem "vagas".

Assim, imagine-se dado o esquema logicamente verdadeiro:

$$\forall x\,(Fx \to P) \leftrightarrow (\exists x\,Fx \to P).$$

O predicado 'F' comparece monadicamente, de modo que pode ser substituído por qualquer esquema com *uma* vaga. Esse esquema pode tomar as mais diversas formas, como, p. ex.:

$$Gx \lor H(1)\,z \qquad G(1) \to J\,xy\,(1),$$
$$\forall x\,(G(1)\,.\,H(1)\,y) \qquad \forall x\,F(1) \lor \exists x\,(G(1) \lor H\,yzx),$$

(devendo, apenas, conservar uma vaga para que nela se introduza a variável que acompanha 'F' no esquema dado).

A letra 'P' pode ser substituída por qualquer esquema sem vagas, como:

$$\forall x\,Fx \qquad\qquad Gy,$$
$$Gy \lor Hyz \qquad\qquad \exists x\,Gxy \to J\,xyz.$$

Exemplificando, fixemos

$$\delta\colon Gy.$$
$$\gamma\colon G(1) \lor H(1).$$

Nesse caso, chamando α o esquema dado,

$$\alpha \begin{pmatrix} P & F \\ \delta & \gamma \end{pmatrix}$$

assumiria a seguinte forma:

$$\forall x\,(Gx \lor Hx \to Gy\,) \leftrightarrow \{\exists x\,(Gx \lor Hx) \to Gy\}.$$

As substituições serão próprias se estiverem satisfeitas as seguintes restrições:

I) quantificadores do esquema introduzido não ligam variáveis que ocorriam no esquema α;

II) variáveis livres do esquema introduzido não ficam ligadas a quantificadores de α.

Em resumo, tem-se o

Teorema: A validade se preserva nas substituições próprias.

Ilustre-se a situação. Imagine-se que:

$$\alpha\colon \forall x\,Fx \to Fy.$$
$$\beta\colon G(1)\,.\,H(1)\,z.$$

Tem-se:

$$\alpha \left(\begin{array}{c} F \\ \beta \end{array} \right): \ \forall x \ (Gx \ . \ Hxz) \rightarrow (Gy \ . \ Hyz).$$

A validade desta última fórmula se estabelece mostrando que ela é satisfeita por todos os objetos de qualquer universo em qualquer interpretação. Seja, pois, I' uma interpretação qualquer. Deseja-se mostrar que a fórmula se torna "verdadeira" nessa I'. Em correspondência, constrói-se uma interpretação I com as seguintes características: em I, 'F' se interpreta de modo que tenha a mesma extensão que '$G(1) \ . \ H(1) \ z$' tem em I'. Como a fórmula original, α, é logicamente verdadeira, é verdadeira nessa I. Mas a fórmula obtida pela substituição diz, em I', o mesmo que α diz em I, de modo que também é verdadeira em I'. Como I' é uma interpretação qualquer, segue-se que a fórmula é verdadeira em qualquer interpretação.

De modo geral, imagine-se dada uma fórmula $\models \alpha$. Seja α' obtida de α mediante apropriadas substituições. Cada variável livre de α e cada letra de α têm um correspondente nos elementos que constituem α'. O correspondente ou é a mesma letra ou uma sentença (ou esquema) que a substituiu. Dada uma I' qualquer (interpretando as variáveis e letras de α'), associa-se a esta I' uma interpretação I para as variáveis livres e letras de α de modo a manter a extensão dos predicados. Assim interpretada, α' afirma o mesmo que α. Como $\models \alpha$ (por hipótese), segue-se que α' é logicamente verdadeira em I'. Dada a arbitrariedade da escolha de I', tem-se que α' é uma verdade lógica.

Vejamos, a título de esclarecimento adicional, o que as restrições I) e II) pretendem evitar.

Sabe-se, por exemplo, que

$$\models \forall x \ Fx \rightarrow Fy.$$

Imagine-se que no lugar de 'F' se viesse a colocar '$\exists y \ G(1) \ y$', violando a restrição I, pois que a variável y que vai entrar no lugar (1) será ligada a um quantificador do predicado que substitui 'F'. Ter-se-ia

$$\forall x \ \exists y \ Gxy \rightarrow \exists y \ G \ yy.$$

Esta fórmula *não* é valida. Com efeito, basta pensar em

$$G(1)(2) : (2) \text{ é maior do que } (1)$$

Cap. 3 | Verdades Lógicas 281

para ter antecedente verdadeiro (no universo dos números, por exemplo):

para todo x há um y tal que $y > x$,

mas consequente falso:

existe y tal que $y > y$.

Vejamos em que importa a restrição II. Sabe-se, por exemplo, que

$$\models \forall x\, Fx \rightarrow Fy.$$

Imagine-se que no lugar de 'F' se viesse a colocar '$G\,x(1)$', violando a restrição II pois que uma variável livre (x) do predicado introduzido ficaria ligada a um quantificador da fórmula dada. Viria:

$$\forall x\; Gxx \rightarrow Gxy,$$

fórmula que não é valida. Com efeito, imagine-se, num universo qualquer, que:

$$G(1)\,(2) : (1)\ \text{é igual a}\ (2).$$

Admitido universo com pelo menos dois elementos, resultaria antecedente verdadeiro

qualquer que seja x, x igual a x,

mas consequente falso:

x igual a y.

Em oposição, tem-se assegurada a verdade lógica de

$$\forall x\; Gxy \rightarrow Gyy$$

e de

$$Gyy \rightarrow \exists x\; G\,xy,$$

que resultam, respectivamente, de

$$\forall x\; Fx \rightarrow Fy$$

e de

$$Fy \rightarrow \exists x\; Fx,$$

mediante substituição, nos dois casos, de 'F' por '$G(1)\,y$', substituição permissível, já que não viola as restrições e atende ao fato de que há uma "vaga" para ser ocupada pela variável que acompanha 'F' na fórmula em que se faz a substituição.

3.6. Resultados fundamentais

Imagine-se, para efeito de comparação, que as fórmulas do cálculo sentencial sejam representadas pelas letras A, B e C (conservando as letras P, Q, R, para representar as fórmulas atômicas). Admita-se, ainda, que o símbolo $\models$ tem (nos itens numerados, a seguir) seu significado usual, isto é, presta-se para indicar o caráter tautológico das fórmulas. Entre os resultados básicos do cálculo sentencial, figuravam os seguintes:[3]

1. Se $\models A$ então $\models A \begin{pmatrix} P \\ B \end{pmatrix}$.

2. Lista das tautologias mais notáveis.

3. Se $\models A$ e se $\models A \to B$, então $\models B$.

4. Valor de $A \leftrightarrow B$ é V se, e só se, valor de A = valor de B (em todas as atribuições de valores para os átomos presentes).

5. Se $\models (A \leftrightarrow B)$, então $\models C \leftrightarrow C \begin{pmatrix} A \\ B \end{pmatrix}$.

Vinham, em seguida, vários resultados associados à noção de dualidade e, enfim, o teorema:

12. $A \models B$ se e somente se $\models A \to B$.

Esses resultados podem ser transportados, sem alterações (a não ser em relação ao tipo de substituições permissíveis) para o cálculo de predicados. Tem-se, com efeito:

Teorema 1: Se $\models \alpha$, então $\models \alpha \begin{pmatrix} F \\ \beta \end{pmatrix}$,

recordando, porém, que a substituição se faz, aqui, de modo mais cuidadoso: além das "vagas" adequadas, deve-se ter em conta as res-

---

3   A numeração é a adotada na parte I deste livro, modificada apenas pela indicada substituição de letras.

Cap. 3 | Verdades Lógicas **283**

trições I e II, relativas a variáveis e quantificadores existentes ou introduzidos.

Ao teorema 2 corresponde uma lista de verdades lógicas, podendo-se incluir todas as que foram citadas no início da Seção 3.3 e as que foram citadas no início da Seção 3.5.

O teorema 3 se adapta facilmente ao cálculo de predicados e não requer mais comentários.

O teorema 4 tem como correspondente o seguinte:

Teorema 4: $\alpha \leftrightarrow \beta$ é verdadeira em uma interpretação se e somente se: 1) α e β são verdadeiras nessa interpretação ou 2) α e β são falsas nessa interpretação.

O teorema 5 já foi discutido anteriormente (cf. final da seção 3.3), de modo que também se transporta, sem mais dificuldades, para o cálculo de predicados.

As chamadas "cadeias de equivalências", discutidas no cálculo sentencial, podem, analogamente, ser transportadas para o cálculo de predicados.

Não cogitaremos de minúcias relativas à questão da dualidade. Todavia, é oportuno ressaltar que os resultados descritos no cálculo sentencial podem ser igualmente trazidos para o cálculo de predicados, ampliando-se a noção de "dual de α": além das permutas indicadas (de '.' por 'v' e vice-versa, de átomos sem negação por átomos com negação, e vice-versa), há também que permutar '$\forall$' por '$\exists$' e vice-versa.

O correspondente do Teorema 6 se encarrega (por meio das equivalências entre '$\forall$' e '$\sim \exists \sim$' e análogas) de conduzir a negação para "dentro" dos quantificadores, permutados, como exige a ampliação mencionada. De resto, o teorema é análogo ao do cálculo sentencial.

Quanto ao teorema 12, algumas observações.

Diz-se, como no cálculo sentencial, que:

$$\alpha \models \beta,$$

sempre que, dada uma interpretação I, se α é verdadeira em I, então β também é verdadeira em I.

Com essa definição de "consequência lógica", o teorema 12 se aplica, sem outras dificuldades, ao cálculo de predicados.

Encerrando, é oportuno falar das fórmulas congruentes. Considerem-se as fórmulas:

$$\forall x \ (Fx \to Gxy) \lor \exists y \ Gxy,$$
$$\forall z \ (Fz \ Gzy) \lor \exists z \ Gxz.$$

Suprimindo as variáveis ligadas (em todas as ocorrências), tem-se, nos dois casos, a mesma expressão, a saber:

$$\forall \ (F \to Gy) \lor \exists \ Gx,$$

que pode, mais adequadamente, com traços apropriados, indicar as posições suprimidas e os quantificadores a que se ligam:

$$\forall \ \underline{(F \ \underline{\ } \to G \ } \ y) \lor \exists \ \underline{Gx,}$$

Obtendo-se o mesmo "diagrama" nos dois casos, diz-se que as fórmulas dadas são *congruentes*.

> Nota: a noção pode ser introduzida com mais pormenores. Diz-se que a posição i de α é ligada à posição j de α se, para alguma variável u que ocorre na posição i de α, j é o maior $j < i$ tal que para algum $k \geq i$, o segmento (j, k) de α é da forma $\forall \ u \ \emptyset$.
>
> Isso posto, diz-se que α e α' são variantes alfabéticas caso tenham o mesmo comprimento e caso se constate, para cada i ($i \leq L \ (\alpha)$, naturalmente) uma das seguintes alternativas:
>
> (a) não há variável ligada na posição i de α, nem na posição i de α';
>
> (b) para algum u e algum v, u ocorre ligada na posição i de α e v ocorre ligada na posição i de α' e para algum $j < i$ as posições i de α e de α' são ligadas às posições j.

O que se deve salientar, a propósito, é que vale o

Teorema: Se α é congruente a β, então $\models \alpha \leftrightarrow \beta$,

ou seja, o bicondicional formado com variantes alfabéticas é uma verdade lógica.

De fato, as fórmulas congruentes têm o mesmo valor (são ambas verdadeiras ou ambas falsas) em qualquer interpretação, pois que as diferenças alfabéticas nas variáveis ligadas não influem no processo de determinação da validade.

Cap. 3 | Verdades Lógicas **285**

As considerações cabíveis, no que concerne à verdade lógica, foram feitas. A seguir, cuidaremos do problema da dedução.

3.7. Referências

1. Chicago, p. 93 e ss., p. 177 e ss.
2. Kleene, /Logic/, parags. 17 a 20.
3. Mates, /Logic/, cap. 4.
4. Quine, /Philosophy/, caps. 3 e 4.
5. – /Methods/, parags. 17, 18, 19, 22, 23, 24 e 25.

Obs.: O tema aqui tratado encontra-se discutido de modo simples e acessível no livro dos professores de Chicago. Kleene discute-o com tabelas de valores, estendendo as considerações que faz a propósito do cálculo sentencial. Discute, por outra via, de modo bastante meticuloso, a questão da substituição (Teorema 1 aqui apresentado). Preferimos a abordagem de Quine, que parece mais intuitiva, embora alguns aspectos da questão sejam delicados. O próprio Quine, em seu "Philosophy of logic", apresenta as mesmas ideias de modo mais discursivo, podendo-se ler o que escreve nesse livro depois de se assimilar bem as noções fundamentais aqui examinadas. Mates, por sua vez, apresenta uma lista de resultados básicos de interesse, concentrando-se, porém, apenas nas sentenças e evitando os abertos.

Capítulo 4

A Dedução

Sumário

A dedução e a demonstração, no cálculo de predicados, podem ser definidas de modo semelhante ao adotado no cálculo sentencial. A novidade está em que existem novos axiomas e novas regras de inferência, destinados a tratar dos quantificadores. Os novos axiomas e as novas regras exigem certo cuidado, motivo por que são apresentados com minúcia. São lembradas as propriedades do símbolo '|–' e o teorema da dedução é discutido (embora sem chegar aos detalhes). Faz-se alusão ao teorema da completude (que não é, porém, demonstrado) e as técnicas dedutivas são amplamente ilustradas. É absolutamente indispensável que o leitor domine o uso das regras de inferência do cálculo sentencial, sem o que muitas passagens ficarão ininteligíveis.

4.1. Introito

Argumentos simples, como:

$$\frac{\text{Todos os homens são mortais} \\ \text{Sócrates é homem}}{\text{Sócrates é mortal}}$$

e

$$\frac{\text{Todos os bons são sábios} \\ \text{Alguns homens são bons}}{\text{Alguns homens são sábios}}$$

não têm sua legitimidade (intuitivamente reconhecida) evidenciada com as técnicas do cálculo sentencial. Adotando os recursos do cálculo de predicados, esses argumentos poderiam assumir a forma seguinte

$$\forall x \, (Hx \rightarrow Mx)$$
$$\underline{Hs}$$
$$Ms$$

e

$$\forall x \, (Bx \rightarrow Sx)$$
$$\underline{\exists x \, (Hx \, . \, Bx)}$$
$$\exists x \, (Hx \, . \, Sx)$$

Examine-se o primeiro argumento. Intuitivamente, se todos os homens são mortais, Sócrates é mortal (por ser homem), o que poderia ser simbolizado desta forma

$$Hs \rightarrow Ms$$

para (usando a segunda premissa, Hs, e a regra *modus ponens*) obter a desejada conclusão.

Quanto ao segundo argumento, se fosse possível eliminar os quantificadores, se passaria para

$$Bx \rightarrow Sx \qquad (1)$$

eliminando o quantificador universal da primeira premissa e para

$$Hx \, . \, Bx \qquad (2)$$

eliminando o quantificador existencial da segunda premissa. De (2), aplicando a regra da simplificação, viriam

$$Hx \qquad (3)$$
$$Bx \qquad (4)$$

De (1) e (4), por meio da regra *modus ponens*, se alcançaria

$$Sx \qquad (5)$$

Uma simples conjunção daria

$$Hx \, . \, Sx.$$

Restaria, enfim, acrescentar a esta última fórmula o quantificador existencial para obter a procurada conclusão.

Cap. 4 | A Dedução   **289**

Intuitivamente, portanto, o que se depreende é isto: para efetuar deduções no cálculo de predicados, é preciso

a) dispor de meios para eliminar quantificadores
b) dispor de meios para introduzir quantificadores

efetuando-se as demais passagens com os conhecidos recursos do cálculo sentencial.

Com efeito, a dedução, no cálculo de predicados, de maneira geral, se resume nisto

1. eliminação de quantificadores
2. uso de regras do cálculo sentencial
3. introdução de quantificadores.

Faltam, pois, elementos que tornem possível tanto a omissão como a introdução de quantificadores. Em síntese, precisamos de regras ou técnicas que conduzam a:

eliminação de $\forall$
introdução de $\forall$
eliminação de $\exists$
introdução de $\exists$

É dessas regras ou técnicas que passaremos a cogitar. Imaginando que estivessem já ao dispor, a dedução, para o segundo silogismo acima, tomaria o seguinte aspecto:

1. $\forall x (Bx \rightarrow Sx)$ Prem.
2. $\exists x (Hx . Bx)$ Prem.
3. $Bx \rightarrow Sx$
4. $Hx . Bx$
5. Hx 4, Simp.
6. Bx 4, Simp.
7. Sx 6,3, *MP.*
8. $Hx . Sx$ 5,7, Conj.
9. $\exists x (Hx . Sx)$

Isso posto, tratemos das justificativas para as passagens 3, 4 e 9 (e similares).

4.2. Eliminação e introdução de quantificadores

Iniciamos com uma nota acerca dos símbolos a utilizar.

Usaremos $\alpha(v)$ para indicar uma fórmula que pode ter v livre (não obrigatoriamente), sem que se impeça a presença de outras variáveis livres – variáveis que, por qualquer motivo, não damos a atenção.

Caso $\alpha(v)$ contenha, de fato, ocorrências livres da variável v, então

$$\alpha \begin{pmatrix} v \\ t \end{pmatrix}$$

ou, por comodidade,

$$\alpha(t),$$

indicará a fórmula obtida mediante substituição de todas as ocorrências livres de v por ocorrências do termo t. (É claro que, se v não ocorre livre em $\alpha(v)$, então $\alpha(t)$ é a própria α.)

Diremos que v é *livre* para t (o que tem interesse quando t é uma variável) em $\alpha(v)$ se as ocorrências de t em $\alpha(t)$ são livres.

As noções se ilustram mais facilmente por meio de exemplos. Considere-se a fórmula:

$$\forall x\, Fxy \,.\, \forall y\, (Fxy \text{ v } Gzx).$$

Ela pode ser encarada, conforme o interesse por uma ou outra de suas variáveis livres, como:

$$\alpha(x) \qquad \alpha(y) \qquad \alpha(z).$$

Encarada como $\alpha(x)$, pode-se notar que x tem duas ocorrências livres (as duas últimas) e $\alpha(t)$ seria obtida de

$$\forall x\, Fxy \,.\, \forall y\, (F\_y \text{ v } Gz\_),$$

colocando, nos locais indicados, o termo t. Qualquer constante pode ser aí colocada. Dentre as variáveis que podem ocupar os claros, não se pode escolher y: x não é livre para y (com efeito, y ficaria ligada ao quantificador $\forall y$).

Encarada como $\alpha(y)$, nota-se que y ocorre livre uma só vez. Neste caso, $\alpha(t)$ seria obtida de

$$\forall x \, Fx \_ \, . \, \forall y \, (Fxy \vee Gzx),$$

substituindo-se o "claro" por t. O claro pode ser ocupado por uma constante qualquer e por variáveis, com exclusão de $x : y$ não é *livre* para x (com efeito, x ficaria ligada ao quantificador $\forall x$).

Encarada como $\alpha \, (z)$, a situação é semelhante à primeira: z não é livre *para y*, de modo que se pode obter $\alpha \, (t)$ substituindo z por qualquer constante ou por variáveis diversas de y.

Feitas essas considerações, pode-se cogitar das maneiras de introduzir e eliminar quantificadores.

4.2.1. Eliminação de $\forall$

Recorde-se, antes de mais nada, que

$$\alpha \text{ implica } \beta$$

significa

$$\models \alpha \rightarrow \beta.$$

Sabendo, pois, que

$$\models \forall x \, Fx \rightarrow Fy,$$

pode-se dizer que

$$\forall x \, Fx \text{ implica } Fy.$$

O resultado pode ser generalizado, mediante substituições apropriadas, afirmando que:

$$\forall v \, \alpha \, (v) \text{ implica } \alpha \, (t),$$

contanto que v seja livre para t.

Aí está uma forma de eliminar o quantificador universal. É um procedimento que se poderia chamar de "eliminação de $\forall$". É muito comum usar o nome "regra $I \, . \, U$", ou seja, "regra da instanciação universal".[1]

---

1   O vocábulo "instanciação" pode repugnar aos puristas. Neste caso, se poderia substituí-lo, talvez, por "individuação".

Diz-se, então, que

$$\forall v\, \alpha\, (v)\ \textit{implica}\ \alpha \begin{pmatrix} v \\ t \end{pmatrix},$$

se v é livre para t, e uma aplicação dessa implicação, em deduções, será justificada, à margem, colocando-se:

$$\text{elim. } \forall$$

ou, mais abreviadamente:

$$IU.$$

Retornando ao exemplo da primeira seção,

1. $\forall x\, (Bx \rightarrow Sx)$ premissa,

e a linha 3 da dedução poderia ser justificada assim:

3. $Bx \rightarrow Sx$ 1, IU (ou 1, elim. $\forall$)

Com efeito, sabe-se que:

$$\forall x\, (Bx \rightarrow Sx)\ \text{implica}\ Bx \rightarrow Sx$$

(em vista das considerações acima).

A "regra IU" será colocada como novo axioma (ao lado de vários outros) para o cálculo de predicados. Sua finalidade é permitir a eliminação do quantificador universal.

4.2.2. Introdução de $\exists$

Sabe-se que

$$\models Fy \rightarrow \exists x\, Fx,$$

ou, de modo mais geral, que

$$\models \alpha\, (t) \rightarrow \exists v\, \alpha\, (v)$$

contanto que v seja livre para t em $\alpha(v)$. Pode-se dizer, pois, que

$$\alpha\, (t)\ \text{implica}\ \exists v\, \alpha\, (v)$$

se v é livre para t em $\alpha\, (v)$. Aí está uma forma de introduzir o quantificador existencial. Esse procedimento para introduzir o quantificador existencial pode ser denominado "regra da introdução de $\exists$", ou "regra GE", isto é, "regra da generalização existencial".

Diz-se, então, que:

$$\alpha \begin{pmatrix} v \\ t \end{pmatrix} implica\ \exists v\ \alpha\ (v),$$

caso v seja livre para t em α (v). Aplicação de tal regra nas deduções pode ser acompanhada de justificativa, escrita à margem,

$$GE$$

ou

$$intr.\ de\ \exists\ .$$

Ainda com referência ao exemplo da primeira seção, nas linhas 8 e 9

> 8. Hx . Sx
> 9. $\exists x$ $(Hx$. $Sx)$ 8, GE (ou 8, int. $\exists$).

Com efeito, sabe-se que:

$$Hx\ .\ Sx\ implica\ \exists x\ (Hx\ .\ Sx)$$

(em vista das observações acima).

Tanto na regra IU como na regra GE, isto é,

$$\forall v\ \alpha\ (v) \qquad implica\ \alpha\ (t)$$

e

$$\alpha\ (t) \qquad implica\ \exists v\ \alpha\ (v),$$

diz-se que t (quando variável) é a *variável de instanciação*. Exemplificando, em:

$$\forall z\ Fxz\ implica\ Fxy$$

y é a variável de instanciação. Em

$$Fxy\ implica\ \exists x\ Fxy$$

a variável de instanciação é x.

4.2.3. Introdução de $\forall$ e eliminação de $\exists$

As duas regras "simétricas", isto é, destinadas a introduzir o quantificador universal e omitir o quantificador existencial, são um pouco mais delicadas. Sabendo, por exemplo, que:

$$Fy,$$

não se pode, sem mais, concluir que:

$$\forall x\, Fx$$

(do fato de que isto é azul não deflui que tudo seja azul; do fato de que este homem é bom não decorre que todos os homens sejam bons). Sem embargo, os matemáticos estão habituados a um "raciocínio" generalizante muito parecido com esse. Para demonstrar, por exemplo, que a soma de ângulos internos de um triângulo é igual a dois retos, traça-se um triângulo (particular) e, a seguir, com justificações apropriadas, conclui-se que a propriedade vale para todos os triângulos. Essa generalização baseia-se no fato de que o particular triângulo "foi escolhido arbitrariamente". Aqui mesmo, quando se cogitou da verdade lógica, um "raciocínio" análogo foi adotado: da arbitrariedade da interpretação escolhida podia-se concluir que a fórmula era verdadeira em qualquer interpretação. O que é preciso, pois, é "garantir a arbitrariedade de y" quando se pretende passar de

$$Fy$$

para

$$\forall x\, Fx,$$

Analogamente, do fato de que:

$$\exists x\, Fx,$$

não se pode concluir, sem mais, que:

$$Fy$$

(do fato de que há coisas boas não deflui que isto seja bom; do fato de que existem homens bons não decorre que este homem seja bom). Sem embargo, é muito comum dar um nome (provisório) a um objeto que possui certa propriedade. Dizem os matemáticos:

> Uma função contínua em um intervalo fechado assume o valor máximo em algum ponto do intervalo. Seja x_0 esse ponto.

A cautela a tomar é a de não dar o nome (x_0) a algum ponto já anteriormente batizado com outro nome — a menos que se tenha certeza de que coincidam. De modo mais genérico:

$$\exists x\, Fx \,.\, \exists x\, Gx$$

permite dizer que há um objeto (pelo menos) com a qualidade 'F' e que há um objeto (pelo menos) com a qualidade 'G'. O cuidado a tomar é o de batizar os objetos com nomes "novos", nomes diferentes dos que já estão designando objetos antes mencionados.

As cautelas a tomar no uso das novas regras,

regra GU (generalização universal), ou int. de $\forall$,
regra IE (instanciação existencial), ou elim. se $\exists$,

serão, a seguir, comentadas de modo mais minucioso.

Preliminarmente, diremos que

$$\forall v\, \alpha\,(v) \; implica \; \alpha\,(t) \; \text{por } IU,$$

desde que v seja livre para t, e que

$$\alpha\,(t) \; implica \; \exists v\, \alpha\,(v) \; \text{por } GE,$$

desde que v seja livre para t em $\alpha\,(v)$.

Em seguida, recorde-se que as variáveis e constantes são dadas, no cálculo de predicados, numa ordem fixa, ou seja, ordem alfabética

$$x, y, z, x_1, y_1, z_1, x_2, \ldots$$
$$a, b, c, a_1, b_1, c_1, a_2, \ldots,$$

de modo que tem perfeito sentido a frase "u precede v" ou a frase "v é posterior a u" (como tem sentido a frase "k_1 precede k_2" e a frase "k_2 é posterior a k_1").

Podemos, agora, falar das regras GU e IE.

Regra GU, ou da introdução de $\forall$.

Imagine-se ter uma dedução qualquer deste tipo

.
.
.

$$n \,.\, \beta.$$

Imagine-se, mais, que:

$$\alpha \; \text{implica } \beta, \; \text{por } IU,$$

e que a variável de instanciação seja posterior a todas as variáveis livres existentes em α.

Nesse caso, pode-se escrever, em seguida, na mesma dedução:

$$n + 1 \quad \alpha \qquad n, \text{ por } GU.$$

O quantificador fica, assim, introduzido. Examine-se um caso concreto.

Suponha-se dispor de

.

.

$$n \, . \, \forall x \, Fxz \qquad (\beta)$$

Pode-se acrescentar, em seguida

$$n+1 \, . \, \forall y \, \forall x \, Fxy \qquad (\alpha)$$

De fato:

$$\alpha \text{ implica } \beta \text{ por } IU,$$

ou seja,

$$\forall y \, \forall x \, Fxy \text{ implica } \forall y \, Fxz \text{ por } IU,$$

e a variável de instanciação é z – posterior a todas as variáveis livres de α (que, por sinal, não tem variáveis livres).

Novo exemplo. Considere-se uma dedução em que se tenha β

.

.

$$n \, . \sim (Fy \, . \, Hxy) \qquad (\beta)$$
$$n + 1 \, . \, \forall y \sim (Fy \, . \, Hxy) \quad (\alpha)$$

Tem-se:

$$\alpha \text{ implica } \beta \text{ por } IU,$$

ou seja, da última fórmula se recupera a anterior mediante a eliminação do quantificador universal, e a variável de instanciação é y, posterior às variáveis livres de α (que, aliás, não tem variáveis livres).

Examine-se, em oposição, um caso em que a introdução de $\forall$ não é legítima. Seja dada parte de certa dedução

$$\vdots$$
$$n \, . \, Fy \leftrightarrow \sim Fz \qquad (\beta)$$
$$n + 1 \, . \, \forall y \, (Fy \leftrightarrow \sim Fz) \qquad (\alpha)$$

Como em casos anteriormente vistos

α implica β, por IU

mas a variável de instanciação é y – que *não* é posterior às variáveis livres de α, pois que em α ocorre z livre (e z é posterior a y). Dentro em breve serão dados exemplos que esclarecerão melhor o que tais restrições pretendem evitar.

Em seguida, a regra da eliminação de $\exists$.

Imagine-se ter uma dedução qualquer deste tipo

$$\vdots$$
$$n \, . \, \beta$$

Suponha-se, ainda, que:

α implica β por GE

(de modo que β contém o quantificador existencial e α não o contém, desejando-se, em seguida, escrever α, eliminando, pois, o quantificador). Admita-se, enfim, que a variável de instanciação seja posterior a todas as variáveis livres de β. Neste caso, é lícito acrescentar, à dedução, a fórmula α:

$$n + 1 \, . \, \alpha \qquad n, \text{ por } IE$$

O quantificador fica, dessa forma, eliminado. Examine-se um caso concreto.

Dispõe-se de

$$\vdots$$
$$n \, . \, \exists x \, (Hx \, . \, Sx) \qquad (\beta)$$

Pode-se escrever, em seguida:

$$n + 1 \, . \, (Hx \, . \, Sx) \qquad (\alpha)$$

Com efeito, α implica β por α por GE (introdução de $\exists$) e a variável de instanciação (no caso: x) é posterior a todas as variáveis livres de β (que, por sinal, não tem variáveis livres).

Novo exemplo. Considere-se dedução em que figure β

.

.

$$n . \exists x \, \forall y \, (Fx \to \sim Fy) \quad (\beta)$$
$$n+1 . \forall y \, (Fx \to \sim Fy) \quad (\alpha)$$

Tem-se:

$$\alpha \text{ implica } \beta, \text{ por } GE$$

e a variável de instanciação, isto é, o próprio x, é posterior a todas as variáveis livres de β (que, por sinal, não tem variáveis livres).

Examine-se um caso em que a eliminação de ∃ não é legítima. Imagine-se ter

.

.

$$n . \exists x \, Fxz \quad (\beta)$$
$$n+1 . Fyx \quad (\alpha)$$

Como antes, α implica β, por GE, mas a variável de instanciação, y, não é posterior à variável z, que figura livre em β.

O sentido de tais restrições será esclarecido em seguida.

Convém sublinhar, desde já, que nas aplicações de GU (introdução de ∀) e de IE (eliminação de ∃) a variável de instanciação é assinalada (ou seja, deixa-se registrado, à margem, junto com a justificativa, qual foi a variável de instanciação) e que há dois cuidados a tomar:

A) a variável de instanciação não pode ser assinalada mais de uma vez, em dada dedução;

B) a variável de instanciação não figura livre na conclusão nem nas premissas de que depende essa conclusão.

Esses cuidados, todavia, serão objeto de atenção adiante (fim da próxima seção), quando já se tiver melhor ideia, em casos concretos, de como as deduções podem ser feitas.

Passemos, pois, a uma definição de "dedução" e de "demonstração" e a vários exemplos e ilustrações.

4.3. Dedução e demonstração

Imagine-se que o cálculo de predicados tenha sido apresentado de maneira axiomática, deixando explícitos os axiomas e as regras de inferência. Diz-se, então, que β é *deduzível* de um conjunto θ de premissas, escrevendo:

$$\theta \vdash \beta,$$

sempre que é possível construir uma sequência finita:

$$<\emptyset_1, \emptyset_2, ..., \emptyset_n>$$

com as seguintes características:

1. $\emptyset_n$ é precisamente β
2. para cada $i \leq n$, $\emptyset_i$ é
   2.1 um axioma ou
   2.2 uma das premissas do conjunto θ ou
   2.3 resultado de aplicação das regras de inferência a uma ou mais fórmulas que precedem $\emptyset_i$ na sequência.

No caso particular em que θ é um conjunto vazio (de modo que se torna supérflua a condição 2.2), diz-se que β é um teorema (do cálculo de predicados), escrevendo

$$\vdash \beta.$$

Para completar o quadro é preciso, pois, deixar explícitos os axiomas e as regras de inferência.

Várias são as alternativas. É claro que se deseja conservar o que já ficou assentado no cálculo sentencial, de modo que não causa surpresa o fato de se incluírem, no cálculo de predicados, os axiomas e as regras do cálculo sentencial (devidamente adaptados, de modo a se aplicarem ao novo modo de entender "fórmula"). Além de tais axiomas e regras, são incluídos outros, destinados a tratar dos quantificadores.

A seguir, algumas escolhas possíveis.

Versão 1. Os axiomas são:

1. $\alpha \rightarrow (\beta \rightarrow \alpha)$
2. $(\alpha \rightarrow \beta) \rightarrow \{[\alpha \rightarrow (\beta \rightarrow \gamma)] \rightarrow (\alpha \rightarrow \gamma)\}$

3. $\alpha \to (\beta \to \alpha \cdot \beta)$

4. $\alpha \cdot \beta \to \alpha$

   $\alpha \cdot \beta \to \beta$

5. $\alpha \to \alpha \vee \beta$

6. $(\alpha \to \beta) \to [(\beta \to \gamma) \to (\alpha \vee \beta \to \gamma)]$

7. $(\alpha \to \beta) \to [(\alpha \to \sim \beta) \to \sim \alpha]$

8. $\sim \sim \alpha \to \alpha$

9. $(\alpha \to \beta) \to [(\beta \to \alpha) \to (\alpha \leftrightarrow \beta)]$

10. $(\alpha \leftrightarrow \beta) \to (\alpha \to \beta)$

   $(\alpha \leftrightarrow \beta) \to (\beta \to \alpha)$

já conhecidos, do cálculo sentencial, e mais:

11. $\forall v\, \alpha\,(v) \to \alpha\,(t)$ se v é livre para t em $\alpha\,(v)$

12. $\alpha\,(t) \to \exists v\, \alpha\,(v)$ se v é livre para t em $\alpha\,(v)$

que enfeixam parte das maneiras de tratar dos quantificadores.

As regras são as seguintes

1. *modus ponens*: α e $\alpha \to \beta$ tem β como consequência imediata

2. regra $\forall$: sendo γ uma fórmula que não encerra livre a variável v, então $\gamma \to \alpha\,(v)$ tem como consequência imediata $\gamma \to \forall v\, \alpha\,(v)$

3. regra $\exists$: sendo γ uma fórmula que não encerra livre a variável v, então $\alpha\,(v) \to \gamma$ tem como consequência imediata $\exists v\, \alpha\,(v) \to \gamma$

Sobre as duas últimas regras pesa ainda uma restrição que deve ser explicitamente mencionada: supondo que se efetue uma dedução:

$$\alpha_1, \alpha_2, ..., \alpha_p \vdash \beta,$$

essas duas regras não são aplicáveis relativamente a variáveis que ocorram livres em qualquer das premissas $\alpha_1, \alpha_2, ..., \alpha_p$, a partir do momento em que tais premissas sejam efetivamente utilizadas na dedução.

Versão 2. É claro que se pode preferir uma forma "econômica" de tratar do cálculo de predicados (e do cálculo sentencial). São tomados, então, apenas alguns conectivos e um quantificador (e os demais são introduzidos por meio de definições). Nesse caso, eis um conjunto apropriado de axiomas, regras e definições:

Axiomas:

1. $\alpha \rightarrow (\beta \rightarrow \alpha)$
2. $[\alpha \rightarrow (\beta \rightarrow \gamma)] \rightarrow [(\alpha \rightarrow \beta) \rightarrow (\alpha \rightarrow \gamma)]$
3. $(\sim \alpha \rightarrow \sim \beta) \rightarrow (\beta \rightarrow \alpha)$

do cálculo sentencial, mais:

4. $\forall v\, \alpha\, (v) \rightarrow \alpha\, (t)$ sendo v livre para t em $\alpha\, (v)$.

Regras:

1. *modus ponens*
2. se v não ocorre livre em γ, então $\gamma \rightarrow \forall v\, \alpha\, (v)$ é consequência imediata de $\gamma \rightarrow \alpha\, (v)$

Definições:

1. $\alpha \vee \beta$ é abreviação de $\sim \alpha \rightarrow \beta$
2. $\alpha \cdot \beta$ é abreviação de $\sim (\sim \alpha \vee \sim \beta)$
3. $\alpha \leftrightarrow \beta$ é abreviação de $(\alpha \rightarrow \beta) \cdot (\beta \rightarrow \alpha)$
4. $\exists v\, \alpha\, (v)$ é abreviação de $\sim \forall v \sim \alpha\, (v)$.

Versão 3. A regra de inferência é uma só: *modus ponens*. Os axiomas são os três primeiros da versão anterior (relativos ao cálculo sentencial) e mais os seguintes:

4. $\forall v\, (\alpha \rightarrow \beta) \rightarrow (\forall v\, \alpha \rightarrow \forall v\, \beta)$
5. $\forall v\, \alpha\, (v) \rightarrow \alpha\, (t)$ se v é livre para t em $\alpha\, (v)$
6. $\alpha \rightarrow \forall v\, a$ se v não ocorre livre em α.

As definições são as mesmas da versão anterior.

Versão 4. São utilizados os axiomas do cálculo sentencial, por exemplo os que foram apresentados na Versão 1, mais os dois axiomas para trato dos quantificadores, apresentados nessa mesma versão. As regras são formuladas com ligeiras alterações:

1. *modus ponens*
2. regra da introdução de $\forall$ (ou regra *GU*): $\forall v\, \alpha\, (v)$ é consequência imediata de $\alpha\, (t)$, se

$$\forall v\, \alpha\, (v) \rightarrow \alpha\, (t)$$

é um caso do Axioma 11 e se t (sendo variável) é posterior a todas as variáveis livres de $\forall v\, \alpha\, (v)$.

Obs.: se t é uma constante, a regra não é aplicada (a menos que se tenha expressamente indicado que é arbitrariamente escolhida).

3. regra da eliminação de $\exists$ (ou regra IE): α (t) é consequência imediata de $\exists v\, \alpha\, (v)$ se

$$\alpha\, (t) \to \exists v\, \alpha\, (v)$$

é um caso do Axioma 12 e se t (sendo variável) é posterior a todas as variáveis livres de $\exists v\, \alpha\, (v)$.

Obs.: se t é constante, deve ser "nova", isto é, diversa de constantes anteriormente utilizadas na dedução.[2]

Os axiomas 11 e 12 podem assumir a forma de regras, "simétricas" das regras dadas, as regras IU e GE.

Esta versão é cômoda para as deduções e será utilizada a seguir, salientando os cuidados a tomar quando se empregam as regras GU e IE — cuidados que serão discutidos na ocasião oportuna, mais adiante. Para fins teóricos, emprega-se a versão que parecer mais apropriada, fazendo as devidas adaptações das noções em pauta.

4.3.1. Esclarecimentos e exemplos

Fixando atenção na última formulação, cabe dizer que são casos do axioma 11:

$$\forall x\, Fx \to Fy$$
$$\forall x\, Gxy \to Gyy$$
$$\forall y\, (Fx \lor Gxy) \to Fx \lor Gxy$$
$$\forall y\, (Fx \lor Gxy) \to Fx \lor Gxa$$
$$\forall y\, (Fx \lor Gxy) \to Fx \lor Gxx$$
$$\forall x\, \forall y\, Gxy \to \forall y\, Gxy$$
$$\forall x\, \forall y\, Gxy \to \forall y\, Gay$$
$$\forall y\, \forall x\, Gxy \to \forall x\, Gxy$$
$$\forall y\, \forall x\, Gxy \to \forall x\, Gxz.$$

---

2   A Versão 1 se deve a Bernays (segundo informam Hilbert e Ackerman); encontra-se em Kleene, /Logic/. A Versão 2 se acha em Kutchera. A Versão 3 foi por nós utilizada em /Mudança de linguagens/ e se inspira em Tarski e Vaught. A Versão 4 é de Quine,/Methods/.

Ilustrando, escolha-se, por exemplo, a terceira fórmula dessa lista. Tem-se:

$$\forall v\, \alpha\,(v) \to \alpha\,(t)$$

em que $\alpha\,(v)$ é a fórmula:

$$Fx \lor Gxy$$

e $\alpha\,(t)$ é a própria fórmula agora escrita. Escolhendo a última fórmula, $\alpha\,(v)$ é

$$\forall x\, Gxy$$

de modo que $\alpha\,(t)$ é

$$\forall x\, Gxz$$

sendo z a variável de instanciação e notando que y é livre para z.

De outra parte, note-se que:

$$\forall x\, \forall y\, Gxy \to \forall y\, Gxx$$

não seria um exemplo do axioma, porquanto em $\alpha\,(x)$, isto é,

$$\forall y\, Gxy$$

x não é livre para y (y fica ligado ao quantificador $\forall y$). O mesmo sucede com a fórmula

$$\forall x\, \exists y\, Fxy \to \exists y\, Fyy.$$

Agora, tem-se uma $\alpha\,(x)$, a saber,

$$\exists y\, Fxy$$

e x também não é livre para y (que fica ligada ao quantificador $\exists$).

Erro comum é o de supor que a eliminação do quantificador universal pode ser feita em

$$\forall x\, Fx \lor Gxy$$

para obter

$$Fx \lor Gxy.$$

Obviamente, isso não sucede, pois o quantificador inicial só tem por escopo uma parte da expressão restante e não toda ela. O quantificador pode ser eliminado quando se tem

$$\forall x \, (Fx \lor Gxy),$$

não na situação anterior, com

$$\forall v \, \alpha(v) \lor \beta,$$

estando β "isolado" do quantificador.

Tomando exemplo um pouco mais complicado:

$$\forall x \, \exists y \, (Fxy \lor Hxyz \to Jx)$$

poderia dar:

$$\exists y \, (F\_y \lor H\_yz \to J\_)$$

contanto que nos claros fossem colocadas variáveis (a mesma em todos os locais) diferentes da variável y: x não é livre para y.

Quanto ao axioma 12, eis alguns exemplos:

$$Fx \to \exists x \, Fx$$
$$Fa \to \exists x \, Fx$$
$$Fa \to \exists y \, Fy$$
$$Fy \to \exists z \, Fz$$
$$Gxy \to \exists x \, Gxy$$
$$Gxy \to \exists y \, Gxy$$
$$Gxy \to \exists z \, Gzy$$

Todavia, *não* se tem:

$$Gzx \, . \, \forall x \, Jxyz \to \exists y \, (Gzy \, . \, \forall x \, Jyyz).$$

De fato, nossa $\alpha \, (y)$, no presente caso, é

$$Gzy \, . \, \forall x \, Jxyz$$

y é livre para muitas variáveis, mas não para x, e é justamente $\alpha \, (x)$ que se tem como antecedente do condicional. (Note-se, além disso, que a substituição não se deu em todos os locais em que y figurava livre, de modo que já essa falha teria de ser levada em conta.)

Para ilustrar mais uma vez, seja

$$Fy \lor \exists y \, Gzy \to \exists x \, (Fx \lor \exists y \, Gzx).$$

No segundo membro do condicional está uma fórmula do tipo:

$$\exists x \, \alpha \, (x)$$

sendo α (x) a fórmula

$$Fx \text{ v } \exists y\, Gzx.$$

Para obter α (t), com t sendo a variável y, isto é, para obter o antecedente do condicional:

$$Fy \text{ v } \exists y\, Gzy$$

efetuou-se a substituição das ocorrências livres de x em $α(x)$ por y. Mas é preciso lembrar que x não é livre para y: y ficou ligada ao quantificador $\exists y$.

Embora menos comum, também deve ser evitado o erro de passar de

$$Fx \,.\, Gxy$$

para algo como

$$\exists x\, Fx \,.\, Gxy$$

e não (como seria correto) para:

$$\exists x\, (Fx \,.\, Gxy).$$

4.3.2. Exemplos de deduções

Dada uma fórmula α, se ela é instanciação de tautologia, então pode ser demonstrada no cálculo de predicados sem necessidade de utilização das novas regras e dos novos axiomas. Basta reproduzir, fielmente, as passagens que são empregadas para demonstrar a tautologia correspondente. As deduções também podem ser trazidas sem alteração, quando as novas regras e os novos axiomas não são utilizados.

Para exemplificar, considere-se

$$\frac{\forall x\, Fx \to (Gxy \to \exists y\, Gxy)}{\exists y\, Gxy}$$

A dedução é do tipo:[3]

$$α \to (β \to γ),\ α \,.\, β \mid\!\!- γ.$$

---

3   O leitor poderá examiná-la no /Cálculo Sentencial/, no fim da Seção 7.4.

diferindo da que foi apresentada no cálculo sentencial apenas pelo fato de que as fórmulas agora em tela são fórmulas do cálculo de predicados. Têm-se:

1. $\forall x\, Fx \rightarrow (Gxy \rightarrow \exists y\, Gxy)$ Premissa
2. $\forall x\, Fx \,.\, Gxy$ Premissa
3. $\forall x\, Fx \,.\, Gxy \rightarrow \forall x\, Fx$ Axioma
4. $\forall x\, Fx$ 2,3 *MP*
5. $Gxy \rightarrow \exists y\, Gxy$ 4,1 *MP*
6. $\forall x\, Fx \,.\, Gxy \rightarrow Gxy$ Axioma
7. Gxy 2,6 *MP*
8. $\exists y\, Gxy$ 7,5 *MP.*

Continuam em uso, como é natural, as abreviações conhecidas, introduzidas no cálculo sentencial.

É oportuno frisar que as deduções são feitas de modo a "preservar a verdade". Isso autoriza, portanto, a incluir em qualquer fase de uma dedução

1. as premissas (supostas verdadeiras)
2. as verdades lógicas e, como caso especial, os axiomas (escolhidos dentre as verdades lógicas).

Também se pode, com as mesmas justificativas oferecidas no cálculo sentencial, colocar na dedução, depois que nela surgiu uma fórmula α, qualquer outra fórmula equivalente a α. A indicação será feita como antes

$$.$$
$$.$$
$$n \,.\, \alpha$$
$$n + 1 \,.\, \beta \qquad\qquad n,\ \text{equiv.}$$

Mais alguns exemplos. Seja deduzir:

$$\forall x\, Gxy$$

de

$$\sim\, \sim \forall x\, Gxy.$$

Tem-se, como é óbvio:

1. $\sim\, \sim \forall x\, Gxy$ Premissa

$$2. \sim \sim \forall x\, Gxy \rightarrow \forall x\, Gxy \qquad \text{axioma.}$$
$$3. \forall x\, Gxy \qquad 1,2\ MP.$$

Teoremas como:

$$\alpha \rightarrow \alpha,$$

$$(\alpha \rightarrow \beta) \,.\, (\beta \rightarrow \gamma) \rightarrow (\alpha \rightarrow \gamma),$$

e muitos outros, em que não há necessidade de aplicar os novos axiomas e as novas regras, são demonstrados exatamente como no cálculo sentencial.

Quanto à equivalência, note-se que, se numa dedução já se tem

$$\cdot$$
$$\cdot$$
$$\cdot$$
$$n \,.\, \forall x\, Fx$$

é possível escrever, em seguida

$$n + 1 \,.\, \sim \exists x \sim Fx \quad \text{n, equiv.}$$

O mesmo se diga a propósito de todas as equivalências já estabelecidas no cálculo de predicados.

Vale a pena ilustrar brevemente a maneira de fazer a justificativa no caso de usar-se axioma ou regra nova. Seja, para ilustrar, deduzir a conclusão "Sócrates é mortal" partindo das premissas clássicas "Todos os homens são mortais" e "Sócrates é homem". Usando simbolização sugestiva:

$$1. \forall x\, (Hx \rightarrow Mx) \qquad \text{Premissa}$$
$$2. Hs \qquad \text{Premissa}$$
$$3. Hs \rightarrow Ms \qquad 1, IU$$
$$4. Ms \qquad 2,3\ MP.$$

A rigor, seria preciso escrever

$$1. \forall x\, (Hx \rightarrow Mx)$$
$$2. Hs$$
$$3. \forall x\, (Hx \rightarrow Mx) \rightarrow (Hs \rightarrow Ms) \qquad \text{axioma.}$$
$$4. Hs \rightarrow Ms$$

para, a seguir, obter a conclusão. Isso é dispensável, fazendo uso da justificativa direta: IU (ou elim. de $\forall$).

Essa mesma observação aplica-se ao caso em que se usa o axioma 12. A justificativa pode ser dada de modo abreviado, GE (ou intr. de $\exists$).

Seja o argumento:

Todos os homens são mortais

Todos os mortais são falíveis

Todos os homens são falíveis

Têm-se

1. $\forall x\,(Hx \to Mx)$		Premissa
2. $\forall x\,(Mx \to Fx)$		Premissa
3.	$Hx \to Mx$	1, IU
4.	$Mx \to Fx$	2, IU
5.	$Hx \to Fx$	3, 4 SH
6. $\forall x\,(Hx \to Fx)$		5, GU.

Para correta aplicação da regra GU (introd. de $\forall$), é preciso verificar se a linha 6 devolve a anterior mediante IU (elim. de $\forall$). A resposta é afirmativa. E verificar se a variável de instanciação (no caso, x) é posterior às variáveis livres dessa mesma linha 6, e a resposta é, de novo, afirmativa, porquanto não há variáveis livres nessa linha 6.

4.3.3. As restrições que pesam sobre GU e IE

De hábito, as regras IU e GE não oferecem dificuldades. Porém, deve-se tomar maior cuidado quando se utilizam as duas outras regras, GU e IE.

Insistindo, recorde-se que ao usar GU ou IE, a fim de passar de uma linha n para uma linha $n+1$, de certa dedução, no caso de GU

a) a linha $n+1$ devolve a linha n por IU, de modo que é preciso verificar se a substituição é livre;

b) a variável de instanciação é posterior às variáveis livres da linha $n+1$,

e no caso IE

a) a linha n nos devolve a linha $n+1$ por *GE,* de modo que é preciso verificar se a substituição é livre;

b) a variável de instanciação é posterior às variáveis livres da linha n.

A primeira restrição não requer maiores comentários. Em foco os axiomas novos (axiomas 11 e 12) exigindo na passagem de

$$\forall v \; \alpha \,(v) \text{ para } \alpha \,(t)$$

ou na passagem de:

$$\alpha \,(t) \text{ para } \exists v \; \alpha \,(v)$$

que as posições em que v ocorria livre, em $\alpha \,(v)$, fossem livres para t.

A segunda restrição merece, agora, ligeiro comentário.

Imagine-se a seguinte "dedução":

1. $\forall x \; \exists y \; Fxy$	Prem
2. $\exists y \; Fzy$	1, *IU*
3. Fzx_1	2, *IE*
4. $\forall x \; Fxx_1$	3, *GU* (atenção)
5. $\exists y \; \forall x \; Fxy$	4, *GE*

Uma "dedução" como essa não pode ser admissível. O resultado

$$\forall x \; \exists y \; Fxy \rightarrow \exists y \; \forall x \; Fxy$$

não é válido, como sabido. (Recorde-se a diferença entre "Todos têm um pai" e "Há um pai de todos".).

O erro está em que não se respeitou a restrição quanto à ordem das variáveis. Na dedução feita, quando se passa da linha 3 à linha 4, aplicando *GU*, a variável de instanciação é z. Esta variável devia ser posterior a todas as variáveis livres da linha 3. Mas, na 3ª linha, há ocorrência livre de x_1, que é posterior a z:

$$x, y, z, x_1, y_1, z_1, x_2, \dots$$

Respeitada a condição, essa dedução não poderia ser feita – como se desejava.

Examine-se esta outra "dedução":

1. $\forall x\, \exists y\, Fxy$ .... Prem
2. $\exists y\, Fxy$ .... 1, *IU*
3. Fxx .... 2, *IE* (atenção)
4. $\exists x\, Fxx$ .... 3, *GE*.

Essa "dedução" não pode ser admissível. Com efeito, conforme já foi visto, em um universo que contenha pelo menos dois objetos e interpretando F como "(1) é diferente de (2)", ter-se-ia premissa verdadeira:

para todo x há um y diferente de x

e conclusão falsa

há um x tal que x é diferente de x.

O erro está em que não se respeitou a restrição quanto à ordem das variáveis. Na passagem da linha 2 para a linha 3, a variável de instanciação é x, mas x não é posterior às variáveis livres da linha 2: de fato, na linha 2 ocorre livre o próprio x (e x não é posterior a x).

Há, ainda, dois pormenores a acrescentar. Quando as regras *GU* e *IE* são utilizadas em uma dedução, deve-se assinalar a variável de instanciação, que ficará registrada, junto com a indicação, feita à margem, de que se usou uma dessas regras. Assim, na dedução anterior, se colocaria:

3. $\quad Fxx \qquad\qquad$ 2, *IE* $\quad (x)$

No caso anterior, que foi o primeiro exemplo, ter-se-ia:

4. $\quad \forall x\, Fxx_1 \qquad\qquad$ 3, *GU* $\quad (z)$

Feita a indicação da variável de instanciação, deve-se, ainda, atentar para mais duas restrições:

Restrição A: nenhuma variável pode ser assinalada mais de uma vez numa determinada dedução.

Restrição B: variáveis assinaladas não surgem livres nem na conclusão nem em premissas (de que a conclusão depende).

As duas restrições destinam-se a evitar "deduções" como as seguintes.

Imagine-se ter:

1. $\exists x\, Fx\,.\,\exists x\, Gx$ Premissa
2. $\exists x\, Fx$ 1, simpl
3. $\exists x\, Gx$ 1, simpl
4. Fy 2, *IE* (y).
5. Gy 3, *IE* (y).
6. $Fy\,.\,Gy$ 4,5, Conj
7. $\exists x\, (Fx\,.\,Gx)$ 6, *GE*.

O argumento, é claro, não é legítimo. "Há cubos e há esferas" não permite concluir que existem objetos "cúbicos e esféricos", objetos com as duas propriedades. O erro se evidencia notando que a variável de instanciação, y, colocada no primeiro uso de *IE* (linha 4), aparece novamente assinalada na linha 5, ao usar *IE* pela segunda vez.

No máximo, seria lícito escrever

4. Fy 2, *IE* (y)
5. Gz 3, *IE* (z)
6. $Fy\,.\,Gz$

do que não se poderia passar para a conclusão anterior (por *GE*), porque a substituição seria imprópria.

De outra parte, o fato de uma variável de instanciação ocorrer livre numa premissa daria algo como

1. Fy Prem
2. $\forall x\, Fx$ 1, *GU* (y)

que é "dedução" que se pretende evitar considerar como legítima. E daria ainda algo como

1. $\exists x\, Fx$ Prem
2. Fy 1, *IE* (y)

que se apresenta como espécie de dedução "inacabada" – não propriamente errada, mas sem maior interesse.

Tendo, agora, exposto todas as restrições e cuidados a observar no uso das regras, pode-se passar para as deduções, apresentando vários exemplos, em ordem crescente de complexidade. Oferecer, em primeiro lugar, deduções em que surgem apenas predicados monádicos. Em seguida, as deduções em que surgem predicados diádicos ou triádicos.

4.4. Propriedade de |–

A grande maioria dos resultados obtidos no cálculo sentencial se transporta (com adaptações mais ou menos óbvias) para o cálculo de predicados. Deve-se notar, de início, que demonstrações e deduções (ampliando o sentido de "fórmula") construídas empregando apenas os axiomas sentenciais e a regra *modus ponens* são também demonstrações ou deduções no cálculo de predicados – e as justificativas para cada passagem são exatamente as mesmas utilizadas no cálculo sentencial.

Em outras palavras, se α é demonstrável no cálculo sentencial (CS), também será demonstrável no cálculo de predicados (CP). Se α é deduzível, no CS, de certa coleção θ de premissas, então α também é deduzível dessa mesma coleção de premissas, no CP.

Em especial, valem as propriedades seguintes, trazidas do cálculo sentencial sem alterações:[4]

Teorema: 1 (propriedades de |–)

(1) $\alpha_1, \alpha_2, ..., \alpha_n \vdash \alpha_i$ (i = 1, 2, ..., n)
(2) Sendo β um axioma, $\vdash \beta$
(3) se θ é um subconjunto de γ e se $\theta \vdash \beta$, então $\gamma \vdash \beta$
(4) se $\theta \vdash \alpha$ e $\theta \vdash \alpha \to \beta$, então $\theta \vdash \beta$
(5) se $\theta \vdash \alpha \to \beta$, então $\theta, \alpha \vdash \beta$

Em especial, se $\vdash \alpha \to \beta$, então $\alpha \vdash \beta$.

Tal como se acentuou no cálculo sentencial, vale a pena observar que o resultado fixado em (4) apresenta, como caso particular, quando o conjunto θ é vazio, a seguinte forma:

$$\text{Se } \vdash \alpha \text{ e se } \vdash \alpha \to \beta, \text{ então } \vdash \beta$$

Há muita semelhança entre este resultado e a regra *modus ponens*. Entretanto, note-se a diferença:

<table>
<tr><td align="center">*modus ponens*</td><td align="center">caso atual</td></tr>
<tr><td align="center">α</td><td align="center">$\vdash \alpha$</td></tr>
<tr><td align="center">$\dfrac{\alpha \to \beta}{\beta}$</td><td align="center">$\dfrac{\vdash \alpha \to \beta}{\vdash \beta}$</td></tr>
</table>

---

4   Ver Sec. 7.3 da Parte I.

Ali, tem-se "β é consequência imediata de α e de $\alpha \to \beta$". Aqui, porém, o que se afirma é isto: "Se α é demonstrável e se $\alpha \to \beta$ é demonstrável, então β é demonstrável", um teorema que precisa ser estabelecido. Exatamente como no cálculo sentencial, é oportuno aludir a esse teorema usando a expressão "*regra do destacamento*".

As demonstrações são feitas como no cálculo sentencial. Deve-se recordar que "fórmula" tem agora sentido mais amplo e que '$\vdash$' significa dedução (ou demonstração) no cálculo de predicados.

O seguinte

Teorema 2: $\alpha \to \alpha$

não requer comentários. A demonstração é feita exatamente como no Cálculo Sentencial. Ressalte-se que também aqui (exatamente como no Cálculo Sentencial) há demonstrações (e deduções) formais; isto é, realizadas na linguagem objeto, e que, ao lado delas, há demonstrações e deduções "não formais" (na metalinguagem), construídas com base em significados das asserções – muito mais flexíveis do que as demonstrações e deduções formais. O leitor deve ter em mente essa distinção entre as duas linguagens: uma em que são feitas as demonstrações e deduções formais (linguagem objeto) e outra em que as consequências são obtidas de modo não formal (metalinguagem).

4.5. O teorema da dedução

O teorema da dedução não se transporta para o cálculo de predicados sem algumas adaptações.

Para compreender bem as restrições, considere-se a diferença entre

$$(1)\ x^2 - 1 = 8$$

e

$$(2)\ x + y = y + x.$$

Em (1) a variável é "fixa". Pode-se inferir de (1):

$$x^2 = 9,$$
$$x = 3 \text{ v } x = -3$$

Em (2), ao contrário, as variáveis são "gerais". Pode-se inferir:

$$2 + 5 = 5 + 2,$$
$$(x^2 + 3y) + 4z = 4z + (x^2 + 3y)$$

Em uma dedução tem-se presente a primeira situação: as variáveis indicam objetos *fixos*, que se mantêm inalterados ao longo de toda a discussão.

Resultados em que as variáveis (todas ou algumas) são "gerais" poderiam ser discutidos indicando-se por meio de

$$\theta \mid- \; _{u_1, \, \ldots, \, u_p} \; \beta$$

o fato de que as variáveis $u_1, \ldots, u_p$ são "gerais" – isto é, podem "variar" durante a discussão.

É oportuno, porém, sublinhar que

$$\theta \mid- \beta$$

é uma asserção "mais forte" do que a asserção traduzida em

$$\theta \mid- \; _{u_1, \, \ldots, \, u_p} \; \beta$$

no sentido de que sempre que se tem esta última se tem também a anterior, não valendo, porém, a recíproca.

Aqui, portanto, as variáveis mantêm-se fixas ao longo das deduções e demonstrações e não será preciso considerar minúcias decorrentes da possibilidade de "variação" das variáveis.

Recordando, mais uma vez, que é essencial que as variáveis sejam mantidas fixas no correr da discussão, tem-se o

Teorema 3 (da dedução):

$$\text{Se } \alpha \mid- \beta, \quad \text{então} \quad \mid- \alpha \to \beta$$

de modo mais geral:

$$\text{Se } \theta, \alpha \mid- \beta \quad \text{então} \quad \theta \mid- \alpha \to \beta$$

A demonstração pode ser feita nos mesmos moldes adotados para a demonstração do teorema análogo, do cálculo sentencial.[5] Aqui, apenas um esboço geral da demonstração, sem pormenores.

5　Ver Kleene, /Logic/, ou, na formulação alternativa do cálculo de predicados, nosso /Mudança de linguagens/. Ver Sec. 7.5 da Parte I.

Considere-se a primeira forma. Sabe-se que $\alpha \vdash \beta$, o que equivale a dispor de uma sequência

$$<\emptyset_1, \emptyset_2, ..., \emptyset_n>$$

em que $\emptyset_n$ é precisamente β e cada $\emptyset_i$ ou é um axioma ou uma premissa (no caso, α) ou resulta de fórmulas anteriores (nessa mesma sequência), mediante uso de alguma regra de inferência.

Admita-se, por indução, que $\vdash \alpha \to \emptyset_p$, com $p = 1, 2, ... \ i - 1$. Examine-se, a seguir, $\emptyset_i$.

Caso 1: $\emptyset_i$ é um axioma. Sabe-se, então, que $\vdash \emptyset_i$ e que $\vdash \emptyset_i \to$ $(\alpha \to \emptyset_i)$, das quais se obtém, pela regra do destacamento:

$$\vdash \alpha \to \emptyset_i.$$

Caso 2: $\emptyset_i$ é α. Mas, nesse caso, $\vdash \alpha \to \alpha$.

Caso 3: $\emptyset_i$ resulta de $\emptyset_j$ e de $\emptyset_k$ (sendo $\emptyset_k$ uma fórmula do tipo $\emptyset_j$ $\to \emptyset_i$) mediante uso da regra *modus ponens*. Pela hipótese indutiva, sabe-se que:

$$\vdash \alpha \to \emptyset_j,$$
$$\vdash \alpha \to (\emptyset_j \to \emptyset_i).$$

Por outro lado, sabe-se que:

$$\vdash (\alpha \to \emptyset_j) \to \{[\alpha \to (\emptyset_j \to \emptyset_i)] \to (\alpha \to \emptyset_i)\},$$

de modo que duas aplicações da regra do destacamento conduzem a:

$$\vdash \alpha \to \emptyset_i.$$

Caso 4: $\emptyset_i$ resulta de $\emptyset_j$ mediante uso da regra *GU*. A situação é descrita no seguinte quadro:

$$1 . \ \alpha \text{ premissa}$$
$$.$$
$$.$$
$$p . \ \emptyset_j, \text{ ou seja, } \delta\,(u)$$
$$p + 1 . \ \emptyset_i, \text{ ou seja, } \forall v \ \delta\,(v)$$

recordando que α não contém livre a variável u.

Pela hipótese indutiva, sabe-se que

$$\vdash \alpha \to \emptyset_j,$$

ou seja, que

$$\vdash \alpha \to \delta\,(u).$$

Em vista do teorema 1 (parte 5), pode-se assegurar que:

$$\alpha \vdash \delta\,(u),$$

ou seja, que se tem

$$1 \,.\, \alpha \qquad\qquad \text{premissa}$$
$$\cdot$$
$$\cdot$$
$$\cdot$$
$$m \,.\, \delta\,(u)$$

podendo-se prosseguir:

$$m + 1 \,.\, \forall v\,\delta\,(v)\ m,\,GU\,(u)$$
$$m + 2 \,.\, \forall v\,\delta\,(v) \to [\alpha \to \forall v\,\delta\,(v)]\quad \text{axioma 1}$$
$$m + 3 \,.\, \alpha \to \forall v\,\delta\,(v)\quad m + 1,\,m + 2,\qquad MP.$$

Logo, pode-se afirmar que:

$$\alpha \vdash \alpha \to \forall v\,\delta\,(v)$$

que, afinal, se resume em:

$$\vdash \alpha \to \forall v\,\delta\,(v).$$

Caso 5: $\varnothing_i$ resulta de $\varnothing_j$ mediante uso da regra *IE*.
O leitor poderá examinar este último caso.

Considere-se a demonstração para a versão simplificada (Versão 2) do cálculo de predicados.

Não é preciso retornar aos casos iniciais. Basta examinar o caso da introdução de $\forall$, caso 4 acima.

A situação é descrita assim:

$$1 \,. \qquad\qquad \text{premissa}$$
$$\cdot$$
$$\cdot$$
$$\cdot$$
$$p \,.\quad \varnothing_j \quad \text{ou seja}\quad \gamma \to \delta\,(v)$$
$$p + 1 \,.\quad \varnothing_i \quad \text{ou seja}\quad \gamma \to \forall v\,\delta\,(v)$$

recordando que α não tem ocorrências livres de v.

Sabe-se, pela hipótese indutiva, que:

$$\vdash \alpha \rightarrow \varnothing_j$$

ou seja, que:

$$\vdash \alpha \rightarrow [\gamma \rightarrow \delta\,(v)].$$

Tem-se, pois, uma dedução dessa fórmula, isto é:

.

.

.

$$m\,.\,\alpha \rightarrow [\gamma \rightarrow \delta\,(v)]$$

podendo-se prosseguir:

$m + 1\,.\quad \alpha\,.\,\gamma \rightarrow \delta\,(v)\ m \quad$ equivalente

$m + 2\,.\quad \alpha\,.\,\gamma \rightarrow \forall v\,\delta\,(v)\quad m + 1,$ regra $\forall$

notando que a regra pode ser aplicada, pois α não tem v livre (por hipótese) e γ não tem v livre (também por hipótese, a fim de que seja aplicável a regra $\forall$), de modo que $\alpha\,.\,\gamma$ também não tem v livre. Em seguida:

$$m + 3\,.\,\alpha \rightarrow [\gamma \rightarrow \forall v\,\delta\,(v)]$$

ou seja, como se desejava:

$$\vdash \alpha \rightarrow \varnothing_i.$$

O teorema da dedução presta-se, tal como no cálculo sentencial, para abreviar demonstrações que, sem ele, se tornariam longas e enfadonhas (e difíceis de construir).

Ilustrando, para deduzir

$$\forall x\,(Fx \rightarrow Gx),\ \forall x\,Fx \vdash \forall x\,Gx$$

sem o teorema da dedução, seriam necessárias, de início, 25 passagens, às quais se acrescentariam, em seguida, numerosas outras (para justificar o princípio de exportação e importação; para aplicar, no caso presente, o teorema 2, com $\forall x\,Fx$ no lugar de α, e assim por diante). Essas passagens se reduzem a uma dúzia, no máximo, quando o teorema da dedução é utilizado.

É oportuno sublinhar, a esta altura, que o teorema da dedução admite um

Corolário: Se $\alpha_1, \alpha_2, ..., \alpha_m \vdash \beta$, então

$$\vdash \alpha_1 \to (... (\alpha_{m-1} \to (\alpha_m \to \beta)) ...),$$

que pode ser compreendido sem dificuldade.

O teorema 1 (análogo ao do cálculo sentencial) deixou de incluir uma parte, que não poderia ser demonstrada àquela altura. Pode-se completar o enunciado do teorema 1 escrevendo a parte restante

Teorema 1 (6) Se $\alpha_1, ..., \alpha_m \vdash \beta_i$ ($i = 1, 2, ..., p$) e se $\beta_1, ..., \beta_p \vdash \gamma$, então $\alpha_1, ..., \alpha_m \vdash \gamma$

que pode, agora, ser demonstrado com auxílio do teorema da dedução.[6]

4.6. Consistência e completude

Na lógica clássica há interesse em fórmulas válidas (verdades lógicas) porque são demonstráveis e expressam verdades universais. E interesse fórmulas demonstráveis (teoremas) porque são verdades lógicas.

No cálculo sentencial, as tabelas de valores são forma adequada para exame do caráter tautológico. O processo não é prático e nem sempre reflete maneiras usuais de pensar, de modo que foi oportuna a sua substituição pelas técnicas dedutivas. Essas técnicas foram rapidamente ampliadas, introduzindo técnicas "auxiliares", com regras "derivadas" de dedução. A dedução natural (no cálculo sentencial) é, pois, um meio-caminho entre a tabela de valores e a demonstração estrita.

No cálculo de predicados, a verificação de validade é mais complicada. A verificação de validade requer raciocínios gerais acerca de múltiplas interpretações, com uma infinidade de universos não vazios. Aqui, portanto, a teoria dedutiva é mais apropriada: é mais prática e mais "concreta" do que o raciocínio com as interpretações possíveis.

Mas a equivalência entre

$$\models \quad e \quad \vdash$$

---

6 Ver Kleene, /Logic/, p. 115-116.

não é fácil de estabelecer no cálculo de predicados. Em outras palavras, o teorema

$$|{=}\ \alpha \text{ se e somente se } |{-}\ \alpha,$$

encerra dificuldades mais ou menos sérias.

Os dois próximos teoremas são relativamente simples e podem ser demonstrados exatamente como no cálculo sentencial.

O terceiro teorema (teorema 6, a seguir), entretanto, não será, aqui, discutido.

Teorema 4: Se $|{-}\ \alpha$, então $|{=}\ \alpha$.

Teorema 5: Não há fórmula γ tal que $|{-}\ \gamma$ e $|{-}\sim \gamma$.

Teorema 6: Se $|{=}\ \alpha$, então $|{-}\ \alpha$.

Encerrando, convém salientar que as técnicas de dedução "natural" dependiam de resultados fixados em teoremas relativos à introdução e eliminação de conectivos. Esses resultados são trazidos para o cálculo de predicados sem alterações (lembrando que

$$\text{se } |{-}\ cs\ \beta \text{ então } |{-}\ cp\ \beta,$$

ou seja, que as deduções no cálculo sentencial são deduções no cálculo de predicados, quando as variáveis são mantidas fixas ao longo da dedução).

A dedução "natural", no cálculo de predicados, portanto, assimila as técnicas já discutidas no cálculo sentencial, de modo que se podem usar as regras ali discutidas, isto é, as regras:

R	repetição
DN	dupla negação
SH	silogismo hipotético
SD	silogismo disjuntivo
Simp.	simplificação
Ad.	adição
MP	*modus ponens*
MT	*modus tollens*
Conj.	conjunção
BC	bicondicional-condicional
CB	condicionais-bicondicional
DC	dilema construtivo
DD	dilema destrutivo

Lógica | Leônidas Hegenberg

Ao lado destas, são usadas, ainda, as regras discutidas anteriormente, relativas aos quantificadores

IU	eliminação de ∀
GU	introdução de ∀
IE	eliminação de ∃
GE	introdução de ∃

devendo-se, naturalmente, aqui, dar atenção às restrições cabíveis.

4.7. Exemplos e exercícios

Tendo uma visão geral da situação, pode-se passar para o caso concreto, efetuando deduções no cálculo de predicados. Por conveniência didática, é oportuno dar vários exemplos em que surgem apenas predicados monádicos e passar, em seguida, para os casos mais gerais. Onde oportuno, alguns comentários adicionais serão acrescentados.

4.7.1. Predicados monádicos

1. Pode-se concluir que

se tudo é matéria, tudo se transforma

partindo da premissa

Toda matéria se transforma?

Em símbolos:

de $\forall x\, (Px \to Qx)$
obter-se $\forall x\, Px \to \forall x\, Qx$

A inferência pode ser dada como correta, recordando que é verdade lógica:

$$\forall x\, (Px \to Qx) \to (\forall x\, Px \to \forall x\, Qx)$$

2. Discutir o argumento

se nem todos são dignos de fé, cautela
_____
se alguém não é digno de fé, cautela

Tem-se

$$\frac{\sim \forall x\, Fx \to C}{\exists x \sim Fx \to C}$$

Cap. 4 | A Dedução **321**

e a premissa é equivalente à conclusão (cf. verdade lógica n. 5, na lista que inicia a Seção 3.5), de modo que o argumento é legítimo.

3. Discutir o argumento:

> Nenhum mortal é perfeito
> Todos os homens são mortais
> ———————————————
> Todos os homens não são perfeitos

Usando símbolos sugestivos

1. $\forall x \, (Mx \rightarrow \sim Px)$ Prem
2. $\forall x \, (Hx \rightarrow Mx)$ Prem
3. $Hy \rightarrow My$ 2, *IU*
4. $My \rightarrow \sim Py$ 1, *IU*
5. $Hy \rightarrow \sim Py$ 3, 4 *SH*
6. $\forall x \, (Hx \rightarrow \sim Px)$ 5, *GU* (*y*).

Observe-se que a generalização universal, na última linha, é perfeitamente aceitável: fala-se de quaisquer homens e mortais. Tecnicamente, a linha 6 devolve a linha 5 por eliminação de $\forall$ e a variável de instanciação, isto é, *y*, é posterior às variáveis livres da linha 6 (que não tem, aliás, variáveis livres).

4. Examinar o argumento:

> Todos os tomistas apreciam Aristóteles
> Alguns filósofos são tomistas
> ———————————————
> Alguns filósofos apreciam Aristóteles

Têm-se

1. $\forall x \, (Tx \rightarrow Ax)$ Prem
2. $\exists x \, (Fx \, . \, Tx)$ Prem
3. $Fy \, . \, Ty$ 2, *IE* (*y*)
4. $Ty \rightarrow Ay$ 1, *IU*
5. Ty 3, simp
6. Fy 3, simp
7. Ay 5, 4 *MP*
8. $Fy \, . \, Ay$ 6, 7, Conj
9. $\exists x \, (Fx \, . \, Ax)$ 8, *GE*

Numa dedução podem ser empregadas as duas regras *IE* e *IU*. Convém, em tal caso, usar primeiramente a regra *IE* (determinando a variável de instanciação). Em seguida, usa a regra *IU* (que vale para qualquer variável e, portanto, para a particular variável de instanciação surgida no uso de *IE*).

5. Não legitimidade.

Há casos em que se torna mais direta a verificação de não legitimidade do que a tentativa de dedução. Para isso, procura-se dar valor verdade às premissas e verificar se isso é compatível com o valor falso atribuído à conclusão.

Em universos finitos, os quantificadores podem ser expressos em termos dos conectivos. Para exemplificar, imagine-se um universo constituído de apenas três elementos, *a*, *b* e *c*. Então

$$\forall x \, Fx \text{ significa } Fa \, . \, Fb \, . \, Fc$$

$$\exists x \, Fx \text{ significa } Fa \lor Fb \lor Fc$$

De modo análogo

$$\exists x \, Gxy \text{ significa } Gay \lor Gby \lor Gcy$$

e, em consequência,

$$\forall x \, \exists y \, Gxy \text{ significa } \forall y \, (Gay \lor Gby \lor Gcy)$$

ou seja, significa

$$(Gaa \lor Gba \lor Gca) \, . \, (Gab \lor Gbb \lor Gcb) \, . \, (Gac \lor Gbc \lor Gcc)$$

Num universo de dois elementos, *a* e *b*, por exemplo:

$$\exists x \, \forall y \, Gxy \text{ significa } (Gaa \, . \, Gab) \lor (Gba \, . \, Gbb)$$

Considere-se um universo em que existe apenas um objeto, *a*. Então:

$$\forall x \, Fx \leftrightarrow Fa$$

$$\exists x \, Fx \leftrightarrow Fa$$

Num universo com apenas dois elementos:

$$\forall x \, Fx \leftrightarrow Fa \, . \, Fb$$

$$\exists x \, Fx \leftrightarrow Fa \lor Fb$$

Num universo com m elementos

$$\forall x\, Fx \leftrightarrow Fa \,.\, Fb \,.\,...\,.\, Fm$$
$$\exists x\, Fx \leftrightarrow Fa \,\text{v}\, Fb \,\text{v}\, ...\, \text{v}\, Fm$$

Diante do exposto, considere-se o argumento

Todas as baleias são pesadas
Todos os elefantes são pesados
—————————————
As baleias são elefantes

Em símbolos

$$\forall x\, (Bx \to Px)$$
$$\forall x\, (Ex \to Px)$$
$$\overline{\forall x\, (Bx \to Ex)}$$

Considere-se um universo constituído por um só objeto, a. Tem-se:

$$Ba \to Pa$$
$$Ea \to Pa$$
$$\overline{Ba \to Ea}$$

um argumento cuja ilegitimidade é imediatamente aparente atribuindo os seguintes valores às sentenças em pauta:

$$\text{val}\,(Ba) = V$$
$$\text{val}\,(Pa) = V$$
$$\overline{\text{val}\,(Ea) = F}$$

Há situações em que o universo constituído de um só elemento não basta para evidenciar a ilegitimidade, passando-se, então, para universos com dois ou mais objetos. Considere-se

Alguns tagarelas são tolos
Alguns tagarelas são fúteis
—————————————
Alguns tolos são fúteis

Em símbolos:

$$\exists x\, (Tx \,.\, Bx)$$
$$\exists x\, (Tx \,.\, Fx)$$
$$\overline{\exists x\, (Bx \,.\, Fx)}$$

Em universo de um só elemento, a,

$$\frac{\begin{array}{l} Ta \,.\, Ba \\ Ta \,.\, Fa \end{array}}{Ba \,.\, Fa}$$

que é legítimo. Todavia, com dois elementos, a e b,

$$\frac{\begin{array}{l} (Ta \,.\, Ba) \text{ v } (Tb \,.\, Bb) \\ (Ta \,.\, Fa) \text{ v } (Tb \,.\, Fb) \end{array}}{(Ba \,.\, Fa) \text{ v } (Bb \,.\, Fb)}$$

chega-se a argumento que é ilegítimo, segundo se depreende da seguinte atribuição de valores:

$$\text{val } (Ta) = \text{val } (Tb) = \text{val } (Ba) = \text{val } (Fb) = V,$$
$$\text{val } (Bb) = \text{val } (Fa) = F$$

6. Na maioria dos exemplos seguintes serão omitidos os comentários.

Mostrar que $|- \forall x\, Fx \rightarrow \exists x\, Fx$

1. $\forall x\, Fx$	Prem
2. Fy	1, *IU*
3. $\exists x\, Fx$	2, *GE*
4. $\forall x\, Fx \rightarrow \exists x\, Fx$	1 a 3, *TD*

7. Com respeito à já comentada equivalência entre '$\forall$' e '$\sim \exists \sim$' pode-se, por exemplo, mostrar que:

$$\forall x\, Fx \rightarrow \sim \exists x \sim Fx$$

desta maneira

1. $\forall x\, Fx$	Premissa
2. $\exists x \sim Fx$	Premissa adicional
3. $\sim Fy$	2. *IE*
4. $\exists x \sim Fx \rightarrow \sim Fy$	2,3 Dem. Condic
5. $\sim \sim Fy \rightarrow \exists x \sim Fx$	4 Transp
6. $Fy \rightarrow \sim \exists x \sim Fx$	5 Dupl. Neg
7. Fy	1. *IU*
8. $\sim \exists x \sim Fx$	7,6 Mod. Pon
9. $\forall x\, Fx \rightarrow \sim \exists x \sim Fx$	1,8 Dem. Cond.

A implicação em sentido contrário também pode ser demonstrada sem maiores complicações:

1. $\sim \exists x \sim Px$	Premissa
2. $\sim Py$	Premissa Adicional
3. $\exists x \sim Px$	2 GE
4. $\exists x \sim Px \vee Py$	3. Adição
5. Py	4,1, Sil. Disj.
6. $\sim Py \rightarrow Py$	2,5, Dem. Cond.
7. $Py \vee Py$	6, Implic. e Dupl. Neg.
8. Py	7, Equiv.
9. $\forall x\, Px$	8, GU
10. $\sim \exists x \sim Px \rightarrow \forall x\, Px$	1,9 Dem. Cond.

De modo semelhante se tem, ainda.

$$\sim \forall x\, Fx \leftrightarrow \exists x \sim Fx$$
$$\forall x \sim Fx \leftrightarrow \sim \exists x\, Fx$$
$$\sim \forall x \sim Fx \leftrightarrow \exists x\, Fx$$

Qualquer dos quatro resultados será lembrado com a justificativa "negação quantificacional" (NQ).

8. Mostrar que $\exists x\, Fx \vee \exists x\, Gx \leftrightarrow \exists x\, (Fx \vee Gx)$

Justificações a cargo do leitor.

1. $\exists x\, Fx \vee \exists x\, Gx$	Premissa
2. $\exists x\, Fx$	Prem. Adic.
3. $\exists x\, Gx$	Prem. Adic.
4. $\quad Fy$	
5. $\quad Fy \vee Ey$	
6. $\exists x\, (Fx \vee Gx)$	
7. $\exists x\, Fx \rightarrow \exists x\, (Fx \vee Gx)$	
8. $\quad Gz$	3. $IE\ (z)$
9. $\quad Fz \vee Gz$	
10. $\exists x\, Gx \rightarrow \exists x\, (Fx \vee Gx)$	
11.	Conj. 7,10
12. $\exists x\, (Fx \vee Gx) \vee \exists x\, (Fx \vee Gx)$	Dilema.
13. $\exists x\, (Fx \vee Gx)$	
14. Tese	1 a 14, DC

9. Uma premissa adicional tem certo período de vigência, mas é "eliminada" quando retorna para a conclusão (como antecedente de um condicional). Qualquer premissa pode ser introduzida, a qualquer ponto, desde que se tome o cuidado de eliminá-la (por meio de demonstração condicional, isto é, por meio do teorema da dedução). O período de "vigência" é determinado pelas setas verticais. Ilustrando, considere-se a implicação inversa daquela que serviu no exemplo anterior: (o leitor poderá completar o quadro das justificativas, indicando a variável de instanciação e as regras usadas).

1. $\exists x\,(Px \vee Qx)$	Premissa Provisória
2. $Py \vee Qy$	1. IE
3. Py	Premissa Provisória
4. $\exists x\,Px$	
5. $\exists x\,Px \vee \exists x\,Qx$	
6. $Py \rightarrow (\exists x\,Px \vee \exists x\,Qx)$	3,5 Dem. Condic.
7. Qv	Premissa Provisória
8. $\exists x\,Qx$	
9. $\exists x\,Px \vee \exists x\,Qx$	
10. $Qv \rightarrow (\exists x\,Px \vee \exists x\,Qx)$	7,9 Dem. Condic.
11. $(Py \rightarrow (\exists x\,Px \vee \exists x\,Qx)) . (Qy \rightarrow (\exists x\,Px \vee \exists x\,Qx))$	
12. $(\exists x\,Px \vee \exists x\,Qx) \vee (\exists x\,Px \vee \exists x\,Qx)$	
13. $\exists x\,Px \vee \exists x\,Qx$	
14. $\exists x\,(Px \vee Qx) \rightarrow (\exists x\,Px \vee \exists x\,Qx)$	1,13 Dem. Condic.

10. Seja, no que se segue, "P" uma sentença qualquer e "Fx" um aberto em que "x" ocorra livre pelo menos uma vez. Em primeiro lugar

$$\forall x\,(Fx . P) \leftrightarrow (\forall x\,Fx . P)$$

A demonstração não é complicada

1. $\forall x\,(Fx . P)$		1. $\forall x\,Fx . P$	
2. $Fy . P$	1. IU	2. $\forall x\,Fx$	1. Simp.
3. Fy	2. Simp.	3. Fy	2. IU
4. $\forall x\,Fx$	3. GU	4. P	1. Simp.
5. P	2. Simp.	5. $Fy . P$	3,4 Conj.
6. $\forall x\,Fx . P$	4,5 Conj.	6. $\forall x\,(Fx . P)$	5. GU

restando, em último passo, aplicar (nos dois casos) a Dem. Cond. O leitor poderá verificar, de forma análoga, que

$$\forall x\,(P \to Fx) \leftrightarrow (P \to \forall x\,Fx)$$

11. Tanto um como outro dos dois padrões agora obtidos também se verificam usando "∃" no lugar de "∀". Para o segundo padrão, todavia, há uma alteração radical se "P" figura como consequente:

$$\forall x\,(Fx \to P) \leftrightarrow (\exists x\,Fx \to P).$$
$$\exists x\,(Fx \to P) \leftrightarrow (\forall x\,Fx \to P).$$

Eis a demonstração da penúltima equivalência

1. $\forall x\,(Fx \to P)$		1. $\exists x\,Fx \to P$	
2. $\exists x\,Fx$	Prem. Adic.	2. Fy	Prem. Adic.
3. Fy	2. *IE*	3. $\exists x\,Fx$	2. *GE*
4. $Fy \to P$	1. *IU*	4. $Fy \to \exists x\,Fx$	2-3 Dem. Cond.
5. P	3,4 *MP*	5. $Fy \to P$	4,1 Sil. Hip.
6. $\exists x\,Fx \to P$	2-5 Dem. Cond.	6. $\forall x\,(Fx \to P)$	5. *GU*

devendo-se, enfim, usar (nos dois casos) uma segunda vez a Dem. Cond.

12. Mostrar que $|\!- \forall y\,(\forall x\,Fx \to Fy)$.

1. $\forall x\,Fx$	Prem. Prov.
2. Fz	1. *IU*
3. $\forall x\,Fx \to Fz$	1 a 2, *DC*
4. $\forall y\,(\forall x\,Fx \to Fy)$	3, *GU* (z)

Notar que a linha 4 devolve a linha 3 por *IU*: elimina-se o quantificador inicial, $\forall y$, e as ocorrências de y são substituídas por ocorrências de z (a variável de instanciação). Além disso, a variável da instanciação é posterior às variáveis livres da linha 4.

Em geral, quando não há cuidados especiais a tomar com as variáveis, é comum não alterar as letras existentes. Tem-se, como acima:

1. $\forall x\,Fx$
2. Fx
3. $\forall x\,Fx \to Fx$
4. $\forall y\,(\forall x\,Fx \to Fy)$

De novo, 4 devolve 3 por *IU*, com variável de instanciação x (posterior às livres de 4), cabendo notar que x entra nos locais em que y era livre em 4 (após a omissão do quantificador inicial, é claro).

13. Como novo exemplo, mostrar que $\vdash \exists x\, (Fx \rightarrow \forall x\, Fx)$.

1. $\sim \forall x\, Fx$	Prem. Prov.
2. $\exists x \sim Fx$	1, Equiv, *NQ*
3. $\sim Fy$	2, *IE* (y)
4. $\sim \forall x\, Fx \rightarrow \sim Fy$	1 a 3, *DC*
5. $Fy \rightarrow \forall x\, Fx$	4, Equiv.
6. $\exists y\, (Fy \rightarrow \forall x\, Fx)$	5, *GE*

Notar que a linha 3 devolve a linha 2 por *GE* (introdução do quantificador existencial) e que não há variáveis livres em 2, de modo que qualquer variável poderia ser usada como variável de instanciação.

14. Os silogismos requerem atenção. Os silogismos legítimos podem ter suas conclusões facilmente deduzidas e a ilustração seguinte pode servir de modelo para os demais casos.

Discutir, por exemplo, o silogismo CAMESTRES. Recorde-se que se trata de silogismo da segunda figura, aparecendo o termo médio como predicado nas duas premissas. O diagrama seria:[7]

$$\begin{array}{c} T\,A\,M \\ t\,E\,M \\ \hline t\,E\,T \end{array}$$

A simbolização pode ser feita da seguinte maneira (abusando um pouco da notação, para conservar as letras que figuram no diagrama):

1. $\forall x\, (Tx \rightarrow Mx)$	Prem.
2. $\forall x\, (tx \quad \rightarrow \sim Mx)$	Prem.
3. $\quad Tx \rightarrow Mx$	1, *IU*
4. $\quad tx \rightarrow \sim Mx$	2, *IU*
5. $\quad Mx \rightarrow \sim tx$	4, Equiv.

---

7   Ver /Cálculo Sentencial/, Sec. 2.4

6.	$Tx \rightarrow \sim tx$	3,5, *SH*
7.	$tx \rightarrow \sim Tx$	6, Equiv.
8. $\forall x \, (tx \rightarrow \sim Tx)$		7, *GU* (x).

Os silogismos de forma atenuada requerem premissa adicional, que assevere a existência dos objetos em pauta. Assim, DARAPTI:

$$M A T$$
$$\underline{M A t}$$
$$t I T$$

Note-se que:

1. $\forall x \, (Mx \rightarrow Tx)$ Prem.
2. $\forall x \, (Mx \rightarrow tx)$ Prem.

permitem, como é natural, obter:

3. $My \rightarrow Ty$ 1, *IU*
4. $My \rightarrow ty$ 2, *IU*

A conclusão desejada tem, no entanto, a forma:

$$\exists x \, (tx \, . \, Tx)$$

o que exige, em algum ponto, a possibilidade de fazer a conjunção de

$$tx \text{ e } Tx.$$

Ora, essa conjunção depende de se ter, na dedução, isoladamente, cada uma de tais expressões. Isso se consegue apenas asseverando a existência de objetos com a propriedade '*M*', isto é, colocando

5. $\exists x \, Mx$ Prem. (oculta)

de onde,

6.	My	5, *IE* (y)
7.	Ty	3,6, *MP*
8.	ty	4,6, *MP*
9.	$ty \, . \, Ty$	7,8, Conj.
10. $\exists x \, (tx \, . \, Tx)$		9, *GE*.

Em cada silogismo de forma atenuada é preciso acrescentar uma premissa análoga, para assegurar a existência de algum objeto com

Lógica | Leônidas Hegenberg

certa propriedade (variável, de caso para caso, mas facilmente identificável).

EXERCÍCIOS

1. Simbolizar e deduzir a conclusão em todos os silogismos legítimos. Deduzir as conclusões, em cada caso, juntando, para as formas atenuadas, a premissa necessária.
2. Basicamente, cada um de nós é platônico ou aristotélico. Nem todos são platônicos. Logo, há os que são aristotélicos sem serem platônicos.
3. Qualquer ação é boa se e somente se nem egoísta nem maléfica. Há ações boas. Logo, nem toda ação é maléfica.
4. Nem toda pessoa compreensiva ou tolerante é compassiva. Não existe quem seja compreensivo mas não virtuoso ou não compassivo. Logo, nem todas as pessoas tolerantes são compassivas.
5. Deduzir a conclusão:

$\sim \forall x (Ax \to Bx)$
$\forall x (Ax \to Cx)$
$\sim \exists x [(\sim Bx . \sim Ex) . (Dx \lor Cx)]$
logo, $\exists x (Ax . (Cx . Ex))$

6. $\sim \exists x [(Ax . Bx) . \sim Cx)]$.
logo, $\forall x (Ax \to (\sim Cx \to \sim Bx))$

7. Todas as substâncias radioativas ou têm vida curta ou têm valor medicinal. Nenhum isótopo do urânio, que seja radioativo, tem vida curta. Logo, se todos os isótopos do urânio são radioativos, todos têm valor medicinal (Rx: x é radioativo; Cx : x tem vida curta; Mx : x tem valor medicinal; Ux : x é isótopo do urânio).

4.7.2. Argumentos em que há relações

1. As relações são comumente empregadas nas inferências. Eis um exemplo de argumento relacional

> Pedro é mais velho que Ed
> Ed é mais velho que Flávio
> Logo Pedro é mais velho que Flávio.

Exemplo mais complexo, que envolve quantificação, seria:

> Helena gosta de Flávio
> Quem gosta de Flávio gosta de Alceu
> Helena gosta de homens educados
> Logo Alceu é um homem educado.

Cap. 4 | A Dedução   **331**

A validação de argumentos relacionais com um só quantificador em geral não oferece grandes dificuldades. Considere-se o exemplo acima: "Helena gosta de Flávio", etc. Tem-se:

1. Ghf Premissa
2. $\forall x\, (Gxf \rightarrow Gxa)$ "
3. $\forall x\, (Ghx \rightarrow Ex)$ "
4. $Ghf \rightarrow Gha$ 2, IU
5. Gha 4, 1 MP
6. $Gha \rightarrow Ea$ 3, IU
7. Ea 5,6 MP

2. Certas equivalências e implicações envolvem dois quantificadores. Exemplo

$$\forall x\, \forall y\, Fxy \leftrightarrow \forall y\, \forall x\, Fxy.$$

A implicação da direita para a esquerda pode ser feita sem dificuldade, conhecendo a outra:

1. $\forall x\, \forall y\, Fxy$ premissa
2. $\forall y\, Fxy$ 1, IU
3. Fxy 2, IU
4. $\forall x\, Fxy$ 3, $GU\,(x)$
5. $\forall y\, \forall x\, Fxy$ 4, $GU\,(y)$

O leitor poderá ver que as aplicações de GU (nas duas ocasiões) não foram feitas com o rigor desejável: a restrição quanto à ordem das variáveis não foi observada. Não importam com as restrições, já que os x e y em tela eram "arbitrários". Todavia, a demonstração deveria ser feita deste modo:

1. $\forall x\, \forall y\, Fxy$ premissa
2. $\forall y\, Fx_1\, y$ 1, IU
3. $Fx_1 z$ 2, IU
4. $\forall x\, Fxz$ 3, $GU\,(x_1)$

notando que a variável assinalada, x_1, é posterior às livres da linha 4.

5. $\forall y\, \forall x\, Fxy$ 4, $GU\,(z)$

em que, de novo, a variável assinalada, z, é posterior às livres da linha 5 (em que, aliás, não há variáveis livres).

3. De modo análogo,

$$\exists x \, \exists y \, Fxy \leftrightarrow \exists y \, \exists x \, Fxy.$$

4. Já foi visto que os quantificadores não são permutáveis. Assim:

$$\forall x \, \exists y \, Fxy \text{ e } \exists y \, \forall x \, Fxy$$

têm sentidos muito diversos. Todavia, a primeira expressão é deduzível da segunda

1. $\exists y \, \forall x \, Fxy$	premissa
2. $\quad \forall x \, Fxy$	1, IE (y)
3. $\quad\quad Fzy$	2, IU
4. $\quad \exists y \, Fzy$	3, GE
5. $\forall x \, \exists y \, Fxy$	4, GU (z).

5. Tentar deduzir a segunda expressão (do exercício anterior) a partir da primeira e verificar em que ponto ela é bloqueada.

6. Examinar, pelo mesmo prisma dos dois últimos exemplos

$$\forall y \, \exists x \, Fxy \text{ e } \exists x \, \forall y \, Fxy.$$

7. O seguinte diagrama dá uma boa ideia das implicações e equivalências com os dois quantificadores. O leitor poderá deduzir o que for cabível:

$$\forall x \, \forall y \rightarrow \exists y \, \forall x \rightarrow \forall x \, \exists y \rightarrow \exists x \, \exists y$$
$$\updownarrow \qquad\qquad\qquad\qquad\qquad\qquad\qquad \updownarrow$$
$$\forall y \, \forall x \rightarrow \exists x \, \forall y \rightarrow \forall y \, \exists x \rightarrow \exists y \, \exists x$$

8. Considere-se o argumento:

Alguém ama a todos

Os que não são santos deixam de amar pelo menos uma pessoa

Existe pelo menos um santo

Colocando o argumento em forma simbólica, notar que

$$\exists x \, \forall y \, (x \text{ ama } y)$$
$$\forall x \, (\sim \text{santo} \rightarrow \exists y \, (\sim (x \text{ ama } y)))$$
$$\overline{\exists x \, (x \text{ santo})}$$

Cap. 4 | A Dedução · 333

Usando letras sugestivas, eis uma dedução (cabendo ao leitor fornecer as justificativas):

1. $\exists x \, \forall y \, (Axy)$
2. $\forall x \, (\sim Sx \rightarrow \exists y \, (\sim Axy))$
3. $\forall y \, (Aby)$
4. $\sim Sb \rightarrow \exists y \, (\sim Aby)$
5. $\sim \exists y \, (\sim Aby) \rightarrow Sb$
6. $\forall y \, Aby \rightarrow Sb$
7. Sb
8. $\exists x \, Sx$

9. Casos em que surgem letras sentenciais. Em primeiro lugar, mostre-se que:

$$\forall x \, (Fx \cdot P) \leftrightarrow (\forall x \, Fx \cdot P).$$

A demonstração não é complicada:

1. $\forall x \, (Fx \cdot P)$		1. $\forall x \, Fx \cdot P$	
2. $Fy \cdot P$	1. *IU*	2. $\forall x \, Fx$	1. Simp.
3. Fy	2. Simp.	3. Fy	2. *IU.*
4. $\forall x \, Fx$	3. *GU*	4. P	1. Simp.
5. P	2. Simp.	5. $Fy \cdot P$	3,4 Conj.
6. $\forall x \, Fx \cdot P$	4,5 Conj.	6. $\forall x \, (Fx \cdot P)$	5. *GU.*

restando, em último passo, aplicar (nos dois casos) a Dem. Cond. O leitor poderá verificar, de forma análoga, que:

$$\forall x \, (P \rightarrow Fx) \leftrightarrow (P \rightarrow \forall x \, Fx).$$

Tanto um como outro dos dois padrões agora obtidos também se verificam usando "$\exists$" no lugar de "$\forall$". Para o segundo padrão, todavia, há uma alteração radical se "P" figura como consequente:

$$\forall x \, (Fx \rightarrow P) \leftrightarrow (\exists x \, Fx \rightarrow P).$$
$$\exists x \, (Fx \rightarrow P) \leftrightarrow (\forall x \, Fx \rightarrow P).$$

Eis a demonstração de parte da última equivalência:

1. $\exists x \, (Fx \rightarrow P)$ prem.

2. $\forall x\, Fx$ prem. prov.
3. $Fy \rightarrow P$ 1, *IE* (y)
4. Fy 2, *IU*
5. P 4, 3 *MP*
6. $\forall x\, Fx \rightarrow P$ 2 a 5 *DC*

devendo-se, enfim, usar uma segunda vez a Dem. Cond.

10. Verificar a possibilidade de demonstrar

$$\forall y\, (\forall x\, Fx \rightarrow Fy).$$

11. *Idem*, para:

$$\forall y\, (Fy \rightarrow \exists x\, Fx).$$

12. Menos óbvios são os resultados que traduzem as regras *GU* e *IE*:

$$\exists y\, (Fy \rightarrow \forall x\, Fx).$$
$$\exists y\, (\exists x\, Fx \rightarrow Fy).$$

13. Considere-se este curioso exemplo (*A. F.* Bausch).

O clube dos narradores requer, em seus estatutos, que

a) se um sócio fala com outro, este fala com o primeiro

b) quem quer que fale com alguém que fala com um sócio também fala com este sócio.

Surpreendentemente, os estatutos implicam isto:

Todo sócio permanece em silêncio ou fala consigo mesmo!

Esta consequência pode ser vista analisando o argumento em forma simbólica e notando que a conclusão pode ser deduzida das premissas.

As premissas (regras *a* e *b* dos estatutos) são

$$\forall x\, \forall y\, (x \text{ fala com } y \rightarrow y \text{ fala com } x)$$
$$\forall x\, \forall y\, ((\exists z\, (x \text{ fala com } z \,.\, z \text{ fala com } y)) \rightarrow x \text{ fala com } y)$$

A conclusão desejada é esta

$$\forall x\, [\sim \exists y\, (x \text{ fala com } y) \vee (x \text{ fala com } x)]$$

Observe-se que a conclusão é do tipo:

$$\forall x\, (\sim \alpha \vee \beta)$$

Procura-se, por isso, obter (para generalizar universalmente):

$$\sim \alpha \vee \beta$$

ou, equivalentemente,

$$\alpha \to \beta.$$

A dedução, agora, pode ser completada sem maiores dificuldades
Para um x arbitrário suponha-se que

1. $\exists y \, (x$ fala com $y)$ Prem. Prov.

Então x fala com alguém, b,

2. x fala com b Omissão de $\exists$

Da primeira suposição

3. x fala com $b \to b$ fala com x Dup. Omissão de $\forall$

Logo

4. b fala com x 2,3 *modus ponens*
5. x fala com $b.b$ fala com x 2 e 4, conjunção
6. $\exists z \, (x$ fala com $z \,.\, z$ fala com $x)$ Int. de $\exists$ em 5

donde, aplicando a segunda premissa:

7. $\exists z \, (x$ fala com $z \,.\, z$ fala com $x) \to x$ fala com x.
8. x fala com x Dupla omissão de $\forall$.

Segue-se que sempre que 1 for verdadeira, também 8 o será, isto é:

9. $\exists y \, (y$ fala com $y) \to x$ fala com x.

ou seja

10. $\sim \exists y \, (x$ fala com $y) \vee x$ fala com x.

Como x é arbitrário:

11. $\forall x \, (\sim \exists y \, (x$ fala com $y) \vee x$ fala com $x)$.

14. Terminando as ilustrações, considere-se (Quine):

Existe um quadro que todos os críticos admiram
_____
Todo crítico admira este ou aquele quadro

Usando letras sugestivas:

$$\frac{\exists y \, (Qy \, . \, \forall x \, (Cx \rightarrow Axy))}{\forall x \, (Cx \rightarrow \exists x \, (Qy \, . \, Axy))}$$

Eis uma dedução (cabendo ao leitor fornecer as justificativas):

1. $\exists y \, (Qy \, . \, \forall x \, (Cx \rightarrow Axy))$
2. Qy
3. $\forall x \, (Cx \rightarrow Axy)$
4. $Cx \rightarrow Axy$
5. Cx
6. $Qy \, . \, Axy$
7. $\exists y \, (Qy \, . \, Axy)$
8. $Cx \rightarrow \exists y \, (Qy \, . \, Axy)$
9. $\forall x \, (Cx \rightarrow \exists y \, (Qy \, . \, Axy))$

4.7.3. Revisão e exercícios

Eis a alguns exemplos que ilustram certos pontos importantes.

Das três primeiras fórmulas, dadas como premissas, obter $\forall x \, (Px \rightarrow \sim Fx)$.

1. $\forall x \, (Px \rightarrow \sim Dx)$	prem.
2. $\forall x \, (Fx \rightarrow Dx)$	prem.
3. $\forall x \, (Ax \rightarrow Px)$	prem.
4. $Py \rightarrow \sim Dy$	1, *IU*
5. $Fy \rightarrow Dy$	2, *IU*
6. $Ay \rightarrow Py$	3, *IU*
7. Py	prem. prov., dem. cond.
8. $\sim Dy$	7, 4 *MP*
9. $\sim Dy \rightarrow \sim Fy$	5, eq. (Contraposição)
10. $\sim Fy$	8, 9 *MP*
11. $Py \rightarrow \sim Fy$	7 a 10, dem. cond.
12. $\forall x \, (Px \rightarrow \sim Fx)$	11, *GU*

O exemplo seguinte é dado a fim de evidenciar erro comum.

1. $\exists x\, Hx$	prem.
2. $\exists x \sim Hx$	prem.
3. Hy	1, *IE*
4. $\sim Hy$	2, *IE*
5. $Hy . \sim Hy$	3,4, Conj
6. $\exists x\, (Hx . \sim Hx)$	5, *GE*.

O erro está no passo 4. Em 3, y foi nome dado ao objeto com a propriedade H. Não se pode, a seguir, dar o mesmo nome ao objeto que não tem a propriedade H: em 4 a variável não é nova.

É importante observar que, em geral, *IE* deve ser aplicada *antes* de *IU*, caso ambas as regras sejam empregadas. Note-se, com efeito, o que sucede neste exemplo:

1. $\forall x\, (Fx \rightarrow Gx)$	prem.
2. $\exists x\, Fx$	prem. adic. dem. cond.
3. Fy	2, *IE*
4. $Fy \rightarrow Gy$	1, *IU*
5. Gy	3,4 *MP*
6. $\exists x\, Gx$	5, *GE*

Aqui usamos *IE* e *IU*. Se, por acaso, tivéssemos invertido a ordem:

1. $\forall x\, (Fx \rightarrow Gx)$	Prem.
2. $\exists x\, Fx$	prem. adic. dem. cond.
3. $Fy \rightarrow Gy$	1, *IU*

não seria possível seguir com:

4. Fy	2, *IE*

pois aí a variável y não seria nova. Poder-se-ia tentar:

4'. $Fz,$	

mas isso impediria a aplicação de *modus ponens*.

Note-se que a dedução continua com

7. $\exists x\, Fx \rightarrow \exists x\, Gx$	2 a 6, dem. cond.,

que conduz a este resultado básico a respeito dos quantificadores

$$\forall x\, (Fx \rightarrow Gx) \text{ logo } \exists x\, Fx \rightarrow \exists x\, Gx$$

Outra recomendação importante a fazer é esta: usar *GU antes* de *IU*, caso ambas as regras venham a ser utilizadas. O motivo é óbvio: em *IU* "liberam-se variáveis", e para aplicar *GU* é preciso que as variáveis não tenham ocorrências livres em ocasiões anteriores da dedução.

Relembrando pontos já assentados, eis mais um exemplo. Da fórmula $\forall x\, Fx$, dada como premissa, deduzir $\sim \exists x \sim Fx$:

1. $\forall x\, Fx$	prem.
2. $\exists x \sim Fx$	prem. prov. por abs.
3. $\sim Fy$	2, *IE*
4. Fy	1, *IU*
5. $Fy \cdot \sim Fy$	4,3 Conj.
6. $\exists x \sim Fx \to Fy \cdot \sim Fy$	dem. cond. 2 a 5
7. $\sim \exists x \sim Fx$	por Abs.

O leitor não deverá ter dificuldades em resolver os próximos exercícios

EXERCÍCIOS

1. Mostrar que de $\exists x Fx$ se deduz $\sim \forall x \sim Fx$.
2. Deduzir $\exists x \sim Fx$ da premissa $\sim \forall x\, Fx$.
3. No último exemplo e nos dois exercícios anteriores, tomar como premissas as fórmulas que eram conclusões e deduzir as fórmulas que eram premissas.
4. À luz do que se estabeleceu nos exercícios anteriores, indicar as equivalências estabelecidas (Obs.: usar regra condicionais – bicondicional).

Depois dos exemplos considerados, o leitor, certamente, já deve ter percebido que a "técnica" das deduções no cálculo de predicados pode ser sumariada deste modo:

a) eliminar quantificadores (regras *IE* e *IU*)

b) usar métodos sentenciais

c) repor quantificadores (regras *GE* e *GU*).

Depois deste lembrete e de mais um par de exemplos, não deverão surgir dificuldades para abordar os problemas com que se encerrará a seção. Novo exemplo:

Deduzir $\forall x\, (Gx \cdot Hx)$ de $\forall x\, (Fx \to Gx)$ e $\exists x\, (Fx \cdot Hx)$

1. $Ax\,(Fx \to Gx)$	prem.
2. $Ex\,(Fx\,.\,Hx)$	prem.
3. $Fy\,.\,Hy$	2, *IE*
4. $\quad Fy \to Gy$	1, *IU*
5. $\quad Fy$	3, Simp.
6. $\quad Gy$	5, 4 *MP*
7. $\quad Hy$	3, Simp.
8. $\quad Gy\,.\,Hy$	6, 7 Conj.
9. $\exists x\,(Gx\,.\,Hx)$	8, *GE*

Como último exemplo, obter $\exists x\ Mx$ das premissas dadas em 1. e 2.

1. $\forall x\,(Hx \to Mx)$	
2. $\exists x\ Hx$	
3. Hy	2, *IE*
4. $Hy \to My$	1, *IU*
5. My	3, 4, *MP*
6. $\exists x\ Mx$	5, *GE*.

Notar que os dois exemplos são simbolizações convenientes para os seguintes argumentos do português: "Todos os homens são sábios. Alguns homens são felizes. Logo, alguns sábios são felizes" e "Todos os homens são mortais. Existem homens. Logo, existem mortais".

EXERCÍCIOS

1. Deduzir $Ax\,(Fx \to Gx)$ da premissa $Ax\,[(Fx \lor Hx) \to (Gx\,.\,Jx)$.
   Sugestão: dem. cond., com Fy como premissa adicional.
2. Das seguintes duas premissas:

   $\forall x\,((Fx \lor Gx) \to (Hx\,.\,Jx)$
   $\forall x\,((Hx \lor Kx) \to ((Ox \lor Mx) \to Nx))$
   deduzir $\qquad \forall x\,(Fx \to (Lx \to Nx))$

   Sugestão: usar *I.U.* duas vezes: introduzir Fy como premissa (provisória, para Dem. Cond.); obter, pelas regras sentenciais, $Ly \lor My \to Ny$; introduzir Ly como premissa (provisória, para Dem. Cond.); usar regras sentenciais e, enfim, *G.U.*

   Nos casos seguintes, simbolizar premissas e conclusão e deduzir a conclusão, partindo das premissas.

340 Lógica | Leônidas Hegenberg

3. Quem apoia Ivan vota em João. Antônio votará apenas em quem for amigo de Hugo. Nenhum amigo de Caio é amigo de João. Logo, se Hugo é amigo de Caio, Antônio não apoiará Ivan.

4. Há um professor que é apreciado por todos os alunos que apreciam algum professor. Cada aluno aprecia um ou outro professor. Em consequência, há um professor que é apreciado por todos os alunos.

5. É crime vender armas sem registro a quem quer que seja. Todas as armas de Rui foram adquiridas de Lauro ou de Mário. Se uma das armas de Rui não está registrada, então, no caso de Rui jamais haver adquirido algo de Mário, Lauro é criminoso.

6. Completar a dedução.

Qualquer cavalo corre mais do que qualquer cão pastor

Alguns cães pastores correm mais do que qualquer coelho

Logo, qualquer cavalo corre mais do que qualquer coelho

Nos exemplos seguintes há premissas subentendidas (entimemas). Adicionando as premissas (obviamente verdadeiras), completar a dedução.

7. Um Opala é mais caro do que qualquer dos carros pequenos. Segue-se que nenhum Opala é carro pequeno.

8. Alice é mãe de Beatriz. Beatriz é mãe de Carla. Logo, se Carla ama apenas sua mãe, não ama Alice.

9. De $\forall x \, \forall y \, (Rxy \to \sim Ryx)$ deduzir $\forall x \sim Rxx$

10. Deduzir a conclusão a partir das premissas dadas:

a) $\forall x \, \forall y \, (Fxy \to Fyx)$

$\forall x \, [Gx \to Ay \, (Hy \to Fxy)]$

logo $\forall z \, [Hz \to \forall w \, (Gw \to Fzw)]$

b) $\forall x \, (\exists y \, Fax \to Gxx)$

$\exists x \, (\exists y \, Fxy \, . \, Gyx)$

logo $\exists z \, Gzz$

c) $\forall x \, [\forall x \to \forall y \, (By \to Cxy)]$

Aa

$\forall x \, [Ax \to \forall z \, (Dz \to Cxz]$

logo, $\forall u \, (Du \to \sim Bu)$

d) Certos poetas são apreciados por todos os poetas. Logo, alguns poetas apreciam a si mesmos.

e) Todos os estudantes apreciam esta ou aquela matéria. Diracyr é uma estudante e, além disso, trabalhará com afinco naquilo de que gostar. Logo, Diracyr trabalhará em algo.

$Mx \quad : \quad x$ é materia

Cap. 4 | A Dedução **341**

Ed : Diracyr é estudante
Ex : x é estudante
Axy : x aprecia y

(Implícito: "trabalhará em algo" significa, "se dedicará a esta ou aquela matéria.")

f) Algumas pessoas recebem criticamente qualquer ideia nova. Logo, se algo é ideia nova, nem todos a receberão criticamente.

Ix : x é ideia
Nx : x é novo
Px : x é pessoa
Cxy : x recebe criticamente y

4.8. Referências

1. Carnap, /Logic/, cap. A, parágs. 10 a 16.
2. Chicago, caps. 3, 5 e 6.
3. Church, /Logic/, cap. 3.
4. Copi, /Logic/, caps. 4 e 5.
5. Hegenberg, /Mudança de linguagens/.
6. Hilbert e Ackermann, cap. 3, parágs. 5, 6, 7 e cap. 4, parág. 1.
7. Kleene, /Logic/, parágs. 21, 22 e 23.
8. Kutschera, cap. 2 (espec. Seções 2.3, 2.3.1 e 2.3.2).
9. Quine, /Methods/, parágs. 26 a 30.
10. Rosser, cap. 6.
11. Russell, /introduction/, caps. 5, 6, 14, 15 e 16.
12. Stoll, /Sets/, cap. 2.
13. Suppes, /Logic/, cap. 4.

Obs.: A discussão relativa à introdução e eliminação de quantificadores está baseada no que diz Quine. Formas alternativas de tratar das regras de inferência do cálculo de predicados acham-se nos demais livros citados. O teorema da dedução é usualmente apresentado sem maiores comentários, como prolongamento natural do teorema correspondente do cálculo sentencial. Parece oportuno ressaltar as adaptações que precisa sofrer para ser levado ao cálculo de predicados e tais comentários encontram-se, por exemplo, em Kleene. A completude (aqui não demonstrada) pode ser estudada em outros textos. Em nosso /Mudança de linguagens/ há minucioso tratamento da questão. Exemplos de deduções acham-se em quase todos os livros elementares que abordam o cálculo de predicados. Exercícios interessantes foram recolhidos em Copi, Rosser, Suppes. Uma lista de teoremas principais do cálculo de predicados será apresentada no capítulo seguinte.

Capítulo 5

Principais Teoremas

Sumário

Conhecidos os axiomas e as regras de inferência do cálculo de predicados, podem ser apresentados numerosos teoremas desse cálculo. Seria exagero organizar lista que contivesse todos os resultados que (por algum motivo) poderiam ser de interesse. Sem embargo, é viável reunir cerca de 30 resultados considerados fundamentais. Os teoremas serão inicialmente apresentados em sua "forma simples", com apenas um quantificador, empregando-se, para isso, a versão (Seção 4.3, capítulo anterior) usual do cálculo de predicados, isto é, a Versão 4. Em seguida, são apresentados teoremas com dois quantificadores, ainda segundo esta Versão 4. Resultados gerais são apresentados, enfim, mas já adotando a Versão 2, para variar um pouco a abordagem.

5.1. Observações gerais

No cálculo sentencial (como se recordará[1]), a "dedução natural" foi apresentada depois de falar da dedução "estrita". Ao lado dos axiomas e da regra *modus ponens* foram, a seguir, introduzidos o teorema da dedução, a técnica de demonstração por absurdo e, enfim, todas as regras "derivadas", como a do silogismo disjuntivo, do dilema construtivo, da simplificação, e assim por diante.

Aqui, situação análoga. São conhecidos os axiomas e as regras do cálculo de predicados – segundo a versão adotada. Caminhando

---

1   Ver Cap. 8 da primeira parte.

em direção de uma "dedução natural", já se formulou o teorema da dedução (teorema 3, da seção 4.5) e se frisou que podem ser transferidas para o cálculo de predicados as regras "derivadas" do cálculo sentencial. Completando o quadro, é oportuno transformar axiomas em regras derivadas, destinadas a eliminar e introduzir quantificadores. Na Versão 4, isso é desnecessário, pois que o tratamento dado aos quantificadores já foi apresentado de modo conveniente. Quando outra versão é utilizada, as regras para lidar com os quantificadores precisam ser apropriadamente formuladas (como se fará adiante).

Não pode deixar de merecer atenção um pormenor importante. Dispondo do teorema da completude, é fácil ver que as verdades lógicas são demonstráveis e que, reciprocamente, os teoremas demonstrados são verdades lógicas. Mostrar que uma fórmula do cálculo de predicados é uma verdade lógica não é simples, em geral. Isso justifica preferir-se a técnica dedutiva, via de regra mais simples e "concreta". Por esse motivo, quando examinamos as verdades lógicas, no capítulo 3, algumas apenas foram citadas – precisamente aquelas que permitem cuidar da omissão e introdução dos quantificadores (e mais algumas, de maior interesse). Outras verdades lógicas aparecem, pois, agora, na forma de teoremas.

5.2. Primeiros teoremas

Imagine-se, pois, que o cálculo de predicados tenha sido apresentado de maneira axiomática. Para fixar ideias, suponha-se que a versão 4 (ver seção 4.3) tenha sido fornecida, com os esquemas de axiomas vindos do cálculo sentencial, os dois esquemas de axiomas para eliminação de $\forall$ e introdução de $\exists$, e as três regras – *modus ponens*, *EU* e *IE* (com todas as restrições já discutidas).

Por comodidade, os axiomas 11 e 12 são encarados na forma de regras, para eliminação e introdução de quantificadores, ao longo das deduções.

Como já se frisou, demonstraremos, nesta seção, vários teoremas "simples", isto é, com apenas um quantificador. A lista de 27 resultados de interesse inicia-se com o

Teorema 1. Seja θ um conjunto de fórmulas em que x não ocorre livre. Nesse caso:

se $\theta \vdash Fx \to Gx$ então $\theta \vdash \forall x\, Fx \to \forall x\, Gx$.

Com efeito, a hipótese assevera existir uma sequência que se inicia com as premissas θ e que culmina com:

$$n \cdot Fx \to Gx$$

Ora, esta sequência pode ser prolongada desta maneira:

$n + 1.\ \forall x\, Fx \to Fx$	axioma 11
$n + 2.\ \forall x\, Fx$	prem. prov.
$n + 3.\ Fx$	$n + 2, n + 1,\ MP$
$n + 4.\ Gx$	$n + 3, n,\ MP$
$n + 5.\ \forall x\, Gx$	$n + 4,\ GU\,(x)$

Observar que a aplicação da regra GU é correta. O teorema se encerra usando a demonstração condicional (teorema da dedução), para eliminar a premissa provisória incluída na linha $n+2$.

Em seguida, o análogo, com o quantificador existencial.

Teorema 2. Seja θ um conjunto de fórmulas em que x não ocorre livre. Nesse caso:

$$\text{se } \theta \vdash Fx \to Gx \text{ então } \theta \vdash \exists x\, Fx \to \exists x\, Gx$$

cuja demonstração pode ficar a cargo do leitor.

Teorema 3. Repetir o enunciado do teorema 1, substituindo, porém, a seta pela dupla seta.

Teorema 4. Repetir o enunciado do teorema 2 substituindo, porém, a seta pela dupla seta.

Os dois teoremas seguintes estabelecem que o quantificador é supérfluo quando a fórmula quantificada não contém a variável associada ao quantificador.

Teorema 5. $\forall x\, P \leftrightarrow P$

De fato

1. $\forall x\, P$	premissa
2. P	IU (vácua)
3. $\forall x\, P \to P$	TD
4. P	premissa
5. $\forall x\, P$	GU (vácua)

6. $P \to \forall x\, P$ *TD*

7. $(P \to \forall x\, P) \to ((\forall x\, P \to P) \to (\forall x\, P \leftrightarrow P))$ axioma 9

8. $(\forall x\, P \to P) \to (\forall x P \leftrightarrow P)$ 6, 7, *MP*

9. $\forall x\, P \leftrightarrow P$ 3, 8, *MP*

Teorema 6. $\exists x\, P \leftrightarrow P$

Demonstração análoga.

Teorema 7. $\forall x\, Fx \leftrightarrow \forall y\, Fy$

Tem-se:

1. $\forall x\, Fx$	prem.
2. Fy	1, *IU*
3. $\forall y\, Fy$	2, *GU* (y)
4. $\forall x\, Fx \to \forall y\, Fy$	*TD*
5. $\forall y\, Fy$	prem.
6. Fx	5, *IU*
7. $\forall x Fx$	6, *GU* (x)
8. $\forall y\, Fy \to \forall x\, Fx$	*TD*

Quando se tem, como aqui, a implicação nos dois sentidos, usa-se o axioma 9 (exatamente como no teorema 5) e, por meio de duas aplicações da regra *MP*, obtém-se o desejado. Essa "fase final" não será repetida, daqui por diante, bastando, em cada caso, obter as duas implicações isoladas.

Teorema 8. $\exists x\, Fx \leftrightarrow \exists y\, Fy$

Demonstração a cargo do leitor.

Teorema 9. $\forall x\, Fx \to \exists x\, Fx$

Os quatro próximos teoremas envolvem os quantificadores e a negação.

Teorema 10. $\forall x\, Fx \leftrightarrow\, \sim \exists x \sim Fx$

Teorema 11. $\sim \forall x\, Fx \leftrightarrow \exists x \sim Fx$

Teorema 12. $\exists x\, Fx \leftrightarrow\, \sim \forall x \sim Fx$

Teorema 13. $\sim \exists x\, Fx \leftrightarrow \forall x \sim Fx$

Algumas partes desses teoremas são triviais. Outras, porém, são menos "diretas" do que a um primeiro olhar se poderia supor. Eis demonstrações de algumas partes, insistindo nas menos óbvias.

Cap. 5 | Principais Teoremas   347

No teorema 12, deduzir $\sim \forall x \sim Fx$ de $\exists x\, Fx$ é simples. Na recíproca, há tendência para principiar com:

1. $\sim \forall x \sim Fx$ prem.
2. $\sim Fy$ prem., por absurdo

mas isso não permite, em seguida, generalizar, pois há variáveis livres sobre as quais se tenta a generalização.

Eis como se poderia proceder

1. $\sim \forall x \sim Fx$ prem.
2. $\sim \exists x\, Fx$ prem., por abs.
3. $Fy \to \exists x\, Fx$ axioma
4. $\sim Fy$ 2,3, MT
5. $\forall x \sim Fx$ 4, $GU\,(y)$

As linhas 1 e 5 são contraditórias, cabendo, pois, negar a premissa provisória (por absurdo) e chegar à tese. O procedimento pode ser embargado, com base no fato de que o axioma (uma premissa, a rigor) contém livre a variável sobre a qual se aplica GU na linha 5. Eis, então, outra forma de procedimento

1. $\sim \forall x \sim Fx$ prem.
2. $\sim \exists x\, Fx$ prem. prov.
3. Fx prem. prov.
4. $\exists x\, Fx$ 3, GE
5. $\exists x\, Fx \lor \sim Fx$ 4, Ad
6. $\sim Fx$ 2,5, SD
7. $Fx \to \sim Fx$ 3-6, TD
8. $\sim Fx$ 7, eq.
9. $\forall x \sim Fx$ 8, $GU\,(x)$

Aqui, GU é legitimamente aplicada: a premissa (linha 3) que continha livre a variável sobre a qual se generaliza já deixou de ser premissa: foi eliminada mediante uso do teorema da dedução.

Tem-se, em 1 e 9, uma contradição. Nega-se a hipótese adicional, por absurdo, para chegar à tese.

Eis um procedimento alternativo

1. $\sim \exists x\, Fx$ prem.

2. Fx	prem.
3. $\exists x\, Fx$	2, GE
4. $\sim \exists x\, Fx \lor \sim Fx$	1, Ad
5. $\sim Fx$	3,2 SD
6. $Fx \rightarrow \sim Fx$	2-4 TD
7. $\sim Fx$	5, eq
8. $\forall x \sim Fx$	6, $GU\,(x)$
9. $\sim \exists x\, Fx \rightarrow \forall x \sim Fx$	1-9, TD

A tese é obtida, a seguir, mediante contraposição.
Eis como preceder para demonstrar o teorema 13:

1. $\sim \exists x \sim Fx$	prem.
2. $\sim Fy$	prem. prov.
3. $\exists x \sim Fx$	2, GE
4. $\exists x \sim Fx \lor Fy$	3, Ad
5. Fy	3, 4 SD
6. $\sim Fy \rightarrow Fy$	2-5, TD
7. Fy	6, $eq.$
8. $\forall x\, Fx$	7, $GU\,(y)$

Reciprocamente:

1. $\forall x\, Fx$	prem.
2. $\exists x \sim Fx$	prem. prov.
3. $\sim Fy$	2, $IE\,(y)$
4. Fy	1, IU
5. $Fy \,.\, \sim Fy$	3,4, conj

e, da contradição, se deduz a tese. Veja-se, porém, a formulação geral (teoremas 13, 14, 15 e 16, da seção 5.4, adiante).

Nos dois próximos teoremas há equivalências envolvendo a distribuição dos quantificadores sobre a conjunção e a disjunção

Teorema 14. $(\forall x\, Fx \,.\, \forall x\, Gx) \leftrightarrow \forall x\, (Fx \,.\, Gx)$
Teorema 15. $(\exists x\, Fx \lor \exists x\, Gx) \leftrightarrow \exists x\, (Fx \lor Gx)$

Não há equivalência, mas apenas implicação em um sentido, nos dois próximos casos

Teorema 16. $\exists x\, (Fx \,.\, Gx) \to (\exists x\, Fx \,.\, \exists x\, Gx)$

Teorema 17. $(\forall x\, Fx \lor \forall x\, Gx) \to \forall x\, (Fx \lor Gx)$

Eis um modo de demonstrar o teorema 16:

1. $\exists x\, (Fx \,.\, Gx)$	prem.
2. $Fx \,.\, Gx$	1, *IE* (*x*)
3. Fx	2, Simp
4. Gx	2, Simp
5. $\exists x\, Fx$	3, *GE*
6. $\exists x\, Gx$	4, *GE*

e a tese se obtém pelo teorema da dedução.

O teorema 15 não é óbvio

1. $\exists x\, Fx \lor Ex\, Gx$	prem.
2. $\exists x\, Fx$	prem. prov.
3. Fy	2, *IE* (*y*)
4. $Fy \lor Gy$	3, *Ad*
5. $\exists x\, (Fx \lor Gx)$	4, *GE*
6. $\exists x\, Fx \to \exists x\, (Fx \lor Gx)$	2-5 *TD*
7. $\exists x\, Gx$	prem. prov.
8. Gz	7, *IE* (*z*)
9. $Fz \lor Gz$	8, *Ad*
10. $\exists x\, (Fx \lor Gx)$	9, *GE*
11. $\exists x\, Gx \to \exists x\, (Fx \lor Gx)$	7-10, *TD*
12. $\exists x\, (Fx \lor Gx) \lor \exists x\, (Fx \lor Gx)$	1,6,11, *DC*
13. $\exists x\, (Fx \lor Gx)$	12. *eq*

Como casos especiais,

Teorema 18. $P \,.\, \forall x\, Fx \leftrightarrow \forall x\, (P \,.\, Fx)$

Teorema 19. $P \lor \exists x\, Fx \leftrightarrow \exists x\, (P \lor Fx)$

E, ainda, as equivalências que substituem as implicações 16 e 17

Teorema 20. $P \lor \forall x\, Fx \leftrightarrow \forall x\, (P \lor Fx)$

Teorema 21. $P \,.\, \exists x\, Fx \leftrightarrow \exists x\, (P \,.\, Fx)$

A título de exemplo, eis os teoremas 19 e 20.

Para o Teorema 19

1. $P \lor \exists x\, Fx$	prem
2. $\sim P \to \exists x\, Fx$	1, eq
3. $\sim P$	prem. prov
4. $\exists x\, Fx$	3,2, *MP*
5. Fx	4, *IE* (x)
6. $\sim P \to Fx$	3 a 5, *TD*
7. $P \lor Fx$	6, eq
8. $\exists x\, (P \lor Fx)$	7, *GE*

De outra parte

1. $\exists x\, (P \lor Fx)$	prem.
2. $P \lor Fx$	1, *IE* (x)
3. $\sim P$	prem. prov
4. Fx	2,3, *SD*
5. $\exists x\, Fx$	4, *GE*
6. $\sim P \to \exists x\, Fx$	3 a 5, *TD*
7. $P \lor \exists x\, Fx$	6, eq

Concluindo, veja-se uma das partes do Teorema 20:

1. $P \lor \forall x\, Fx$	prem.
2. $\sim P$	prem. prov
3. $\forall x\, Fx$	1,2 *SD*
4. Fx	3, *IU*
5. $\sim P \to Fx$	2 a 4, *TD*
6. $P \lor Fx$	5, eq
7. $\forall x\, (P \lor Fx)$	6. *GU* (x)

Os próximos teoremas relacionam os quantificadores e a implicação.

Teorema 22. $(P \to \forall x\, Fx) \leftrightarrow \forall x\, (P \to Fx)$

Teorema 23. $(\forall x\, Fx \to P) \leftrightarrow \exists x\, (Fx \to P)$

Teorema 24. $(P \to \exists x\, Fx) \leftrightarrow \exists x\, (P \to Fx)$

Teorema 25. $(\exists x\, Fx \to P) \leftrightarrow \forall x\, (Fx \to P)$

Terminando, vale a pena citar mais os seguintes

Teorema 26. $(\forall x\, Fx \rightarrow \exists x\, Gx) \leftrightarrow \exists x\, (Fx \rightarrow Gx)$

Teorema 27. $(\exists x\, Fx \rightarrow \forall x\, Gx) \leftrightarrow \forall x\, (Fx \rightarrow Gx)$

EXERCÍCIO

Demonstrar os teoremas citados.

5.3. Teoremas com dois quantificadores

Admita-se, como na seção anterior, que a versão 4 do cálculo de predicados esteja em tela. Sete resultados merecem menção explícita. São estes:

Teorema 1. $\forall x\, \forall y\, Fxy \leftrightarrow \forall y\, \forall x\, Fxy$

Num sentido

1. $\forall x\, \forall y\, Fxy$	prem
2. $\forall y\, Fzy$	1, IU
3. Fzy	2, IU
4. $\forall x\, Fxy$	3, $GU\,(z)$
5. $\forall y\, \forall x\, Fxy$	4, $GU\,(y)$

O leitor observará que, na linha da versão 4, procurou-se aplicar a regra IU de modo a obter variável de instanciação z (na linha 3) a que se pudesse, em seguida, aplicar GU (na linha 4). De fato, z é posterior às variáveis livres da linha 4 (onde y figura livre). Esses cuidados não são, de hábito, necessários quando se utiliza a versão 1 (cf. capítulo anterior).

No outro sentido

1. $\forall y\, \forall x\, Fxy$	prem
2. $\forall x\, Fxy$	
3. Fxy	
4. $\forall x\, Fxy$	3, $GU\,(y)$
5. $\forall x\, \forall y\, Fxy$	4, $GU\,(x)$

Note-se que, agora, os cuidados são dispensáveis, pois as regras podem ser aplicadas sem erro.

Teorema 2. $\exists x\, \exists y\, Fxy \leftrightarrow \exists y\, \exists x\, Fxy$

Voltando à versão 1, há necessidade de cuidados numa das partes

1. $\exists y \exists x \, Fxy$ prem
2. $\exists x \, Fxy$ 1, *IE* (y)
3. Fzy 2, *IE* (z)
4. $\exists y \, Fzy$ 3, *GE*
5. $\exists x \exists y \, Fxy$ 4, *GE*

Na linha 3, devendo a variável de instanciação ser posterior às variáveis livres da linha 2, era preciso usar z.

Na implicação contrária, não há necessidade de maior cuidado.

Teorema 3. $\forall x \forall y \, Fxy \to \exists x \forall x \, Fxy$

Teorema 4. $\exists y \forall x \, Fxy \to \forall x \exists y \, Fxy$

Teorema 5. $\forall x \exists y \, Fxy \to \exists x \exists y \, Fxy$

Os resultados até agora citados podem ser resumidamente apresentados no seguinte quadro

$$\forall x \forall y \to \exists y \forall x \to \forall x \exists y \to \exists x \exists y$$
$$\updownarrow \qquad\qquad\qquad\qquad\qquad\qquad\qquad \updownarrow$$
$$\forall y \forall x \to \exists x \forall y \to \forall y \exists x \to \exists y \exists x$$

que já engloba (na parte inferior) os análogos dos Teoremas 3, 4 e 5, fazendo apenas a mudança do nome das variáveis.

Teorema 6. $\forall x \forall y \, Fxy \to \forall x \, Fxx$

A fim de demonstrar o teorema, recorde-se que, sendo γ fórmula que não contém livre a variável x:

$$\text{se } \gamma \mid\!- \alpha \,(x) \text{ então } \gamma \mid\!- \forall x \, \alpha \,(x)$$

Tem-se, no caso

1. $\forall x \forall y \, Fxy$ prem
2. $\forall y \, Fxy$ 1, *IU*
3. Fxx 2, *IU*

A fórmula γ que se pode utilizar é a fórmula da primeira linha. Sabendo, então, que:

$$\mid\!- \forall x \forall y \, Fxy \to Fxx$$

(como se percebe pelas três passagens numeradas), pode-se concluir que

$$\vdash \forall x \, \forall y \, Fxy \to \forall x \, Fxx$$

Teorema 7. $\exists x \, Fxx \to \exists x \, \exists y \, Fxy$.

Como no caso anterior, recorde-se que se γ não contém x livre:

$$\text{se } \alpha \, (x) \to \gamma, \text{ então } \exists x \, \alpha \, (x) \to \gamma.$$

Recordando de que maneira um tal resultado seria estabelecido, note-se que há, por hipótese, uma dedução de γ a partir de $\alpha(x)$. Deseja-se mostrar que γ é deduzível de $\exists x \, \alpha \, (x)$. Põe-se, pois, $\exists x \, \alpha \, (x)$ como premissa, para ter

1. $\exists x \, \alpha \, (x)$ prem.
2. $\alpha \, (x)$ 1, *IE*

seguindo-se a dedução de γ que existe, por hipótese.

$$\vdots$$

$$m \, . \, \gamma.$$

Aplicando o teorema da dedução, tem-se o desejado.

Voltando ao teorema, tem-se

$$Fxx \to \exists y \, Fxy \qquad \text{por } GE$$
$$\exists y \, Fxy \to \exists x \, \exists y \, Fxy \qquad \text{por } GE$$

Segue-se, pela transitividade da seta

$$Fxx \to \exists x \, \exists y \, Fxy$$

Esta pode ser a fórmula γ das observações precedentes. Tem-se, enfim:

$$\exists x \, Fxx \to \exists x \, \exists y \, Fxy.$$

EXERCÍCIO

Demonstrar os teoremas citados.

5.4. Formulação geral

Os teoremas anteriormente citados recebem, agora, formulação geral. Para variar um pouco a abordagem, imagine-se que, em vez da versão 4, se tenha optado pela versão 1 (cf. cap. anterior), com seus

Lógica | Leônidas Hegenberg

doze esquemas de axiomas e as três regras: *modus ponens*, regra $\forall$ e regra $\exists$.

Transformando axiomas e as duas regras para trato com os quantificadores em regras "naturais", tem-se, inicialmente, o seguinte

Teorema O. Sejam:

a) u uma variável qualquer

b) $\alpha(u)$ uma fórmula qualquer (que pode ter u livre)

c) v uma variável qualquer (não obrigatoriamente distinta de u)

d) $\alpha(v)$ a fórmula obtida de $\alpha(u)$ mediante substituição das ocorrências livres de u por ocorrências de v.

Dentro de tais condições gerais,

1) supondo que o conjunto θ de fórmulas não contenha fórmulas em que u ocorra livre,

$$\text{se } \theta \mid- \alpha(u), \text{ então } \theta \mid- \forall v\, \alpha(v)$$

(regra da introdução de $\forall$)

2) supondo, como acima, que as fórmulas de θ não contenham u livre e que, além disso, γ não contenha u livre,

$$\text{se } \theta, \alpha(u) \mid- \gamma, \text{ então } \theta, \exists v\, \alpha(v) \mid- \gamma$$

(regra da eliminação de $\exists$)

3) supondo que u seja livre para v,

$$\forall v\, \alpha(v) \mid- \alpha(u)$$

(regra da eliminação de $\forall$)

4) supondo que u seja livre para v,

$$\alpha(u) \mid- \exists v\, \alpha(v)$$

(regra da introdução de $\exists$).

Os dois últimos resultados dispensam comentários.

Ao primeiro.

Imagine-se, pois, que γ seja um *axioma* que não contenha livre a variável u. Tem-se

1. $\theta \mid- \alpha(u)$ por hipótese

Cap. 5 | Principais Teoremas   **355**

2. $\theta, \gamma \vdash \alpha(u)$ ampliação de premissas
3. $\theta \vdash \gamma \to \alpha(u)$ exportação
4. $\theta \vdash \gamma \to \forall v\, \alpha(v)$ regra $\forall$
5. $\theta, \gamma \vdash \forall v\, \alpha(v)$ importação
6. $\theta \vdash \forall v\, \alpha(v)$

(notando-se que γ é "supérfluo", podendo ser eliminado, já que, como axioma, nos dá $\vdash \gamma$, e esse resultado, associado ao que está expresso na linha 5, permite obter a linha 6.) (Ver o exercício, no fim desta seção.)

Quanto ao segundo

1. $\theta, \alpha(u) \vdash \gamma$ por hipótese
2. $\theta \vdash \alpha(u) \to \gamma$ exportação
3. $\theta \vdash \exists v\, \alpha(v) \to \gamma$ regra $\exists$
4. $\theta, \exists v\, \alpha(v) \vdash \gamma$ importação

São de compreensão simples, embora de formulação delicada, os seguintes corolários.

Corolário 1: Sejam $u_1, ..., u_p$ p variáveis distintas. Seja $\alpha(u_1, ..., u_p)$ uma fórmula que pode conter livres essas distintas variáveis. Sejam $v_1, ..., v_p$ variáveis, não necessariamente distintas das u_i ou distintas entre si. Seja $\alpha(v_1, ..., v_p)$ obtida de $\alpha(u_1, ..., u_p)$ mediante substituição simultânea das ocorrências livres de u_i ($i = 1, ..., p$) pelas v_i ($i = 1, ..., p$) respectivamente. Sendo cada u_i livre para v_i, tem-se:

a) $\forall v_1 ... \forall v_p\, \alpha(v_1, ..., v_p) \vdash \alpha(u_1, ..., u_p)$.

b) $\alpha(u_1, ... u_p) \vdash \exists v_1 ... \exists v_p\, \alpha(v_1, ... , v_p)$.

Corolário 2: Nas condições do Teorema O e do Corolário 1, tem-se, ainda:

a) Se $\theta \vdash \alpha(v)$ então $\theta \vdash \alpha(u)$.

b) Se $\theta \vdash \alpha(v_1, ..., v_p)$ então $\theta \vdash \alpha(u_1, ..., u_p)$.

É oportuno fazer alusão, a esta altura, a vários teoremas que são análogos de teoremas do cálculo sentencial. Tais teoremas são úteis para a demonstração de certos resultados formulados em seguida.

Note-se que o grupo de teoremas referidos em seguida (e sem numeração) pode ser demonstrado com as técnicas do cálculo sentencial. Ei-los:

Teorema A

a) $\alpha \to \beta \vdash (\beta \to \gamma) \to (\alpha \to \gamma)$
b) $\alpha \to \beta \vdash (\gamma \to \alpha) \to (\gamma \to \beta)$
c) $\alpha \to \beta \vdash \alpha . \gamma \to \beta . \gamma$
d) $\alpha \to \beta \vdash \gamma . \alpha \to \gamma . \beta$
e) $\alpha \to \beta \vdash \alpha \vee \gamma \to \beta \vee \gamma$
f) $\alpha \to \beta \vdash \gamma \vee \alpha \to \gamma \vee \beta$
g) $\alpha \to \beta \vdash \sim \beta \to \sim \alpha$
h) $\alpha \to \sim \beta \vdash \beta \to \sim \alpha$
i) $\sim \alpha \to \beta \vdash \sim \beta \to \alpha$
j) $\sim \alpha \to \sim \beta \vdash \beta \to \alpha$

Nestes teoremas se processa a introdução de um símbolo em implicações, incluindo a contraposição, com as duplas negações suprimidas.

Têm-se, a seguir, os teoremas relativos à introdução de um dado símbolo em equivalências.

Teorema B

a) $\alpha \leftrightarrow \beta \vdash (\alpha \leftrightarrow \gamma) \leftrightarrow (\beta \leftrightarrow \gamma)$
b) Análogo, invertendo as posições de γ, α e de γ, β
c) $\alpha \leftrightarrow \beta \vdash (\alpha \to \gamma) \leftrightarrow (\beta \to \gamma)$
d) Análogo, com as mesmas inversões de b)
e) $\alpha \leftrightarrow \beta \vdash \alpha . \gamma \leftrightarrow \beta . \gamma$
f) Análogo, invertendo-se, como em b
g) $\alpha \leftrightarrow \beta \vdash \alpha \vee \gamma \leftrightarrow \beta \vee \gamma$
h) Análogo, com as mesmas inversões
i) $\alpha \leftrightarrow \beta \vdash \sim \alpha \leftrightarrow \sim \beta$

Enfim, como casos especiais, relativos aos conectivos binários

Teorema C

a) $\alpha \vdash (\alpha \leftrightarrow \beta) \leftrightarrow (\beta \leftrightarrow \alpha) \leftrightarrow \beta$
b) $\sim \alpha \vdash (\alpha \leftrightarrow \beta) \leftrightarrow (\beta \leftrightarrow \alpha) \leftrightarrow \sim \beta$
c) $\alpha \vdash (\alpha \to \beta) \leftrightarrow \beta$
d) $\sim \alpha \vdash (\alpha \to \beta) \leftrightarrow \sim \alpha$
e) $\alpha \vdash (\beta \to \alpha) \leftrightarrow \alpha$

f) $\sim \alpha \mid\!- (\beta \to \alpha) \leftrightarrow \sim \beta$

g) $\alpha \mid\!- \alpha \cdot \beta \leftrightarrow \beta \cdot \alpha \leftrightarrow \alpha$

h) $\sim \alpha \mid\!- \alpha \cdot \beta \leftrightarrow \beta \cdot \alpha \leftrightarrow \alpha$

i) $\alpha \mid\!- \alpha \lor \beta \leftrightarrow \beta \lor \alpha \leftrightarrow \alpha$

j) $\sim \alpha \mid\!- \alpha \lor \beta \leftrightarrow \beta \lor \alpha \leftrightarrow \beta$

Está claro que em todos os resultados citados acima, α, β e γ são fórmulas do cálculo de predicados (fórmulas quaisquer, não necessariamente distintas).

Cabe, em seguida, citar os teoremas "próprios" do cálculo de predicados. Inicia-se a numeração, procurando mantê-la na sequência da seção 5.2.

Teorema 1. Se $\theta \mid\!- \alpha\,(u) \to \beta\,(u)$, então $\theta \mid\!- \forall u\ \alpha\,(u) \to \forall u\ \beta\,(u)$ supondo que θ seja uma coleção de fórmulas em que não ocorra livre a variável u.

Teorema 2. Nas mesmas condições do teorema anterior

Se $\theta \mid\!- \alpha\,(u) \to \beta\,(u)$, então $\theta \mid\!- \exists u\ \alpha\,(u) \to \exists u\ \beta\,(u)$

Veja-se de que maneira demonstrar o primeiro teorema.

Sabe-se que $\theta \mid\!- \alpha\,(u) \to \beta\,(u)$.

Por ampliação de premissas

$$\theta\,,\ \forall u\ \alpha\,(u) \mid\!- \alpha\,(u) \to \beta\,(u)$$

Como $\forall u\ \alpha\,(u) \mid\!- \alpha\,(u)$, resulta:

$$\theta,\ \forall u\ \alpha\,(u) \mid\!- \beta\,(u)$$

A seguir, pela regra de introdução de $\forall$

$$\theta,\ \forall u\ \alpha\,(u) \mid\!- \forall u\ \beta\,(u)$$

e uma aplicação do teorema da dedução conduz à tese.

Para o Teorema 2, eis uma demonstração diversa.

Sabe-se que

$$1 \,.\, \theta \qquad\qquad \text{premissas}$$

$$\cdot$$
$$\cdot$$
$$\cdot$$

$$n \,.\, \alpha\,(u) \to \beta\,(u)$$

podendo-se prosseguir, usando axioma

$n + 1$. $[\alpha(u) \to \beta(u)] \to \{[\beta(u) \to \exists u\, \beta(u)] \to [\alpha(u) \to \exists u\, \beta((u)]\}$.

$n + 2$. $[\beta(u) \to \exists u\, \beta(u)] \to [\alpha(u) \to \exists u\, \beta(u)]$.

linha que é obtida por *MP* (aplicada às duas linhas anteriores). Como

$n + 3$. $\beta(u) \to \exists u\, \beta(u)$

em vista do teorema (ou regra) da introdução de $\exists$

$n + 4$. $\alpha(u) \to \exists u\, \beta(u)$

obtendo-se esta última linha aplicando *MP* novamente.

Em suma

$$\theta, \alpha(u) \vdash \exists u\, \beta(u)$$

Esta última fórmula é o γ do teorema 0, caso 2, de modo que se pode aplicar o resultado ali formulado para obter:

$$\theta, \exists u\, \alpha(u) \vdash \exists u\, \beta(u)$$

de onde se chega à tese pelo teorema da dedução.

Teorema 3. Se $\theta \vdash \alpha(u) \leftrightarrow \beta(u)$, então $\theta \vdash \forall u\, \alpha(u) \leftrightarrow \forall u\, \beta(u)$.

Teorema 4. Seria o análogo deste, mas com o quantificador existencial.

Eis o primeiro.

$1.\ \theta \vdash \alpha(u) \leftrightarrow \beta(u) \vdash \alpha(u) \to \beta(u)$

è obtido mediante hipótese e eliminação de $\leftrightarrow$.

$2.\ \theta \vdash \forall u\, \alpha(u) \to \forall u\, \beta(u),$

em vista do teorema 1, acima.

$3.\ \theta \vdash \forall u\, \beta(u) \to \forall u\, \alpha(u),$

de modo inteiramente análogo. A introdução de $\leftrightarrow$ dá a tese.

A fim de simplificar a demonstração de numerosos teoremas seguintes, é útil transportar, para o cálculo de predicados, o teorema da reposição, isto é, o

Teorema: Seja γ uma fórmula que contém α como subfórmula

$\gamma \begin{pmatrix} \alpha \\ \beta \end{pmatrix}$ a fórmula que resulta de γ mediante reposição de α (em uma ou mais ocorrências) por β. Sejam u_1, ..., u_q as variáveis livres de α e de β que se tornam ligadas em γ ou em $\gamma \begin{pmatrix} \alpha \\ \beta \end{pmatrix}$. Seja θ um conjunto de fórmulas em que essas variáveis u_1, ..., u_q não compareçem livres. Nessas condições:

$$\text{se } \theta \mid\!- \alpha \leftrightarrow \beta, \text{ então } \theta \mid\!- \gamma \leftrightarrow \gamma \begin{pmatrix} \alpha \\ \beta \end{pmatrix}.$$

O teorema já foi apresentado e discutido no Capítulo 3 (seção 3.3) para o caso da quantificação uniforme. A demonstração feita àquela altura adapta-se (sem alterações dignas de nota) ao caso geral dizendo "Se α é uma subfórmula de γ e γ' resulta de γ mediante reposição de zero ou mais ocorrências de α em γ por ocorrências de β e cada variável livre de α ou de β que também é variável ligada de γ comparece na lista u_1, ..., u_q, então

$$\mid\!- \forall u_1 \forall u_2 \dots \forall u_q [(\alpha \leftrightarrow \beta) \rightarrow (\gamma \leftrightarrow \gamma')].$$

Dessa formulação se obtém a anterior, conhecida como "teorema da reposição".

Também é oportuno, neste momento, observar que as equivalências estabelecidas no cálculo sentencial valem quando se substitui '$\theta \models$' por '$\theta \mid\!-$' (o que o leitor poderá verificar por sua iniciativa). Tem-se, portanto

a) $\theta \mid\!- \alpha \leftrightarrow \alpha$.

b) se $\theta \mid\!- \alpha \leftrightarrow \beta$, então $\theta \mid\!- \beta \leftrightarrow \alpha$.

c) se $\theta \mid\!- \alpha \leftrightarrow \beta$ e $\theta \mid\!- \beta \leftrightarrow \gamma$, então $\theta \mid\!- \alpha \leftrightarrow \gamma$,

tendo-se, além disso, como é natural

d) $\theta \mid\!- \alpha \cdot \beta$ se, e somente se, $\theta \mid\!- \alpha$ e $\theta \mid\!- \beta$.

Usando esses resultados pode-se mostrar que

$$\text{se } \alpha_1 \leftrightarrow \alpha_2 \text{ e } \alpha_2 \leftrightarrow \alpha_3 \text{ e } \dots \text{ e } \alpha_{n-1} \leftrightarrow \alpha_n, \quad ^{-1}$$

então

$$\mid\!- \alpha_i \leftrightarrow \alpha_j \text{ para } i, j = 1, \dots, n$$

adotando-se a fórmula:

$$\alpha_1 \leftrightarrow \alpha_2 \leftrightarrow \dots \leftrightarrow \alpha_n$$

como abreviação de

$$(\alpha_1 \leftrightarrow \alpha_2) \cdot (\alpha_2 \leftrightarrow \alpha_3) \cdot \dots \cdot (\alpha_{n\_1} \leftrightarrow \alpha_n).$$

Diz-se que

$$\alpha_1 \leftrightarrow \alpha_2 \leftrightarrow \alpha_3 \dots \leftrightarrow \alpha_n$$

é uma "cadeia de equivalências" (de n-1 equivalências). A propriedade característica está em que a demonstrabilidade de n-1 dos "liames" permite inferir equivalência de qualquer par das fórmulas $\alpha_1, \alpha_2, \dots, \alpha_n$.

O método das "cadeias de equivalências" é útil, mostrando-se que há equivalência entre duas fórmulas quaisquer, digamos α e β, passando por várias transformações intermediárias, em que a equivalência é preservada a cada transformação efetuada.

Quando se aplica o resultado no cálculo de predicados, com 'θ $\vdash$' (no lugar de '$\vDash$'), é preciso que as fórmulas do conjunto θ não contenham, livres, as variáveis de fórmulas em que se faz substituição. Essa cautela é, em geral dispensável porque, na maioria das vezes, o conjunto θ será vazio.

Nos próximos teoremas, α e β são fórmulas quaisquer, em que a variável u não ocorre livre. As fórmulas $\alpha\ (u)$ e $\beta\ (u)$ podem ter u livre. E θ é um conjunto de fórmulas em que u não ocorre livre.

Teorema 5. $\forall u\ \alpha \leftrightarrow \alpha$

Teorema 6. $\exists u\ \alpha \leftrightarrow \alpha$

Eise a demonstração de 5:

1. $\forall u\ \alpha \vdash \alpha$.

Trata-se da eliminação de $\forall$ (notando que α está no lugar de $\alpha\ (u)$, de modo que, trivialmente, u é livre para u em $\alpha\ (u)$):

2. $\vdash \forall u\ \alpha \rightarrow \alpha$ 1, TD

3. $\alpha \vdash \alpha$

4. $\alpha \vdash \forall u\ \alpha$

Cap. 5 | Principais Teoremas — 361

efetuando-se a introdução de $\forall$ na linha 4 (introdução autorizada, pois α não tem u livre, por hipótese).

5. $\vdash \alpha \to \forall u\, \alpha$ 4, intr. de $\to$

6. $\vdash \forall u\, \alpha \leftrightarrow \alpha$ 2,5, int. $\leftrightarrow$

Quanto ao teorema 6

1. $\alpha \vdash \alpha$

2. $\exists u\, \alpha \vdash \alpha$ 1, elim. (já que α, que é o γ da regra, não contém u livre)

3. $\vdash \exists u\, \alpha \to \alpha$ 2, int. $\to$

4. $\alpha \vdash \exists u\, \alpha$ int. $\exists$

5. $\vdash \alpha \to \exists u\, \alpha$ 4, int. $\to$

6. $\vdash \exists u\, \alpha \leftrightarrow \alpha$ 3,5 int. $\leftrightarrow$

Teorema 7. $\forall u\, \alpha\,(u) \leftrightarrow \forall v\, \alpha(v)$

Teorema 8. $\exists u\, \alpha\,(u) \leftrightarrow \exists v\, \alpha(v)$

Nestes dois teoremas, u é uma variável qualquer, $\alpha\,(u)$ é fórmula qualquer, em que u pode ocorrer livre, v é uma variável qualquer, não necessariamente distinta de u, devendo-se salientar que

I) u é livre para v em $\alpha\,(u)$

II) v não ocorre livre em $\alpha\,(v)$, salvo se é a própria u

III) $\alpha\,(v)$ é obtida a partir de $\alpha\,(u)$ substituindo u por v em todas as ocorrências livres.

A demonstração do teorema 7 pode ser feita sem qualquer dificuldade

1. $\forall u\, \alpha\,(u) \to \alpha\,(v)$ axioma 11

2. $\forall u\, \alpha\,(u) \to \forall u\, \alpha\,(v)$ 1, Regra $\forall$

De outra parte, repetindo:

3. $\forall v\, \alpha\,(v) \to \alpha\,(u)$ axioma 11

4. $\forall v\, \alpha\,(v) \to \forall u\, \alpha\,(u)$ 3, Regra $\forall$

Recorde-se que a regra $\forall$ afirma

se $\gamma \to \alpha\,(v)$, então $\gamma \to \forall v\, \alpha\,(v)$, se γ não tem v livre.

No presente caso (primeira parte do teorema), γ é $\forall u\ \alpha\ (u)$, que não contém livre a variável v, de modo que a regra pode ser aplicada.

O teorema 8 se demonstra de modo análogo.

Em seguida

Teorema 9. $\forall u\ \alpha\ (u) \rightarrow \exists u\ \alpha\ (u)$

Os quatro próximos teoremas envolvem a negação e os quantificadores.

Teorema 10. $\sim \exists u\ \alpha\ (u) \leftrightarrow \forall u \sim \alpha\ (u)$

Teorema 11. $\sim \forall u\ \alpha\ (u) \leftrightarrow \exists u \sim \alpha\ (u)$

Teorema 12. $\exists u\ \alpha\ (u) \leftrightarrow \sim \forall u \sim \alpha\ (u)$

Teorema 13. $\forall u\ \alpha\ (u) \leftrightarrow \sim \exists u \sim \alpha\ (u)$

Eis uma demonstração do teorema 10.

1. $\sim \exists u\ \alpha\ (u), \alpha\ (u) \mid\!- \sim \exists u\ \alpha(u)$

o que decorre das propriedades gerais de $\mid\!-$.

2. $\sim \exists u\ \alpha\ (u), \alpha\ (u) \mid\!- \exists u\ \alpha\ (u)$

pela regra da introdução de $\exists$ (de α (u) se obtém $\exists u\ \alpha\ (u)$).

3. $\sim \exists u\ \alpha\ (u) \mid\!- \alpha\ (u)$

o que se obtém das duas linhas anteriores, mediante a introdução de $\sim$ (Recorde-se que se $\theta, \alpha \mid\!- \beta$ e $\theta, \alpha \mid\!- \sim \beta$, então $\theta \mid\!- \sim \alpha$).

4. $\sim \exists u\ \alpha\ (u) \mid\!- \forall u \sim \alpha\ (u)$,

que se obtém da linha anterior mediante a introd. de $\forall$. Note-se que a premissa, nessa linha 3, não contém u livre e que, acarretando $\alpha\ (u)$, acarreta $\forall u\ \alpha\ (u)$, segundo atesta a regra $\forall$.

5. $\mid\!- \sim \exists u\ \alpha\ (u) \rightarrow \forall u \sim \alpha\ (u)$,

que se obtém da linha anterior, pelo teorema da dedução (introdução de seta). Reciprocamente, continuando:

6. $\forall u \sim \alpha\ (u), \alpha\ (u) \mid\!- \alpha\ (u)$,

pelas propriedades gerais de $\mid\!-$.

Cap. 5 | Principais Teoremas 363

7. $\forall u \sim \alpha (u),\ \alpha (u) \vdash \sim \alpha (u)$,

que resulta da linha anterior por eliminação de $\forall$ (de $\forall u \sim \alpha(u)$ se obtém $\sim \alpha(u)$).

8. $\forall u \sim \alpha (u),\ \alpha (u) \vdash \sim \forall u \sim \alpha (u)$,

mediante eliminação fraca da negação, usando as linhas 6 e 7. (Recorde-se que a eliminação fraca da negação afirma: de γ e $\sim \gamma$ se deduz δ, sendo δ uma fórmula qualquer.)

9. $\forall u \sim \alpha (u),\ \exists u\ \alpha (u) \vdash \sim \forall u \sim \alpha (u)$,

resultando da linha anterior mediante eliminação de $\exists$. Lembrar de que a eliminação de $\exists$ afirma

$$\text{de } \delta (u) \to \gamma \text{ se obtém } \exists u\ \delta (u) \to \gamma,$$

contanto que u não ocorra livre em γ. No presente caso, γ é a fórmula $\sim \forall u \sim \alpha(u)$, que não contém u livre: a premissa necessária, isto é, a outra fórmula presente na linha 8, a saber, $\forall u \sim \alpha (u)$, também não contém u livre, de modo que é legítima a aplicação da regra.

10. $\forall u \sim \alpha (u),\ \exists u\ \alpha (u) \vdash \forall u \sim \alpha (u)$

que é, de novo, resultado geral, fruto das propriedades de $\vdash$.

11. $\forall u \sim \alpha (u) \vdash \sim \exists u\ \alpha (u)$

que se obtém das linhas 9 e 10, mediante introdução da negação (como na linha 3).

12. $\forall u \sim \alpha (u) \to \sim \exists u\ \alpha (u)$

pelo teorema da dedução.

Combinando o que se fixou nas linhas 5 e 12 (e usando a introdução de $\leftrightarrow$), tem-se, por fim

13. $\sim \exists u\ \alpha (u) \leftrightarrow \forall u \sim \alpha (u)$.

O mesmo teorema terá sua demonstração repetida a seguir, nos moldes do que seria uma dedução "natural" (mas com as regras da versão 1 do cálculo de predicados).

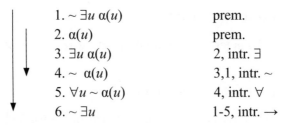

1. $\sim \exists u\, \alpha(u)$		prem.
2. $\alpha(u)$		prem.
3. $\exists u\, \alpha(u)$		2, intr. $\exists$
4. $\sim \alpha(u)$		3,1, intr. $\sim$
5. $\forall u \sim \alpha(u)$		4, intr. $\forall$
6. $\sim \exists u$		1-5, intr. $\rightarrow$

Para a recíproca

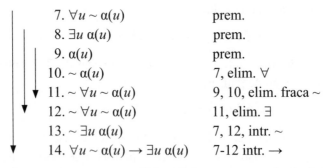

7. $\forall u \sim \alpha(u)$		prem.
8. $\exists u\, \alpha(u)$		prem.
9. $\alpha(u)$		prem.
10. $\sim \alpha(u)$		7, elim. $\forall$
11. $\sim \forall u \sim \alpha(u)$		9, 10, elim. fraca $\sim$
12. $\sim \forall u \sim \alpha(u)$		11, elim. $\exists$
13. $\sim \exists u\, \alpha(u)$		7, 12, intr. $\sim$
14. $\forall u \sim \alpha(u) \rightarrow \exists u\, \alpha(u)$		7-12 intr. $\rightarrow$

Restando escrever a tese, na última linha, como resultado de uso da regra de introdução de $\leftrightarrow$, aplicada às linhas 6 e 14.

O teorema 11 pode ser demonstrado com auxílio das cadeias de equivalência. Tem-se, em sucessão:

$\vdash \exists u \sim \alpha(u) \leftrightarrow \sim \sim \exists u \sim \alpha(u),$

(recordando que $\sim \sim \delta \leftrightarrow \delta$)

$\vdash \sim \sim \exists u \sim \alpha(u) \leftrightarrow \sim \forall u \sim \sim \alpha(u),$

em vista do teorema anterior, e

$\vdash \sim \forall u \sim \sim \alpha(u) \leftrightarrow \sim \forall u\, \alpha(u)$

de novo pela dupla negação e pela reposição.

Os teoremas seguintes envolvem quantificadores e a conjunção ou a disjunção.

Teorema 14. $\forall u\, \alpha(u) \,.\, \forall u\, \beta(u) \leftrightarrow \forall u\, [\alpha(u) \,.\, \beta(u)]$
Teorema 15. $[\exists u\, \alpha(u) \vee \exists u\, \beta(u)] \leftrightarrow \exists u\, (\alpha(u) \vee \beta(u))$
Teorema 16. $\exists u\, [\alpha(u) \,.\, \beta(u)] \rightarrow [\exists u\, \alpha(u) \,.\, \exists u\, \beta(u)]$
Teorema 17. $[\forall u\, \alpha(u) \vee \forall u\, \beta(u)] \rightarrow \forall u\, [\alpha(u) \vee \beta(u)]$

Correspondentemente, eis os casos em que numa das fórmulas não figura livre a variável quantificada:

Teorema 18. $\alpha . \forall u\, \beta(u) \leftrightarrow \forall u\ (\alpha . \beta\,(u))$

Teorema 19. $\alpha \vee \exists u\, \beta(u) \leftrightarrow \exists u\ (\alpha \vee \beta\,(u))$

Teorema 20. $\alpha \vee \forall u\, \beta(u) \leftrightarrow \forall u\,(\alpha \vee \beta\,(u))$

Teorema 21. $\alpha . \exists u\ \beta(u) \leftrightarrow \exists u\ (\alpha . \beta\,(u))$

Esses teoremas podem ser demonstrados aos pares, como se ilustra a seguir. Métodos diretos podem ser preferidos para os teoremas 15, 19 ou 17 (como se faz abaixo, para o 21). Eis, pois, as demonstrações dos teoremas 21 e 20.

Resumidamente, para o teorema 21:

1. $\alpha . \exists u\, \beta(u)$ prem
2. α 1, simp
3. $\exists u\, \beta(u)$ 1, simp
4. $\beta(u)$ prem. prov
5. $\alpha . \beta(u)$ conj
6. $\exists u\,(a . \beta(u))$ 5. int. $\exists$

Reciprocamente:

1. $\exists u\,(\alpha . \beta(u))$ prem.
2. $\alpha . \beta(u)$ prem.
3. α Simp.
4. $\beta(u)$ Simp.
5. $\exists u\, \beta(u)$ int. $\exists$
6. $\alpha . \exists u\, \beta(u)$ Conj.

Quanto ao Teorema 20, basta verificar a seguinte cadeia de equivalências; note-se que se usam: (1) De Morgan, (2) negação quantificacional, (3) o teorema anterior, isto é, o teorema 21, agora demonstrado, (4) novamente a negação quantificacional e, enfim, (5) uma segunda vez as leis de De Morgan:

(1) $\alpha \vee \forall u\, \beta\,(u) \leftrightarrow \sim (\sim \alpha . \sim \forall u\, \beta\,(u))$

(2) $\leftrightarrow \sim (\sim \alpha . \exists u \sim \beta\,(u))$

(3) $\leftrightarrow \sim \exists u\,(\sim \alpha . \sim \beta\,(u))$

(4) $\leftrightarrow \forall u \sim (\sim \alpha . \beta\,(u))$

(5) $\leftrightarrow \forall u\,(\alpha \vee \beta\,(u))$

Os próximos teoremas relacionam os quantificadores à implicação.

Teorema 22. $[\alpha \rightarrow \forall u\, \beta(u)] \leftrightarrow \forall u\, [\alpha \rightarrow \beta(u)]$

Teorema 23. $[\forall u\, \beta(u) \rightarrow \alpha] \leftrightarrow \exists u\, [\beta(u) \rightarrow \alpha]$

Teorema 24. $[\alpha \rightarrow \exists u\, \beta(u)] \leftrightarrow \exists u\, [\alpha \rightarrow \beta(u)]$

Teorema 25. $[\exists u\, \beta(u) \rightarrow \alpha] \leftrightarrow \forall u\, [\beta(u) \rightarrow \alpha]$

Tendo-se, enfim,

Teorema 26. $[\forall u\, \beta(u) \rightarrow \exists u\, \gamma\, \beta(u)] \leftrightarrow \exists u\, [\beta(u) \rightarrow \gamma(u)]$

Teorema 27. $[\exists u\, \beta(u) \rightarrow \forall u\, \gamma(u)] \leftrightarrow \forall u\, [\beta(u) \rightarrow \gamma(u)]$.

Todos esses teoremas podem ser demonstrados usando cadeias de equivalências, e os teoremas 15, 17, 19 e 20 (bem como algumas equivalências comuns, entre as quais a da negação quantificacional e a que atesta $\vdash \alpha \rightarrow \beta \leftrightarrow\, \sim \alpha \vee \beta$, e a da comutatividade da disjunção).

Correspondendo aos teoremas vistos na Seção 5.3 (teoremas com dois quantificadores), é possível formular, ainda, os seguintes outros teoremas gerais, para os quais prevalecem as seguintes hipóteses

a) $\alpha(u)$ é fórmula qualquer, em que u pode ocorrer livre

b) $\alpha(u,v)$ é fórmula qualquer, em que u e v podem ocorrer livres u e v são variáveis quaisquer, distintas

c) $\alpha(u,u)$ é obtida de $\alpha(u,v)$ substituindo v por u nas posições em que v ocorre livre, admitindo que v seja livre para u (em outras palavras, as ocorrências de u em $\alpha(u,u)$ são ocorrências livres).

Têm-se, então:

Teorema 28. $\forall u\, \forall v\, \alpha(u,v) \leftrightarrow \forall v\, \forall u\, \alpha\, (u,v)$

Teorema 29. $\exists u\, \exists v\, \alpha(u,v) \leftrightarrow \exists v\, \exists u\, \alpha\, (u,v)$

Teorema 30. $\forall u\, \forall v\, \alpha(u,v) \rightarrow \forall u\, \alpha\, (u,u)$

Teorema 31. $\exists u\, \alpha(u,u) \rightarrow \exists u\, \exists v\, \alpha\, (u,v)$

Este último teorema pode ser demonstrado como segue. Note-se, preliminarmente, que

1. $\alpha\, (u,u) \vdash \exists u\, \exists v\, \alpha(u,v)$

mediante dupla introdução do quantificador existencial (e lembrando que, por hipótese, v é livre para u em $\alpha(u,v)$).

Pela regra de eliminação do quantificador existencial

2. $\exists u\ \alpha\ (u,u)\ |{-}\ \exists u\ \exists v\ \alpha(u,\text{v})$

que se obtém da linha 1, notando que u não ocorre livre na fórmula que figura após o símbolo '$|{-}$' (fórmula que é o γ da regra).

Uma aplicação da introdução de seta conduz à tese

3. $|{-}\ \exists u\ \alpha(u,u) \to \exists u\ \exists v\ \alpha(u,v)$.

Terminando, tem-se o

Teorema 32. $\exists u\ \forall v\ a(u,v) \to \forall v\ \exists u\ \alpha(u,v)$

Este último teorema poderia ser reformulado de outras maneiras, tendo-se os análogos dos teoremas 3, 4 e 5 da seção anterior.

A esta coleção de teoremas caberia acrescentar mais o seguinte:

Teorema. Se α e β são congruentes, então $|{-}\ \alpha \leftrightarrow \beta$.

Ilustrando, seja dada a fórmula:

$$\forall x\ (Fx\ .\ \exists x\ Gxz \to \exists y\ Hxy).$$

Para adotar um método uniforme (aplicável em quaisquer circunstâncias, embora "atalhos" sejam preferíveis em casos particulares), tomam-se variáveis $u,\ v,\ w$ correspondentes aos três quantificadores, substituindo, em sucessão, uma variável de cada vez. Da fórmula dada pode-se passar para:

$$\forall x\ (Fx\ .\ \exists u\ Guz \to \exists y\ Hxy).$$

Dessa fórmula se obtém:

$$\forall x\ (Fx\ .\ \exists u\ Guz \to \exists v\ Hxv).$$

Daí se passa para:

$$\forall w\ (Fw\ .\ \exists u\ Guz \to \exists v\ Hwv).$$

A equivalência é preservada (pelo método das cadeias de equivalência se verá que a primeira fórmula é equivalente à segunda, esta à terceira, e assim por diante, de modo que a primeira será equivalente à última). Nesta particular passagem, por exemplo, pode-se usar o que seria o análogo dos teoremas 7 e 8 da seção 5.2 (do presente capítulo), bem como o teorema da reposição.

Da última fórmula se obtém:

$$\forall y \, (Fy \, . \, \exists u \, Guz \rightarrow \exists v \, Hyv).$$

Preservando a equivalência, pode-se passar para:

$$\forall y \, (Fy \, . \, \exists u \, Guz \rightarrow \exists z \, Hyz)$$

e, em seguida, para:

$$\forall y \, (Fy \, . \, \exists x \, Gxz \rightarrow \exists z \, Hyz).$$

As fórmulas dadas, isto é, a primeira e a última, são congruentes e são equivalentes.

EXERCÍCIO

Esboçar as demonstrações dos teoremas formulados acima.

5.5. Forma prenex

Encerrando este capítulo, vale a pena citar um resultado geral a propósito da escritura das fórmulas do cálculo de predicados.

Seja α uma fórmula qualquer, sem quantificadores.

Indiquem-se por Q_1, Q_2, ... , Q_n quantificadores quaisquer, universais ou existenciais.

Diz-se que uma fórmula está em *forma prenex* (*normal*) sempre que é do tipo:

$$Q_1 u_1 \, Q_2 u_2 \, ... \, Q_n u_n \, \alpha,$$

isto é, sempre que principiar com uma sequência de quantificadores, sequência que se faz acompanhar de fórmula sem quantificadores.

O resultado de relevo é o que assevera ser sempre possível, dada uma fórmula qualquer, levá-la à forma prenex (normal).

Os teoremas citados acima permitem conduzir os quantificadores para o "exterior" da fórmula, e isto é o que se precisa recordar para verificar que

Teorema. Qualquer fórmula α é suscetível de ser transformada em uma fórmula equivalente, em forma prenex (normal).

Ilustrando, tem-se, por exemplo,

$$\sim \exists x \, Fx \, \vee \, \forall x \, Gx.$$

Esta fórmula é equivalente a:

$$\forall x \sim Fx \lor \forall x\, Gx,$$

bastando recordar as regras NQ (negação quantificacional), ou seja, os teoremas 10 a 13 da mesma seção 5.2 deste capítulo. Da fórmula agora escrita pode-se passar para:

$$\forall x\, (\sim Fx \lor \forall x\, Gx)$$

(usando o teorema 20 da mesma seção 5.2, ou seus equivalentes, nas seções posteriores, recordando que $\forall x \sim Fx$ não contém livre a variável x, bem como a comutatividade de 'v'). Passa-se, em seguida, para:

$$\forall x\, (\sim Fx \lor \forall y\, Gy)$$

fazendo a reposição de uma parte por outra que lhe é equivalente, o que se verifica por que essas partes são congruentes.

Enfim:

$$\forall x\, \forall y\, (\sim Fx \lor Gy),$$

usando, uma vez mais, o teorema 20 da mesma seção 5.2.

Uma demonstração poderia ser obtida recordando que na versão "econômica" apenas os símbolos

$$\sim \rightarrow \forall$$

são usados para a obtenção das fórmulas. A demonstração se faz por indução, levando em conta o número de conectivos e quantificadores da fórmula α.

Seja k o número de tais conectivos e quantificadores. Se $k = 0$, então a fórmula resultante, em forma prenex (normal), ou seja, β, é a própria α e, de fato, $\vdash \alpha \leftrightarrow \alpha$.

A hipótese indutiva assevera que o teorema vale para $k < n$, ou seja, assevera que há um procedimento efetivo para transformar uma dada fórmula α em uma fórmula β, na forma prenex (normal), tal que $\vdash \alpha \leftrightarrow \beta$.

Prosseguindo, têm-se os seguintes casos:

caso 1: α é do tipo $\sim \delta$. Pela hipótese indutiva, δ admite forma prenex, seja δ', tal que $\vdash \delta \leftrightarrow \delta'$. Segue-se que:

$$\vdash \sim \delta \leftrightarrow \sim \delta',$$

isto é, que:

$$\vdash \alpha \leftrightarrow \sim \delta'.$$

Todavia, com os teoremas de negação quantificacional é possível levar a negação que está no início de $\sim \delta'$ para o interior da fórmula, mantendo a equivalência. O teorema da reposição conclui o que cabia dizer.

caso 2: α é fórmula do tipo $\delta \rightarrow \varepsilon$. A hipótese indutiva assegura que existem formas prenex para δ e ε (sejam δ' e ε') tais que:

$$\vdash \delta \leftrightarrow \delta' \text{ e } \vdash \varepsilon \leftrightarrow \varepsilon'.$$

Por meio de uma tautologia conhecida, obtém-se

$$\vdash (\delta \rightarrow \varepsilon) \leftrightarrow (\delta' \rightarrow \varepsilon')$$

ou seja,

$$\vdash \alpha \leftrightarrow (\delta' \rightarrow \varepsilon').$$

Usando o teorema da reposição e os teoremas 27, 28, 25 e 26, da seção anterior, é possível trazer os quantificadores para frente, chegando-se, dessa maneira, a uma fórmula prenex β tal que

$$\vdash \alpha \leftrightarrow \beta.$$

caso 3: α é do tipo $\forall v\, \delta$. Pela hipótese indutiva, existe uma fórmula δ', em forma prenex, tal que $\vdash \delta \leftrightarrow \delta'$. Em decorrência

$$\vdash \forall v\, \delta \leftrightarrow \forall v\, \delta',$$

ou seja:

$$\vdash \alpha \leftrightarrow \forall v\, \delta'.$$

E se observa que $\forall v\, \delta'$ já está em forma prenex.

Encerrando, novo exemplo.

Seja dada a fórmula α:

$$\forall x\, Fx \rightarrow \forall y\, (Gxy \rightarrow \sim \forall z\, Hyz).$$

Tem-se (equivalências da negação quantificacional):

$$\forall x\, Fx \rightarrow \forall y\, (Gxy \rightarrow \exists z \sim Hyz).$$

Cap. 5 | Principais Teoremas **371**

Em seguida, pelo teorema 26

$$\forall x\, Fx \rightarrow \forall y\, \exists u\, (Gxy \rightarrow\ \sim Hyu).$$

Pelo teorema 25

$$\forall x\, \forall v\, [Fx \rightarrow \exists v\, (Gxv \rightarrow\ \sim Hvu)].$$

Pelo teorema 26, mais uma vez

$$\forall x\, \forall v\, \exists w\, [Fx \rightarrow (Gxv \rightarrow\ \sim Hvw)].$$

Podem-se permutar as variáveis ligadas (uma ampliação do teorema 8 da seção 5.2, ou seja, teoremas, 31 e 32 da seção anterior), para ter

$$\forall x\, \forall y\, \exists z\, [Fx \rightarrow (Gxy \rightarrow\ \sim Hyz)].$$

Em cada passagem, a equivalência é mantida, como é fácil notar, de modo que esta última fórmula é a procurada β, em forma prenex, equivalente à fórmula α.

EXERCÍCIO

Obter a forma prenex das fórmulas:

1. $Fxb \rightarrow \exists y\, [Gy \rightarrow (\exists x\, (Gx \rightarrow Hy))]$.
2. $\exists x\, Fxy \rightarrow (Gx \rightarrow\ \sim \exists z\, Hxz)$.

5.6. Referências

1. Kleene, /Logic/, parágs. 23 e 25.
2. Kutschera, Sec. 2.3.
3. Mates, /Logic/.
4. Mendelson, /Logic/, cap. 2, Sec. 8 a 10.
5. Quine, /Mathematical logic/.
6. Rosser, Logic.

Obs.: Os teoremas aqui reunidos podem ser encontrados nos bons textos de lógica. A fim de não causar embaraços inúteis, o leitor deve procurar um deles para efetuar leitura preliminar do assunto, seguindo à risca o que for dito acerca do uso das várias regras de inferência. Poderá, em seguida, comparar os diferentes textos, buscando equivalências e analogias, percorrendo os caminhos que parecerem mais simples. Os teoremas foram aqui apresentados de "modo didático", de sua formulação mais simples para a mais geral. As demonstrações são feitas (em quase todos os casos) adotando as técnicas de Quine (expostas em /Methods/). A formulação geral é de Kleene, mas encontra equivalentes nos demais livros citados.

Capítulo 6

O Cálculo com Igualdade

Sumário

Depois de breve comentário acerca da ambiguidade que cerca o uso de "é", fixa-se atenção no "é" entendido como "equivale a". As leis da identidade são formuladas. Em apresentação preliminar, o cálculo com igualdade é introduzido a seguir, fazendo-se uso de axiomas intuitivamente adequados para deduzir consequências em argumentos formulados na linguagem comum. A questão da igualdade e das classes de equivalência (determinadas por qualquer relação de equivalência) é examinada. Todo o assunto é retomado, enfim, de modo mais minucioso e sistemático, fazendo-se alusão aos principais teoremas do cálculo com igualdade.

6.1. "É"

O vocábulo "é", em português, pode ser utilizado de várias maneiras, como os exemplos seguintes ilustram

Deus é.
A baleia é um mamífero.
A rosa é bonita.
Dormir é sonhar.
Edson A. do Nascimento é Pelé.

Na primeira sentença, "é" tem o sentido de "existe". Na segunda, indica pertença a uma classe. Na terceira, predicação. Na quarta, assemelha-se a uma espécie de relação causal. Na quinta, enfim, indica identidade. A fim de evitar ambiguidades, "é" será tomado, aqui, neste último sentido, ou seja, no sentido de *idêntico a*. O sinal que habitualmente se usa para asseverar identidade, o sinal "=", será usado para formar expressões do tipo:

$$A = B,$$

em que 'A' e 'B' são nomes de um mesmo objeto. Nosso quinto exemplo dado acima se traduz, pois, desta maneira:

Edson A. do Nascimento = Pelé

Dizer, portanto, que x é igual a y é dizer, em suma, que são a mesma coisa. Cada objeto é igual a si mesmo e a nada mais. Se assim se entende o 'igual', por que utilizar a noção? De que serve essa noção, se identificar um objeto a si próprio é trivial e identificá-lo a outro é incoerente? A resposta pode ser dada notando que o uso do 'igual' não se limita a essas duas alternativas (trivial e incoerente), tendo-se, ao lado delas, uma terceira, em que a noção é informativa. Quando se diz

Dirceu = Tomás Antonio Gonzaga
Glauceste Saturnio = Claudio M. da Costa
Temperatura média = 19
Primeiro Presidente = Deodoro da Fonseca
Estrela da manhã = estrela da noite,

por exemplo, presta-se uma informação porque o igual se coloca entre dois termos diferentes, mas que são nomes do mesmo objeto. (O caso da temperatura média é um pouco diverso, na aparência, mas pode ser tratado de maneira análoga.) A verdade das sentenças exige que '=' apareça entre nomes de um mesmo objeto. Os nomes, todavia, são diversos, porque não se afirma que os nomes sejam iguais, mas que são iguais os objetos nomeados (o que se diz dos objetos não precisa, é óbvio, aplicar-se aos nomes. Assim, o rio Nilo é mais longo do que o rio Paraibuna, mas os nomes estão relacionados de maneira oposta).

Se a linguagem não contivesse ambiguidades, a noção de identidade poderia tornar-se supérflua. Mas a linguagem, em tal hipótese, seria bem diversa da que se utiliza. Em alguns casos, como, digamos, o de 'Edson' e 'Pelé', a nomenclatura redundante poderia ser evitada sem maiores transtornos. Seria difícil, no entanto, abandonar redun-

Cap. 6 | O Cálculo com Igualdade   375

dâncias com nomes mais complicados, como, por exemplo, '3 vezes 5' e '10 mais 5' ou 'Primeiro Presidente' e 'Deodoro da Fonseca'. Precisamente porque a linguagem não é uma cópia da realidade (para cada objeto, um nome), a identidade apresenta-se como noção de interesse.

Saliente-se, no entanto, que o uso da identidade não deflui de considerações linguísticas. De fato, não são investigações de ordem linguística que determinam se uma identidade é legitimamente asseverada ou não. Para saber se, realmente,

$$\text{Everest} = \text{pico mais elevado da Terra}$$

ou se

$$\text{Primeiro Presidente} = \text{Deodoro da Fonseca,}$$

é preciso recorrer a investigações extralinguísticas.

O sinal de '=', portanto, é usado separando termos singulares, por causa das ambiguidades da linguagem corrente. Todavia, o sinal pode ser usado para separar variáveis. Duas variáveis podem referir-se a objetos diversos, mas podem referir-se a um único objeto – de modo que o sinal '=' tem utilidade para indicar a alusão ao mesmo objeto. Em verdade, é este uso da igualdade que tem maior interesse. A lógica da identidade não se reduz à lógica da quantificação: trata-se de uma ampliação do cálculo de predicados, ao qual se junta o sinal '=' (governado por axiomas e regras apropriados).

No cálculo com igualdade, há, é claro, verdades lógicas que são verdades do cálculo de predicados. Assim, para ilustrar,

$$\exists y \, (x = y \, . \, Fy) \rightarrow \exists y \, (x = y)$$

é uma verdade que resulta do cálculo de predicados – é consequência de fórmula válida (cf. o teorema 16 da seção 5.4 e imagine-se que '$x = y$' esteja no lugar de $\alpha(u)$, efetuando-se, em seguida, uma simplificação, para concluir apenas $\alpha(u)$].

Todavia, ao lado dessas verdades, há outras que surgem do significado atribuído à identidade. Uma destas verdades seria, digamos:

$$Fx \, . \, x = y \rightarrow Fy.$$

A mais simples de tais verdades novas (que dependem do significado da identidade) seria esta

$$x = x.$$

Argumentos intuitivamente legítimos, como, digamos

> Mark Twain escreveu *Aventuras de Huck*
> Mark Twain é Samuel Clemens
> _____
> Samuel Clemens escreveu *Aventuras de Huck*

tem sua legitimidade dependente do significado de "é" e não são abrangidos pelo cálculo de predicados.

O estudo de tais argumentos requer uma nova linguagem, em que '=' se introduz como novo símbolo, permitindo a formação de novas expressões e de novas fórmulas, dentre as quais algumas serão escolhidas como axiomas. Regras novas serão fixadas para lidar com a identidade, e deduções e demonstrações poderão ser feitas – abrangendo argumentos que não seriam legitimados pelo cálculo de predicados.

6.2. As leis da identidade

De maneira preliminar, note-se que frases como 'x é igual a y', 'x é idêntico a y' e 'x é o mesmo que y' serão tratadas como traduções (livres) da expressão simbólica:

$$x = y.$$

Para negar essa afirmação, dizendo-se que 'x é diferente de y' (ou 'x não é o mesmo que y', ou 'x não se identifica a y', etc.), isto é, para dizer

$$\sim (x = y),$$

prefere-se a notação mais comum:

$$x \neq y$$

A teoria da identidade poderia ser entendida como conjunto das leis que governam o emprego de expressões do tipo '$x = y$' e '$x \neq y$'.

Ainda guiados pela intuição, caberia dizer que as leis da identidade incluiriam os seguintes casos:

1ª lei: $x = y$ se e somente se x tem todas as propriedades de y e y tem todas as propriedades de x (Leibniz).

Cap. 6 | O Cálculo com Igualdade **377**

Para Leibniz, essa lei era uma espécie de definição do símbolo '='. Entender a lei como definição requer, entretanto, que o significado de '=' seja menos claro que o significado da expressão "x tem todas as propriedades de y e y tem todas as propriedades de x" – o que parece discutível. Sem embargo, o fato é que a lei permite substituir 'x' por 'y' em qualquer contexto, desde que se tenha estabelecido que '$x = y$'.

Da lei de Leibniz decorrem outras leis importantes. Tem-se

2ª lei: $x = x$ (ou seja: todo objeto é igual a si mesmo).

Para verificar que assim acontece, substitua-se 'y' por 'x' na 1ª lei. Efetuando a substituição, chega-se a:

$x = x$ se e somente se x tem todas as propriedades de x e x tem todas as propriedades de x,

ou seja, eliminando a redundância:

$x = x$ se e somente se x tem todas as propriedades de x.

Como é óbvio, "x tem todas as propriedades de x", de modo que, em consequência,

$$x = x$$

qualquer que seja x.

Outra lei seria esta:

3ª lei: se $x = y$, então $y = x$.

Voltando à primeira lei, efetue-se a substituição de 'x' por 'y' e de 'y' por 'x'. Resulta:

$y = x$ se e somente se y tem todas as propriedades de x e x tem todas as propriedades de y.

Comparada com a 1ª lei, esta difere apenas pela ordem da conjunção. Como $\alpha . \beta$ tem o mesmo valor de $\beta . \alpha$, segue-se que os primeiros membros se equivalem, ou seja, segue-se que

$$(x = y) \text{ equivale a } (y = x).$$

A fortiori, a segunda dessas fórmulas decorre da primeira.

4ª lei: se $x = y$ e $y = z$, então $x = z$.

Com efeito, como se admite simultaneamente que $x = y$ e que $y = z$, segue-se, pela 1ª lei, que tudo que puder ser afirmado de y também poderá ser afirmado de z. Pode-se, portanto, substituir 'y' por 'z' na fórmula '$x = y$', para concluir que '$x = z$'.

Esta última lei também pode receber formulação diversa:

5ª lei: se $x = z$ e $y = z$, então $x = y$.

O que se depreende, dessas leis, é que a igualdade obedece às conhecidas leis de

a) reflexividade: $x = x$

b) simetria: se $x = y$ então $y = x$

c) transitividade: se $x = y$ e $y = z$ então $x = z$

e que, ao lado disso, segundo atesta a primeira lei, há o que Leibniz chamou "indiscernibilidade dos idênticos", ou, em outras palavras, a possibilidade de substituição de um "objeto" por outro que seja idêntico a ele.

6.3. Os axiomas

Depois das observações gerais das seções anteriores, cabe fazer uma apresentação mais minuciosa do cálculo com igualdade.

Isola-se, então, da lista de predicados binários, um predicado, por exemplo 'I', que permita a formação de fórmulas do tipo:

$$I\, t_2\, t_2,$$

em que t_1 e t_2 são termos quaisquer. Esse predicado é representado, segundo o hábito, por '$=$', podendo-se escrever:

$$= t_1\, t_2,$$

ou, de maneira mais corrente:

$$t_1 = t_2.$$

Essas novas fórmulas são admitidas (como "bem-formadas") no cálculo e podem ser combinadas com outras, mediante uso de conectivos e quantificadores. Em especial, a fórmula

$$\sim (t_1 = t_2)$$

será escrita, para usar a notação habitual, na forma:

$$t_1 \neq t_2.$$

Dois axiomas governam o uso do novo predicado.

Axioma I. São axiomas as universalizações de fórmulas do tipo:

$$I\, t_1\, t_1,$$

ou seja, são axiomas todas as universalizações de fórmulas do tipo:

$$t_1 = t_1,$$

em que t_1 é um termo qualquer.

Exemplificando, tem-se, entre os axiomas:

$$a = a,$$
$$\forall x\, (x = x),$$
$$\forall y\, (y = y),$$

e assim por diante.

Considere-se, ao lado de tais axiomas, a fórmula:

$$Fx \,.\, x = y \to Fy.$$

Ela é certamente uma verdade lógica. De fato, escolha-se uma interpretação qualquer, com universo qualquer, não vazio, e sejam associados objetos quaisquer (do universo em pauta) às variáveis 'x' e 'y'. Se o objeto que se associa a 'x' é o mesmo objeto que se associa a 'y', e é objeto para o qual 'F' se interpreta como verdade, então a fórmula se torna verdadeira, em vista do consequente 'Fy'. Em outra hipótese, a fórmula se torna verdadeira porque o antecedente é falso, ou seja, sendo $x = y$ falso, é falsa a conjunção $Fx \,.\, x = y$.

Usando substituições próprias, a verdade se preserva – como se sabe da discussão no capítulo 3 (final da seção 3.5.).

Um pormenor merece explícita menção. Imagine-se uma verdade lógica, digamos

$$Fxx \to \exists y\, Fxy.$$

Efetuando a substituição de 'F' por '$x = y$', resulta:

$$x = x \to \exists y\, (x = y),$$

Admita-se que $\forall x$ anteceda a expressão, obtendo-se, dessa forma, uma sentença (e não mais um aberto, como a fórmula de partida). É útil ampliar a noção de validade permitindo que se aplique a sentenças desses tipos (e não apenas aos abertos). Em verdade, a ideia é simples: trata-se apenas de incluir as sentenças verdadeiras em qualquer interpretação ao lado das fórmulas verdadeiras em qualquer interpretação – e a noção já foi discutida quando se falou em sentença verdadeira e aberto satisfeito em quaisquer circunstâncias (final do capítulo 3).

Isso posto, estamos em condições de falar do próximo axioma

Axioma II. É axioma o fecho universal de nossa verdade lógica, ou seja, é axioma a fórmula:

$$\forall x \; \forall y \; (Fx \, . \, x = y \rightarrow Fy)$$

bem como qualquer fecho universal de quaisquer fórmulas obtidas a partir desta mediante substituições próprias de 'F'.

De modo mais genérico

Axioma I. Fecho de fórmulas do tipo

$$I \; tt$$

Axioma II. Fecho de fórmulas do tipo

$$I \; t_1 \; t_2 \rightarrow (\alpha \leftrightarrow \beta)$$

em que α e β são análogas, diferindo apenas pelo fato de conterem t_1 e t_2 intercambiados em uma ou mais ocorrências – sendo t_1 e t_2 dois termos quaisquer.

Já foram dados exemplos do axioma I. Quanto ao axioma II:

a) $\forall x \; \forall y \; (Ixy \rightarrow (Fx \leftrightarrow Fy))$
b) $\forall x \; (Iax \rightarrow (Fxa \leftrightarrow Faa))$
c) $\forall x \; \forall y \; (Ixy \rightarrow ((Fx \; v \; Ga) \leftrightarrow (Fy \; v \; Ga)))$

seriam exemplos concretos do axioma. Esses exemplos podem multiplicar-se, devendo o leitor mesmo identificar outros casos concretos de individuação de II.

Alguns autores preferem escrever o axioma II (dado acima) na forma

$$I \; t_1 t_2 \rightarrow (\alpha \rightarrow \beta)$$

com a seta em vez da dupla seta. Preferimos a dupla seta, para facilitar as demonstrações.

Cap. 6 | O Cálculo com Igualdade **381**

Tal como apresentados acima, os axiomas são "fechados". Na prática, é muito comum escrever os axiomas "abertos" da igualdade:

Axioma I $x = x$

Axioma II $x = y \rightarrow (\alpha \leftrightarrow \beta)$

(valendo, em II, as restrições já apresentadas).

O axioma I assevera, em suma, que todo objeto é igual a si mesmo. O axioma II, por seu turno, procura traduzir a lei da indiscernibilidade dos idênticos: o que é propriedade de x é também propriedade de y (e vice-versa), quando x e y são idênticos.

Vários resultados imediatos são comumente tratados, nas deduções, como "leis da igualdade" e nessa condição incluídos nas deduções. Assim, qualquer das fórmulas seguintes, que decorrem imediatamente dos axiomas, pode ser considerada como "lei do =":

a) $x = y \rightarrow (Fx \leftrightarrow Fy)$

b) $x = y \rightarrow (Fy \leftrightarrow Fx)$

c) $x = y \rightarrow (Fx \rightarrow Fy)$

d) $x = y (Fy \rightarrow Fx)$

e) $x = y \,.\, Fx \rightarrow Fy$

f) $x = y \,.\, Fy \rightarrow Fx$

admitindo-se outras variantes, como, por exemplo, as que são obtidas de a) a f) escrevendo '$y = x$' no lugar de '$x = y$'.

Algumas consequências merecem explícita menção já neste momento.

Tem-se

1. $x = y \,.\, Fx \rightarrow Fy$ Lei do =
2. $\sim Fy \rightarrow \sim (x = y \,.Fx)$ 1, eq
3. $\sim Fy \rightarrow (x \neq y \text{ v} \sim Fx)$ 2, eq

Ou ainda:

1. Fxy prem
2. $\sim Fxx$ prem
3. $x = y$ prem (por abs.).
4. $x = y \,.\, Fxy$ 3,1 Conj
5. $x = y \,.\, Fxy \rightarrow Fxx$ Lei do =
6. Fxx 4,5 *MP*

A contradição obtida (linhas 2 e 6) permite escrever

$$Fxy \, . \sim Fxx \rightarrow x \neq y$$

Nas deduções acima, usamos regras que, intuitivamente, seriam legitimadas pelas estipulações que um cálculo com igualdade precisa conter. É oportuno, porém, deixar explícitas essas regras.

Regra 1: é permitido escrever, em qualquer fase de uma dedução,

$$t = t$$

em que t é um termo qualquer.

Regra 2: Se, numa dedução, figura uma fórmula α e figura a fórmula $t_1 = t_2$ (em que t_1 e t_2 são termos quaisquer), então é permitido escrever, em seguida, uma fórmula β que difira de α por conter t_2 em locais (todos, alguns ou nenhum) em que α continha t_1.

Dizendo de outro modo:

De uma fórmula simbólica α se pode inferir:

$$\forall u \, (u = t \rightarrow \beta)$$

e, reciprocamente, de:

$$\forall u \, (u = t \rightarrow \beta)$$

se pode inferir α,

contanto que, nos dois casos, β resulte de α mediante substituição própria da variável u pelo termo t, u não ocorrendo em t (no caso de termos complexos, como os examinados na Seção 1.8).

A demonstrabilidade e a deduzibilidade se transportam sem alterações do cálculo de predicados para o cálculo com igualdade (lembrando que as fórmulas do tipo '$t_1 = t_2$' se acham incluídas naquele cálculo, sob a forma '$I \, t_1 \, t_2$' em que 'I' é um predicado binário especialmente selecionado, dentre a lista de predicados binários existentes). Estão ao dispor, portanto, não só o teorema da dedução, como as regras derivadas e as regras específicas para trato com quantificadores.

6.4. Alguns teoremas

A igualdade possui, como é desejável (e em virtude do axioma II), a "propriedade substitutiva". Em outras palavras, e insistindo uma vez mais, pode-se substituir, em qualquer momento, um termo por outro igual. Tem, além disso, as propriedades costumeiras, de reflexividade, simetria e transitividade.

Com efeito:

1. Reflexividade: $\forall x\, (x = x)$.

Trata-se do Axioma I.

Alguns autores entendem a reflexividade de modo um pouco diverso. Quine, por exemplo, diz:

Definição: a relação R é reflexiva se, e somente se,

$$\forall x \forall y\, (Rxy \to Rxx\,.Ryy).$$

Esse resultado não seria, então, axiomático, mas poderia ser assim obtido:

1. $\forall x\, (x = x)$ prem. (axioma)
2. $x = x$ 1, *IU*
3. $y = y$ 1, *IU*
4. $x = x\,.\,y = y$ 2,3 Conj

Segue-se, daí, que:

$$\vdash x = x\,.\,y = y$$

e, por ampliação de premissa, que:

$$x = y \vdash x = x\,.\,y = y$$

o que mostra ser a relação '=' (colocada no lugar de '*R*' da definição dada acima) uma relação reflexiva, no sentido de Quine.

2. Simetria: $x = y \to y = x$.

Recorre-se ao axioma 2, nesta forma:

$$x = y \to (Fx \to Fy),$$

e efetua-se a substituição de '*F*' por:

$$(1) = x.$$

Resulta:

$$1.\ x = y \to (x = x \to y = x).$$

Daí se obtém, por uma troca de premissas (o assunto foi examinado de modo minucioso no cálculo sentencial),[1]

$$2.\ x = x \to (x = y \to y = x).$$

Ora, é axioma que:

$$3.\ x = x$$

de modo que, por *modus ponens*, aplicado às linhas 2 e 3

$$4.\ x = y \to y = x$$

3. Transitividade: $x = y \cdot y = z \to x = z$

Recorre-se ao axioma 2, nesta forma

$$x = y \to (Fx \leftrightarrow Fy)$$

e efetua-se a substituição de 'F' por:

$$(1) = z$$

Resulta:

$$1.\ x = y \to (x = z \leftrightarrow y = z)$$

pelo princípio de exportação e importação, aplicado ao caso seguinte, em que se passa de 1. para 2. mediante uso do bicondicional para o condicional

$$2.\ x = y \to (y = z \to x = z)$$

Tem-se:

$$3.\ x = y \cdot y = z \to x = z$$

como se desejava mostrar.

As três propriedades citadas são, de hábito, encaradas como propriedades "típicas" da igualdade:

(1) Todo objeto é igual a si mesmo;

---

1   Ver Parte I, Sec. 7.4.

Cap. 6 | O Cálculo com Igualdade   **385**

(2) se um primeiro objeto é igual a outro, este é igual ao primeiro;

(3) dois objetos iguais a um terceiro são iguais entre si.

Todavia, a substitutividade não pode ser esquecida. Em alguns casos a igualdade é usada de modo diverso, possuindo as três propriedades "típicas", mas não a da substitutividade. O que precisa ser realçado, neste caso, é que uma relação que possui apenas as três propriedades típicas (mas não a da substitutividade) *não* é igualdade, no sentido que o vocábulo aqui recebeu. Uma relação desse tipo deve, de preferência, ser chamada "relação de equivalência".

O assunto merece algum destaque.

6.5. Equivalência e igualdade

Imagine-se dado um conjunto C de objetos. Admita-se que C foi dividido em partes disjuntas, não vazias. Nesse caso, a relação definida por

$$x \text{ e } y \text{ pertencem à mesma parte,}$$

é, como se percebe sem dificuldade, uma relação reflexiva, simétrica e transitiva.

Reciprocamente, imagine-se que uma relação R (de equivalência, ou seja, uma relação reflexiva, simétrica e transitiva) foi instituída num conjunto C. Segue-se que:

A relação R divide C em partes disjuntas, não vazias, tais que Rxy se, e somente se, x e y pertencem à mesma parte.

Mostre-se, de início, que cada parte é não vazia.

Dado um $x \in C$, denote-se por $[x]$ o conjunto de todos os y tais que Rxy.

Ora, R, por hipótese, é uma relação reflexiva, ou seja, tem-se Rxx. Isso permite concluir que $x \in [x]$. Em outras palavras, como x está na relação R com o próprio x, pertence ao conjunto dos objetos de C que estão na relação R com x, ou, em outras palavras, $x \in [x]$, de modo que as partes não são vazias. Dada, por exemplo, uma parte $[x]$, ela contém, na pior das hipóteses, pelo menos o objeto x.

Mostre-se, em seguida, que as partes são disjuntas.

A demonstração precisa ser feita em duas etapas.

386 Lógica | Leônidas Hegenberg

Em primeiro lugar, admite-se que Rxy, ou seja, que x e y estão na relação R. Segue-se que $[x] = [y]$, isto é, que os conjuntos são formados pelos mesmos elementos.

Para se estabelecer a igualdade dos conjuntos, mostre-se que qualquer elemento do primeiro conjunto está no segundo, e vice-versa.

Seja, pois, $z \in [x]$.

Da definição de $[x]$ resulta que Rxz.

Admitiu-se que Rxy. Como R é simétrica (por hipótese), Ryx.

Sabendo que Ryx e que Rxz, da transitividade de R se tem Ryz.

Mas Ryz significa que $z \in [y]$.

A segunda parte é análoga.

Em segundo lugar, admita-se que $\sim Rxy$. Segue-se que as classes $[x]$ e $[y]$ não têm elementos em comum.

De fato, se, por absurdo, existisse um z tal que:

$$z \in [x] \quad \text{e} \quad z \in [y],$$

então, pelas definições,

$$Rxz \text{ e } Ryz.$$

Da simetria, Ryz permite obter Rzy.

De Rxz e Rzy viria, pela transitividade de R, que Rxy, contra a hipótese formulada (ou seja, a de que $\sim Rxy$).

O leitor poderá recordar o caso das frações e dos números racionais. As frações sendo dadas (conjunto C), cada uma delas é igual a ela mesma e a nada mais. Sem embargo, é muito comum escrever:

$$\frac{1}{2} = \frac{2}{4}$$

(o que é impróprio, enquanto se considera o conjunto das frações).

De que modo se justifica esse uso de '='? A situação pode ser elucidada deste modo. Imagine-se conhecidas as noções de produto e de soma de números inteiros. No conjunto C das frações, considere-se a seguinte relação R:

$$R \left\{ \frac{a}{b}, \frac{c}{d} \right\} \text{ se e somente se } ad = bc.$$

Cap. 6 | O Cálculo com Igualdade — 387

Observe-se que o 'igual' está propriamente empregado:

$$R \left\{ \frac{3}{4}, \frac{9}{12} \right\} \text{ se e só se } 3 \times 12 = 4 \times 9,$$

e, com efeito, '3 X 12' e '4 X 9' são nomes diversos do mesmo objeto (a saber, o inteiro 36).

Essa relação R é uma relação de equivalência, como facilmente se poderá verificar.

Em vista do resultado que ficou estabelecido acima, a relação R divide o conjunto das frações em classes disjuntas, não vazias. Cada uma dessas classes contém numerosas frações (diferentes, como frações), mas que se equivalem, segundo R. Cada classe é um número racional. O número racional tem, pois, diversos nomes, que são as várias frações equivalentes a uma fração qualquer da classe.

Assim, um número racional pode ser representado por qualquer das frações:

$$\frac{1}{3}, \frac{2}{6}, \frac{3}{9}, ..., \frac{10}{30}, ..., \frac{21}{63}, ...,$$

e tem sentido, *no conjunto dos racionais*, escrever, por exemplo:

$$\frac{2}{3} = \frac{3}{6},$$

já que o '=', aqui, separa nomes distintos do mesmo objeto (o número racional r).

Empregando um exemplo corriqueiro, usa-se dizer "O carro de João é igual ao carro de Peter". Em verdade, o emprego de "igual" não está muito adequado. Os carros são distintos (diferem quanto ao número do motor, número de chassis, defeitos principais, etc.). Por que, pois, usar 'igual'? O uso se justifica deste modo. Algumas propriedades (não todas!) são isoladas e tidas por notáveis. Por exemplo, a marca, o ano de fabricação e a cor. O conjunto inicial dos carros contém, como elementos, os carros, e cada elemento é igual a si mesmo e a nada mais. Entretanto, pode-se dividir esse conjunto em "classes de equivalências", incluindo em cada classe os carros que *não* se distinguem quanto às três propriedades dadas como relevantes.

388 Lógica | Leônidas Hegenberg

Cada classe conterá carros de uma dada marca, de determinado ano de fabricação e de mesma cor. Sob esses aspectos, os carros não se distinguem: equivalem-se, são "iguais". A equivalência no conjunto original (de carros) torna-se igualdade para o novo conjunto (das classes de equivalência).

A equivalência não tem, via de regra (salvo raras exceções), propriedade substitutiva. De fato, voltando ao caso das frações, considerem-se as frações (p, q) e (r, s). Efetuando a soma, tem-se uma nova fração, (t, u):

$$(p, q) + (r, s) = (t, u).$$

Imagine-se que:

$$(p, q) \text{ seja equivalente a } (p', q').$$

O que se observa é que:

$$(p', q') + (r, s) \neq (t, u).$$

O que se tem, todavia, é:

$$(p', q') + (r, s) \text{ é equivalente a } (t, u).$$

Para resumir estas considerações: se está em tela um dado conjunto C de objetos, não se pode (como é comum acontecer, por abuso de linguagem) dizer: "Vamos definir igualdade entre os objetos". A igualdade não pode ser definida: ela fica estabelecida no momento em que se dá C. Cada objeto de C é igual a ele próprio e a nenhum outro. O que se pode definir é algo que se transforma em igualdade em novo conjunto, C', formado pelas classes de equivalência de C – geradas por uma dada relação de equivalência.

6.6. Exemplos de deduções

1) Considere-se o argumento:

Tristão é Alceu

Alceu é escritor

Tristão é escritor

O argumento pode ser simbolizado e ter sua conclusão deduzida das premissas como segue

Cap. 6 | O Cálculo com Igualdade

1. $t = a$ prem
2. Ea prem
3. Et 1,2, leis do =

2) Seja, agora, o argumento: "George Elliot escreveu *Mill on the floss*, George Elliot era o pseudônimo de Mary Ann Evans. Mary era uma dama. Logo, uma dama escreveu aquele livro".

As abreviações são as sugestivas: 'g', 'm', 'Exy' (x escreveu y) 'D' (é uma dama), 'l' (livro).

1. Egl prem
2. $g = m$ prem
3. Dm prem
4. Dg 2,3, leis do =.
5. $Dg . Egl$ 1,4, Conj
6. $\exists x (Dx . Exl)$ 5, GE

3) Seja, a seguir, o argumento: "Só os homens calvos usam perucas; Ariza é um homem que usa peruca. Este homem não é calvo. Logo, este homem não é Ariza".

Abreviações óbvias levam a

1. $\forall x (Hx . Px \rightarrow Cx)$ prem
2. $Ha . Pa$ prem
3. $\sim Ct$ prem
4. $Ha . Pa \rightarrow Ca$ 1, IU
5. Ca 2,4, MP
6. $t \neq a$ 3,5, leis do =

Notar que se utilizou, na última linha, uma das consequências da igualdade, referidas no final da Seção 6.3.

4) As condições numéricas.

Usaremos, como de hábito:

$$\exists x \, Fx$$

para dizer: "Há pelo menos um objeto com a propriedade F".

Para dizer que há no máximo um objeto com a propriedade referida, pode-se dizer que, dados dois quaisquer objetos com a propriedade, eles são idênticos. Em símbolos

$$\forall x \forall y \, (Fx \,.\, Fy \to x = y)$$

é uma forma de traduzir a ideia de que "existe no máximo um objeto com a propriedade F".

Para afirmar, pois, que há exatamente um objeto com a citada propriedade, pode-se escrever:

$$\exists x \, Fx \,.\, \forall x \, \forall y \, (Fx \,.\, Fy \to x = y).$$

Para dizer que há pelo menos dois sábios usa-se

$$\exists x \, \exists y \, (Sx \,.\, Sy \,.\, x \neq y)$$

Para asseverar que há no máximo dois sábios pode-se usar

$$\forall x \, \forall y \, \forall z \, (Sx \,.\, Sy \,.\, Sz \to x = y \lor y = z \lor z = x)$$

A asserção "Há exatamente dois sábios" resulta da conjunção destas últimas expressões: "Há pelo menos dois sábios" e "Há no máximo dois sábios".

5) Há modo mais simples de fazer tais afirmações. Como se verá a seguir (ver exemplo 5 da seção 6.9.):

$$\forall x \, \forall y \, \forall z \, (Sx \,.\, Sy \,.\, Sz \to x = y \lor y = z \lor z = x)$$

equivale a:

$$\exists x \, Gx \,.\, \forall x \, \forall y \, (Sx \,.\, Sy \to x = y)$$

e esta fórmula, por seu turno, se mostra equivalente a

$$\exists y \, \forall x \, (Sx \leftrightarrow x = y)$$

6) Considere-se o argumento: "Alceu escreveu *Idade, sexo e tempo*. Tristão escreveu *Idade, sexo e tempo*. Mas esse livro é obra de um só autor. Logo, Tristão é Alceu".

Usando abreviações apropriadas:

1. *Eai*	prem
2. *Eti*	prem
3. $\exists x \, (Exi \,.\, \forall y \, (\exists yi \to y = x)$	prem
4. $Eai \,.\, \forall y \, (Eyi \to y = a)$	3, *IE* (a)
5. *Eai*	4, Simp
6. $\forall y \, (Eyi \to y = \mathrm{a})$	4, Simp
7. $Eti \to t = a$	6, *IU*
8. $t = a$	2, 7, *MP*

Cap. 6 | O Cálculo com Igualdade **391**

e a desejada conclusão (Tristão = Alceu) aparece na última linha.

EXERCÍCIOS

Em cada caso, trata-se de simbolizar adequadamente as premissas e a conclusão para, em seguida, deduzir a conclusão a partir das premissas.

1. Todos gostam de João. João gosta de alguém além de si mesmo. Logo, há duas pessoas que se amam mutuamente.
2. Luiza tem no máximo um marido. Luiza é casada com Tomás. Tomás é magro. Pedro não é magro. Logo, Luiza não é casada com Pedro.
3. Todos os participantes vencem. Há um vencedor, no máximo. Há pelo menos um participante. Logo, há exatamente um participante.
4. Há um papel em minha mão esquerda. Há um papel em minha mão direita. Não estou segurando qualquer outro objeto com as mãos. Logo, há exatamente dois papéis em minhas mãos.

6.7. Tratamento sistemático

Os tópicos abordados nas seções anteriores podem receber, agora, tratamento mais sistemático.

Tem-se uma nova linguagem. É a linguagem do cálculo de predicados, com o símbolo '='. Não existem novos termos. Todavia, a classe das fórmulas é ampliada. Como no cálculo de predicados, as fórmulas são caracterizadas pelas seguintes cláusulas

1. fórmulas do Português são fórmulas
2. uma letra predicado n-ádica, seguida de n termos, é uma fórmula. Em especial, uma letra predicado zero-ádica é uma fórmula
3. se α e β são fórmulas, também são fórmulas

$$\sim \alpha \,,\, (\alpha \cdot \beta) \,,\, (\alpha \vee \beta) \,,\, (\alpha \to \beta) \,,\, (\alpha \leftrightarrow \beta)$$

4. se α é uma fórmula e v uma variável, são fórmulas

$$\forall v\, \alpha \,,\, \exists va$$

a que se junta, agora, mais uma última cláusula

5. se t_1 e t_2 são termos, é fórmula

$$t_1 = t_2$$

Como exemplos, referentes à última cláusula, têm-se fórmulas como:

Assis = autor de *A mão e a luva*.

$7 + 2 = 9$.

$x = y$.

$A^0 = B^1 x$.

Termos como este último ($B^1 x$) não serão utilizados no que segue, de modo que podem, para efeito prático, ser ignorados.

Termos simbólicos e fórmulas simbólicas desta nova linguagem são os que podem ser construídos exclusivamente com as variáveis, as letras predicado (e as letras-operador), parênteses, conectivos, quantificadores e o sinal de identidade. (Nos exemplos acima, as duas primeiras fórmulas não são simbólicas, ao passo que as duas últimas são simbólicas.).

Para a tradução e a simbolização é preciso deixar de lado uma grande parte de fórmulas do português, as que se denominam não extensionais. Diz-se que uma sentença do português, Ø, é *extensional* se:

substituindo um nome que ocorre em Ø por outro nome que designa o mesmo objeto, a sentença resultante tem o mesmo valor-verdade de Ø.

Usualmente, as sentenças são extensionais. Exemplificando,

Popper nasceu em Viena, em 1902,

permite obter, mediante substituição de 'Popper' por outro nome que designa Popper, uma sentença com o mesmo valor-verdade:

O autor de *Logik der Forschung* nasceu em Viena em 1902.

Há casos duvidosos, como, por exemplo:

Hamlet queria matar o homem que se escondia atrás das cortinas

comparada com

Hamlet queria matar Polônio

E há casos em que a sentença não é extensional

Quase todos sabem que a namorada de Dirceu era Marília,

em confronto com

Quase todos sabem que a namorada de Tomás era Marília.

Via de regra, operadores modais, como 'necessariamente' ou 'possivelmente' conduzem a contextos não extensionais. É o que se dá em

Necessariamente Popper é Popper

e em

Necessariamente o autor de *Logik der Forschung* é Popper.

Isso dito, uma *fórmula extensional do português* é uma sentença extensional do português ou uma fórmula contendo variáveis, mas que se transforma em sentença extensional do português mediante substituição das variáveis por nomes do português.

A tradução, para o português, com base num dado esquema abreviador, se faz como no cálculo de predicados. Há um pormenor a acrescentar, o da substituição de por '=' por 'é idêntico a' (ou frase análoga, como 'é o mesmo que' etc.). Tendo, por exemplo:

$$A^\circ\text{: Pele}$$
$$B^\circ\text{: Edson}$$

e a sentença simbólica

$$A^\circ = B^\circ,$$

a tradução desta sentença, com base no esquema, seria:

Pelé é Edson.

A simbolização, por seu turno, com base em certo esquema, se processa como antes, introduzindo 'é idêntico a' no lugar de suas variantes estilísticas e substituindo essa frase por '='. A negação de 'é idêntico a' pode ser convenientemente abreviada com '$\neq$'.

Exemplificando, com base no esquema

$$F^2 : x \text{ é elemento de } y$$
$$G^2 : x \text{ vence } y$$
$$A^\circ : \text{a equipe}$$
$$B^1 : \text{o capitão de } x$$

a seguinte sentença

O capitão da equipe venceu a cada um dos demais elementos da equipe

poderia ser simbolizada desta maneira

$$\forall x \, [F_2 \, (xA) \cdot x \neq B_1 \, (A_0) \to G_2 \, (B_1 \, (A_0) \, x)]$$

As noções de ocorrência livre e ligada, assim como as de substituição própria de uma variável por um termo, devem ser entendidas como antes.

Isso posto, pode-se cogitar das demonstrações e deduções. Para deduzir uma fórmula de certas premissas, duas regras serão utilizadas.

Regra 1. De $\alpha(t)$ pode-se inferir:

$$\forall v \, (v = y \to \alpha \, (v))$$

Regra 2. De $\forall \, v \, (v = t \to \alpha \, (v))$
pode-se inferir $\alpha(t)$:

Nos dois casos, $\alpha(t)$ resulta de $\alpha(v)$ mediante substituição (própria) da variável v pelo termo t (admitindo, nos casos complexos, que aqui não precisarão ser levados em conta, que a variável v não ocorre no termo t).

Não será preciso, em tais condições, utilizar novos axiomas.

Ilustrando, a regra 1 permite inferir, a partir de

$$Fy$$

que:

$$\forall x \, (x = y \to Fx),$$

ao passo que a regra 2 permite a inferência inversa.

De outra parte, considerem-se as fórmulas:

$$GB \, (Ax)$$
$$\forall y \, (y = B \, (Ax) \to Gy)$$

A primeira dá a segunda, pela regra 1. A segunda conduz à primeira, pela regra 2. Todavia, a primeira *não* permite obter

$$\forall x \, (x = B \, (Ax) \to Gx),$$

porque 'x' ocorre em '$B \, (Ax)$'.

O ramo da lógica definido pelo uso da identidade poderia ser chamado "cálculo com igualdade". Nesse cálculo, as regras e abreviações para as técnicas dedutivas são as conhecidas (do cálculo de predicados), de modo que não será preciso voltar a comentá-las. Apenas a noção de 'fórmula' deve ser convenientemente adaptada e as duas regras precisam ser incluídas no rol das regras de inferência.

Não se modificam as noções de 'dedução', 'demonstração', 'argumento', 'argumento válido', 'argumento simbólico válido', etc.

6.8. Teoremas notáveis

Encerrando, eis uma lista de teoremas de interesse. Deve-se lembrar que a reflexividade, a simetria e a transitividade podiam ser colocadas como axioma e teoremas (conforme a exposição no início deste capítulo). Aqui, no entanto, ausente o axioma que estabelece a reflexividade, esta propriedade surge como teorema:

Teorema 1: $x = x$

Parte-se de resultado conhecido ($\alpha \to \alpha$, colocando $y = x$ no lugar de α)

    1. $y = x \to y = x$

recordando que isto vale para qualquer y, ou seja, que

    2. $\forall y \, (y = x \to y = x)$

Tem-se fórmula que permite uso da regra 2 (relativa ao =), dando

    3. $x = x$.

Eis, em seguida, as propriedades simétrica e transitiva.

Teorema 2: $x = y \to y = x$

Parte-se do teorema anterior escrevendo

    1. $y = y$

Dessa fórmula, pela regra 1, chega-se a

2. $\forall x \, (x = y \to y = x)$,

e, enfim, por *IU*

3. $x = y \to y = x$

Teorema 3: $x = y. \; y = z \to x = z$

1. $x = y. \; y = z$	prem
2. $y = z$	1, Simp
3. $\forall x \, (x = y \to x = z)$	2, regra 1
4. $x = y \to x = z$	3, *IU*
5. $x = y$	2, Simp
6. $x = z$	5,4, *MP*

Os próximos teoremas se derivam do segundo ou são formulações alternativas do terceiro:

Teorema 4: $x = y \leftrightarrow y = x$

Teorema 5: $x = y. \; z = y \to x = z$

Teorema 6: $y = x. \; y = z \to x = z$

Teorema 7: $y = x. \; z = y \to x = z$

Esses teoremas são de uso frequente. Convém, portanto, abreviar referência que se faça a eles, usando, "sim" ("simetria") para a inferência do tipo:

$$\frac{t_1 = t_2}{t_2 = t_1}$$

e usando "Tran" ("transitividade") para qualquer das inferências dos tipos:

$$\frac{t_1 = t_2}{t_2 = t_3} \qquad \frac{t_1 = t_2}{t_3 = t_2} \qquad \frac{t_2 = t_1}{t_2 = t_3} \qquad \frac{t_2 = t_1}{t_3 = t_2}$$
$$t_1 = t_3 \qquad\quad t_1 = t_3 \qquad\quad t_1 = t_3 \qquad\quad t_1 = t_3$$

O próximo teorema é, em última análise, o princípio da "indiscernibilidade dos idênticos", devido a Leibniz. Alusão ao tipo de inferência que o teorema permite será indicada, doravante, pela abreviação *PL* (Princípio de Leibniz). Tem-se

Teorema 8. $x = y \rightarrow (Fx \leftrightarrow Fy)$

1. $x = y$	Prem
2. Fx	Prem
3. $\forall y \, (y = x \rightarrow Fy)$	2, regra 1
4. $y = x \rightarrow Fy$	3, IU
5. $y = x$	1, Sim
6. Fy	5, 4, MP
7. $Fx \rightarrow Fy$	2-6, TD
8. Fy	Prem
9. $\forall x \, (x = y \rightarrow Fx)$	8, regra 1
10. $x = y \rightarrow Fx$	9, IU
11. Fx	1, 10, MP
12. $Fy \rightarrow Fx$	8-11, TD
13. $Fx \leftrightarrow Fy$	7, 12, int. $\leftrightarrow$

A lei de Leibniz pode ser encarada como regra que leva de:

$$t_1 = t_2$$

para:

$$\alpha \, (t_1) \leftrightarrow \alpha \, (t_2),$$

em que t_1 e t_2 são termos simbólicos e $\alpha(t_1)$ difere de $\alpha(t_2)$ apenas pelo fato de conter uma ou mais ocorrências livres de t_1 em posições em que t_2 ocorria livre em $\alpha(t_2)$.

Em especial, a lei de Leibniz permite

$$x = y, \text{ logo } \alpha \, (xx) \leftrightarrow \alpha \, (xy)$$

ou

$$x = y, \text{ logo } \forall z \, \alpha \, (xz) \leftrightarrow \forall za \, (yz)$$

Como casos particulares

$$x = y, \text{ logo } Fxx \leftrightarrow Fxy$$

ou

$$x = y, \text{ logo } \forall z \, Gxz \leftrightarrow \forall z \, Gyz$$

O próximo teorema resulta de imediato, aplicando as duas regras do $=$.

Teorema 9: $Fx \leftrightarrow \forall y\, (y = x \rightarrow Fy)$.

A demonstração dos Teoremas 10 e 11 é simples, usando o Princípio de Leibniz (PL)

Teorema 10: $Fx \leftrightarrow \exists y\, (x = y \cdot Fy)$

1. Fx — prem
2. $x = x$ — refl
3. $x = x \cdot Fx$ — 1,2, Conj
4. $\exists y\, (y = x \cdot Fy)$ — 3, GE

Reciprocamente

1. $\exists y\, (y = x \cdot Fy)$ — prem
2. $z = x \cdot Fz$ — 1, $IE\,(z)$
3. Fz — 2, Simp
4. $z = x$ — 2, Simp
5. $Fz \leftrightarrow Fx$ — 4, PL
6. $Fz \rightarrow Fx$ — 5, BC
7. Fx — 3,6, MP

A tese pode ser obtida introduzindo dupla seta, na forma habitual.

Todo o conjunto de passagens "PL - BC - MP" pode ser simplificadamente indicado por "PL", evitando a repetição das passagens intermediárias mais ou menos óbvias.

O leitor poderá demonstrar o

Teorema 11: $Fx \cdot x = y \leftrightarrow Fy \cdot x = y$

O próximo teorema aplica-se a termos.

Teorema 12: $x = y \rightarrow A(x) = A(y)$

1. $x = y$ — prem
2. $A(x) = A(x)$ — Teo. 1
3. $A(x) = A(y)$ — 2,3 PL

Como inferência, esse teorema é o conhecido postulado de Euclides: "Quando iguais são substituídos por iguais, os resultados são iguais". O postulado seria descrito assim

Princípio de Euclides: PE – sendo t_1, t_2, t_3 e t_4 termos quaisquer (simbólicos), t_4 análogo a t_3, do qual difere por conter t_2 em posições em que t_3 continha ocorrências de t_1, então:

$$\frac{t_1 = t_2}{t_3 = t_4}$$

É esse princípio que permite passar de:

$$x = y$$

para, digamos

$$A(xx) = A(xy).$$

Dois resultados podem ser ainda mencionados.

Teorema 13: $\exists x\,(x = y)$

Intuitivamente, o resultado expressa o fato de que cada objeto é igual a pelo menos um objeto (ele próprio)

Teorema 14: $\exists y\,\forall x\,(x = z \leftrightarrow x = y)$

Em palavras comuns, o teorema afirma que cada objeto é idêntico a exatamente um objeto.

6.9. Exemplos e exercícios

1) Como casos específicos dos teoremas 9 e 10, respectivamente, tem-se:

   a) $x = y \leftrightarrow \forall z\,(z = x \rightarrow z = y)$
   b) $x = y \leftrightarrow \exists z\,(z = x \,.\, z = y)$

2) Como correspondentes, com duas variáveis, dos mesmos teoremas 9 e 10, tem-se

   a) $Fxy \leftrightarrow \forall z\,\forall w\,(z = w.\,w = y \rightarrow Fzw)$
   b) $Fxy \leftrightarrow \exists z\,\exists w\,(z = x \,.\, w = y \,.\, Fzw)$

3) $Fa. \sim Fb \rightarrow \exists x\,\exists y\,(x \neq y)$

1. $Fa\,.\,{\sim}Fb$ \hspace{2cm} prem.
2. $a = b\,.\,Fa \rightarrow Fb$ \hspace{1.5cm} teo. 8

400 Lógica | Leônidas Hegenberg

$3. \sim Fb \rightarrow \sim (a = b . Fa)$ — 2, eq

$4. \sim Fb$ — 1, simp

$5. \sim (a = b \ Fa)$ — 3,4, *MP*

$6. a \neq b \ v \sim Fa$ — 5, eq

$7. Fa$ — 1, simp

$8. a \neq b$ — 7,6, *SD*

$9. \exists x \ (a \neq y)$ — 8, GE

$10. \exists x \ \exists y \ (x \neq y)$ — 9, GE

4) Mostrar a equivalência entre $\exists x \ [Fx . \forall y \ (Fy \rightarrow x = y)]$ e $\exists x \ Fx . \forall x \ \forall y \ (Fx . Fy \rightarrow x = y)$.

Uma das partes do teorema seria assim verificada:

$1. \exists x \ Fx . \forall x \ \forall y \ (Fx . Fy \rightarrow x = y)$ — prem

$2. \exists x \ Fx$ — 1, simp

$3. \forall x \ \forall y \ (Fx . Fy \rightarrow x = y)$ — 1, simp

$4. Fx . Fy \rightarrow x = y$ — 3, *IU, IU*

$5. Fx$ — 2, *IE* (x)

$6. Fx \rightarrow (Fy \rightarrow x = y)$ — 4, eq

$7. Fy \rightarrow x = y$ — 5, 6, *MP*

$8. \forall y \ (Fy \rightarrow x = y)$ — 7, *GU* (y)

$9. Fx . \forall y \ (Fy \rightarrow x = y)$ — 5, 8, conj

e a tese resulta, na linha 10, por *GE*.

5) Mostrar que são equivalentes: $\exists x \ Fx . \forall x \ \forall y \ (Fx . Fy \rightarrow x = y)$ e $\exists y \ \forall x \ (Fx \leftrightarrow x = y)$

6) Mostrar que $\vdash \exists y \ \forall x \ (x = z \leftrightarrow x = y)$

A demonstração por absurdo parece ser a mais fácil.

7) Mostrar que $\vdash \exists y \ \forall x \ [\forall z \ (x = z \leftrightarrow z = u) \leftrightarrow x = y]$

8) Mostrar que $\vdash \sim \exists y \ \forall x \ (x \neq x \leftrightarrow x = y)$

9) Mostrar que $\forall x \ \exists y \ Fxy . \forall x \sim Fxx$ implica $\forall x \ \exists y \ (x \neq y . Fxy)$

Cap. 6 | O Cálculo com Igualdade   **401**

10) Mostrar que $\forall x\, \exists y\, (x \neq w\,.\,Fy)$ equivale a $\exists x\, \exists y\, (x \neq y\,.\,Fx\,.\,Fy)$.

6.10. Descrições

Concluindo o capítulo, uma breve alusão às descrições. Pode-se dar nomes a objetos por meio de frases descritivas, contendo o artigo 'o' (ou 'a'), como em

    1. a atual rainha da Inglaterra

    2. o atual rei da França

    3. a irmã de x

    4. o quadrado de x

    5. o número que somado a x dá y

Em alguns casos existem nomes que podem ser usados no lugar das frases descritivas. Em 1, p. ex., tem-se "Elizabeth". Em 5, por outro lado, é possível escrever "y-x" (isto é, y *menos* x, porque y-x somado a x devolve y).

Na linguagem comum, uma descrição é usada de modo adequado, ou seja, só existe um e um só objeto que atende à descrição.

Uma descrição, por conseguinte, tem a forma

$$o\ v \text{ tal que } Fv$$

Sendo Fv um predicado de uma variável v, a descrição é *própria* se existe apenas *um* objeto do universo (fixado previamente) tal que Fv.

De acordo com o simbolismo usado, a descrição é própria se

$$\exists x\, [Fx\,.\,\forall y\, (Fy \to x = y)]$$

fórmula que pode ser indicada por:

$$\exists!\, x\, Fx$$

ou, como se vem tornando comum (usando "quantificador existencial para indicar existência de um e um único x)

$$\exists_1 x\, Fx$$

Nota: se F é predicado de mais variáveis, $x_1, ..., x_n$, a descrição é *própria* se, para cada escolha de $x_1, ..., x_n$ há um só v tal que $Fx_1, ..., x_n v$, ou seja, se

$$\forall x_1 \, \forall x_2 \dots \forall x_n \, \exists_1 \, v \, F x_1 x_2 \dots x_n \, v.$$

No exemplo 2, dado acima, a descrição é *imprópria* (não existindo o atual rei da França). O Exemplo 3 também seria, normalmente, impróprio, porque não se tem conhecimento do número de irmãs de x.

Descrições impróprias não são comuns na linguagem correta, exceto se empregadas de modo deliberado para induzir a enganos, como quando se diz:

o culpado,

se existem várias culpados e se procura deitar a culpa em apenas um deles. De qualquer forma, as descrições impróprias são ainda uma questão que não está elucidada de maneira satisfatória.

Quanto às descrições próprias, empregando o sinal, 'ι' (iota) tem-se:

$$\iota x \, F x$$

para indicar

o x tal que Fx.

Tem-se, pois, o seguinte:

(1) $\iota x \, Fx$ pretende nomear um e um só objeto para o qual vale a propriedade F

(2) $\forall x \, (Fx \leftrightarrow x = y)$ assevera que y é o único objeto para o qual vale a propriedade de F.

Dizer que há um objeto tal que F é dizer, em vista de (1), que há um e um só objeto para o qual vale F. Mas isto pode ser dito, em vista de (2), desta maneira

$$\exists y \, \forall x \, (Fx \leftrightarrow x = y)$$

Isso mostra que o sinal especial para as descrições definidas pode ser eliminado em favor desta última expressão.

Todavia, há muitos pormenores delicados na questão, a respeito dos quais não cabe, aqui, comentário maior.

6.11. Exercícios de revisão

Não se formulam, aqui, problemas explícitos. Em vez disso, dá-se uma orientação geral, mencionando questões que o leitor deveria

Cap. 6 | O Cálculo com Igualdade — 403

estar em condições de resolver. Ele próprio poderá formular os exercícios apropriados e fazer, assim, um balanço do que aprendeu.

CAPÍTULO 1

1. Formular argumentos. Reconhecer premissas e conclusões.
2. Identificar predicados de um, dois e três lugares, retirados de trechos corriqueiros (recolhidos em revistas, por exemplo).
3. Simbolizar as proposições clássicas (A: universal afirmativa; E: universal negativa; I: particular afirmativa; O: particular negativa).
4. Reconhecer termos e fórmulas (do português e simbólicas).
5. Identificar ocorrências livres e ligadas de variáveis.
6. Traduzir e simbolizar (com base em esquemas previamente fixados) sentenças simbólicas e sentenças do português.
7. Examinar as variantes estilísticas correspondentes aos quantificadores.
8. (Facultativamente) usar letras-operador para a simbolização de sentenças usuais.

CAPÍTULO 2

1. Compreender de que maneira nasce a linguagem do cálculo de predicados. Em especial, reconhecer fórmulas atômicas e moleculares.
2. Identificar ocorrências livres e ligadas de variáveis.
3. Saber em que condições uma posição é livre para uma dada variável (numa fórmula dada).
4. Entender em que consiste uma interpretação da linguagem do cálculo de predicados.
5. Reconhecer sentenças (para distingui-las de fórmulas abertas).
6. Entender em que condições se diz que uma dada sentença é verdadeira em uma interpretação.
7. Compreender o significado dos resultados mencionados no final da Seção 2.3.
8. Entender de que modo se efetua a substituição de uma variável por um termo (numa fórmula dada).
9. Entender o significado de "satisfatoriedade".
10. Tentar demonstrar os teoremas citados ao final do capítulo.

CAPÍTULO 3

1. Entender o significado de "verdade lógica".
2. Entender o significado de "aberto satisfeito por todos os objetos, numa dada interpretação".
3. Verificar a verdade de certas fórmulas e sentenças.
4. Compreender o alcance do teorema formulado na seção 3.3.
5. Verificar as analogias que subsistem entre os teoremas deste capítulo e os teoremas examinados no cálculo sentencial.
6. Entender o alcance do teorema da "reposição".
7. Compreender o que se almeja ao passar da quantificação uniforme para a quantificação geral.
8. Entender o que significam as "substituições próprias" e de que modo elas preservam a verdade lógica.
9. Examinar verdades como as que figuram na seção 3.5.
10. Examinar a noção de "equivalência" entre fórmulas.
11. Estender para o cálculo de predicados as "cadeias de equivalências", examinadas no cálculo sentencial.
12. (Facultativamente) Examinar a noção de "dualidade".
13. (Facultativamente) Examinar a noção de "congruência".

CAPÍTULO 4

1. Examinar as regras *IU* e *GE* e verificar que não são restritivas a ponto de, nas deduções, ser preciso levá-las em conta com os cuidados das regras "simétricas" (*GU* e *IE*).
2. Examinar as regras *GU* e *IE* e compreender as restrições que pesam sobre elas.
3. Definir, de modo meticuloso, quando uma fórmula se diz consequência (lógica) de outras.
4. Entender o que significa "teorema" e "demonstração" (em oposição a "consequência de" e "dedução").
5. Examinar as várias maneiras alternativas de apresentar, de modo axiomático, o cálculo de predicados.
6. Verificar a possibilidade de passar de uma para outra de tais formulações alternativas.
7. Construir casos concretos de deduções (e de demonstrações).

Cap. 6 | O Cálculo com Igualdade — 405

8. Entender (no caso da alternativa devida a Quine) as várias restrições que pesam sobre as regras *GU* e *IE* (em especial: não assinalar mais de uma vez uma variável de instanciação; não permitir que tais variáveis surjam livres nas premissas; não deixar de respeitar a ordem das variáveis).

9. Rever a demonstração dos teoremas da seção 4.4.

10. Compreender o alcance do teorema da dedução (seção 4.5).

11. Compreender que a consistência e a completude podem ser transportadas para o cálculo de predicados.

12. Entender que as regras usuais do cálculo sentencial podem ser aplicadas no cálculo de predicados.

13. Fazer vários exercícios de dedução com predicados monádicos.

14. Repetir o exercício anterior com predicados diádicos e triádicos.

15. Introduzir, para uso pessoal, vários "atalhos" nas demonstrações e deduções.

16. Examinar os silogismos.

17. Identificar erros comuns nas deduções, especialmente quando não se dá atenção às restrições que pesam sobre o uso das regras *GU* e *IE*.

CAPÍTULO 5

O leitor pode omitir o capítulo, se o desejar, mas deverá, em qualquer caso, conhecer alguns dos teoremas citados. Em particular, deve conhecer os teoremas relativos à negação quantificacional (teoremas 10 e 13), alguns dos resultados básicos formulados nos primeiros teoremas e o grupo de teoremas relativos à distribuição dos quantificadores com a conjunção e a disjunção (teoremas 14 a 17).

1. Demonstrar os teoremas formulados na seção 5.2.

2. Demonstrar os teoremas formulados na seção 5.3.

3. (Facultativamente) Demonstrar os teoremas da seção 5.4.

4. (Facultativamente) Reduzir certas fórmulas à forma prenex.

CAPÍTULO 6

1. Entender as leis da identidade (seção 6.2.).

2. Compreender ao que se visa com os axiomas da seção 6.3.

3. (Facultativa e alternativamente) Compreender ao que se visa com as duas regras de inferência da seção 6.7.

4. Usar as duas regras da seção 6.3 para fazer deduções no cálculo com igualdade.

5. Entender que não se "define igualdade", mas sim uma relação de equivalência entre objetos de um conjunto.

6. (Facultativamente) Definir os termos notáveis ("fórmula, termo, sentença, dedução, demonstração", etc.) no cálculo com igualdade.

7. (Facultativamente) Examinar os teoremas citados nas seções 6.8. e 6.9., procurando demonstrá-los.

8. Estudar (em uma obra como a de Kalish e Montague) a questão das descrições.

6.12. Referências

1. Church, /Logic/.

2. Copi, /Logic/.

3. Kalish e Montague.

4. Kleene, /Logic/.

5. Kutschera.

6. Quine, /Methods/.

7. Tarski, /Logic/.

Obs.: O tratamento sistemático é de Kalish e Montague, que, aliás, apresenta, de modo minucioso, a questão das descrições (próprias e impróprias). As observações a respeito da identidade e das classes de equivalência encontram-se em Kleene. As leis do igual são formuladas por Tarski. Os axiomas são de Quine. Exemplos de deduções acham-se em vários livros, particularmente no de Copi. Os teoremas notáveis são arrolados em praticamente todos os bons textos (cf., por exemplo, Church).

Orientação Bibliográfica

Parte I – O Cálculo Sentencial

Para a história da lógica o leitor dispõe de um pequeno, mas muito bem feito livro de H. ScholLz, *Geschichte der Logik, Berlin*, 1931, e de um tratado exaustivo como é o de I. M. BOCHENSKI, *Formale logik*, Freiburg and München, 1956, ambos já vertidos para o inglês. Há ainda um capítulo bem longo no livro de C. I. LEWIS, *A survey of symbolic logic*, Berkeley, 1918, em que vêm marcadas as etapas principais da lógica moderna.

Bibliografias, há a de A. CHURCH, exaustiva, com praticamente tudo o que se publicou desde Leibniz até 1935, aparecida no *Journal of Symbolic Logic*, em 1936 e 1938, e que vem sendo periodicamente atualizada na mesma revista. As citadas obras de Lewis e de Bochenski também são fartas em referências. Na obra *Einleitung in die Mengenlehre*, Berlin, 1919 (terceira edição de 1928), de A. A. FRAENKEL, há indicações de livros relacionados com os fundamentos da matemática, bibliografia que se complementa com a da obra que o mesmo autor publicou com a colaboração de J. BAR-HILLEL, *Foundations of Set Theory*, Amsterdam, 1958.

Estudo de sistemas lógicos de interesse restrito, histórico essencialmente, pode ser feito através das obras de A. DE MORGAN, *Formal Logic*, London, 1847 (reeditada em 1926), G. BOOLE, *An investigation of the laws of thought*, London, 1954, (reeditada em New York, em 1951) e de W. S. JEVONS, *Pure Logic*, London, 6,1 (reeditada em 1890).

Obras já superadas pelos mais recentes avanços, mas que contêm tópicos de grande interesse, seriam as de G. FREGE, *Die Grundgesetze der Arithmetik*, Jena, 1893 (vol. I) e 1903 (vol. II); SCHRODER, *Vorlesungen über die Algebra der Logik*, Leipzig, 1890-1905; G. PEANO, *Formulaire de mathématiques*, Torino, 1895-1908 e de C. S. PEIRCE, *Collected Papers*, Cambridge, Mass., 1931 (vols. II-IV, em especial).

A lógica simbólica moderna tem, na monumental obra de A. N. WHITEHEAD e B. RUSSELL, *Principia Mathematica*, Cambridge, 1910-1913, a sua fonte de inspiração mais notável. E tem, no livro de D. HILBERT e P. BERNAYS, *Grundlagen der Mathematik*, Berlin, 1934-39, um dos tratamentos mais completos. Chegar à leitura desses livros é, talvez, o propósito que um estudioso de lógica deve ter em vista. Para tanto, pode servir-se de textos mais elementares, escolhidos dentre os vários

408 Lógica | Leônidas Hegenberg

já indicados nestas lições, em particular os de COPI, QUINE (*Methods*), SUPPES e de TARSKI. Passará, depois, para alguns textos mais avançados, em particular um dos seguintes, os de CHURCH, KLEENE, QUINE (*Mathematical Logic*) ou de ROSSER.

Não parece fora de propósito recomendar a leitura de artigos de vários dos periódicos dedicados à lógica, em particular dos artigos do *Journal of Symbolic Logic*. Uma tentativa persistente de compreender um desses artigos, com as consultas cruzadas às referências necessárias, é um dos meios de progresso que, custoso no início, mais satisfações pode dar.

Enfim, para certas aplicações da lógica, em campos alheios à lógica dedutiva e à matemática, têm-se trabalhos interessantes de J. WOODGER, "The tecnique of theory construction" na *Enciclopédia de Ciência Unificada*, vol. II n.° 5, Chicago, 1939; N. GOODMAN, *The structure of appearance*, Cambridge, Mass., 1951; R. CARNAP, *Logical foundations of probability*, Chicago, 1950.

Desde que foi aplicada a questões de ordem prática, especialmente depois do advento dos computadores, e depois de seu uso nas traduções mecânicas, a lógica passou a receber atenção redobrada. É impressionante o número de livros e artigos que são publicados e que abordam esse aspecto particular. Seria inútil tentar fazer, aqui, um registro bibliográfico das publicações ultimamente aparecidas. Ao leitor interessado recomendaríamos que consultasse LUCAS e WANG e TURING, e que examinasse os artigos que têm sido publicados, digamos, em "Operational Research Quarterly", "Language", os "Proc. of I.E.E.E." e "I. E. E. E. Trans." (volumes dedicados a "Electronic computers" ou a "Information theory"), entre outros.

A lógica matemática tem sido de tal modo valorizada, que seus próprios cultores já chegam a ridicularizar o fenômeno. Assim, no *Summer Institute for Symbolic Logic*, livro que reúne comunicações de um simpósio realizado em 1957, na Cornell University, encontramos este saboroso versinho de autor anônimo:

> *If you think your paper is vacuous*
> *Use first-order functional calculus.*
> *It then becomes logic*
> *And, as if by magic,*
> *The obvious is hailed as miraculous.*

Para encerrar, damos, a seguir, a lista das principais obras consultadas, omitindo alguns títulos que o leitor encontrará nas observações do último capítulo e acrescentando outros (inclusive de autores nacionais) que, embora não tenham sido aqui utilizados, devem ser, neste registro, mencionados.

ACKERMAN, R. *Nondeductive inference*. London: Routledge & Kegan Paul, 1966.

ANDERSON J. M. e JOHNSTONE, H. W. *Natural deduction*, Belmont (California): Wadsworth Pub. Co., 1962.

BENACERRAF, P. e PUTNAM, H. (editores). "Philosophy of Mathematics", *Selected Readings*, Englewood Cliffs, N. J., Prentice-Hall, 1964.

BETH, E. W., *The foundations of mathematics*, Amsterdam: North-Holland, 1959.

Bibliografia 409

BLACK, M. *The nature of mathematics*. New York, Harcourt, 1933.

BLANCHÉ, M. *Introduction a la logique contemporaine*. Paris: Armand Collin, 1957.

BOCHENSKI, I. M., /Ancient/, *Ancient formal logic*. Amsterdam: North-Holland, 1957.

_____. /Logik/, *Formale Logik*. Freiburg Verlag Karl Alber, 1956.

BOOLE, G. *The mathematical analysis of logic*. London e Cambridge: Macmillan, 1847 (edição usada: Oxford, Blackwell, 1948).

_____. *An investigation of the laws of thought*. London: Walton and Maberly, 1854 (ed. usada: New York, Dover, 1951).

BROUWER, L. E. J. "Intuitionism and formalism", in *Bull. Am. Math. Soc.*, v. 20, 1913.

_____. "Consciousness, philosophy and mathematics", in *Proc. of the X Int. Cong. of philosophy*, Amsterdam, 1948.

_____. "Historical background, principles and methods of intuitionism", in *South African Journ., of Sc.*, v. 49, 1952.

CARNAP, R., /Syntax/, *The Logical syntax of language*. New York: Harcourt, 1937.

_____. /Probability/ *Logical foundations of probability*. Chicago: Univ. Press, 1950.

_____. /Science/, "Formal and factual science", in *Readings in the Philosophy of science*, compilado por H. Feigl e M. Brodbeck, New York: Appleton, 1953.

_____. "Foundations of logic and mathematics", in *International Encyclopedia of Unified Science*, Chicago: Univ. Press, 1938.

_____. /Logic/, "Introduction to symbolic logic and its applications". New York: Dover, 1958.

_____. /Old-new/, "The old and the new logic", in *Logical positivism*, compilado por A. J. Ayer, New York: Free Press, 1959.

CASTRUCCI, B. *Elementos da Teoria dos Conjuntos*. São Paulo: LPM Edit., 1965.

CHICAGO, "The College Mathematics Staff" (University of Chicago), *Concepts and structure of mathematics*, Univ. of Chicago Press, 1954.

CHURCH, A., /Bibliography/, "A bibliography of symbolic logic", *Jorn. of Symbolic Logic*, v. 1, 1936 e v. 3, 1938.

_____. /Logic/, "*An introduction to mathematical logic*", vol. I, Princeton, N. J., Princeton Univ. Press, 1956.

COPI, I. M. *Symbolic logic*, New York: Macmillan, 1954 (5ª impressão: 1960; Edição revista e ampliada em 1965).

COSTA, N. C. A. *Calculs propositionels pour les systèmes formels inconsistents* Compt. Rend. Acad. Sci. de Paris, tomo 257 (p. 3 790), 1964.

CURRY, H. /Outlines/, *Outlines of a formalist philosophy of mathematics*. Amsterdam: North-Holland, 1951.

_____. /Logic/, *Foundations of mathematical logic*. New York: McGraw-Hill, 1963.

_____. /Remarks/, "Remarks on the definition and nature of mathematics", in *Dialectica*, v. 8, 1954.

410 Lógica | Leônidas Hegenberg

DE SUA, F. "Consistency and completeness, a résumé", in *Am. Math. Monthly*, v. 63, 1956.

DOPP, J. *Notions de logique formelle*, Louvain: Publications Universitaires de Louvain, 1965. (*Noções de Lógica Formal*, Trad. brasileira de Leônidas Hegenberg e Octanny S. da Mota, São Paulo, Herder, 1970).

FRAENKEL, A. A. *Einleitung in die Mengenlehre*, Berlin, Springer, 1928.

_____. *The relation of equality in deductive systems*, Proc. of the X Int. Cong. of Phil., Amsterdam, 1948.

_____. e BAR-HILLEL, J. *Foundations of set theory*. Amsterdam: North-Holland, 1958.

FREGE, G., /Begriffschrift/, *Begriffschrift*, Halle, Nebert, 1879.

_____. /Sinn/, "Über Sinn und Bedeutung", *Zeitsch. für Philosophie und Kritik*, v. 100, 1892 (Tradução para o inglês in *Readings in philosophical analysis*, compilado por H. Feigl e W. Sellars, New York, Appleton, 1949).

_____. /Arithmetik/, "Grundgesetze der Arithmetik", Jena, Pohle, v. 1, 1893, v. 2, 1903.

_____. /Foundations/, *The foundations of arithmetic*, trad. de J. L. Austin, Oxford: Blackwell, 1950.

GENTZEN, G. "Untersuchungen Über das logische Schliessen, in *Math. Zeitschrift* v., 39, 1934-35. (Trad. francesa, *Recherches sur la deduction logique*, Presses Univ. de France, 1955, por R. Feys e J. Ladriere).

GODEL, K. "Die Vollständigkeit der Axiome des logischen Funktionenkalkuls", *Monatsch. Mat. Phys.*, v. 37, 1930.

_____. Über formal unentscheidbare Sätze der Principia Mathematica und verwandter Systeme", in *Monatsch. u. Phys.*, v. 38, 1931.

GOODMAN, N. *The structure of appearance*. Cambridge: Mass., Harward Univ Press, 1951.

GOODSTEIN, R. L. *Mathematical logic*. Leicester: Univ. Press, 1957.

GRANELL, M. *Lógica*. Madrid: Revista de Occidente, 1949.

GRANGER, G. G. *Lógica e Filosofia da Ciência*. São Paulo: Melhoramentos, s/d

HALMOS, P. R., "Algebraic logic", I, in *Composition Math.*, v. 12, 1955; II, in *Fundamenta Math.*, v. 43, 1955; III e IV, in *Trans. Am. Math. Soc.*, v. 83, 1956 e 86, 1957,

_____. *Naive set theory*. New York: Van Nostrand, 1960.

HARRISON, F. R. *Deductive logic and descriptive* language, Englewood Cliffs, N. J., Prentice-Hall, 1969.

HEGENBERG, L. "Determinação de silogismos legítimos", in *Rev. Brasileira de Filosofia*, n. 26, abr/jun 1957.

_____. "Aspectos do problema da mudança, de linguagens formalizadas" (tese de doutoramento – USP), 1966. (Reproduzida, em seus aspectos fundamentais, in – *Ensaios de Leônidas Hegenberg*. Rio de Janeiro: e-papers (2008), obra organizada por Flavio E. N. Hegenberg, com ensaios escritos entre 1957-1980 e alguns inéditos.

_____. *Explicações científicas*. São Paulo: Herder, 1969.

_____. "Matemática", *in*: Antonio Houaiss (org.) *Enciclopédia Mirador Internacional*, São Paulo: Melhoramentos, 1975 – p. 7286-7312. "Mirador", escrita por autores brasileiros ou radicados no Brasil, seria uma versão brasileira da Britannica. "Matemática" é um longo verbete da Enciclopédia.

_____. "Filosofia da Ciência", *in*: Antonio Houaiss (org.) *Enciclopédia Mirador Internacional*, São Paulo: Melhoramentos, p. 4636-4639.

_____. "Probabilidade", in: Antonio Houaiss (org.) *Enciclopédia Mirador Internacional*, São Paulo: Melhoramentos, p. 9313-9318.

_____. *Simbolização no Cálculo de Predicados* (Lógica – Exercícios, III). São Paulo: Editora Pedagógica e Universitária & Editora da Universidade de São Paulo, 1976.

_____. *Dedução no Cálculo Sentencial* (Lógica – Exercícios, II; com a colaboração de Lafayette de Moraes). São Paulo: Editora Pedagógica e Universitária & Editora da Universidade de São Paulo; 1977.

_____. *Dedução no Cálculo de Predicados* (Lógica – Exercícios, IV). São Paulo: Editora Pedagógica e Universitária & Editora da Universidade de São Paulo; 1978.

_____. *Tabelas e Argumentos* (Lógica – Exercícios, I). São Paulo: Editora Pedagógica e Universitária & Editora da Universidade de São Paulo; 1978.

_____. "A Lógica e a Filosofia da Ciência no Brasil" (p. 143-201), *in: As Idéias Filosóficas no Brasil: Século XX – Parte II*. São Paulo: Convívio (coordenação de Adolpho Crippa), 1978

_____. *Saber De e Saber Que: Alicerces da Racionalidade*. Petrópolis: Vozes. 2001. A primeira parte focaliza "saber de" ("knowledge of"), filosofia da ciência; a segunda parte focaliza "saber que" ("knowledge that"), ou seja, lógica (tradicional e simbólica). .

_____. *Novo Dicionário de Lógica*. Rio de Janeiro: Pós-Moderno, 2005.
Versão modificada e muito ampliada de um Dicionário publicado em 1995 pela E.P.U. Muitos Verbetes de lógica clássica foram preparados com a colaboração de Mariluze Ferreira de Andrade e Silva.

_____. *Argumentar* – Rio de Janeiro: E-papers, 2009. Obra escrita com a colaboração de Flavio E. N. Hegenberg. Descreve argumentos de "qualidade decrescente", da matemática, da lógica, da dialética e da retórica.

HEMPEL, C. G. "On the nature of mathematical proof", in *Am. Math. Monthly*, v. 52, 1945.

HERBRAND, J. "Sur la théorie de la demonstration", in *Comp. Rend. des Séances de l'Acad. des Sciences*, Paris, v. 186, 1928.

HEYTING, A. *Intuitionism, an introduction*, Amsterdam: North-Holland, 1956.

HILBERT, D. "Axiomatisches Denken", in *Math. Annalen*, v. 78, 1918.

_____. e ACKERMANN, W. *Grundzüge der theoretischen Logik*, Berlin: Springer, 1928 (edições novas em 1938, 1949, 1959). (Trad. usada: New York: Chelsea, 1950.)

_____. e BERNAYS, P. *Grundlagen der Mathematik.* Berlin: Springer, v. 1, 1934, v. 2, 1939.

International encyclopedia of Unified Science – cf. Carnap.

JASK OWSK I, S. "On the rules of supposition in formal logic", in *Studia Logica*, v. 1, 1934.

KALISH, D. e MONTAGUE, R. *Logic – techniques of formal reasoning.* New York: Harcourt, 1964.

KLEENE, S. C. *Introduction to metamathematics*, Princeton, Van Nostrand, 1952.

_____. *Mathematical logic.* New York: John Wiley & Sons, 1967.

KNEALE, W. e KNEALE, M. *The development of logic.* Oxford: Clarendon Press, 1962.

KNEEBONE, G. T. *Mathematical logic and the foundations of mathematics.* London: Van Nostrand, 1964.

KORNER, S. *The philosophy of mathematics.* New York: Harper, 1962 (orig., London, Hutchinson, 1960).

KREISEL, G. "Hilbert's programme", in *Dialectica*, v. 12, 1958.

KUTSCHERA, F. VON. *"Elementare Logik".* Wien: Springer, 1967.

LEBLANC, H. *An introduction to deductive logic.* New York: Wiley, 1955.

_____. *Techniques of deductive inference*, Englewood Cliffs, N. J., Prentice-Hall, 1966.

LEWIS, C. I. e LANGFORD, C. *Symbolic logic.* New York: Dover, 1959 (ed. original: 1932).

LUKASIEWCZ, J. *Elements of mathematical logic.* New York: Macmillan, 1963 (trad. da edição polonesa de 1958; original de 1929).

_____. *Aristotle's syllogistic from standpoint of modern formal logic*, Oxford, 1951.

_____. e TARSKI, A. "Untersuchungen über den Aussagenkalkúly", *Comp. Rend. des Séances de la Soc. des Sci. et Lettres de Varsovie*, classe III, v. 23, 1930 (trad. ingl. cap. 4 de TARSKI, A., *Logic semantics and metamathematics*).

MARITAIN, J. *Elementos de Filosofia.* v. 2, "Lógica Menor – a ordem dos conceitos", Rio de Janeiro, Agir, 1949.

MARTIN, R. M. *Truth and denotation.* Chicago: Univ. Press, 1958 (há trad. espanhola da Editorial Tecnos, Madrid).

MATES, B. *Stoic logic.* Berkeley: Univ. California Press, 1961.

_____. *Elementary logic.* New York: Oxford University Press, 1965 (2.ª ed. 1970). (A obra foi vertida para o português por L. Hegenberg e O. S. Mota, Comp. Editora Nacional, 1968).

MENDELSON, E. Introduction to mathematical logic. Princeton: Van Nostrand, 1964.

_____. *Boolean algebras*, New York, McGraw-Hill, 1970 (coleção Schaum).

MOODY, E. *Truth and consequence in medieval logic.* Amsterdam: North-Holland, 1953.

Bibliografia **413**

MORRIS, C. W. "Foundations of the theory of signs", fascículo da *International Encyclopedia of Unified Science*, Chicago, Univ. Press, ed. combinada dos fasc. do primeiro volume, 1938.

POST, E. "Introduction to a general theory of elementary propositions", in *Am. Journ. of Math.*, v. 43, 1921.

PRIOR, A. N. *Formal logic.* Oxford, Clarendon, 1955.

QUINE, W. V. 0., /Logic/, *Mathematical logic.* Cambridge: Harvard Univ. Press, 2 ed. rev., 1958 (primeira ed. de 1940).

_____. /Methods/, *Methods of logic.* London: Routledge, 1952.

_____. /Sentido/, *O sentido da nova lógica*, São Paulo, Livraria Martins, 1944.

_____. *From a logical point of view* Cambridge, Mass.: Harvard Univ. Press, 1953.

_____. *Word and object* New York: Wiley, 1960.

_____. "On natural deduction", in *Journ. Symb. Logic*, v. 15, 1950.

_____. *Philosophy of logic*, Englewood Cliffs, N. J., Prentice-Hall, 1970.

ROSEMBLOOM, P. C. *The elements of mathematical logic* New York: Dover, 1950.

ROSSER, B. *Logic for mathematician.* New York: McGraw Hill, 1953.

RUNES, D. *Dictionary of philosophy.* Totowa, N. J., Littlefield, Adams, 1966

RUSSELL, B. "The theory of implication", in *Am. Journ of Math.*, v. 28, 1906.

_____. *Introduction to mathematical philosophy.* London: G. Allen, 1919 (há trad. em espanhol).

_____. *The principles of mathematics.* 2.ª ed., London: G. Allen, 1937.

_____. *An inquiry into meaning and truth* London: G. Allen, 1940.

_____. *Logic and knowledge*, id. id., 1956 (editado por R. C. Marsh).

SALMON, W. *Logic*, Englewood Cliffs, N. J., Prentice-Hall, 1965 (Há versão brasileira, preparada por L. Hegenberg e O. S. Mota, Editora Zahar, Rio de Janeiro, 1969).

SCHEFFER, H. M. "A set of five independent postulates of Boolean algebras", in *Trans. Am. Math. Soc.*, v. 14, 1913.

SCHOLZ, H. *Geschichte der Logik.* Berlin, 1931 (trad. em inglês, New York, The Wisdom Library, 1960).

SCHÜTTE, K. *Beweistheorie.* Berlin: Springer, 1960.

SKYRMS, B. *Choice and chance*, Belmont (California), Dickenson Pub. Co., 1966. (Traduzida para o português por L. Hegenberg e O. S. Mota, Editora Cúltrix, São Paulo, 1971).

SMULLYAN, R. M. *Theory of formal systems.* Princeton, N. J. Univ. Press, 1961.

_____. *Fundamentals of Logic*, Englewood Cliffs. N. J., Prentice Hall, 1962.

_____. *First order logic.* New York: Springer, 1968.

SUPPES, P. /Logic/, *Introduction to logic.* New York; Van Nostrand, 1957.

_____. /Sets/, *Axiomatic set theory*, id. id., 1960.

STOLL, R. R., /Sets/, *Logic and axiomatic theories.* San Francisco: Freeman, 1960.

_____. /Logic/, *Introduction to set theory and logic*, id., id., 1961-1964.

TARSKI, A:, /Logic/ *Introduction to logic.* New York: Oxford Univ. Press, 1941.

_____. /Begriffe/, Über einige fundamentale Begriffe der Metamathematik, cap. 4 de /Semantics/.

_____. /Truth/, cap. 8 de /Semantics/.

_____. /Semantics/, Logic, *semantics and metamathematics* (artigos de 1923-1938), Oxford Clarendon Press, 1956 (compilado por J. H. Woodger).

TEIXEIRA, M. T. "O Operador Consequência de Tarski", *in Bol. Soc. de Mat. de S. Paulo.* v. 13, n. 1/2, 1958 (1962).

_____. "M – Álgebras" (tese de doutoramento na U.S.P.) 1965.

VAUGHT, R. L. Anotações de Aula – Curso de lógica matemática dado na Univ. da Califorma (Berkeley), 1960-61.

WHITEHEAD, A. N. e RUSSELL, B. *Principia Mathematica.* New York: Cambridge Univ. Press, v. 1, 1910, v. 2, 1912, v. 3, 1913. (Segunda ed. 1925, 1927, 1927, respect. Brochura com o essencial dos primeiros 56 parágrafos, publicada em 1962).

WILDER, R. L. *Introduction to the foundation of mathematics.* New York: Wiley, 1952 (edição revista em 1965).

Parte II – O Cálculo de Predicados

A. Textos básicos – elementares

1. BARKER, S. *The elements of logic*, New York, McGraw-Hill, 1965.
2. COPI, I. *Introduction to logic*, New York, Macmillan, 1961.
3. Chicago – reunião de professores de. *Concepts and structures of mathematics*, Chicago, University Press, 1954.
4. HARRISON, F. R. *Deductive logic and descriptive language*, Englewood Cliffs, Prentice-Hall, 1969.

   Servem bem para um primeiro contato com a matéria.

B. Textos básicos – intermediários e avançados

1. CARNAP, R. *Introduction to symbolic logicand its applications*, New York, Dover, 1958 (Abordagem diversa; aplicação da lógica na elaboração de sistemas axiomáticos).
2. COPI, I. *Symboliclogic*, New York, Macmillan, 1954 (obra que tem sido utilizada com muito êxito para principiantes).
3. CURRY, H. B. *Foundations of mathematical logic*, New York, McGraw-Hill, 1963 (abordagem diversa; estudo meticuloso de aspectos específicos).
4. DOPP, J. *Notions de logique formalle.* Paris, Editions Béatrice-Nauwelaerts, 1965 (trad. para o português, por L. Hegenberg e O. S. Mota, São Paulo, Herder, 1970. Usa os métodos de dedução natural, a Gentzen).
5. GENTZEN, G. *Recherches sus ladeduction logique*, Paris, Presses Universitaires de France, 1955 (obra clássica, em que a dedução natural se apresenta).
6. HILBERT, D. e ACKERMANN, W. *Grundziige der theoretischen Logik*, Berlin, Julius Springer, 1928; 2ª ed. 1938 (versão ingl. New York, Chelsea, 1950; bom texto para iniciar o estudo).

Bibliografia 415

7. JOHNSTONE, H. J. e ANDERSON J. M. *Natural deduction*, Belmont, California, Wadsworth Pub. Co., 1962 (também usa as técnicas de Gentzen).

8. KALISH, D. e MONTAGUE R. *Logic – the techniques of formal reasoning*, New York, Harcourt, Brace & World, 1964 (muito usado na preparação deste livro; contém análise meticulosa das descrições).

9. KLEENE, S. C. *Mathematical logic*, New York, Wiley, 1967 (muito usado na preparação deste livro; apresenta as verdades lógicas por meio de tabelas de valores).

10. KNEEBONE, G. T. *Mathematical logic and the foundations of mathematics*, London, Van Nostrand, 1963 (muito boa visão geral das questões de lógica).

11. KUTSCHERA, F. *Elementare Logik*, Viena, Springer, 1967 (estuda o cálculo de predicados de 2ª ordem).

12. LEBLANC, H. *An introduction to deductive logic*, New York, John Wiley, 1955 (manual contendo os principais temas da lógica simbólica).

13. *Techniques of deductive inference*, Englewood Cliffs, Prentice-Hall, 1966 (também insiste na dedução natural, a Gentzen).

14. LEWIS, C. I. e LANGFORD C. H. *Symbolic logic*, New York, Dover, 1959 (o original é de 1932; ainda uma das clássicas apresentações dos sistemas de implicação estrita e dos fundamentos da lógica modal).

15. MATES, B. *Elementary logic*, New York, Oxford Univ. Press, 2. ed. 1972 (versão para o port. da 1. ed., 1965, por L, Hegenberg e O. S. Mota, S. Paulo, Comp. Editora Nacional, 1970. Muito adequado para análise da simbolização).

16. PRIOR, A. N., *Formal logic*, Oxford, Clarendon, 2. ed., 1962 (1ª ed. 1955. Usa a notação polonesa; estuda as modalidades e as lógicas de três valores).

17. QUINE, W. V. O. *Methodsoflogic*, London, Routledge & Kegan Paul, 1952 (edição nova, revista, acaba de aparecer. Obra excelente para um primeiro estudo da lógica).

18. REICHENBACH, H., *Elements of symbolic logic*, New York, Macmillan, 1947.

19. ROSENBLOOM, P. C. *The elements of mathematical logic*, New York, Dover, 1950 (texto adequado para os que têm conhecimentos de matemática).

20. SUPPES, P. *Introduction to logic*, Princeton, D. Van Nostrand, 1957 (ótimo texto introdutório; inclui noções de teoria dos conjuntos e boa análise da teoria das definições).

21. TARSKI, A. *Introduction to logic*, New York, Oxford Univ. Press, 9ª imp. 1961 (original de 1941; traduzido para numerosos outros idiomas; obra clássica).

C. Para leitura posterior

1. CHURCH, A. *Introduction to mathematical logic,* Princeton, Princeton Univ. Press, 1956 (uma das mais perfeitas obras do gênero; o volume II foi anunciado, mas não publicado até o momento).

2. HILBERT, D. e BERNAYS, P. *Grundlagen der Mathematik*, Berlin, Springer, 1934 (Ainda a fonte de inspiração maior para os trabalhos de lógica).

3. KLEENE, S. C . *Introduction to metamathematics*, Princeton, D. Van Nostrand, 1950, publicado em 1952 (texto que se celebrizou pelo estudo das funções recursivas; o conjunto de axiomas que utiliza é também usado neste livro).

416 Lógica | Leônidas Hegenberg

4. LORENZEN, P. *Metamathematik*, Mannheim, Bibliographisches Institut, 1962.

5. MENDELSON. *Introduction to mathematical logic*, Princeton, Van Nostrand, 1964 (de modo mais acessível, aborda os temas que se acham em Kleene).

6. QUINE, W. V. O. *Mathematical logic*, Cambridge, Harvard Univ. Press, 1958.

7. ROSSER, J. B. *Logic for mathematicians*, New York, McGraw-Hill, 1953 (próprio para estudiosos de matemática – segundo o título já indica).

8. SCHUTTE, K. *Beweistheorie*, Berlin, Springer, 1960 (texto em que se atualiza a técnica dedutiva; estuda-se a lógica de 2ª ordem e a teoria dos tipos, bem como a teoria dos números).

9. SCHOENFIELD, J. R. *Mathematical logic*, Reading, Addison-Wesley, 1967 (de modo rigoroso e técnico, aborda as questões que interessam aos matemáticos).

10. SMULLYAN, R. M. *First-order logic*, New York, Springer, 1968 (estudo da quantificação e dos métodos "cut-free" ou analíticos).

11. TARSKI, A. *Logic, semantics and metamathematics*, Oxford, Clarendon Press, 1956 (coletânea de artigos do autor, escritos na fase 1923-1938. De especial interesse: "The concept of truth in formalized languages" e "On the concept of logical consequence").

12. WHITEHEAD, A. N. e Russell, B. *Pricipia mathematica*, Cambridge, University Press, 1962 (os primeiros 56 parágrafos da famosa obra que deflagrou todo o moderno interesse pela moderna lógica).

Obs.: Em português, há um exame detalhado do problema da completude do cálculo de predicados em nosso "Alguns aspectos do problema da mudança de linguagens formalizadas", mimeogr., 1966.

D. Textos complementares

1. HUGHES, G. E.; CRESSWELL, M. J. *An introduction to modal logic*, London, Methuen, 1968.

2. RESCHER, N. *Many valued logics*, New York, McGraw-Hill, 1969.

3. QUINE, W. V. O. *Set theory and its logic*, Cambridge, Harvard Univ. Press, 1963.

E. História

1. BOURBAKI, N. "Note historique", em *Theorie des ensembles*, cap. IV, Paris, Hermann.

2. KNEALE, W. *The development of logic*, Oxford, Clarendon, 1962.

3. PASSMORE, J. *Hundred years of philosophy*, London, Pelican Books, 1968 (que dá visão geral muito boa acerca de como surgiu a lógica moderna; ler, em especial, os caps. 5, 6, 7, 9, 16 e 17).

4. PUTNAM, H. e BENACERRAF, P. (editores) *Philosophy of mathematics: selected readings*, Englewood Cliffs, Prentice-Hall, 1964 (contendo artigos de interesse).

5. QUINE, W. V. O. *Philosophy of logic*, Englewood Cliffs, Prentice-Hall, 1970.

F. Periódicos

A lista dos principais periódicos já foi apresentada em nosso *Lógica: o cálculo sentencial*. Dos periódicos já falamos na parte I deste livro.

G. Lógicas não clássicas

Este livro focalizou a lógica chamada clássica, isto é, a disciplina que ganhou feições (semi)definitivas na obra de Russell e Whitehead (1913), em que as proposições admitem um só de dois valores "V" ou "F" ["verdade" ou "falsidade"] e as letras-predicado "aplicam-se" a um conjunto de elementos [os indivíduos de um dado "universo de discurso"].

Essa lógica tem sido confrontada por três principais grupos de novas lógicas. Em primeiro lugar, as lógicas que, de algum modo, *ampliam* a tradicional. (Entre elas, as lógicas modais e as deônticas.) Em seguida, as lógicas que se desviam da clássica (e.g. as multivaluadas e a intuicionista), muito convenientemente chamadas desvezadas. Enfim, de acordo com as sugestões de Susan Haack *(Philosophy of logic;* Cambridge: University Press, 1978), a lógica indutiva. As ampliadas diferem da clássica porque aumentam o vocabulário desta (incluindo termos como 'necessário', 'possível' ou, na deônica, termos como 'permitido', 'proibido'). Em alguns casos, as lógicas ampliadas diferem da clássica porque aplicam as usuais operações a itens diversos: em vez de atuar sobre proposições, atuam sobre sentenças interrogativas ou imperativas.

Resumo das noções é apresentado em *Novo dicionário de lógica* citado acima. São cada vez mais numerosos os estudos de tais assuntos – como o leitor poderá investigar em suas "andanças" pela internet.

Índice Analítico

(Parte I e Parte II)

Estão relacionados, a seguir, os principais assuntos. Não foi preparado um índice de nomes próprios, pois estes raramente aparecem no próprio texto, figurando, em geral, nas referências ao final de cada capítulo, e na orientação bibliográfica.

A

aberto – 194, 251, 260
 – satisfeito por um objeto válido – 251
 – logicamente verdadeiro – 262
 – válido –262
abreviação – 66
 – esquema abreviador – 66
abreviações – 192, 223
absurdo, demonstração por – 116, 155
acarreta (|–) – 312
 – propriedades – 312
Ad (adição)
adição, lei da – 107, 148
adição (regra da) –319
advérbio – 190
afirmação do consequente – 173
agrupamento de quantificadores – 240, 241
alguns – 189, 193
ambiguidade – 173
ampliação das premissas – 127
anfibolia – 173
antecedente (de um condicional) – 48
argumentos – 15 e segs.
 – abnoxio – 20

 – análise de legitimidade por tabelas – 74
 – básicos – 106
 – como forma de justificação de asserções – 17
 – conclusão de – 15
 – de autoridades – 173
 – dedutivamente legítimos – 17
 – em forma simbólica – 19
 – ilegítimos – 17
 – lista dos – básicos – 107
 – premissas dos – 15
 – tipos de – 15
argumentos relacionais – 330 e segs
no cálculo com '=' – 376, 377
asserções – 9 e segs.
 – justificação de – 10 e segs.
 – que dispensam justificativa – 11
átomo – 44
 – sentença atômica – 44
"aut" (ou exclusivo) – 58
axiomas – 299
 – do cálculo de predicados – 299
 – 1ª versão – 299
 – 2ª versão – 300

420 Lógica | Leônidas Hegenberg

– 3ª versão – 301
– 4ª versão – 301
– do cálculo com '=' – 378-381
axiomas de uma teoria – 122
– do cálculo sentencial – 123
– esquemas de – 122

B

bicondicional-condicionais – 150
bicondicional-condicionais (regra do) – 319

C

cadeia de equivalências – 96, 283, 360
cálculo sentencial – 44
– completude do – 138
cálculo sentencial, insuficiência – 188
– teoremas do – 282, 283
cálculo com igualdade – 374 e segs.
– dedução no – 383
– demonstração no – 383
– regras – 382
– teoremas do – 383
camestres – 328
classes de equivalência – 385, 388
completude de cálculo de predicados – 318
– teorema da – 319, 344
conclusão (de um argumento) – 15
condicional – 48
– antecedente do – 48
– bicondicional – 151
– consequente do – 48
– demonstração – 107 e segs.
condicionais-bicondicional (regra dos) – 319
condições numéricas – 389, 390
conectivos – 47, 68, 201
– apropriados – 84
– de Scheffer

– predominância relativa – 52
congruência – 283
– conjunção (regra da) – 319
– fórmulas congruentes – 284
Conj. (conjunção)
conjunção – 108, 149
– fundamental – 82, 85
– lei da – 108, 149
conjunções – 190
consequência lógica – 101 e segs.
consistência – 318
consistência (de uma teoria) – 137, 143
– do cálculo sentencial – 136, 143
constantes lógicas – 234
– individuais – 234
– não lógicas – 234
– relacionais – 234
constituinte (de uma fórmula) – 238
contradição – 62, 268
contraposição – 163
– leis de – 165
– na lógica aristotélica – 28
critério efetivo – 171

D

DC (demonstração condicional) – 112 e segs., 132
DC (dilema construtivo) – 151
DD (dilema destrutivo) – 151
darapti – 329
dedução – 109
– formal – 130
– não formal – 130
– natural – 152
– teorema da dedução – 130, 132
dedução no cálculo de predicados – 287, 288, 299 e segs.
– regras gerais – 289, 306 e segs., 338
dedução (teorema da) – 313, 318, 343
– estrita – 343
– exemplos no cálculo com '=' – 399, 400

Índice Analítico — 421

– exemplos – cálculo diádico – 330, 339

– exemplos – cálculo monádico – 320, 330

– natural – 319, 343

– no cálculo com '=' – 388, 391, 393, 400

– regras derivadas – 318, 343

– regras no cálculo com ' =' – 393

demonstração – 109, 299

– condicional – 112 e segs.

– descrição (definido) – 399, 400

– e dedução – 109

– exemplos – 302 e segs., 320 e segs.

– formal – 129

– no cálculo com '=' – 393 e seg.

– por absurdo – 116 e segs., 155 e segs., 343

– regras no cálculo com '=' – 394 e seg.

DN (dupla negação) – 107, 149

descritivos (vocábulos) – 24

destacamento (regra do) –126, 127, 312

dilema construtivo – 151

– destrutivo – 152

dilema construtivo (regra do) – 319

dilema destrutivo (regra do) – 319

dualidade – 97

dupla negação – 107, 149

dupla negação (regra da) – 319

E

efetivo (critério, processo) – 111, 170

eliminação de conectivos – 145

– da negação – 147

– fraca da negação – 147

– regras para a – 146

eliminação fraca de negação – 363

eliminação de parênteses – 219

eliminação de premissas provisórias – 325, 326

eliminação de quantificadores – 290, 291, 293 e seg., 296, 297

entimema – 340

equivalência – 268

– cadeia de – 283

– classes de – 385

– com dois quantificadores – 331

– relações de – 385

equivalência de fórmulas – 96

– cadeia de – 96

– listas das – mais notáveis – 107

equívoco – 173

escopo de um conectivo – 54

escopo de um quantificador – 203, 240

esquema abreviador – 66, 192, 223, 393

– de axiomas – 122

esquema aberto – 261, 272

– fechado – 261, 272

– quantificado – 261, 272

– misto – 271

estratégias da dedução – 158

estrita (implicação) – 178

estrutura interna de sentenças – 188, 189

exemplos de simbolização – 206 e segs.

– "existe" – 195

exportação e importação – 165

expressão – 122

– bem-formada – 122

expressões – 234

– bem-formadas – 234

extensão de um predicado – 266

extensionalidade – 392

F

F (falso) – 55

falácias – 171

– ambiguidade – 173

– anfibolia – 173

– argumento de autoridade – 173

422 Lógica | Leônidas Hegenberg

– da afirmação do consequente – 173
– da negação do antecedente – 173
– equívoco – 173
– *non-sequitur* – 172
– *petitio principii* – 172
– raciocínio circular – 172
fecho universal de uma fórmula – 241, 262
forma normal – 85
– conjuntiva – 88
– disjuntiva – 85
– completa – 87
forma prenex – 368-371
forma tautológica – 263 e segs.
fórmula – 47, 123
– equivalentes – 96
– deduzível de premissas – 126
fórmula de L^n – 218
– atômicas – 235 e seg.
– bem-formadas – 235
– congruentes – 284
– de L – 202
– do português – 200, 217
– simbólica – 202, 218e seg., 222
fórmulas – 200, 202, 217, 235 e segs.
função-verdade – 82
funções sentenciais

G

GE generalização existencial – 292
generalização de uma fórmula – 240, 249
– existencial – 292
– universal – 295
geração de tautologias – 263 e seg.
– de verdades lógicas – 264 e seg., 278
GU generalização universal – 295

I

identidade – 373 e seg.
– leis da – 376 e segs.
– teoria da – 376 e segs.
IE instanciação existencial
igual – 374 e seg.

– axiomas do cálculo com "=" – 378
– leis do – 381
– lei de Leibniz – 377
– sentidos de – 373 e segs.
– substitutividade – 383 e seg.
igualdade – 374 e segs.
– cálculo com – 375 e segs.
– propriedades típicas da – 384 e segs.
implicação – 59, 268, 292
– estrita – 178
importação e exportação – 165
impossível – 177
indiscernibilidade dos idênticos – 378, 381, 396
inferências na lógica aristotélica – 27
– no cálculo sentencial – 124
– na lógica não clássica – 180
instanciação
– existencial – 295
– de tautologia – 305
– universal – 291
instanciação (de uma fórmula) – 92
interpretação de L e L^n – 241 e segs.
interpretações completas – 250
introdução de conectivos – 95 e segs.
– regras para a – 146
introdução de quantificadores – 290 e segs.
IU instanciação universal
– de $\forall$ – 293 e seg., 354
– de $\exists$ – 292, 354

K

k-variante de uma interpretação – 246

L

L linguagem L
L^a linguagem L^a
legitimidade de argumentos – 74
legitimidade dos silogismos – 328
lei de Leibniz
leis (ver também regras)
– adição – 107, 149

Índice Analítico

– bicondicional – condicionais – 151
– condicionais – bicondicional – 151
– conjunção – 107, 149
– da contraposição – 163, 165
– dilema construtivo – 152
– dilema destrutivo – 150
– dupla negação – 107, 149
– *modus tollens* – 107, 149
– repetição – 149
– simplificação – 107, 149
– silogismo hipotético – 106, 150
– silogismo disjuntivo – 107, 152
leis da identidade – 376 e segs., 381
– lei de Leibniz – 377, 397
letras neutras – 193
– sugestivas – 193, 244
letras sentenciais – 201
– predicados – 201
– operador – 214, 216
   um-ádicas – 216
– zero-ádicas – 216
linguagem – 16 a 19
– e metalinguagem – 19, 44
– objeto – 44
linguagem L – 200, 202
linguagem L^n – 214
lista de tautologias – 63, 64
literal – 85
lógica
– aristotélica – 25 e segs.
   – conversão – 29
   – inferências na – 28
   – silogismo – 31 e segs.
      – legitimidade – 32
– das interrogações – 181
– dos comandos – 181
– dos estoicos e megáricos – 34
– matemática: Frege – 38
   –Boole
   – Russell e após – 40 e segs.
– modais – 178

– não clássicas – 174
– objetivo da – 19, 43
– plurivalentes – 176
– trivalentes – 176
lógicos (vacábulos) – 24

M

metalinguagem – 19
menção (e uso) – 22
modus ponens – 107, 124, 150, 300, 319
– e regra do destacamento – 313
modus tollens – 107, 150, 319
MP (*modus ponens*)
modais (lógicas) – 179 e segs.
modalidades – 175
moléculas – 46
modus tollens
MT (*modus tollens*)

N

não legitimidade de argumentos – 322
necessidade – 180
negação quantificacional – 325 e segs.
non-sequitur – 168
nome (do português) – 200
notação polonesa – 169
NQ negação quantificacional – 325

O

objetos – 192
ocorrência livre de uma variável – 203, 223, 238
– de teoremas – 223
– ligada – 203, 223, 238
omissão de qualificadores – cf. "eliminação".
ordem alfabética (das variáveis) – 295
ou – 58
– exclusivo e não exclusivo – 58

P

par ordenado – 242

424 Lógica | Leônidas Hegenberg

parênteses – 201
 – omissão de – 219
parênteses, uso dos – 52
 – eliminação dos – 52
PE postulado de Euclides
petitio principii – 172
PL princípio de Leibniz
posição livre (para uma variável) – 240
posto (de uma relação) – 233
possibilidade – 178, 180
Post, problema de – 79 e segs.
postulado de Euclides – 398
predicados – 190, 198, 235
 – complexos – 191
 – de 1,2, ... lugares – 192, 196, 214
 – n-ádicos – 216
premissas – 15
 – provisórias – 133
premissas provisórias – 325 e seg.
 – adicionais – 325 e seg.
preservação da verdade – 153
prenex (forma) – 368-371
preposições – 190
preservação da verdade – 306
princípios lógicos (ver leis)
 – da substituição – 107
princípio de Leibniz – 396 e seg.
pronomes – 194
propriedades de |– – 312 e segs.

Q

quantificação uniforme – 260
 – generalizada – 271
quantificadores – 195, 199, 201
 – agrupamento de – 240
 – em universos finitos – 322 e segs.
 – introdução de – 289
 – existencial – 195
 – omissão de – 289
 – universal – 195
quase-sentenças – 194 e segs.
quase-nomes – 215

R

R (repetição) – 149
redução do número de conectivos – 84
 e segs.
reflexividade de '=' – 378
regra $\forall$ – 300
regra $\exists$ – 307
regras de inferência – 299
 – derivadas – 318
 – dedutivas no cálculo com '=' – 394
 – para dedução – 305
 – para dedução natural – 319
regras de inferência – 123 (ver leis)
 – da dedução natural – 148 e segs.
 – do cálculo sentencial – 124
regra do destacamento – 126, 127, 313
relações – 234
 – de equivalência – 385
repetição (regra da) – 319
reposição – 94, 96
 – teorema da – 96, 97
reposição (teorema da) – 269, 282 e
 segs., 358 e segs.
restrições no uso de GU e IE – 308 e
 segs.
 – quanto às variáveis assinaladas – 310

S

satisfatoriedade – 251, 253, 256
SD (silogismo disjuntivo)
se ... então – 59
segmento (de uma fórmula) – 239
 – inicial – 238
SH (silogismo hipolítico)
semiótica – 23
 – partes das – 23
sentença – 193, 203, 241
 – aberta – 194
sentenças atômicas – 44
 – moleculares – 46

Índice Analítico 425

sentenças de L – 203
 – extensional – 392
 – falsa – 244-250
 – logicamente verdadeira – 250
 – logicamente válida – 250
 – não extensional – 392
 – verdadeira – 244-247
sequência estrutural (de uma fórmula) – 237
"ser" (realce dado ao verbo) – 192
silogismos – 31, 328 e segs.
 – validade dos – 32
silogismo dedutivo – 106, 151
 – hipotético – 106, 149
silogismo disjuntivo (regra do) – 327
 – hipotético (regra do) – 319
"sim" – simetria do "=" – 378
simbolização – 65, 196, 204 e segs., 224, 392
 – de argumentos comuns – 162-163
 – de sentenças comuns – 160-162
 – de sentenças clássicas – 204-206
 – exemplos em L – 206 e segs.
 – exemplos em L^n – 224 e segs.
 – exemplos com "=" – 392
símbolos – 233 e segs.
 – individuais (termos 49 s) – 236
símbolos (de uma teoria) – 122
Simp. (simplificação)
simplificação – 107, 149
simplificação (regra da) – 319
substituições – 89, 247, 264, 266, 274, 278, 290
 – de variáveis por termos – 290
 – uniformes – 91, 252
 – próprias – 279 e segs., 300
 – restrições na preservação da verdade – 275, 276, 279, 280, 298
 – simultâneas – 252, 264
 – sucessivas – 252, 264
 – teorema das – 266, 274
sujeito – 190

sujeito-verbo – 190

T

tabelas de valores – 54 e segs.
 – abreviadas – 64
 – construção das – 56 e segs.
 – e argumentos – 74
tautologias – 62, 259
 – lista das – 62-63
TD (teorema da dedução)
teorema – 111, 126, 163, 299
 – auxiliares – 354-357
 – com dois quantificadores – 351-353
 – com um quantificador – 344-353
 – da completude do cálculo sentencial – 140-142
 – da dedução – 129-132, 313 e segs.
  – e eliminação de premissas – 326
 – da reposição – 359
 – da substituição – 265 e segs., 274
 – da transitividade da seta – 138
 – da troca de premissas – 138
 – do cálculo com '=' – 382 e segs.
  – mais notáveis – 395-399
 – do cálculo sentencial – 282, 349
  – e análogos no cálculo de predicados – 282, 355
 – do cálculo de predicados – 344 e segs.
 – e verdades lógicas – 344
 – formulação geral – 353-368
 – fundamentais (verdades lógicas) – 283
teorema do cálculo sentencial – 163
teoria formal – 122
 – completa – 143
 – decidível – 125
termos – 215, 218 e segs., 223, 236
 – do português – 215
 – de L^n – 218
 – ligados – 223
 – livres – 223

– ocorrência ligada de – 223
– ocorrência livre de – 223
– símbolos de L^n – 218 e segs.
"todos" – 189, 193
tradução – 65, 203 e segs.
– literal – 67
– livre – 67
tradução literal – 211, 224
– livre – 211, 224, 392
transitividade da seta – 138, 150
'trans' – transitividade do = – 396 e segs.
troca de premissas – 138

U

única leitura – 234
universo de discurso – 192
universos vazios – 261
– e quantificadores – 322 e segs.
– finitos – 322
universalização (de uma fórmula) – 241, 257
uso e menção – 22

V

V (verdade) – 55
'vel' (ou não exclusivo) – 59
validade (de argumento) – 16 e segs.
validade lógica – 250, 259
– de abertos – 262

variantes de estilo – 211, 224
– alfabéticas – 284
– de $\forall$ – 209
– de $\exists$ – 209
– de uma interpretação – 246
variante estilística – 67, 70, 160
variáveis – 194, 201
– aparentes – 220, 223
– assinaladas – 298
– restrições sobre – 309
– regras para uso de – 298
– de instanciação – 195
– fixas – 313
– gerais – 313
– ligadas – 203, 239
– livres – 203, 223, 239
– livres para um termo – 290
– ordem alfabética das – 295
'vel' (ou não exclusivo)
verbos – 190
verdade – 16 e segs.
verdades lógicas – 250, 256, 259 e segs., 265
– e teoremas do cálculo de predicados – 344
– em L – 260
– principais – 264, 265, 276
– teoremas relativos às – 266 e segs., 268 e segs., 283
vocábulos lógicos – 24
-- descritivos – 24

www.forenseuniversitaria.com.br
bilacpinto@grupogen.com.br

Pré-impressão, impressão e acabamento

grafica@editorasantuario.com.br
www.editorasantuario.com.br
Aparecida-SP